Pet Business - Theory and Practice

반려동물 창업 이론과 실제

김옥진 · 김현주 · 김용현 · 강원국 · 권혜영
임은경 · 이현아 · 홍선화 · 최태영 공저

동일출판사

머리말 preface

창업은 사전 준비를 철저히 하지 않으면 실패할 확률이 높고 실패의 결과는 투자 자본, 시간, 열정 등의 손실에 따른 타격으로 이어진다. 따라서 창업은 사전에 다양한 조사와 컨설팅, 경험을 통한 노하우 확보 등의 노력을 통하여 구체적이며 성공 가능성이 높은 사업계획서를 작성하여야 한다. 창업 전 다양한 경우에 대한 고려와 시뮬레이션을 통하여 실패의 확률을 줄이고 만에 하나 실패할 경우를 대비한 안전장치를 마련하여야 한다.

2012년만 해도 9000억 원대에 이르렀던 반려동물 시장은 2020년까지는 6조원대 시장으로 성장할 전망이다. 현대사회에서 사람과 함께 유대감을 나눌 수 있는 반려동물의 영역이 더욱 넓어지고 있는 실정이다. 또한 반려동물의 증가와 사회적 중요성 때문에 반려동물과 관련된 산업의 규모는 급속도로 증가하고 있다.

반려동물 관련 사업은 전문지식이 없어도 된다고 생각하는 창업자들이 많은데, 이는 크게 잘못된 생각이다. 전문적인 교육을 받지 않고 창업하면 실패할 확률이 높다. 반려동물 사업은 관련 지식이 풍부해야 하고 관련 노하우도 전문적으로 배워야 하며, 반려동물에 대한 풍부한 지식이 필요한 지식서비스 사업이다. 또한 다른 창업과 다르게 인간과 유대관계가 가장 높은 반려동물을 다루는 사업이라는 점에서 수익에만 목표가 있어서는 사업이 성공하기 어렵다. 반려동물 창업을 준비하는 사람에게서 가장 중요한 기업가 정신으로는 생명존중과 반려동물에 대한 애정이 있어야 한다.

현재, 반려동물 관련 창업 자원을 체계적으로 관리하기 위한 교과목의 개설이 늘고 있으나 학생들이 학습 재료로 사용할 수 있는 교재가 극히 제한되어있는 것이 사실이다. 더욱이 기존 학습교재가 애완동물에 치우치는 경향이 많아 현대 사회에서 요구되는 반려동물 창업 관련 내용이 부재하여 이의 내용 전달이 어려운 상황이다. 저자들은 이러한 문제점을 개선

하고자 반려동물 창업에 대한 소개와 사업 노하우에 대한 내용을 담아 학습 교재를 만들고자 하였다. 창업의 특성 상, 트렌드에 매우 민감한 경향이 있어 본 교재를 작성하면서 기존 반려동물 사업 분야에서 중요 분야로 자리 매김하고 있는 사업과 더불어 최근 창업하는 신규 아이템들에 대하여도 가능한 소개하려고 노력하였다. 시간이 지나 개정판을 만들게 될 때, 더 많은 반려동물 관련 사업에 대하여 자료를 제시하고 이번 교재의 부족한 부분을 수정 보완하겠다는 다짐을 하며 본 교재를 부족하나마 탈고하여 출간하고자 한다.

본 교재의 완성을 위하여 인용 및 발췌를 허락하여 주신 여러 선배님들에게 감사드린다.

본 교재가 반려동물 창업을 준비하는 학생들과 더불어 반려동물 예비 창업 일반인분들에게 방향을 제시하여 줄 수 있으면 하는 바람으로 이 글을 맺을까 한다.

저자 일동

목 차 Contents

제1장 반려동물 창업 이론

제2장 펫 숍

제3장 반려동물 미용 숍

제4장 반려동물 카페 관련 사업

제5장 브리더와 켄넬

제6장 동물 돌봄 센터

제7장 동물매개심리상담센터

제8장 동물행동상담센터

제9장 펫아로마, 펫요가, 펫마사지 센터

제10장 반려동물 장묘업

제11장 반려동물 수제간식 제조판매

목 차 Contents

제12장 관상업 및 관상조 판매업

제13장 반려곤충 산업

제14장 반려동물 관련 신사업

제15장 부록

제 01 장

반려동물 창업 이론

Ⅰ. 반려동물 시장 현황과 전망
Ⅱ. 창업 준비와 사업계획서
Ⅲ. 반려동물 사업 성공을 위한 Tips

2012년만 해도 9000억원대에 이르렀던 반려동물 시장은 2020년까지는 6조원대 시장으로 성장할 전망이다.
반려동물 사업은 전문지식이 없어도 된다고 생각하는 창업자들이 많은데 잘못된 생각이다. 전문적인 교육을 받지 않고 창업하면 실패할 확률이 높다. 반려동물 사업은 관련 지식이 풍부해야 하고 관련 노하우도 전문적으로 배워야 하며 반려동물에 대한 풍부한 지식이 필요한 지식서비스 사업이다.

I

반려동물 시장 현황과 전망

학습목표

1. 반려동물 시장 현황을 알 수 있다.
2. 반려동물 시장 전망을 알 수 있다.

1 반려동물 시장 현황

2012년만 해도 9000억원대에 이르렀던 반려동물 시장은 3년 만에 두 배가량 성장한데 이어 2027년까지는 6조원대 시장으로 성장할 전망이다. 2015년 우리나라 전체 가구 중 반려동물을 보유 중인 비율은 21.8%이며 미국의 경우 2012년 기준 전체 가구의 62%가 반려동물을 보유하고 있는 것으로 나타났다. 전 세계적으로 지속적인 성장세를 보이는 시장 중 하나가 반려동물 산업인 것이다.

가장 이상적이고 성공확률이 높은 사업은 좋아하는 일을 창업하는 것이다. 그렇게 본다면 반려동물 인구가 늘어날수록 반려동물 관련 창업 희망자도 덩달아 증가할 것임을 짐작할 수 있다.

'펫코노미'란 신조어도 등장했다. 반려동물과 관련한 시장 또는 산업을 일컫는 말로 반려동물을 뜻하는 영단어 펫(Pet)과 경제를 뜻하는 이코노미(Economy)가 결합한 단어다. 국내에서는 낯서나 해외에서는 펫 택시, 유치원, 장례서비스, IT 결합상품 등 다양한 서비스가 시행되고 있다.

미국의 많은 스타트업체들은 반려동물 시장에 적극적으로 뛰어들고 있다. 미국 가구 수 68%가 반려동물을 기르는 것으로 알려졌으며, 그 시장의 잠재적 성장을 내다보고 다양한 제품과 서비스가 출시되고 있다.

01

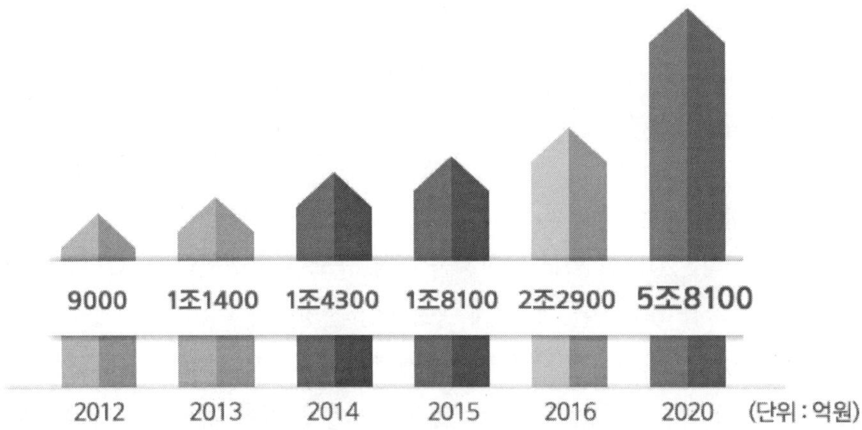

[출처] 농협경제연구원

그림 1-1 국내 반려동물 시장 규모의 성장

우리나라는 반려동물산업에 있어 용품, 질병치료, 펫 푸드, 돌봄 서비스을 중심으로 이루어지고 있는 것이 현실이다.

급격히 부각되고 있는 부문으로 고급 사료, 반려동물의 위치와 치료 진행 상황을 실시간 체크할 수 있는 스마트 진료시스템, 강아지 카시트, 반려동물 전용 보험 등의 제품과 서비스를 들 수 있다.

창업의 경우 관련 산업에 연관된 시장이 형성되고 있다. 예를 들면 전문 사진사, 반려견 용품 디자이너 및 미용사, 병원, 호텔, 카페, 장례서비스 등 부가가치가 큰 2, 3차 산업 중심의 선진국형 산업으로의 전환을 의미한다.

1) 반려동물 시장 규모 분석

(1) 국내 시장 규모 변화

우리나라는 동물과 연관된 토탈 서비스업이 활성화되고 반려동물 수의 진료 관련 주변 산업이 전문화되는 추세이므로 새로운 반려동물 관련 ICT산업과 E-business 등 인터넷 매개 컴퓨터 통신기술을 활용한 반려동물 관련업이 활성화하는 것에 초점을 두고 있다.

한국도 반려동물을 키우는 가구 수가 늘어나며 반려동물에 관한 인식이 조금씩 달라지고 있다. 농림축산식품부는 반려동물 정책을 전담하는 '동물복지팀'을 확대하고 있다.

기존 반려동물 관련 정책을 담당하는 공무원들이 늘어날 전망이다. 동물복지팀은 앞으로 반려동물 보호와 관련 산업 육성 기반을 구축할 전망이다.

반려견과 반려묘를 대상으로 동물 등록제를 실시하며 유기동물 관리체계를 강화하고, 동물 유기나 학대 행위도 단속할 전망이다.

이 같은 행위 적발을 위해 '동물 보호 경찰(특별사법경찰관관리)'를 도입할 전망이다.

국내 반려동물 시장 규모는 2017년 2조9000억원이었다. 2026년에는 5조8000억원을 넘길 것이라는 전망이다. 2017년 일본 반려동물 시장 규모는 14조원인 점을 감안하면 국내 시장도 일본처럼 커질 것이라는 게 업계 공통적인 전망이다.

'애묘인'을 위한 고양이박람회에서 사료, 용품, 서적, 웹툰 심지어 예능 프로그램에도 고양이를 주제로 한 콘텐츠가 인기를 더해가고 있다. 농림부 자료를 봐도 우리나라 사육 고양이 수가 2006년에 48만 마리였지만 2012년에는 120만 마리, 2015년에는 200만 마리로 '12년보다 63.7%나 늘어났다. 인터넷 쇼핑몰 '옥션'이 발표한 최근 3년간(2014~2016년) 반려동물 상품 판매량도 애견용품 비중은 61%에서 56%로 줄었지만 고양이 용품은 14%에서 21%로 늘었다.

농협경제연구소에 따르면 한국 역시 반려동물을 키우는 가구가 늘고 있다. 반려동물 시장 규모는 매년 두 자릿수의 성장률을 기록하고 있다.

2012년 9000억원에서 2015년 1조8100억원까지 증가했다. 저출산에 따른 핵가족화와 고령화의 가속화로 반려동물을 가족이나 자녀로 여기며 위안을 찾으려는 인식이 커지고 있기 때문이다.

펫시장 규모(출처: 한국농촌경제연구원)는 2015년 1조9000억원에서 지난해 3조원에 이를 정도로 가파르게 성장 중으로 2027년에는 6조원 이상의 시장이 형성할 것으로 전망한다.

< 반려동물 관련 지출 형태 및 산업 수요 >

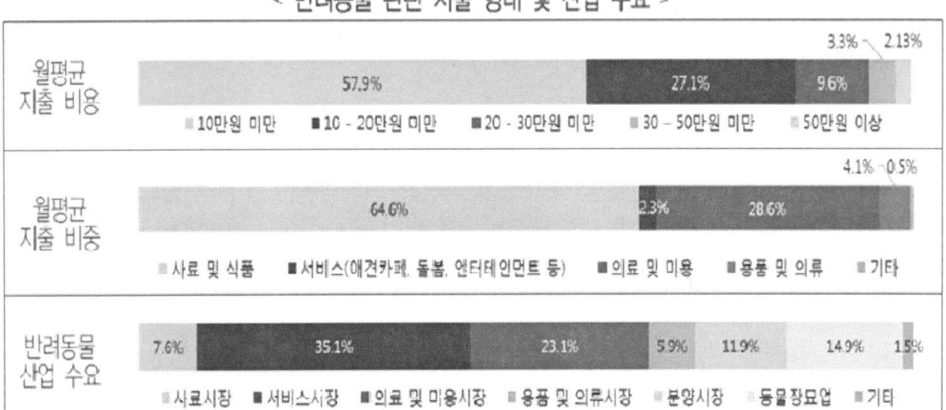

[출처] 농협경제연구원

그림 1-2 국내 반려동물 지출 형태 분석

이에 국내 유통 대기업에서는 급성장하는 펫시장에 관련 사업을 추진하고 있다.

국내 반려동물 소비는 사료 및 식품에 가장 많이 지출하고, 서비스시장이 활성화 되고 있는 것을 파악해야 한다.

반려동물 관련 지출비용은 월평균 10만원 미만이 57.9%로 가장 많고, 그 다음으로 10~20만원 미만(27.1%), 20~30만원 미만(9.6%) 순으로 나타나 있다.

특히 가장 많이 지출하는 품목은 '사료 및 식품'이 64.6%로 1순위이며, '의료 및 미용'이 28.6% 등의 순으로 나타나고 있다.

향후 반려동물 관련 활성화가 필요한 산업으로는 '서비스시장(애견카페, 돌봄, 엔터테인먼트 등)'이 35.1%로 수요가 가장 높았고, 그 다음으로 '의료 및 미용시장' 23.1%, '동물장묘업' 14.9%, '분양시장' 11.9% 등의 순으로 나타나 있다.

결국 예비 창업자의 경우 이러한 반려동물에 대한 인식이 변하면서 동물 복지에 해당하는 서비스, 의료, 장묘업에 대한 수요도 증가함을 인식하는 것이 중요하다.

신세계는 '몰리스 펫 숍'(정용진 신세계 부회장의 반려견 이름 딴)을 런칭하고 이마트 트레이더스는 현재 펫 숍 35개 매장(최초 구성점 입점을 시작으로)을 운영하고 있다. 롯데마트는 '펫 가든'으로 28개 매장(최초 송파점 런칭을 시작으로), 홈플러스는 '아이 러브 펫'으로 12개 매장을 운영하고 있으며 갤러리아 백화점은 '펫 부티크'로 반려동물관련 상품을 판매하고 있다. 이에 반려동물시장에서 관련 사업의 경쟁력 심화로 레드오션 영역으로 분류가 되어 소상공인 창업과 중소기업의 사업을 진출한 후 경쟁력이 심각히 훼손되었으나 2019년 2월 동반성장위원회에서 반려동물 사료 · 용품유통이 주업인 펫 숍을 '중소기업 적합업종'(정의 : 골목상권 보호를 위해 특정 업종에 대기업의 진입을 막는 제도)으로 지정하기 위한 가이드라인이 확정되었다. 그러므로 창업을 통하여 반려동물관련 사업에 진입할 기회라 볼 수 있다.

국내 반려동물 시장은 2017년 기준 2조 8,900억 원 규모이며 해마다 지속적으로 성장하고 있다.

창업 가맹점(2017년 기준)이 2012년에 42만7768곳이었으나 2016년에는 41만111곳으로 4.1% 줄었고 이는 경기 침체 여파로 창업에 대한 관심과 폐업에 대한 두려움, 경제적으로 위험하다는 인식으로 낮아 졌으나 창업이 오히려 늘어난 업종으로는 동물병원 등 반려동물 관련 업종(77.1%)인 것으로 나타났다.

또한 창업이 10% 이상 늘어난 업종 중에 1인 가구 증가 및 자기에 대한 과감한 투자와 관리로 이에 관계되는 업종들이 대부분이다. 반려동물관련 창업의 경우 앞서 1인 가구의 증가로 혼자 사는 외로움으로 반려동물을 키우게 되면서 인식자체가 애완→가족으로 전환됨에 따라 큰 폭으로 상승 되었다는 것이 지배적이다.

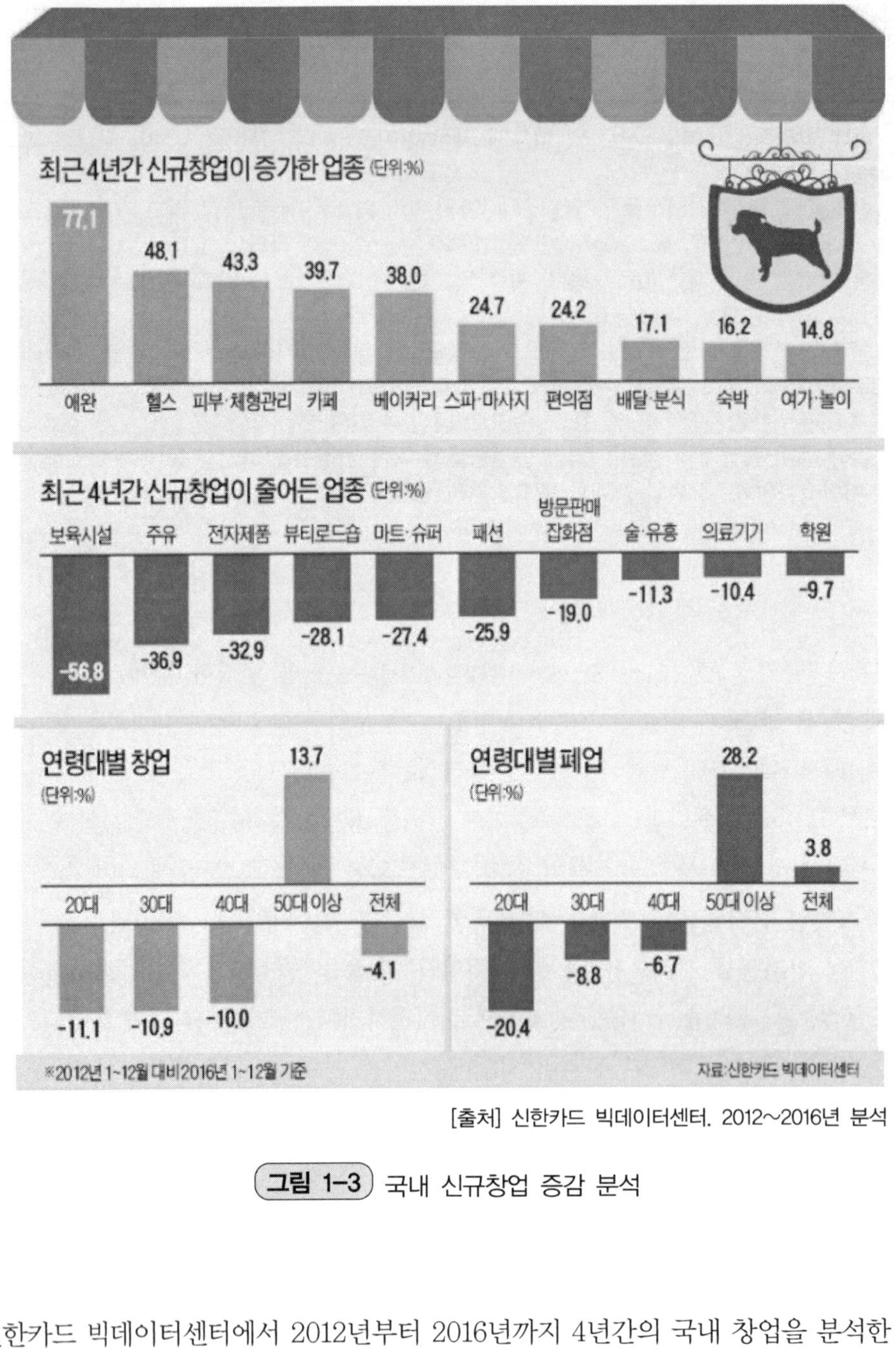

[출처] 신한카드 빅데이터센터. 2012~2016년 분석

그림 1-3 국내 신규창업 증감 분석

신한카드 빅데이터센터에서 2012년부터 2016년까지 4년간의 국내 창업을 분석한 결과에 의하면, 창업의 연령대별로 분석한다면 20~40대 창업률이 낮지만 폐업률은 6.7~20.4% 감소하는 것을 보여주는데 50대 이상만 창업률이 높고 폐업률(28.2%) 또한 높다. 은퇴자금을 들여 무작정 창업을 시도했다가 결국 폐업한다는 것임에 체계적인 창업교육이 함께 선행되어야 한다는 것이다.

우리나라의 반려동물 시장 규모는 2017년 기준 2조 8,900억 원으로 계속 증가하고 있는 추세이다. 과거 식료품에 국한 되었던 소비패턴에서 소비 변화와 성향의 다양성을 충족시키는 부문으로 발전하게 되었다. 이후 나만의 갖고 있는 개성과 독창적 문화 지향성을 강조함으로 창업아이템의 다양화로 나타났다. 그 중 의류와 액세서리 등의 패션에 대하여 큰 관심을 보이며 전문화, 고급화, 대형화로 전환되고 있다. 한 예로 환경부의 정책 일환으로 자원재활용 캠페인을 활성화함에 폐의류를 활용하여 반려동물의 옷과 액세서리를 제작하는 사업이 많은 관심을 갖게 되었는데 재활용 옷 등의 원활한 확보가 이루어진다면 적은 비용으로 높은 부가가치를 창출할 수 있다. 반려동물의 소유주와 연계한 복합 상품을 출시함으로써 지속적인 수익 창출을 기대할 수 있는 사업으로 각광받고 있다.

환경부 자원 활용정책의 지속적인 지원을 통하여 옷 수거함과 의류폐기물 전문 취급 업체들과의 협력으로 폐의류를 무상으로 확보가 가능하다면 원가(재료 구입비)가 없는 사업으로 부각될 수 있다. 현재 펫 코디와 같은 프로그램 참여를 통하여 간단한 미싱 및 디자인 기술만 있다면 투자비용에 대한 리스크 없음에 완성된 반려동물 의류 제품은 상당한 고부가가치 사업으로 성장할 수 있고 높은 수익 창출이 기대되는 사업이다.

반려동물의 의류 및 액세서리를 제작하는 창업은 이미지나 스토리텔링, 디자인 여하에 따라 높은 부가가치로 고객층에 따라 판매 전략을 세분화할 수 있다. 고객층의 다양화의 사례로 반려동물 일반 의복의 경우 판매 가격을 낮추어 소외계층이나 저소득층을 고객층으로 또는 맞춤형 고급화를 지향하는 소비자들에게는 특이재질이나 독특한 디자인으로 높은 가격으로 접근 할 수 있다. 이후 신발, 향수, 전자제품 등 전반적인 상품 영역으로 확장될 수 있다.

국내의 반려동물 시장은 전 세계적 추이를 볼 때 성장가능성이 매우 높고 현재 반려동물 복지 정책과 지원도 활발히 이루어지고 있음에 큰 성장 잠재력을 갖고 있다. 한편 창업 시 가장 큰 고민은 판로 개척 창업 준비자는 정부 산하 기관인 창업진흥원에서 지원하고 있는 창업도약패키지 지원사업 성장촉진 프로그램으로 창업기업의 혁신성장에 필요한 유통망 진출에 대한 교육과 자금을 지원하고 있음에 관심을 갖도록 한다. 또한 해당 기관에서는 유통망 진출은 크게 다채널과 홈쇼핑으로 나눠 교육과 함께 자금 · 서비스를 지원한다. 교육에선 유통채널별 입점 교육, MD 품평회 등을 진행하며 자금 · 서비스에선 입점비, 홍보비 등 유통채널에 입점하는데 소요되는 비용을 지원하고 있다.

한국농촌경제연구원에 따르면 펫시장 규모는 2015년 1조9000억원에서 2027년에는 6조원 이상의 시장이 형성될 것으로 전망된다.

BOK펫협동조합(#1사례)

애완용품 전문 매장의 전국 인프라망 구축을 꿈꾸는 협동조합이 있다.

처음에는 애견용품을 판매하는 중형매장 업체와 소형의 도매 납품을 전문으로 하는 소상공인 업체들이 모여 조합을 만든 것이 시작이었다.

소량구매 · 소품종에서 대량 구매 · 다품종으로 구매력이 향상되며 조합원들의 매입단가를 줄여 판매가의 경쟁력과 이익을 상승시키는 효과를 보게 됐다. BOK펫협동조합 임상남 대표(사진)은 "애완용품 전문 프랜차이즈 매장의 전국 인프라망 구축을 시도하고 있다"며 "고객들에게 애완동물의 바른 먹거리, 제대로 된 용품 등을 제공하는 것이 프랜차이즈를 추진하는 이유"라고 설명했다. 소자본으로 하다 보니 구매비용에 애로사항이 생기지만 각 조합원들의 한마음 한뜻으로 지속적인 투자금 확대를 통해 하나하나 문제점을 해결해 나가는 중이다.

또 서로가 판매를 하면서 제품의 장단점에 대한 정보를 공유하고 단점을 개선해 보완 판매를 실행하다 보니 조합원 개개인의 매출 증대가 이뤄졌다.

정보공유를 위해 모이는 횟수가 늘어나면서 매출 상승효과를 보는 건 어쩌면 당연한 결과였다.또한, 소상공인시장진흥공단의 다양한 지원 덕분에 업무 효율을 향상시킬 수 있었다.지원품목 중 첫째는 지게차 지원이다.

조합원이 매장에서 배송이나 재품입고 시 3~4명이 매달려 작업을 진행할 수밖에 없었는데, 지게차 운행으로 조합원 1인 혼자서 제품 입출고가 가능해져 업무 능률을 높일 수 있었다. 배달용 탑차 지원으로 조합원들이 제품을 구매하러 창고로 방문하던 불편함이 없어졌고, 각 매장으로 직접 배송이 가능하게 됨에 따라 자연스럽게 매장관리와 영업활동에 더욱 치중할 수 있게 됐다. 특히, 파렛트랙 지원은 그동안 진열공간이 부족하기만 했던 매장의 공간 활용도가 좋아졌을 뿐더러 진열된 물품을 찾기도 훨씬 수월해졌다.

공동장소 임차비용 지원을 통해서는 임차비용을 OEM제품 출시 자금으로 활용하게 됐고 현재 매출 증대에 효과를 보고 있다. 이제는 축적된 조합원들의 매장 운영 노하우를 바탕으로 오는 2018년부터 프랜차이즈 매장(체인점) 사업을 준비 중이다. 조합원이 늘어나면서 매출이 상승하고 있고, 이에 따라 2017년 시판할 수 있는 제품의 수입규모에 대한 예측이 가능해졌기 때문이다. 따라서 납품받던 제품군은 전국에 대리점을 형성해 반대로 납품을 제공하는 형식으로 변화를 꾀하고 있다. 일부 제품은 OEM 주문 생산을 시작했으며 앞으로는 10여개 제품군으로 늘려 주문 생산량과 생산품목들을 확대할 방침이다.

임상남 대표는 "BOK 펫협동조합원은 함께 성장 발전키 위해 늘 새로운 아이디어를 내놓으며 발전해 왔다"며 "조합원 모두가 협력해 이익 증대와 경쟁력을 위한 프랜차이즈 사업을 성공적으로 이뤄나가겠다"이라고 말했다.

[출처] 헤럴드경제, [소상공인이 살아야 경제가 산다]
애견용품 시장 전국인프라망 구축 꿈꾸는 'BOK펫협동조합, 2017.07.21.

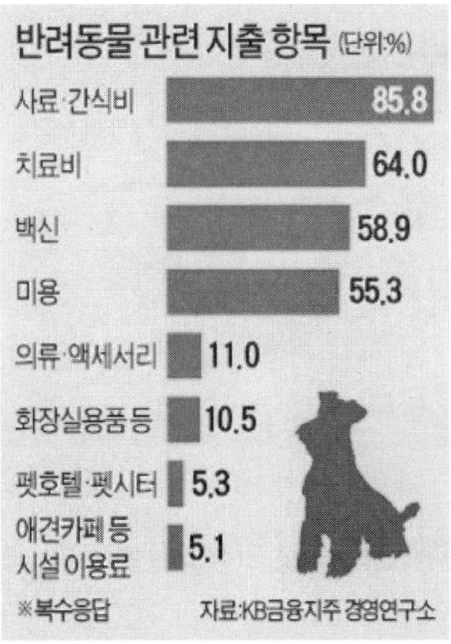

[출처] KB금융지주 경영연구소 - 2017년 기준

그림 1-4 국내 반려동물 관련 지출 분석

(2) 해외 시장 규모 변화

① 일본

일본 애완동물식품협회의 자료에 따르면 2017년 기준, 애완견 사육가구 비율은 12.84%이며 평균 사육두수는 1.24마리인 반면 고양이는 9.71%에 1.75마리로 나타났다. 사육두수로 보면 개는 892만 마리인 데 반해 고양이는 953만 마리로 고양이를 더 많이 키우고 있는 것이다. 10년 전에는 개의 비중이 68%인 점에 비추어 보면 고양이의 약진이 두드러진다.

일본 애완동물식품제조사협회에 따르면 20대와 60대 이상 가정이 전체 반려동물의 50%를 키우고 있다. 또 다른 자료, 일본 후생성 통계를 보면 2010년 한 해 동안 결혼했던 커플 70만8000쌍 중에서 25만4000쌍이 이혼했다고 나온다. 반려동물 시장이 이혼율과 20대 독신비율을 더한 만큼 성장하고 있는 것이다.

총무성 통계에서는 15세 미만 유아·아동이 1660만명인 데 반해 반려동물의 개체수는 이를 훌쩍 뛰어넘는 2100만에 육박하고 있다. 출산은 안 하고 반려동물로 마음을 달래는 사람이 늘고 있다는 애기다.

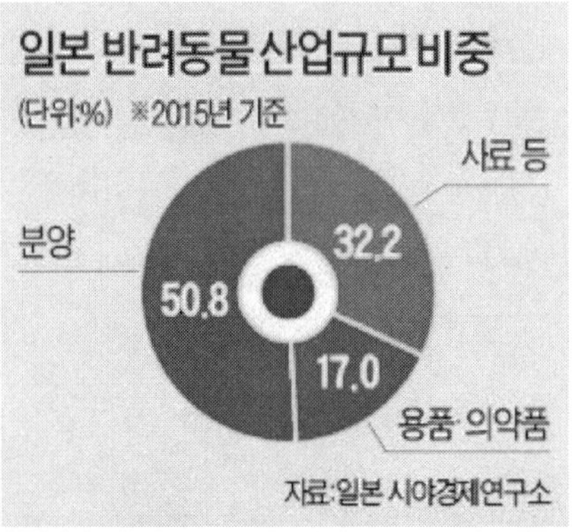

[출처] 일본 시야경제연구소 - 2015년 기준

그림 1-5 일본 반려동물 산업규모 분석

- 독신과 저출산이 늘고 고령화 증가로 반려동물 보유가구가 증가추세로 2015년 반려동물 관련 시장은 1조5천억엔(15조8천억원) 수준이다.
- 실내에서 사육하는 반려동물의 용품 수요가 증가, 연령별, 종별, 체형별(비만용) 등 세분화된 요구에 부응한 다양화된 상품을 판매하고 있다.
- 일본도 반려동물 관련 서비스업이 활성화, 보험사업체와 동물들에게도 사람처럼 장례서비스를 제공하는 장례사업체 증가로 관련시장 규모가 커지는 추세이다.

② 영국

'위험견법'에 따라 목줄 · 입마개 미 착용시 징역, 830만원 이하 벌금조치등 국가적으로 강력한 관리제도를 운영 수의 치료비가 상승, 관련 보험산업이 성장, 2010년 기준, 35여 보험사가 경쟁, 슈퍼마켓을 통한 판매 홍보가 활발히 진행되고 있다.

③ 독일

독일의 시장조사기관 GFK가 22개국을 대상으로 한 조사를 보면 2015년 기준, 반려동물 가운데 개(33%)와 고양이(23%)의 사육비율은 큰 차이가 없다. 그러나 흥미로운 점은 최근 들어 반려견은 줄고 고양이 사육가구가 빠르게 증가하고 있다는 것이다.

- 반려동물 매매 자체를 법으로 금하고 동물보호소를 통해서만 인수가 가능하다.
- 유기된 동물 관련 업무는 정부가 강력한 동물보호법을 제정 운영하고 나머지 세부적인 관련실무는 동물보호단체에 일임하고 있다.
- 병원치료는 자가부담률이 10~30% 수준으로 매우 비싼 편이나 관련 보험은 2008년 기준으로 가입률이 약 1% 수준으로 아직 미진한 편이다.

④ 미국

반려동물 시장이 가장 발달한 미국의 지난 2015년 반려동물 시장 규모가 처음으로 600억달러(약 68조원)를 돌파했다.

전체 가정의 69%가 반려동물을 키우고 있는 것으로 추산된다고 미국반려동물산업협회(American Pet Product Association, APPA)는 밝혔다.

이에 반려동물을 위한 지출도 덩달아 커지고 있다. 현재 한국은 물론 미국과 일본에서는 공통적으로 가구당 소비 지출이 감소하는 와중에 반려동물 관련 지출은 매년 증가하고 있는 추세다.

미국에는 5200만 가구당 개를 한 마리씩 키우며 가구당 1년에 약 1641달러(약 190만원) 정도를 관련 소비에 지출한다고 밝혔다.

미국 인구조사국이 발표한 2016년 미국 중산층 가계소득이 연평균 5만6500달러(약 6350만원)이다. 이들은 가계소득의 약 4% 정도를 반려동물에게 투자한다.

미국의 반려동물 시장의 규모는 연간 68조원 수준이고 중국은 16조원으로 성장하고 있는 추세이다. 그 중에서도 미국과 일본에서 반려동물을 키우는 사람들은 꾸준히 증가하고 있으며, 관련 사업도 다양해지고 있다.

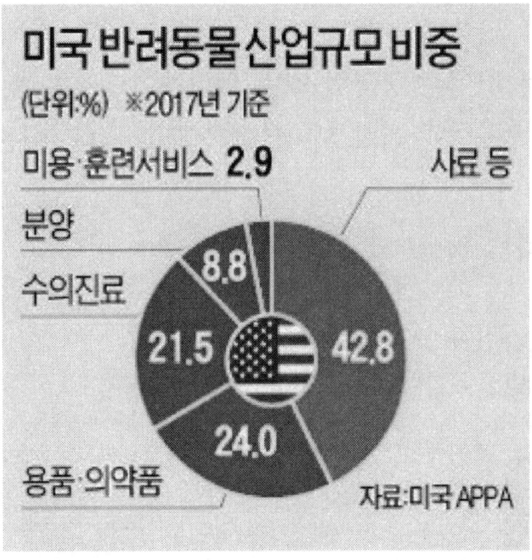

[출처] 미국 APPA - 2017년 기준

그림 1-6 미국 반려동물 산업규모 분석

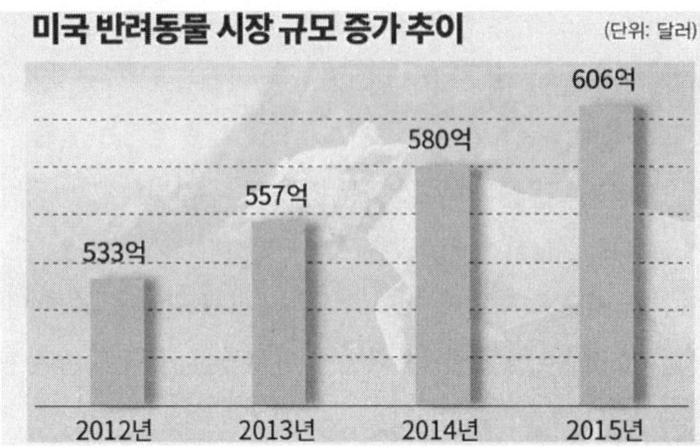

[출처] 농협경제연구소- 2015년 기준

그림 1-7 미국 반려동물 시장 규모 증가 추이

- 반려동물 사료성분을 예민하게 의식하는 소비자들이 많아져 업체들도 점점 더 고급사료에 비중을 두고 생산한다.
- 관련 서비스 부문은 종사자 증가폭이 반려동물 보유가구 증가폭보다 상대적으로 더 커져서 총 지출액이 증가하고 있다.

⑤ 중국

중국의 경우 반려동물 산업은 중국의 소비 업그레이드(중국인의 소득 향상과 중국의 경제 혁신 정책으로 소비 수준이 높아지는 현상) 대표적인 분야로 인식되고 있다. 이는 반려동물을 기르는 가정이 기하급수적으로 증가하고 자신이 기르는 반려동물을 위해 돈을 아끼지 않는 반려동물 인구가 늘어난 데 따른 현상으로 분석된다.

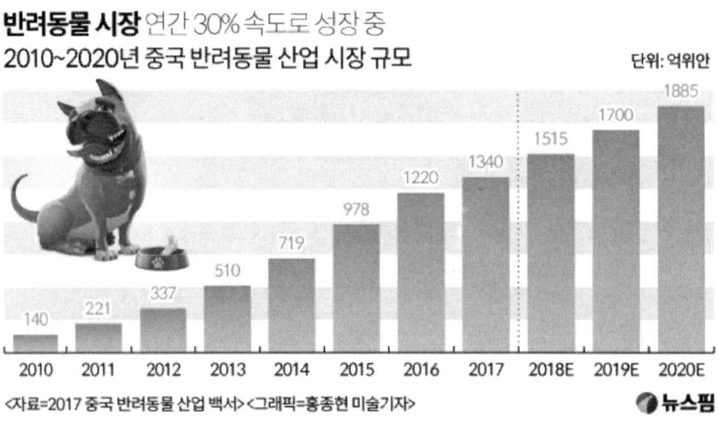

[출처] 뉴스핌

그림 1-8 중국 반려동물 시장 규모 증가 추이

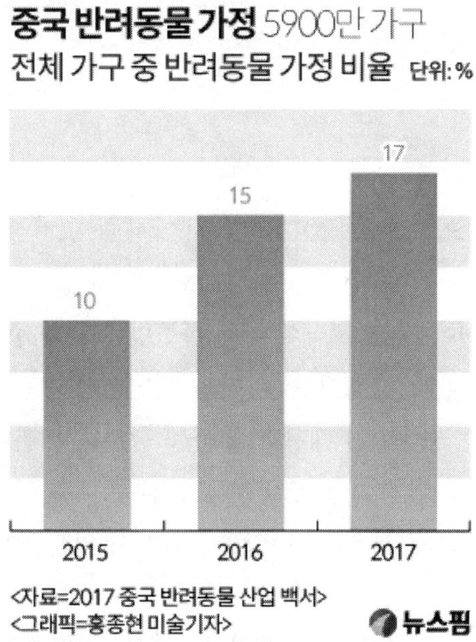

[출처] 뉴스핌

그림 1-9 중국 반려동물 가정의 증가 비율

중국 최대 전자상거래 기업 알리바바는 자사의 생활서비스 플랫폼 커우베이(口碑 입소문이라는 뜻)에서 반려동물 상품의 매출 규모가 2016년도와 비교해 10배가 늘었다고 밝혔다.

반려동물을 위한 소비 규모가 증가하였는데 '2017 중국 반려동물 산업 백서(이하 백서)'에 따르면, 지난해 중국의 반려동물 인구 1인 당 평균 연 소비 규모는 6436위안으로 2016년보다 18%가 늘었다. 중국의 반려동물 용품과 관련 서비스 산업 규모는 1340억 위안에 달한다. 미국의 반려동물 산업 규모 4000억 위안과 비교하면 아직은 적은 수준이나 반려동물 산업이 빠른 속도임에 성장성이 매우 크다. 2010부터 2020년까지 중국의 반려동물 시장의 연평균 성장률은 30.9%에 달할 것으로 전망되고 있다.

현재 중국은 동물병원 · 동물 미용실 · 동물 용품점의 매장수와 매출액이 지속적으로 성장하면서 반려동물 용품과 관련 서비스를 제공하는 기업에 대한 투자가 늘어나고 있다.

2 반려동물 산업 항목 별 분석

1) 사료 시장

CJ제일제당은 2013년 '오프레시', 2014년 '오네이처'를 잇따라 선보이며 본격적인 시장 공략에 나섰다.

그레인 프리(grain free) 연어 사료 '오네이처'는 동물병원과 펫 숍 등 전문점에서 판매하고 있으며 연령과 원료로 구분된 '오프레쉬'는 대형 할인점에서 판매한다. 오네이처 신제품 2종을 출시했고 상반기 중 오네이처 대용량 제품을 출시해 프리미엄 라인 확대에 나섰다.

서울우유협동조합은 국내 업계 최초로 반려동물 전용 우유 시장에 뛰어들었다. 개와 고양이의 특성 및 건강을 고려해 서울우유중앙연구소와 수의사들이 공동으로 연구 · 개발한 '아이펫밀크'를 선보였다.

반려동물의 경우 체내 유당 분해 효소인 락타아제가 없기 때문에 일반우유를 섭취하면 구토, 설사, 위장장애를 유발하는 반면 아이펫밀크는 서울우유의 특별한 제조공법으로 유당을 분해해 소화 흡수가 용이하다는 게 강점이다.

건강기능식품브랜드 '정관장'을 보유한 KGC인삼공사는 6년근 홍삼을 활용한 반려동물 건강식 브랜드 '지니펫'의 상품군을 지속 늘리며 반려동물의 면역력까지 챙기고 있다.

KGC인삼공사는 2015년 9월 반려동물 건강식 브랜드 '지니펫'을 처음 선보였다. 95% 유기농 원료와 정관장 6년근 홍삼을 결합해 1.2㎏짜리 한봉지 가격이 2만4000원으로 일반사료보다 3배가량 높지만 출시 3개월만에 1만세트가 판매되는 등 최근까지 판매호조가 이어지고 있다. 정관장은 이 같은 인기에 힘입어 올 상반기 중 영양제 제품인 건강보조식도 출시한다.

사조는 2015년 6월 캣푸드 6종을 선보이며 펫푸드 시장에 뛰어든 이후 러브잇 14종을 추가로 선보이며 라인업을 확대하고 있다. 초반에는 고양이 사료만 선보였지만 시장 반응이 좋아서 강아지 사료까지 제품을 확대했다. 원료로는 국내산 닭안심살, 알래스카 연어, 남태평양 참치 등을 사용한 프리미엄 펫푸드를 선보이고 있다.

동원F&B는 일본 고양이 습식캔 시장 1위 기업인 'AIXIA'사에 약 30여 년간 수출을 하고 있다. 이러한 기술력을 바탕으로 2014년 11월 펫푸드 브랜드인 '뉴트리플랜'을 론칭하고 반려묘용 습식사료 3종을 선보였다. 최근에는 기능성 반려묘용 습식캔인 '뉴트리플랜 건강 프로젝트 4종'을 출시하고 90g 일색의 고양이캔 시장에 160g 제품의 대중화를 이끌고 있다.

풀무원은 2013년 9월부터 애견 사료 브랜드 '아미오'를 선보이고 본격적으로 펫 시장에 진출했다. 반려견의 건강 상태에 맞게 선택할 수 있는 고기능성 프리미엄 간식 '아미오 헬씨믹스 트릿' 3종을 출시했다. 트릿은 반려견의 훈련에 알맞은 적당한 모양과 크기 그리고 반려견이 잘 따를 수 있도록 맛있게 설계된 간식을 말하며 국 · 내외에서 훈련용 또는 일반 간식으로 많이 사용되는 간식류 제품이다.

아미오가 출시한 트릿은 '건강한 관절', '건강한 장', '건강한 피부 · 윤기 있는 피모' 3종으로, 사람도 먹을 수 있는 프리미엄 식품용 원료를 사용해 반려견의 건강 상태에 맞춰 레시피를 구성한 프리미엄 반려견 간식이다. 풀무원의 자회사 풀무원 더스킨은 지난해 반려동물의 털과 먼지 흡착에 효과적인 독자적인 실꼬임 방식을 고안한 반려동물 가정 렌털 청소용품 '그레이'를 출시하기도 했다.

수입 반려동물 사료는 꾸준히 증가 추세이며 이에 따른 파생 상품들이 꾸준히 증가할 것으로 예상된다.

CJ제일제당의 경우 한국식용곤충연구소와 식용 곤충 개발을 위한 공동 연구를 진행하고 있다. 육류 단백질을 대체할 수 있다는 식용 곤충 시장은 2024년쯤에는 약 2.4조원대를 전망하고 있어 식용뿐 아니라 사료로도 쓸 수 있어 예비 창업자는 응용 분야가 넓은 식용 곤충산업에 관심을 갖는 것도 좋다.

주요 대기업 반려산업 진출현황

기업명	분야	사업 내용
LG생활건강	워시용품	펫케어 브랜드 O's Sirius 론칭. 천연 성분 반려동물 샴푸·컨디셔너 등
애경	워시용품	반려동물 전문기업인 이리온과 MOU 체결. 펫케어 브랜드 휘슬 론칭. 샴푸·미스트 출시
CJ제일제당	사료 및 간식	애완동물용 사료 O'FRESH, O'NATURE 브랜드 론칭. 카턴팩 반려동물 식품에 도입
풀무원	사료 및 간식	통곡물, 원육, 채소를 사용한 유기농 애견 사료인 아미오 브랜드 운영
KGC 인삼공사	사료 및 간식	홍삼 성분을 함유한 반려동물 건강식인 지니펫 브랜드 국내 론칭
코오롱 인더스트리	생활용품 및 의류	패션브랜드 다솜과 함께 페넥트 브랜드 론칭
이랜드	생활용품 및 의류	애견용품 브랜드 펫본 론칭. NC백화점 모던하우스 내 반려용품숍 개점
GS리테일	유통	2016년 8월 기준 애완용품 매출 비중 전년동기 대비 48.5% 증가
신라면세점	유통	인터넷 면세점 통해 스니프, 코즈모유닛, 텐티스츠어포인먼트, 러프웨어 등 반려동물 용품 브랜드 출시

[출처] 펫뉴스

그림 1-10 국내 기업의 반려동물 산업 진출 현황

기존 반려동물과 보호자를 이분법으로 분리한 의류, 카페, 미용의 제한적 성격의 창업 분야를 최근 트랜드 계열을 접목시켜 한층 업그레이드 시켜 추진하는 것이 중요하다. **반려동물의 체계적 관리와 함께 보호자를 위한 고품격 서비스를 제공하는 유치원, 호텔, 종합 검진센터 등으로 복합적 운영이 필수적이다. 이는 '펫팸(pet family)'족을 위한 시설로 향후 2조원 대까지 시장이 커질 것이란 조사 결과가 있기 때문이다.**

2) 반려동물 용품 시장

업계는 펫용품 시장 규모를 전체 시장의 약 20%인 5000억 원으로 추산하고 있다. 개, 고양이를 키우는 사람들 사이에 '가슴으로 낳아 지갑으로 키웠다'는 말이 있을 정도다.

펫용품에서도 명품을 찾는 사람이 늘면서 이탈리아 등 유럽산 프리미엄 제품을 수입하는 편집숍이 성장하고 있다. 오드펫을 창업한 정성욱 대표는 "이탈리아 일본 영국 등에서 들여오는 친환경 · 고급 펫용품이 인기"라며 "올해 목표 매출은 30억 원"이라고 말했다. 오드펫은 오픈마켓뿐 아니라 서울 강남구 신사동 가로수길에서 오프라인 매장도 운영 중이다. 일반 제품보다 값이 비싼 프리미엄 제품을 취급하는 만큼 소비자가 직접 만져보고 평가할 수 있는 공간을 원한다는 게 회사 측 설명이다.

오드펫에서 매출 비중 30%를 차지하는 제품은 이탈리아 팜컴퍼니에서 내놓은 반려동물용 터틀넥 스웨터다. 가격은 2만9000~3만9000원 선. 이탈리아 명품 브랜드 이나모라다의 반려견 운반용 가방은 40만~60만원, 캐시미어로 제작한 옷은 26만원. 유명 리드줄(목줄) 브랜드 플랙시는 스와로브스키와 협업한 16만원대 제품 '플랙시 글램'을 내놓기도 했다.

3) 반려동물 서비스업 관련 산업

(1) 반려견 놀이터

반려동물 시장이 커지자 아이디어 창업도 늘고 있다. 반려견 전용 놀이터는 서울 · 경기 지역에서만 100여 곳으로 늘었다. '반려견이 마음 놓고 뛰어 놀 곳이 없다'는 고민에서 착안한 사업이다. 프리미엄 의류와 식품사업, 전용 스튜디오와 모델 에이전시 등도 생겨나고 있다.

반려견과 주인이 함께 시간을 보낼 수 있는 휴식 공간 '개떼놀이터'는 지난달 4호점을 냈다. 2016년 10월 1호점 인천점을 연 지 1년여 만이다. 야외에는 반려견이 뛰어놀 수 있는 공간과 운동시설이, 실내에는 주인이 쉴 수 있는 카페가 있다. 이승환 개떼놀이터 대표는 "주말에는 손님이 많아 발걸음을 돌리는 사람도 있다"고 말했다.

[출처] 개떼놀이터

그림 1-11 반려견 놀이터

개떼놀이터는 지점별로 특색을 갖췄다. 2호점 남양주점에는 반려견을 위한 수영장이 있고, 3호점 천안점은 4000㎡(약 1200평) 넘는 공간이 특징이다. 이 대표는 “인천점에서는 연 6억 원 정도 매출이 나온다.”며 “10호점까지 늘릴 계획”이라고 밝혔다.

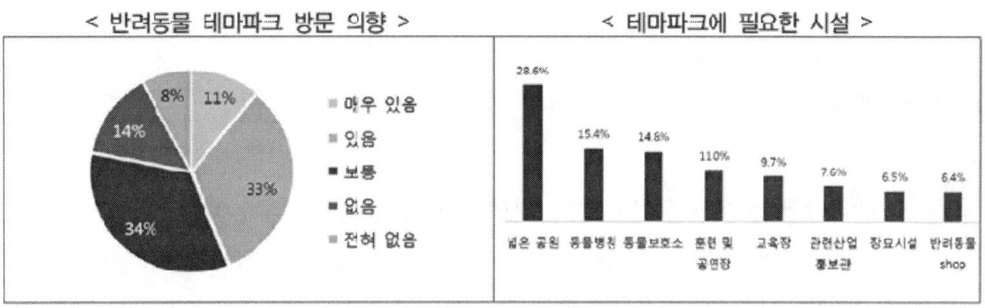

그림 1-12 반려동물 테마파크 수요 조사

(2) 반려견 사진관

반려견 전용 사진관도 생겼다. 수원 보크스튜디오는 인물 사진 외에 반려동물 단독 사진이나 반려동물과 함께 찍는 가족사진으로 특화했다. 박선영 보크스튜디오 실장은 “손님 중 절반이 반려동물과 사진을 찍기 위해 스튜디오를 찾는다”며 “반려동물과 함께 사진을 찍을 수 있는 스튜디오 비중이 10% 정도밖에 안 되지만 앞으로 계속 커질 것”이라고 말했다. 이 밖에 반려동물을 모델견이나 모델묘로 키우는 전문 에이전시, 반려동물과 함께 살 수 있는 공동주택 분양사업도 등장했다.

[출처] 보크스튜디오

그림 1-13 반려견 사진관

4) 멀티 펫 숍

멀티 펫 숍은 반려동물용품 판매부터 분양, 미용, 스파, 호텔까지 원스톱으로 이용할 수 있는 공간이다. 매장 평수는 33~49.5㎡ 소형모델부터 99~132㎡까지 있다.

사업모델 설계는 상권이나 입지 특성에 따라 조금씩 달라진다. 운영 효율성이 높은 평수는 66㎡에서 82.5㎡다. 창업자가 직접 애견 미용이 가능한가도 변수 중 하나다. 여기에 따라서 수익성이 달라지기 때문이다. 직접 애견 미용이 가능하면 세대수가 적어도 안정적인 소득을 기대할 수 있다. 애견미용사를 고용해야 하면 5000세대 이상인 상권에 입점하는 것이 좋다.

멀티 펫 숍의 하나로 러브펫코리아가 있는데 반려견 분양에 차별성을 두고 있다. 소비자들은 몸집이 작은 반려동물만 찾는 경향이 있다. 이 때문에 많은 펫 숍들이 개월 수를 속이고 몸집이 작은 펫을 고객에게 판매한다. 이 경우 반려동물들의 적응 능력이 떨어져 문제가 생길 수 있다. 러브펫코리아는 반려동물들이 정서적으로 안정된 시점에서 소비자들을 만날 수 있도록 배려한다. 몸집이 작은 견이 좋은 게 아니라 적어도 부모 · 형제들과 3~4개월 이상 시간을 보내 정서적으로 안정된 반려동물이 건강하고 튼튼하다.

매장 크기가 커지면 카페형을 병행하도록 권한다. 일반 애견카페들은 보통 1만원대 안팎의 비용을 받고 1~2시간 정도 머문다. 러브펫 코리아 매장은 카페형이라도 입장료 없이 누구나 편안하게 들어올 수 있다.

용품을 사러 왔다가 차 한 잔 마실 수 있고, 커피도 마시고 반려동물 행동 교정도 받을 수 있다. 가맹점주들 입장에서는 입장료도 받고 싶어 하고 음료도 마실 수 있도록 권하지만, 가맹본사 입장에서는 고객에게 부담을 주지 않도록 지도하고 있다.

반려동물 가족들이 부담 없이 편안하게 매장을 찾는 과정에서 자동으로 단골이 생기고 용품 구매나 애견 미용, 호텔, 스파 관련 서비스 수요도 발생한다. 요즘은 애견 수제 간식에 대한 관심이 높아서 매장별로 무료체험 쿠킹 클래스를 운영하는 경우도 있다.

[출처] 러브펫코리아

그림 1-14 멀티 펫 숍

5) 반려동물 호텔

멀리 출장을 가는 직장인이나 멀리 여행을 가야되는 경우 반려동물을 어떻게 놔두어야 하는지 고민하는 사람들도 늘어나고 있다. 현재 여행이나 장기간 출장을 갔을 때 맡기거나 대신 돌볼 수 있는 시설이 거의 없다시피 하다. 극단적으로 유기견이 늘어나는 이유도 여기에 해당된다. 이러한 이유로 최근 이슈가 되는 반려견 사업은 "반려견 전용 BnB (Bed and Breakfast · 잠자리와 아침식사를 제공하는 실용적인 숙박서비스) 사업"이다.

오래전부터 반려동물 BnB사업은 선진국에서 수익률이 높은 사업 중 하나로 인식되고 있다. 일본 역시 경기불황 속에서도 시장규모가 줄지 않고 있으며, 전문 · 기업 · 브랜드화의 노력을 통해 새로운 반려동물 문화를 구축해 나가고 있다. 반려동물 시장은 연간 7,000억~8,000억 원 규모며, 연간 10~15% 정도 확대될 것으로 예상되므로 충분한 성장 잠재력이 있다.

6) 펫테크 투자

미국에서 펫테크 투자 거래 빈도와 규모도 늘고 있다. 2015년 44건 거래에 총 1억4000만달러에서 지난해 46건 거래에 2억5500만달러로 거래 수와 투자 규모 모두 증가했다.

2012년부터 2016년까지 펫테크 투자는 172건 이뤄졌다. 반려동물 관련 기업에 대한 투자도 이어지고 있다.

로버는 파운드리 그룹(Foundry Group) 등에서 총 4000만달러 규모의 투자를 유치했다.

로버의 총 투자 유치액은 9090만달러다. 펫 IT 기술의 확산과 발전의 중심엔 사람들의 인식 변화가 있다.

가족의 일원으로 반려동물을 아끼며 더 잘 돌보고 이해하려는 노력이 펫 IT 기술과 서비스 발달을 장려하기 때문이다.

7) 이혼 소송 시 반려동물 양육권 결정

2017년 1월 미국 알래스카주는 반려동물을 가족의 일원으로 인정하는 내용을 골자로 이혼 소송 시 반려동물 양육권 결정을 판사가 직접 내리도록 결정했다.

개정안은 법원이 반려동물 양육권 결정을 반려동물 복지를 바탕으로 접근한 셈이다. 미국 동물법 전문가들은 개정안에 환영했다.

캐시 해슬러 루이스앤클라크대학 동물법 클리닉 교수는 "가족과 반려동물과의 관계는 가족법 맥락에서 다뤄져야 한다. 재산법으로 접근하면 문제를 해결하기 어렵다"며 "알래스카 법원의 결정이 변화의 시발점이길 바란다"며 동물을 인간의 동반자로 인정한 부분을 높이 평가했다.

3 반려동물 인구의 증가 이유

1) 심리적 안정감과 편안함 제공

사람은 아이를 돌보거나 사랑, 우정 등을 확인하면 옥시토신 호르몬이 분비돼서 편안함을 느끼는데, 반려동물과 같이 있어도 편안함을 느끼게 된다는 많은 연구들이 있다.

연구 결과, 반려동물과의 유대가 옥시토신 호르몬 분비를 증가시키고 심리적 안정감과 편안함 제공하는 것으로 알려져 있다.

2) 건강 증진 효과 제공

반려동물은 고령화와 독신가정이 늘어나면서 반려동물로 자리 잡아간다는 것은 익히 알려진 사실인데 실제로 반려동물을 키우면 건강에 직접적인 영향을 미친다는 건 여러 통계에서도 잘 나타나고 있다.

반려동물 사육에 의해 독일에서는 7조5000억원, 호주는 3조 정도 연간 의료비가 절감되었고 스위스에서도 비슷한 조사결과가 있다. 연구자들은 대체로 의료비의 20% 정도가 줄었다고 결론내리고 있다.

3) 반려감의 필요성 증가

저출산에 따른 핵가족화와 고령화의 가속화로 반려동물을 가족이나 자녀로 여기며 위안을 찾으려는 인식이 커지고 있기 때문이다.

4 반려동물 산업 육성 지원

1) 농림축산식품부

농림축산식품부는 개·고양이 등 반려동물의 보호수준을 높이면서 그 토대 위에 관련산업의 건강한 육성을 위해 '반려동물 보호 및 관련산업 육성 세부대책'을 수립·추진한다.

또한, 펫 용품과 사료의 가격 경쟁력과 제품력을 가진 유망 중소기업을 발굴 선정하여 기술개발 연구 지원, 해외시장 개척을 지원한다.

[출처] 농림축산식품부

그림 1-15 농림축산부의 반려동물 보호 및 관련 산업 육성 대책 시행

2) 지방자치단체 - 반려동물 창업 지원

(1) 경기도

경기도와 경기도경제과학진흥원이 2019년 혁신성과 성장잠재력을 갖춘 반려동물 산업 창업자와 중소기업을 발굴하고 육성하기 위해 '반려동물산업 창업 지원사업'과 '반려동물 용품 사업화 지원사업'을 추진하였다.

반려동물산업 창업 지원사업은 반려동물산업 분야에 도전하는 예비창업자와 3년 이내 초기 창업자를 위해 창업공간과 자금을 지원하는 사업이다.

사업 대상은 반려동물 산업 분야의 우수한 창업 아이템과 기술을 보유한 예비창업자 및 창업 3년 미만의 도내 초기창업자이며 총 20명을 선발하였다.

프리미엄 사료, 헬스케어, 미용과 패션, 가구, IT 등 반려동물 산업에 관련된 아이템이면 누구나 참여할 수 있으며, 펫 숍이나 단순 도소매, 유통업 등은 제한된다.

아이템 개발은 물론, 지식재산권 출원, 홍보와 마케팅, 멘토링 등 창업에 필요한 자금을 최대 3,000만원까지 지원받을 수 있으며, 광교테크노밸리에 있는 창업베이스캠프의 공동 창업 공간을 무상 제공한다.

반려동물용품 사업화 지원사업은 이미 사업을 운영하고 있는 중소기업을 발굴하여 국내외 판로개척을 지원하는 사업이다. 도내 반려동물용품 제조 중소기업 가운데 상용화 희망 업체 10개사, 판로 개척의 경우 34개사 등 모두 44개사를 선정할 예정이다.

상용화 희망업체는 최대 1,200만원 상당의 디자인 및 금형 시제품 개발에 필요한 자금을 지원받을 수 있으며, 판로개척 희망 업체는 국내 전시회 및 해외 전시회 참가를 지원받을 수 있다. 이중 상용화 희망 업체에는 디자인 및 금형 시제품 개발에 필요한 자금을 최대 1,200만원까지 지원한다. 판로개척 희망 업체 중 국내 전시회 참가 기업(30개사)은 최대 180만원, 해외 전시회 참가 업체(4개사)는 최대 450만원 이내로 지원이 이뤄졌다.

구체적으로 신규 디자인 개발 및 금형 시제품 제작비(일명 상용화 지원금)에 최대 1,200만원을 지원(총비용의 70% 이내)하고, 국내 · 외 반려동물 전시회 참가비의 최대 70%를 지원한다. 국내 전시회는 최대 180만원, 해외 전시회는 최대 450만원 한도에서 지원하고 상용화 지원사업 지원 목표는 10개사 내외, 전시회 참가 지원사업 목표는 34개사 내외(국내전시회 30개, 해외전시회 4개)를 계획하였다.

이는 **일반창업에서 기술창업 분야로 창업 트랜드가 변화되고 있다**는 것을 예비창업자들은 인식해야할 대목이다.

[출처] 경기도 경제과학진흥원

그림 1-16 경기도 반려동물 창업 지원

경기도경제과학진흥원 공고 제 2019- 호

2019년 「반려동물산업 창업지원」 사업 참여자 모집 공고

경기도 공고 제2019-5217호

반려동물용품 사업화 지원사업 참여기업 모집공고

경기도와 경기도경제과학진흥원은 도내 반려동물용품 산업 경쟁력을 제고하고 일자리를 창출하고자 「반려동물용품 사업화 지원사업」을 다음과 같이 공고하오니, 사업에 참여하고자 하는 경기도 소재 반려동물용품 관련 중소기업의 많은 신청을 바랍니다.

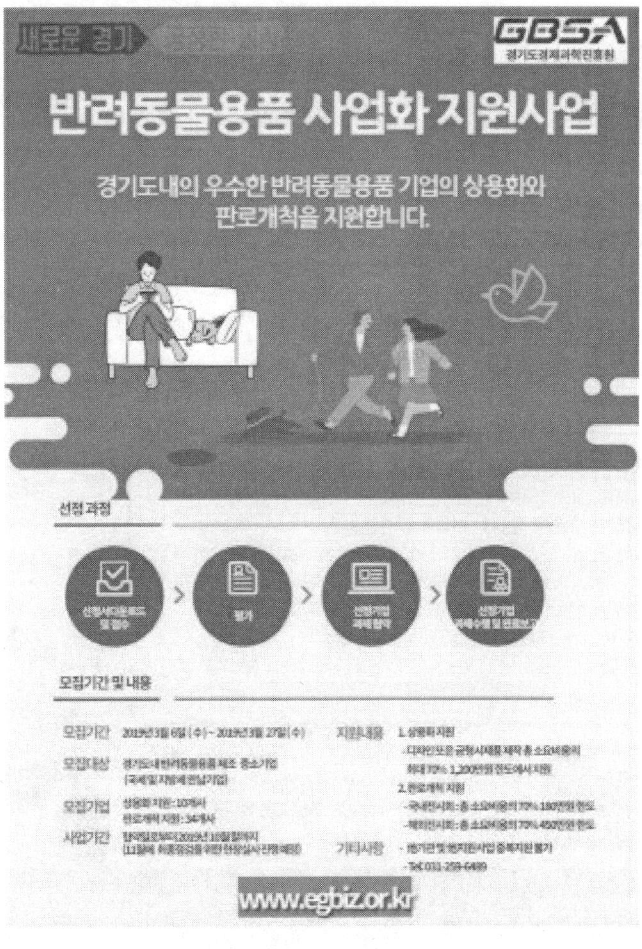

[출처] 경기도 경제과학진흥원

그림 1-17 경기도 반려동물 창업 지원

(2) 대전광역시

'대전광역시 새일센터'가 반려동물 수제간식 전문점 창업을 위한 여성 교육과정을 개설한 바 있다. 최근 반려동물 산업의 성장에 따른 일반인 대상 창업 교육이 확대되고 있는 실정이다.

[출처] 대전광역 새일센터

그림 1-18 반려동물 수제간식 전문점 창업을 위한 여성 교육과정

Ⅱ

창업 준비와 사업계획서

학습목표

1. 창업 준비의 유의 사항을 이해할 수 있다.
2. 사업계획서 작성의 중요성을 알 수 있다.
3. 창업 사업계획서를 작성할 수 있다.

1 창업 마인드

1) 창업 마인드의 중요성

(1) '창업 마인드'란?

창업 마인드란 창업하는 이유, 경영 마인드, 운영 철학, 서비스 마인드, 고객 가치 등 눈에 보이지 않는 것들을 모두 포함한다. 또한 내가 누구인지, 무엇을 잘하는지, 무엇을 좋아하는지 등 자신에 대한 정확한 분석과 명확한 이해가 반드시 뒷받침 되어야 한다. 이처럼 눈에 보이지 않는 요소들이 훨씬 중요하다. 가장 많은 시간을 들여 준비해야 하는 과정임에도 다들 눈에 보이는 기술이나 아이템을 쫓아가기 바쁜 형국이다.

자영업을 경험한 사람들은 잘 알고 있다. 경기흐름이나 시장변화는 내가 어떻게 컨트롤 할 수 있는 요소가 아니라는 사실이다. 오로지 나라는 이 몸뚱이만 내가 컨트롤 할 수 있는 유일한 존재이다. 그렇기 때문에 내가 곧 기업이고, 내가 곧 매출이고, 내가 곧 상품인 것이다. 1인 기업가라는 용어는 그래서 더욱 의미가 깊고, 창업에서 가장 중요한 것은 결국 창업자의 마인드이다.

(2) '창업 마인드'의 중요성

창업에서 무엇이 가장 중요할까? 창업 전문가들은 여러 가지 의견을 내놓는다. 사업계획서, 아이템, 자본, 인력 등의 창업 마인드가 가장 중요하다. 그 이유를 간략히 설명해 본다.

① 사업계획서

당연히 사업계획서는 중요한 요소이다. 아무런 계획도 없이 무슨 사업을 하겠는가? 하지만 알리바바의 마윈 회장이 소프트뱅크의 손정의 회장을 설득시켜 200억원 상당의 투자를 받을 때 특별한 사업계획서가 필요했던 것은 아니다. 단 5분 만에 그의 열정과 사업 아이디어를 듣고 판단했다고 한다.

② 아이템

긴 설명이 필요 없는 내용이다. 페이스북, 구글, 애플, 유튜브 등 세계적인 글로벌 기업의 시작은 화려한 아이템이 아니었다. 그들의 호기심을 자극하는 아이디어 수준이었다. 이들을 성공으로 이끈 것은 지치지 않는 열정 때문이었다. 포기하지 않고 설득하고, 끝까지 개발을 해내는 마인드였던 것이다.

③ 자본

돈 없어 성공 못했다는 사람을 보았는가? 돈이 없었기 때문에 오기와 열정으로 해냈다. 오히려 사업 초기 무리한 투자유치와 확장으로 망한 회사는 수도 없이 찾을 수 있다. 돈으로 사업하는 시대는 끝났다. 이제는 얼마나 큰 명분을 갖고 있는지가 중요하다. 지구를 살리고, 세상을 살리는 일을 하겠다는 사람에게 투자를 아낄 사람은 세상에 없다.

④ 인력

좋은 인재를 영입하는 것이 정말 중요한 시대이다. 내가 매우 훌륭한 사업계획서가 있고, 기가 막힌 아이템을 갖고 있으며, 넉넉한 자본도 준비 되어 있다면 인재를 영입하는 것은 정말 쉬운 일이다. 하지만 아무리 뛰어난 인재라도 그 사람과 삶의 철학이나 기업 운영 마인드가 적합하지 않다면 이들의 관계는 지속되기 어렵다. 결국 훌륭한 인재 영입에 있어서 가장 중요한 것은 창업가의 마인드가 된다.

(3) 창업 경영 마인드

창업을 시작하는 동기는 다양하지만 창업의 목표는 많은 분들이 매출의 극대화를 이루어 현재보다 높은 이윤을 창출하는데 맞추어져 있다. 장사의 목적이 현실적으로 이윤에 맞추어 질 수밖에 없다 보니 주변에서 요즘 뜬다는 아이템이 있으면 가장 많은 관심을 가지고 듣게 되곤 한다.

이때 당장은 유행과 함께 성업 중인 업종에 눈이 가고 왠지 모를 기대감을 가지고 계시다면 해당 아이템을 결정하기 전에 자신과의 적성에 맞는 업종인지 그리고 결정하는 업종의 이해와 경영 마인드를 사전에 준비하고 진행해야 한다.

창업의 성공요인으로 자금, 상권, 아이템의 사업성을 중요하게 생각하지만 창업운명을 결정하는 가장 중요한 것은 실전에서의 사전운영 준비와 실행능력을 좌우하는 사장님의 경영 마인드이다.

창업의 선택과 책임은 모두 자신에게 돌아오며 본사의 아이템의 사업성이 아무리 뛰어난다 할지라도 경영이 서투르면 기대하는 매출과 이윤도 상대적으로 점차 떨어질 수밖에 없다.

예를 들면 멋진 고급 스포츠카를 구매 했어도 초보 운전자가 운전을 할때 안전 운행을 기대하긴 힘들 것이다. 자동차 운전면허를 취득하고 바로 차를 몰수 있다는 부푼 생각에 사전에 충분한 차에 대한 이해와 준비와 연습을 통한 안전주행 노력이 없으면 큰 사고가 날 확률이 높은 것과 같다.

프랜차이즈 시스템에는 매출관리, 인력관리 , 재고관리 등에 대한 운영가이드를 제공하고 있지만 가이드에 따라 운영하는 것은 운전석에 앉아 있는 대표 자신이다.

처음에 창업을 준비하시는 예비창업자 분들 대다수가 당장의 수익률에 초점을 맞추고 해당 브랜드를 운영하다 보면 당장은 매출이 올라 수익에 만족을 느낄 수 있지만 모든 운영을 본사에서 대신 관리 해주는 것은 아니기에 직접 운영하는 점주의 노력여하에 따라 매출은 시시각각 달라진다. 이때 경영마인드 인식과 준비노력에 따라 사업의 성패를 가름하는 중요한 요인으로 작용한다.

사전에 운영에 대한 이해와 책임과 주인의식의 경영마인드 확립은 미래에 있을 창업성공의 중요한 부분이므로 창업 전에 자신이 부족하다고 생각하는 부분에 대한 준비를 철저히 점검하고 창업 실전에 임해야 한다.

2) 실패하는 7가지 창업 마인드

창업은 절대로 쉽지 않은 나의 새로운 도전이다.

이 새로운 도전을 확실하게 준비하고 시작할지 적당하게 준비하고 주먹구구식으로 도전할지를 잘 생각해야 한다. 하지만 확실한 것은 철저하게 준비한 창업의 성공률이 기하급수적으로 올라간다는 사실이기 때문에 열심히 준비하는 사람들도 많다.

그러나 열심히만 한다고 해서 모든 사업이 성공한다면 세상은 정말 만만할 것이다. 즉, 최선으로 효율과 정확한 정보를 가지고 열심히 준비하는 사람이 성공한다는 것이다. 열심히 하기만 하는 창업은 누구나 할 수 있다. 내가 생각한 것은 남도 생각한다는 것을 견지하고 철저한 창업준비를 해야 한다.

창업은 수요와 공급의 법칙과 밀접한 관계가 있다. 수요보다 공급의 수가 적은경우 창업의 성공확률은 매우 높다. 하지만 이러한 경우는 아이템의 초기단계에서 가능한 이야기다. 현재는 수요보다 공급이 훨씬 많다. 하지만 수요는 수시로 변한다. 이런 창업시장에서 무엇보다 중요한 것은 창업자의 마음가짐이다.

성공과 실패가 일정한 법칙에 의해 결정된다고 하면 창업의 성공은 매우 쉬울 것이다. 하지만 창업시장은 살아있는 생물과도 같다. 변화도 심하고 매우 복잡하기 때문이다. 사업에 영향을 미치는 여러 가지 요소들도 서로 유기적으로 작용하기 때문에 단정적으로 말하기도 어렵기 때문에 이럴 경우 창업시장을 누구보다 잘 알고 시작해야 하는 것은 어찌 보면 당연한 일일 것이다.

실패하는 7가지 창업 마인드는 아래와 같다.

(1) 하다가 안 되면 포기하는 식의 마인드

우리에게는 예로부터 장사를 하는 사람을 경시하는 풍조가 있다. 규모가 어느 정도 있고 사무실에서 하는 형태, 즉 오피스 창업은 예외이나 점포형태로 창업하는 장사는 경시하는 경향이 매우 강하다. 그렇기 때문에 창업자들은 장사를 매우 만만하게 생각한다. 하지만 이러한 마인드로 창업을 하면 망하기 쉽다.

(2) 돈만 된다면 뭐든지 할 것이다.

간혹 예비 창업자를 보다보면 돈만 되면 뭐든지 하겠다는 사업가가 많다. 그 용기는 높이 살만하다. 하지만 창업은 돈이 우선이 아닙니다. 상품이나 서비스를 제공하는 대가로 돈을 받고 이윤을 창출하는 것이다. 이러한 매커니즘을 정확하게 이해할 수 없다면 성공을 보장하기 힘든 것이다. 돈이 되는 창업아이템을 찾기보다는 돈이 되게 해야 한다는 마음가짐이 중요하다.

(3) 잘 안되면 권리금 받고 넘길 것이다.

아주 단편적인 마인드이다. 창업을 몇년 잠깐 하다가 권리금 받고 넘기고, 또다시 돈이 되는 창업아이템으로 시작해서 넘기자는 식의 마인드로 창업하는 것은 위험하다. 운이 좋아서 한두 번 정도는 가능할지도 모르지만 권리금은 뜻대로 받을 수 있다는 보장이 없기 때문에 결국은 실패한다. 창업은 장기적인 전략으로 접근해야 한다.

(4) 외형을 중요시 하는 창업

비교적 성공적인 삶을 산 퇴직자들은 실속보다 모양에 더 많은 신경을 쓴다. 자신의 여러 가지 역량을 소규모로 시작하는 것이 현실적이지만 주변의 시선을 의식한 나머지 무리한 규모로 창업을 시도하는 것도 조심해야 한다. 이러한 생각은 창업자금을 올인해서 운영 도중 바로 앞에 닥친 위기를 극복할 수 있는 기회조차 갖지 못하게 된다. 겉모양 보다는 속이 꽉 찬 창업이 성공 가능성이 높다.

(5) 사람을 쓰면 쉽지

창업자는 기본적으로 자신이 선정한 아이템을 100% 완벽하게 통제할 수 있어야 한다. 그렇지 않으면 자신의 창업에 대해 잘 모르기 때문에 그 피해를 고스란히 본인이 입게 된다. 필요한 것이 있으면 인력을 고용하면 된다는 생각은 사업자가 모든 것을 통제할 수 있다는 전제하에 창업이 어느 정도 성장했을 때나 가능한 이야기이다.

(6) 내 맘대로 하는 사장

창업시장에서 사업자는 사장과 동시에 종업원이다. 그러나 대부분의 창업자는 사장이라는 사실에 집착한다. 사장은 자기 마음대로 해도 된다는 생각, 틀린 이야기는 아니다. 다만 실패를 목적으로 한다면 매우 잘 생각한 것이다. 사장은 종업원의 생활을 충분히 보장할 수 있을 때 진짜 사장이라고 이야기 할 수 있다. 시작부터 사장으로써 해야 할 일에 대한 연구나 고민은 하지 않고 사장이 누릴 권리에만 집착을 하게 된다면 이후는 너무나도 뻔하게 진행될 것이다.

(7) 내가 잘 할 수 있을까? 자신감 결여

규모 또는 형태와 상관없이 창업은 고객을 이롭게 하는 것이다. 그렇지 않다면 아무리 좋은 곳에서 시작을 하더라도 실패확률이 높다. 자신의 처지를 비관해 당당하지 못하다면 시작하지 않는 것이 낫다. 창업은 사업자의 자신감이 무엇보다 중요하다. 그럼으로써 열정이 생기고 인내할 용기도 생기는 것이다. 자신감이 부족하면 우선 자신이 잘할 수 있는 창업 아이템을 선정하고 시작하는 것이 좋다.

2 기업가 정신

1) '기업가 정신'이란?

기업가 정신(entrepreneurship)이란 창업가 정신이라고도 불리며 기업가 고유의 가치관 내지는 기업가적 태도를 말한다. 기업가 정신은 혁신과 창의성을 바탕으로 한 생산 활동을 통해 기업을 성장시키려는 도전 정신을 말한다.

기업가는 이윤을 창출하면서도 사회적 책임을 잊지 않는 기업가 정신을 가지고 있어야 한다. 특히 기업 활동에서 계속적으로 혁신하여 나가려고 하며 사업 기회를 실현시키기 위하여 조직하고, 실행하고, 위험을 감수하려고 한다. 또한 조직과 시간 관리 능력, 인내력, 풍부한 창의성, 도덕성, 목표설정 능력, 적절한 모험심, 유머감각, 정보를 다루는 능력, 문제해결을 위한 대안 구상 능력, 새로운 아이디어를 내는 창조성, 의사결정 능력, 도전 정신 등이 요구된다.

기업을 이끌어 가는 기업가는 이윤을 창출하면서도 사회적 책임을 잊지 않는 정신을 가지고 있어야 한다.

생산적 요소의 새로운 조합을 발견하고 촉진하는 창조적 파괴의 과정이 기업가 정신이다(죠지프 슘페터, 1994).

기업가 정신은 창조적 파괴행위로 다시 말해 혁신 정신을 가지고 있어야 한다.

혁신은 아래 의미를 가지고 있다.

① 이미 있는 상품의 품질이나 서비스를 개선하는 것도 포함

② 이미 있는 상품을 새로운 생산방식으로 만드는 것도 포함

③ 이미 있는 모든 것 위에, 새로운 시장을 개척하는 것도 포함

"변화를 탐구하고 변화에 대응하며 변화를 기회로 이용하는" 기업가 정신만이 한 경제를 지속적으로 발전시킬 수 있는 핵심요소가 된다(피터 드러커).

기업가 정신을 현재와 미래 변화를 관찰하고 기회를 포착하며 아이디어를 생성한 뒤, 사업모델을 설계하는 것을 시작으로 이를 통해 직업과 직무를 창조하여 보급하거나 자원을 모아 사업을 시작하거나 사회적 공익을 추구하는 태도, 지식, 능력이다.

모든 것은 기업가 정신에서 시작된다.

– 기업가 정신 (= 시대정신)

1) 특정 분야의 전문가로서 철저하게 준비해야 하고 이를 증명할 수 있어야 한다.
2) 미래의 변화를 통찰하고 기존의 것을 혁신하거나 아예 새로운 것을 창조할 준비를 하고 틈틈이 이를 실험하고 연습해야 한다.

〈표 1–1〉 기업가 정신의 단계

A 단계	현실에 안주하지 않는다	새로운 것을 동경	모험을 꿈꾸다		모험정신, 탐험정신
B 단계	세상을 관찰하다	시장을 주목하다	변화를 읽어내다	기회를 포착하다	관찰력, 진취성(기회포착)
C 단계	실패를 두려워하지 않는다	위험을 감수하다	과감하게 도전하다	분야를 개척하다	위험감수성, 도전정신, 개척정신
D 단계	기존의 것을 개선하다	다른 것으로 교체하다	새로운 것을 창조하다	창조적으로 파괴하다	주인의식
E 단계	창의적 아이디어를 발상	사업모델을 만들다	사업을 구체화하다	시장을 혁신하다	창의적 아이디어, 혁신성
F 단계	실패를 통해 교훈을 얻다	반드시 극복하다	반드시 성취하다		극복정신, 역경극복, 책임감

2) '기업가 정신'의 요소

기업가 정신과 관련된 대표적인 학자로는 미국의 경제학자 슘페터(Schumpeter, Joseph Alois)를 들 수 있다. 그는 새로운 생산 방법과 새로운 상품 개발을 기술 혁신으로 규정하고, 기술 혁신을 통해 창조적 파괴(creative destruction)에 앞장서는 기업가를 혁신자로 보았다.

그는 혁신자가 갖추어야 할 요소로 ① 신제품 개발, ② 새로운 생산 방법의 도입, ③ 신시장 개척, ④ 새로운 원료나 부품의 공급, ⑤ 새로운 조직의 형성, ⑥ 노동 생산성 향상 등을 꼽았다.

전통적인 의미의 기업가 정신 역시 슘페터의 정의와 크게 다르지 않다. 미래를 예측할 수 있는 통찰력과 새로운 것에 과감히 도전하는 혁신적이고 창의적인 정신이 전통적 개념의 기업가 정신이다.

현대에는 이러한 전통적 의미의 기업가 정신에 ① 고객 제일주의, ② 산업 보국, ③ 인재 양성, ④ 공정한 경쟁, ⑤ 근로자 후생 복지, ⑥ 사회적 책임 의식까지 겸비한 기업가를 진정한 기업가로 보는 견해가 지배적이다.

[출처] Shutterstock

그림 1-19 기업가 정신의 요소

기업가 정신 체크리스트
혁신성 : 성공적인 기업가는 창조적 파괴를 통해 늘 변화한다.
진취성 : 성공적인 기업가는 새로운 기회를 한 발 앞서 포착한다.
위험감수성 : 성공적인 기업가는 위험을 예측하고 통제한다.
도전정신 : 성공적인 기업가는 포기하지 않고 끊임없이 도전한다.

3) 창의적 사고의 중요성

이윤을 극대화하기 위한 효율성 증진과 가치 향상이 필요하다.

창의력은 당연한 것을 다르게 보기, 당연하다고 여겨지는 것을 당연하지 않게 보지 않고 문제를 찾고 해결하고자 하는 것이다.

(1) 창의적 사고

- 독창성 : 남들이 흔히 만드는 것이 아닌 기발하고 독특한 것, 즉 자기 혼자만의 특이한 아이디어를 생각해낼 수 있는 능력
  - 전혀 다른 3개의 물건으로 새로운 물건을 만들면?
- 이해력 : 문제가 요구하는 바를 정확하게 파악하는 능력
- 적합성 : 특정한 주제나 상황속에서 창의적 활동으로서의 가능성을 찾아내는 능력
  - 만약 내가 10대라면?
- 융통성 문제를 다른 각도에서 접근할 수 있으며, 자신의 사고를 전환시킬 수 있는 능력
  - 연필의 다른 용도를 많이 적으면?
- 유창성 : 특정한 주제에 대하여 다양한 아이디어를 생각해내는 능력
  - 태풍이 불어올 때 일어날 일을 최대한 많이 예상한다면?
- 정교성 : 세밀한 부분까지 고려하여 이를 표현할 수 있는 능력
  - 금방 친구가 한 말을 구체적으로 설명하면?
- 통합력 : 각각의 부분을 통해 하나의 결과로 묶어내는 능력
- 판단력 : 문제해결의 방향 및 적절함을 스스로 판단할 수 있는 능력

(2) 창의적 태도

- 호기심 : 주변의 것에 대하여 궁금한 마음을 갖고 이를 알고 싶어하는 자세
- 자발성 : 문제 상황이 발생할 경우 스스로 문제를 해결하려고 시작하는 자세
- 모험심 : 고정관념이나 일정한 틀에서 벗어나는 것을 꺼리지 않고 새로운 접근을 시도하려는 자세
- 독립성 : 타인과 다른 생각을 가지고 있을 경우, 소외되는 것을 두려워하지 않고 자신의 의사에 따라 행동하는 자세
- 집착성 : 복잡하거나 어려운 문제가 있을 때 이를 해결하기 위하여 자신의 관심을 집중시키려 하는 자세

- 인내심 : 자신에게 만족스럽거나 문제해결에 적절한 해답이 나올 때까지 지속적인 관심을 갖고자 하는 자세
- 긍정심 : 자신은 물론 타인의 창의적 사고가 긍정적인 결과로 이어질 수 있다고 믿는 자세
- 신중함 : 자신의 해결 방향이 적합한지, 더 좋은 아이디어가 있는지를 다시한번 생각해보려는 자세

4) 취업과 창업

(1) 무슨 일을 하고 싶은가?

앞으로는 직 보다는 업이 더 중요해질 것이다. 그렇다면, 무엇을 하며 살 것인가?

① 어떻게 살 것인가? 무엇을 준비할 것인가? 여유 있게 변화를 주도하며 자신만의 길을 묵묵히 만들어가는 사람들은 도대체 어떤 준비를 했던가.

② '나는 어디에서 일하고 싶지?'가 아니라 '나는 무슨 일을 하고 싶지?'라고 먼저 묻고 고민해야 한다.

③ 자신만의 분야가 필요하다. 자신의 분야를 명확하게 가지고 있는 사람은 '직'과 '장'을 찾아 정처 없이 떠돌지 않고, 자신의 '업'을 기초로 살아간다.

④ 결과적으로 우리에게 필요한 것은 기업가 정신이다.

(2) 미래 시대의 변화를 만들어내는 변화 원리 8가지

① 기술의 변화 : 첨단과학의 발달, ICT의 발달

② 산업구조의 변화 : 농림어업, 제조업 일자리 변화, 서비스 산업 확대

③ 인구구조의 변화 : 베이비붐 세대 퇴직, 저출산, 고령화

④ 기후환경의 변화 : 기후 예측 중요성 부각, 환경기준의 강화, 환경오염

⑤ 생활방식의 변화 : 생활여건의 향상, 삶의 질 향상

⑥ 정부정책의 변화 : 금리정책, 부동산정책, 복지국가지향, 기후변화로 인한 규제

⑦ 글로벌 환경의 변화 : 국제화시대, IT발달로 국가 간 경계 변화

⑧ 직업가치관의 변화 : 고용안정 중시, 평생직장보다는 평생직업 중시

5) 미래 인재의 생존 조건 – 기업가 정신

(1) 사회적 기업가정신

과거 경주에 12대에 걸쳐, 300년의 부를 이어온 경주 최부자 댁의 경영전략을 살펴 보자. 최부자 댁의 경영전략은 공동체의 이익과 함께하는 윤리경영이었다.

〈표 1-2〉 최부자 댁의 경영전략

- 과거를 보되, 진사 이상은 하지 마라.
- 과객을 후하게 대접하라.
- 흉년기에는 땅을 사지 마라. : 흉년에 싸게 나온 땅을 사지 마라.
  = 남의 고통을 나의 이득으로 취하려 하지 마라.
- 며느리들은 시집온 후 3년 동안 무명옷을 입어라.
- 사방 백 리 안에 굶어 죽는 사람이 없게 하라.
- 재산은 만 석 이상 지니지 마라.

(2) 어떻게 준비해야 하는가?

모든 것은 매일 진화한다.

일반적으로 창업을 준비하는 사람에 필요한 마인드는 아래와 같다.

- 경쟁을 통해 한계를 극복하라
- 기회를 인식하라
- 실패를 과정으로 인정하라
- 경쟁을 두려워하지 마라!
- 당연한 것을 다르게 보라

3 인적 네트워크 구성

1) 탁월한 조직을 만드는 원칙

리더, 즉 경영진이 단결하려면 신뢰가 구축되어야 하고, 조직 내 정치적 행동이 없어야 한다. 서로에 대해 잘 알고 굳게 믿는 관계가 형성되면 치열하게 논쟁을 벌이다가도 궁극적으로는 회사의 이익에 가장 기여하는 방향에 맞추어 모든 사람들이 공감할 수 있는 의사결정을 내리게 된다. 한 직원들의 업무혼란을 제거하여 회사의 목표 달성에 모든 에너지를 집중하게 된다.

비전이 명확한 조직은 구성원들이 회사의 가치관, 업무영역 구분, 목표와 전략 등에 대해 같은 입장을 취하기 때문에 일의 핵심이 명확해지고, 업무가 효율적으로 돌아가게 된다. 이를 위해서는 '우리 조직만의 존립 목적은 무엇인가', '어떤 차별화된 전략으로 사업에 임하고 있는가', '이달, 올해, 내년, 그리고 5년 뒤의 목표는 무엇인가' 등에 대답할 수 있어야 한다.

조직의 비전을 수립하고 나면 그 내용을 전 직원에게 정확히 전달해야 한다. 이때 메시지는 간단명료한 것이 좋으며, 다양한 매체를 통해 반복적으로 전달해야 한다. 특히 '계단식 의사소통을 활용하면 효과적이다. 의사소통이 자주 이루어지는 조직은 회사의 목적과 방향을 전 직원이 공유하고 있기 때문에 부서간 갈등이나 구성원간 위화감이 생기지 않는다.

조직의 비전을 유지하고 강화하기 위해서는 탄탄한 인력시스템 구축이 수반되어야 한다. 인력시스템을 적절히 구축하고 활용할 줄 아는 조직은 구성원 모두 조직의 명확한 비전에 비추어 필요하다고 판단될 때 채용되고, 관리되고, 보수를 받고, 해고될 수 있다는 사실을 분명히 한다. 이렇게 되면 경영환경의 변화가 심해져도 조직은 정체성과 방향성을 잃지 않게 된다.

탁월한 조직을 만드는 시작이 올바른 원칙을 세우는 것이라면, 그 완성은 원칙을 끝까지 지켜나가는 것이다. 평범한 리더였던 리치 오코너가 탁월한 경영자로 거듭날 수 있었던 것은 조직에 꼭 필요한 원칙을 세우고 그것을 끝까지 지켜나가는 뚝심을 발휘했기 때문이다.

조직의 성공은 리더 한 사람의 비범함으로 이루어지는 것이 아니다. 서로 신뢰하고 단결하는 경영진과 그들을 믿고 맡은 바 업무에 최선을 다하는 직원들이 있어야만 비로소 성공하는 기업, 좀처럼 떠나고 싶지 않으면서 신나게 일할 수 있는 조직으로 나아갈 수 있다.

물론 이를 위해서는, 원칙을 지키는 데 있어 흔들림 없는 리더가 있어야 한다. 성공이라는 것이 타고난 두뇌와 천성이 아니라 올바른 원칙을 준수하는 것에서 비롯된다는 사실을 이해할 수 있다면, 이 책을 읽는 독자들도 탁월한 조직을 만드는 비범한 리더가 될 수 있을 것이다.

2) 팀조직 성공 포인트

많은 기업들이 시장 환경에 신속하고 유연하게 대응하기 위하여 팀제를 도입하고 있다.

팀제가 제대로 정착되고 효과적으로 운영되기 위해서는 팀 구성원들 간의 학습이 필요하다. 팀 학습의 개념과 그 성공 포인트에 대해서 살펴본다.

빠른 기술변화, 정보기술의 고도화, 고경쟁 등으로 특징 지워지는 최근의 디지털 경영환경에 적응하려면 기업 경영의 패러다임이 근본적으로 바뀌어야 한다. 이를 위해서는 조직 운영 전반에 걸쳐 많은 변화가 있어야 하나, 그 우선적인 혁신 포인트의 하나를 꼽는다면 신속성과 유연성을 갖춘 조직이 구축되어야 한다는 점일 것이다. 신속 유연한 조직이 되기 위해서는 과거와 같이 수직적 위계질서에 의해서 중앙에서 현장을 통제하는 방식에서 벗어나야 한다. 일선 실무자들이 책임과 권한을 가지고 시장이나 고객의 욕구 변화 등에 곧바로 대응할 수 있는 현장 중심형 조직, 즉 수평적 조직 체제가 갖추어져야 한다.

수평형 조직에 대해서는 해외 선진 기업은 물론 우리 기업들도 이전부터 관심을 가지고 나름대로 그 도입을 추진해 왔다고 볼 수 있다. 수평형 조직 구축을 위한 구조화 방안으로서, 여러 기업들 사이에 자주 도입하는 대표적인 방식을 든다면 바로 팀(team) 조직일 것이다. 우리 기업의 경우 과거 90년대부터 많은 기업들이 팀 조직을 도입하는 움직임이 있어왔는데, 그 운영 면에서 제대로 작동하여 효과를 보는 기업은 얼마나 될까? 물론 성공적으로 운영되고 있는 기업들도 많이 있겠지만 그렇지 못한 경우도 많을 것이다. 예컨대, 부서 이름만 ooo팀으로 바뀌었지 실제 운영 면에서 과거와 별로 달라지지 않았거나, 다시 원래 형태로 회귀하는 경우도 종종 있을 것이다.

(1) 팀 조직 정착의 요체로서 팀 학습

팀제 조직이 성공적으로 운영되기 위해서는 여러 가지 조직적 여건이 뒷받침되어야 한다. 예들 들어, 현장 팀을 믿고 과감히 필요한 권한을 위양 한다든가, 성과를 효과적으로 모니터링하고 피드백할 수 있는 평가 시스템 정비 등과 같은 것이다.

그러나 이러한 시스템적 요인만으로는 안 된다. 더욱 중요한 것은 현장 팀 구성원들이 필요한 능력과 지식을 보유하고, 정형화된 일상 업무 만이 아니라, 성과 향상 차원에서 문제를 발굴, 해결해 나가는 창의적인 업무 활동이 활발히 이루어져 한다는 점이다.

즉, 팀 조직의 정착을 위해서는 구조나 시스템 같은 하드웨어 요인보다는 구성원의 지식, 창의성 등 소프트한 요인이 보다 더 중요한 것이다. 그렇다면 이러한 역동적인 측면의 팀 활동 역량을 어떻게 확보할 것인가? 그 핵심은 다른 무엇보다도 구성원들이 새로운 지식을 지속적으로 습득, 공유하면서 자신의 역량을 증진시켜 나가는 팀 학습(team learning) 활동이 풍부하게 이루어지도록 하는 것에 있다.

팀 학습이란 팀 구성원들이 업무 활동 과정에서 발생하는 문제나 변화 요인에 대해 깊게 생각하고 그 해결을 위해 새로운 지식을 지속적으로 습득, 창출해나가는 과정이다. 시장,

고객, 정보 기술 등과 같은 환경 변화에 대한 정보의 적극적인 획득, 팀 동료 또는 상사로부터 피드백 추구, 팀원들과의 자유로운 아이디어나 경험의 교류, 도전적인 일의 수행이나 혁신 과제 해결 활동 등이 팀 학습 행동의 대표적인 모습들이다.

(2) 효과적 팀 학습의 요건

이러한 팀 학습이 효과적으로 이루어지기 위해서는 구성원들이 무엇인가 새로운 지식을 습득하고, 서로 간에 긴밀한 상호작용 속에서 지식을 공유하여, 혁신적인 아이디어가 창출될 수 있는 조직적인 여건이 구축되어야 한다. 다음에서 이를 위한 몇 가지 중요한 포인트들을 제시하고자 한다.

① 조화로운 팀 구성

먼저, 팀 학습의 주체인 팀원들의 경력이나 경험 면에서 조화가 있어야 한다. 그 포인트는 다양성(variety)과 중복성(redundancy)이 겸비될 수 있도록 팀이 구성되어야 한다는 것이다.

지식경영의 대가인 일본의 Nonaka 교수도 지식창출이나 학습의 중요한 촉진 요인의 하나로 중복성과 다양성을 제시한 바 있다. 다양성은 팀 구성원들이 보유한 경험이나 전문지식 면에서 서로 어느 정도나 차이가 있느냐 하는 이질성의 문제이다. 반대로 중복성은 팀 구성원들이 지닌 경험이나 지식이 서로 유사한 동질성의 정도를 의미한다.

팀 구성원들간에 경험이나 지식 면에서 동질성이 있으면, 각자가 가진 지식이나 사고면에서 공통성이 있으므로 지식의 교환이나 커뮤니케이션이 효과적으로 이루어질 수 있다. 그러나 너무 동질적일 경우에는 팀 구성원들이 하나의 사고 방향이 특정 방향으로 고정화되어 획일화될 가능성이 커지고 창의성이 발휘되기 어렵게 된다.

팀이 획일성에 빠지지 않고, 다각적으로 사고하여 집단적 창의성을 발휘할 수 있게 하기 위해서는 팀 구성원들간에 경험이나 지식의 다양성이 있어야 한다. 하지만 팀 구성원들간에 사전 경력이나 경험이 지나치게 이질적이면 커뮤니케이션이 효과적으로 이루어질 수 없다.

예컨데 구성원들이 너무 이질적이면 대화나 토의 시 상대방이 구사하는 언어나 의도에 대한 이해를 잘 못하게 되고, 그로 인해 원활한 지식의 교환이 어려워진다. 따라서 어느 정도의 다양성과 중복성을 균형 있게 갖추어야 팀원들 간의 상호 작용이 효과적으로 이루어지고 팀 학습이 촉진될 수 있다.

팀 구성 시 중복성과 다양성의 조화 문제는 신제품 개발 시 자주 적용되는 교차기능팀(cross-functional team)의 효과적인 운영과도 밀접한 관계가 있다.

교차기능팀은 R&D, 생산, 마케팅 등 여러 부분에서 온 다양한 경력을 가진 이질적인 사람들로 구성되는데, 그 의도와는 달리 운영이 효과적으로 이루어지지 않는 경우가 자주 발생한다. 그 주요 원인의 하나로 팀 구성원들 간에 경험이나 지식의 배경 면에서 공통성이나 중복성이 부족함에 따른 문제를 들 수 있다.

즉, 서로 각기 다른 분야에서 체득한 업무지식, 사고 방식의 틀에서 벗어나지 못하고, 상대방에 대한 이해나 공감이 부족함으로써 커뮤니케이션이 효과적으로 이루어지지 않는 것이다.

예컨대 마케팅 부문에서 온 구성원은 기술적 지식이 부족하여 연구개발 요원과의 대화가 어렵게 되고, 반대로 연구개발 부서는 시장에 대한 지식이 부족하여 마케팅적 시각이 결여될 수 있다. 이렇게 되면 팀 구성원들 간에 긴밀한 커뮤니케이션과 효과적인 상호 학습이 어렵게 된다. 이러한 문제를 해결하기 위해서는 구성원들이 R&D, 생산, 마케팅 등 주요 핵심 분야별로 다양한 업무 경험을 쌓을 수 있도록 하는 교차 훈련(cross-training)이 필요하다.

미국이나 일본의 선진 기업들에서 교차훈련을 실시하는 관행들을 자주 볼 수 있는데, 그 배경도 바로 여기에 있다 하겠다.

② 개방적인 학습 분위기

팀 학습이 활성화되고 지속적으로 이루어지기 위해서는 개방적인 팀 학습 분위기가 조성되어야 한다. 아무리 팀의 구조적/제도적 요인들이 잘 갖추어졌다고 해도 다양한 의견 교환과 토의가 이루어질 수 있는 개방적 팀 분위기 없이는 효과적 학습이 이루어지기 어렵다.

이러한 개방적인 학습 분위기 조성을 위해서는 우선 심리적 안정감과 팀원의 능력에 대한 강한 믿음 즉, 신뢰가 중요하다. 다른 팀원들이 자신의 생각이나 행동을 존중해 주며, 적극적으로 수용해 줄 것이라는 심리적 안정감이 있어야 자유롭게 생각을 공유하고 새로운 진취적인 행동을 시도할 것이다. 팀원들 상호간에 서로의 잠재력을 인정해 주고 상대방에 대한 믿음이 없는 상황에서는 각 개인의 지식이나 의견이 활발하게 교류될 수 없다.

심리적 안정감과 팀원의 능력에 대한 믿음이 없으면, 누구나 알고 있는 피상적인 지식이나 정보만을 형식적으로 공유하게 되며, 그 결과 팀원들이 새로운 것을 학습할 수 있는 기회는 그 만큼 적어지게 된다. 선진기업들의 경우, 최고경영자를 비롯한 관리자들이 역점을 두고 주도해 나가는 경영 관행 중의 하나도 자유롭고 개방적인 분위기 조성이다.

예컨대, Cisco사는, 회의석상에서 사원들이 어떤 이야기라도 자유롭게 하도록 유도하고 있다. 리더가 듣기에 별로 의미가 없고, 사소한 것이라 할지라도 절대 중간에 개입하지 않고 끝까지 경청하는 것이 관례화되어 있다고 한다. 3M사는 실험 정신과 창의력을 고무시키기 위하여 '팀원들 간의 벽이 없는 브레인스토밍'활동을 적극 권장하면서 개방적 학습 분위기를 형성하는데 주력하고 있다.

한편, 개방적인 팀 학습 분위기 조성을 위해서는 팀 운영상에 자율성을 부여하는 것도 고려해야할 중요한 요인이다.

팀 구성원들에게 어떤 아이디어나 대안이 떠오를 경우 그것을 자유롭게 발의하고 실험해 볼 수 있는 기회가 주어져야 한다. 이러한 자율성이 보장될 때, 팀 구성원들의 다양한 아이디어가 창출되고 실험을 통한 체험 학습이 효과적으로 이루어질 수 있다. 예컨대, Compaq사는 전계층의 모든 종업원들에게 새로운 아이디어를 생각해 내고 그것을 실행할 수 있는 권한을 부여하는 자율적인 학습 문화가 정착되어 있다.

동사에는 '허락보다 용서를 구하는 것이 낫다(It's better to ask forgiveness than ask permission)'라는 표어가 있는데, 이는 컴팩사의 자율과 실험 문화의 한 단면을 잘 보여주는 것이라 하겠다.

③ 정보 환경의 조성

조직은 팀원들이 다양한 정보에 쉽게 접근할 수 있는 정보 네트웍 환경을 조성해 주어야 한다. 팀 학습은 팀원들의 긴밀한 상호 작용속에서 이루어질 수 있다.

이를 위해서는 팀원들끼리 가까이 인접하여 상호 빈번한 접촉과 대화를 유도하고 다른 팀원의 행동을 쉽게 관찰할 수 있도록, 사무 공간을 적절히 배치해 줄 필요가 있다.

보다 효과적인 방안은 IT를 활용하여 팀 내부는 물론 외부의 다양한 정보에도 쉽게 접근 할 수 있는 여건을 조성해 주는 것이다. 정보기술을 활용한 네트웍(웹, 인트라넷, 그룹 웨어) 구축은 팀원들로 하여금 각종 보고서, 연구 자료, 조직 내외의 베스트 프랙티스와 같은 다양한 정보에 용이하게 접근하게 해 줌으로써 학습을 촉진할 수 있다.

예컨대, McKinsey사는 컨설팅 관련 정보 시스템 데이터 베이스를 구축해 놓음으로써, 전 세계에 퍼져 있는 컨설턴트들이 과거 맥킨지가 수행한 모든 컨설팅 프로젝트에 대한 정보 자료를 쉽게 획득할 수 있게 하고 있다.

또한 팀원들은 '지식 자원 명부(Knowledge Resource Directory)'를 활용하여 사내의 특정 컨설팅 분야의 전문가를 신속하게 찾아내어 필요한 정보를 얻고 있다. Xerox사는 인트라넷 커뮤니케이션 시스템인 '유레카(Eureka)'와 웹사이트인 '다큐쉐어(DocuShare)'라는 데이타베이스를 활용하여 팀원들이 고객 및 자신의 직무와 관련된 정보를 다른 팀원들과 쉽게 공유할 수 있게 하고 있다.

DEC(Digital Equipment Corporation)사는 고객으로부터 생생한 정보를 얻기 위하여 '조직-

고객 워크샵(Organization–Customer Workshop)'이라는 모임을 수시로 개최하고 있다. 이는 DEC에 있어서 "우리의 고객이 진정으로 원하는 것이 무엇인가? 어떻게 하면 고객의 욕구를 충족시킬 수 있는 역량을 높일 수 있을 것인가?"라는 고객 지식을 긴밀하게 공유하는 중요한 학습의 場으로서 역할을 하고 있다.

④ 팀 성과 중심의 보상

성과 평가 및 보상 면에서 개인 위주 보다는 팀 집단 중심의 보상이 이루어져야 한다. 효과적인 팀 학습의 기본은 팀원들 간의 공동체 의식이나 팀워크에 있다.

팀원들이 긴밀하게 협력하면서 원활하게 정보나 지식을 공유하는 등 팀 학습을 촉진하기 위해서는 팀 차원의 집단성과 평가와 보상이 필요하다. 팀원들의 성과 평가나 보상 측면에서 개인성과를 지나치게 강조할 경우, 이는 팀 내의 지나친 경쟁심을 야기함으로 팀워크에 부정적인 영향을 줄 수 있다.

특히, 개인성과가 우선시될 경우 개인들이 중요한 지식을 공유하지 않고, 혼자만 가지려는 지식의 독점화/폐쇄화 현상이 나타날 수 있다.

미국의 103개 기업의 임원을 대상으로 실시한 조사 결과에 의하면, 팀 성과가 높은 기업일수록 개인보다는 팀 위주의 성과 평가와 보상 방식을 적용하고 있는 것으로 제시되고 있다(〈표 2〉 참조). 예를 들어 GE사도 팀원 개개인들의 지식이나 능력보다는 중요한 정보나 지식을 다른 팀원들과 얼마나 공유하고 있는가 하는 협력성, 팀워크 요인을 매우 중요한 성과 평가 요소로 적용하고 있다.

⑤ 코치형 리더십

팀 리더가 구성원들의 학습을 지원하고 이끌어줄 수 있는 코치형 리더십을 발휘해야 한다. 코치형 리더십이란 구성원들을 가르치고 학습을 지원해 줄 수 있는 교사로서의 리더 역할을 잘 하는 것을 말한다.

팀 학습의 촉진을 위해서는 다른 무엇보다도 리더가 팀 구성원들이 어떤 능력을 배양해야 하는가, 그 능력 배양을 위해서는 어떻게 해야 하는가 등을 항상 고민하고 이끌어주는 코치, 교사로서 역할이 중요하다.

코치형 리더십 발휘의 기본 전제 조건은 팀 리더 자신이 팀원들을 이끌어 줄 수 있는 능력과 지식을 갖추는데 있다.

이를 위해서는 조직이 그러한 리더십 역량을 개발할 수 있는 체계적인 교육 훈련 기회를 부여해야 한다. 선진 기업들이 중점을 두고 있는 리더십 교육중의 하나도 코치형 리더십의 배양이다. 예컨대, British Airline사는 1,400여 명의 팀 리더들을 대상으로 일주일 동안의 합숙 훈련 프로그램을 실시하고 있다.

이 프로그램에서는 부하에 대한 지도력, 부하와의 신뢰적 관계 형성, 자율성 부여, 인재 육성 등 리더가 갖추어야 할 새로운 리더십 스타일을 강조하고 있는데, 그 중요한 특징이 바로 코치형 리더십 개발에 있다.

그러나, 이러한 교육 프로그램만으로는 코치형 리더십을 배양하는데 충분하지 않다. 보다 중요한 것은 팀 리더 스스로가 솔선수범하면서 실력을 키울 수 있도록 강도 높게 학습하는 자세를 갖추어야 한다.

팀 리더는 자신의 역량을 높이기 위해 지속적으로 학습하고 새로운 리더상을 팀원들에게 보여주기 위하여 부단히 노력해야 할 것이다.

4 개인사업자와 법인사업자

1) 개인사업자

(1) 장점

① 개인사업자의 큰 장점은 사업자 등록이 쉽고 간편하다.

② 사업자금이 적게 든다.

③ 경영의사 결정이 쉽고 빠르다.
- 본인이 회사의 대표이고, 또 사업체가 본인 소유이므로 자신이 꾸리고 싶은데로 사업을 영위할 수 있다.

④ 경영성과가 모두 개인에게 귀속된다.
- 사업체의 성공과 실패에 대한 모든 책임을 진다는 의미에서 개인사업자는 사업체에 대한 무한책임을 가진다. 즉, 만일 사업이 실패해서 1억원의 부채를 짊어지게 된다면, 개인사업자가 모든 책임을 지고 그것을 갚아야 한다.

⑤ 회사자금의 사용이 용이하다.
- 이익금의 일부를 인출했다고 하더라도, 회계상 문제가 되지는 않는다. 단순히 이

익의 일부분을 먼저 지급받은 것이 되며, 또 나중에 다시 입금해놓는 것도 역시 문제가 되지 않는다.

⑥ 인적 조직체로서 제조방법, 자금운용상의 비밀유지가 가능하다.

(2) 단점

① 경영자 개인의 능력에 따라 회사가 좌우된다.
- 영업, 마케팅, 기획, 인사, 재무 등 회사의 모든 역할을 사실상 경영자 혼자서 해야 한다.

② 사업의 지속성에 문제가 있을 수 있다.
- 경영자에게 만일 어떤 일이 생겨 사업을 할 수 없는 경우, 폐업을 해야 한다.

③ 일반적으로 납세에 불리함이 있다.
- 법인의 경우 세율이 13~25%인데 반해 개인은 8~35%이므로 버는 돈에 따라 같은 상황에서도 법인보다 더 많은 세금을 내야 할 수도 있다. 현행 소득세율과 법인세율의 구조를 감안할 때 개인사업자가 법인사업자로 전환할 필요성이 나타나는 시점은 소득세 과세표준 금액이 2천2백5십만원을 초과할 때부터이다. 즉, 연간 소득세 과세표준금액이 2천2백5십만원을 초과할 때부터는 소득세보다 법인세의 부담이 더 적어지기 시작한다.
  일단 수입이 높고, 높은 대외신용도가 필요한 사회적기업 또는 투명한 재정운영이 필요한 기업은 법인이 유리하나, 소규모 개인사업자의 경우 굳이 법인 절차를 밟을 필요는 없다.
  다만, 소득이 올라갈 경우 세금문제 등을 고려할 때 소규모 개인사업자도 법인 설립이 유리할 수 있다.

2) 법인사업자

(1) 장점

① 대외적인 공신력을 지닌다.
- 법인으로 등록을 하게 되면 주주는 유한책임, 즉 설령 회사가 부도가 난다고 하더

라도 자신이 투자한 금액만을 날리는 데서 끝나기 때문에 투자유치가 쉬워진다. 따라서 대규모의 자금을 모을 수 있으며 사업의 규모도 개인사업자와는 달라질 수 있다. 또한 영업활동, 관공서, 금융기관 등과의 거래에 있어서도 개인사업자보다 더 유리한 측면이 있다.

② 납세에 유리함이 있다.
- 법인세 부담이 종합소득세(개인) 부담보다 적기 때문에 사외유출이 적어진다.

③ 소유와 경영의 분리가 가능하다는 것이다.
- 경영만 전담하는 전문경영인을 세울 수도 있고, 또 대외공신력이 개인사업체보다 뛰어나므로 우수한 직원을 채용할 기회도 많다.

④ 지속적인 경영이 가능하다.
- 창업자가 개인적인 사유로 경영을 할 수 없다고 해도 사업체의 유지는 가능하다.

(2) 단점

① 세무처리 능력이 있어야 한다.
- 법인의 경우는 회계사항을 복식부기를 사용하여 기록할 의무를 가지고 있다. 이는 다양한 의사결정자 및 관련자들이 동일한 언어로 회사의 상태를 이해하기 위함이다. 본인이 회계를 배우거나 아니면 경리담당자를 따로 고용을 해야 하는 번거로움이 따른다.

② 경영의사결정이 느릴 수 있다.
- 대표이사의 업무집행은 상법이나 주주총회 또는 이사회에서 위임된 권한의 범위 내에서 이루어지는 것이며, 중요한 의사결정은 상법에서 정한 바에 따라 주주총회 또는 이사회의 의결이나 승인을 거쳐야 하는 경우가 있다.

③ 대표자가 기업자금을 개인 용도로 사용하면 회사는 대표자로부터 이자를 받아야 하는 등 세제상의 불이익이 있다.

5 재무지식

1) 재무계획 작성 필요성

재무계획은 가정으로 뭉쳐진 추정치이다. 따라서 재무계획의 모든 부분에서 어떠한 가정을 가지고 추정하였는가를 나타내어야 한다. 컴퓨터를 사용하여 작성하는 재무계획은 가정 하나를 수정함으로써 엄청난 결과치의 변화를 초래할 수 있기 때문이다.

(1) 재무요약

재무계획과 관련된 주요 사항을 간단하게 요약한다. 손익계산서나 대차대조표의 주요 사항인 매출, 원가, 자산, 부채, 자본금 상태 등에 대해 반장 정도로 기술한다.

(2) 투자제안

투자자에게 요청하는 투자요구사항이다. 주식투자를 원할 경우 구주매출인지 신주증자인지 기술하고 투자자가 획득할 수 있는 지분율과 금액을 표시한다. 투자자는 이 내용과 사업계획서의 타당성을 비교하여 투자를 결정한다. 특히 재무계획의 추정치를 분석하여 투자자가 매입할 주식의 가치가 적정한지 평가하는 기준이 여기에 있다.

(3) 투자금의 용도

투자자는 자신의 투자금이 어디에 사용되는지 궁금해한다. 운전자금, 시설자금 등으로 투자금의 사용용도를 분류해 주고 투자금이 향후 회사의 실적에 어떻게 연관되는지 설명한다.

(4) 투자회수 방안

안전하고 충분하게 투자금을 회수하는 것은 모든 투자자의 목적이다. 투자자는 좋은 사업에 투자하여 사회에 기여하는데 만족하지 않는다. 사업계획서를 검토하는 것도 투자를 하여 위험을 최소화하면서 충분한 수익을 올리면서 투자금을 회수할 수 있는지 판단하기 위해서다. 따라서 반드시 어떤 방법으로 투자자가 투자금을 회수할 수 있을 지 명시해야만 투자자를 설득할 수 있다. 특히 국내 벤처캐피탈은 투자한 뒤 수년이 지나도 수익을 올리지 못한 투자사례를 많이 경험하였기 때문에 이 부분을 명확하게 설명해야 한다. 이익을 많이 내고 배당금을 충분히 지급하는 방법도 있고 공개요건을 갖추어 기업공개를 추진하여 시장에서 투자자가 주식을 매각하여 투자수익을 올릴 수 있는 방법도 있다. 창업자는 투자자와 투자회수방안에 대해 긴밀하게 협의해야 한다.

(5) 추정 손익계산서

손익계산서는 일정기간동안의 수입과 비용을 표시한 것으로 가장 널리 사용되는 기업의 실적표이다. 일반적으로 5개년치를 작성하며 적어도 3개년치에 대한 추정치를 작성해야 한다. 초기년도에는 가능하면 분기별로 작성한다.

(6) 추정 현금흐름표

현금흐름표 추정은 재무계획에서 가장 중요한 부분임에도 불구하고 우리나라에서 특히 무시되는 부분이다. 현금흐름표는 언제 어디서 현금이 회사로 유입되고 언제 어떻게 현금이 유출될 것인가를 일목요연하게 알 수 있기 때문에 단순히 사업계획서를 위해서만 아니라 기업의 경영상황을 관리하기 위해 가장 필수적인 도구이다.

최근 흑자도산하는 기업의 대부분이 현금흐름을 적절히 통제하지 못했기 때문인데, 창업자는 기업이 지속적으로 현금을 보유할 수 있도록 계획해야 한다. 손익계산서 상의 이익이 회사 금고나 통장에 현금이 있다는 것을 의미하진 않는다.

사업을 하다 보면 추가 운전자금이 필요한데 현금흐름표는 잘 작성하면 이에 대한 대비를 할 수 있다. 초기년도는 최대한 자세하게 현금흐름표를 작성하되, 손익계산서와 연동하여 분기별 혹은 연도별로 작성한다. 3개년에서 5개년치 정도 추정한다.

(7) 추정 대차대조표

대차대조표는 특정시점의 기업 재산상태를 촬영한 사진과도 같다. 기업 자산의 구성내역과 자산의 자금출처, 즉 부채와 자본금 등의 내역을 표시한 것이므로 사업계획서 내에 첨부되는 실적 대차대조표는 가장 최근치를 사용하여야 한다. 창업회사의 경우 개시 대차대조표도 포함시키고 손익계산서처럼 3개년에서 5개년치를 작성한다.

(8) 손익분기점 분석

손익분기점 분석은 창업기업이 총비용과 같은 규모의 매출액을 산정할 때 자주 사용된다. 손익분기점 분석을 함으로써 손익분기 매출을 달성하기까지 소요되는 비용도 파악할 수 있으므로 사업이 궤도에 오를 때까지 필요한 자금소요량도 추정할 수 있다. 사업계획서에 손익분기점 분석이 포함될 정도면 재무계획에 상당히 신경 쓴 경우라 할 수 있다.

(9) 과거 재무제표

창업기업이 아닐 경우 당연히 3개년에서 5개년의 과거실적 재무제표를 첨부하고 한국은행이나 산업은행에서 발간되는 기업경영분석 자료를 통해 업종 평균 재무제표와 비교하면 좋다. 또한 재무제표는 과거 실적이든 미래 추정치든 현재와 가까운 시점일수록 정확하고 자세하게 기술해야 한다.

2) 재무계획 작성 시 유의사항

재무계획의 목적은 회사의 예상되는 재무성과를 신뢰성 있고 이해 가능한 추정치로 수식화하는 것이다. 현실성 있고 믿을 만한 재무계획은 투자자가 투자를 결정하는 가장 중요한 요소 중의 하나이다. 사업계획서의 다른 부분이 기업의 본질을 이해하도록 한다면 재무계획은 투자자의 최대 관심인 수익성을 표현하는 부분이다.

그럼에도 불구하고 대부분의 사업계획서에서 가장 부실하고 믿을 수 없는 부분이 재무계획이다. 벤처캐피탈에 제출되는 사업계획서 중 실제로 계획치를 달성하는 비율이 10%도 되지 않는다는 사실은 창업자에게 시사하는 바가 크다.

재무계획의 부실은 먼저 창업자 또는 기업의 재무기획 능력의 부족에서 기인한다. 창업기업뿐만 아니라 이미 사업을 하고 있는 많은 중소기업들도 내부적으로 재무관리에 대한 인식이나 지식이 부족하며 재무와 회계에 관한 모든 업무를 경리라는 업무를 담당한 직원이 맡고 있다. 중소기업에 대한 애로점을 조사한 모든 통계치에서 자금문제는 항상 수위를 차지하고 있음에도 불구하고 효과적인 자금관리능력이 없다는 사실은 매우 염려스러운 일이다. 사업에 성공하고 자금관리에 실패했다는 후회를 하지 않기 위해서 내부적으로 재무능력의 보강에 힘써야 하고 엔지니어 출신의 창업자는 독학을 해서라도 기본적인 재무지식을 갖도록 해야 한다.

재무계획이 부실한 또 다른 이유 중의 하나는 투자자에게 환상을 보여주기 위해 터무니없이 낙관적인 전망을 제시하기 때문이다. 수치로 보여지는 계획의 가장 큰 약점은 기본적인 데이터만 약간 손질함으로써 전체적인 그림이 완벽하게 달라질 수 있다는 점이다. 적자투성이의 손익계산서도 매출의 근거로 제시하는 시장점유율만 조정함으로써 대폭의 흑자로 고칠 수 있기 때문이다. 사업계획서를 검토하는 투자자는 재무계획뿐만 아니라 기업경영전반에 대한 경험과 지식을 가지고 있어 이러한 낙관적인 견해의 제시는 오히려 신뢰성을 잃게 하여 더 이상 투자검토를 하지 않게 되는 불행한 사태를 초래한다. 따라서 재무계획의 근거자료를 투자자에게 충분히 제시하고 설득하는 성실성이 필수적으로 요구된다.

경영, 특히 회계와 재무에 관한 지식이 없는 창업자는 반드시 외부전문가에게 도움을 받아 이 부분을 작성해야 하며, 외부전문가와 상호 의견을 교환하면서 공동으로 진행한다는 생각을 해야 한다.

(1) 재무계획을 수립하면서 명심해야 할 것

① 신뢰성 있는 데이터를 사용하라

추정의 정확도는 사용한 데이터에 좌우된다. 투자자는 창업자가 작성한 재무계획 추정치의 타당성을 검증하기 위해 독자적으로 조사하고 평가한다. 재무계획의 근거가 되는 데이터는 객관적으로 검증이 된 것이거나 작성자가 투자자에게 이해가능한 범위의 것만 사용해야 한다.

② 시나리오를 작성하라

재무계획은 본질적으로 불확실성을 내포하고 있기 때문에 단일안을 작성하는 것은 설득력이 부족하다. 사업성과에 결정적인 몇 가지 요소를 변화시켜면서 낙관적인 경우와 비관적인 경우 및 일반적인 경우 등으로 구분하여 작성하면 좋다. 이는 투자자에게 뿐만 아니라 창업자에게도 향후 기업경영성과를 깊이 이해하는데 큰 도움이 된다. 변화하지 않는 사업환경이란 없고 계획대로 되는 사업 또한 매우 드물다는 사실을 명심해야 한다.

③ 가장 최근 시점의 재무계획을 제출하라

작성된 사업계획서가 어느 정도 시간이 흐른 다음 투자자에게 넘어간 경우에 가장 문제가 되는 부분이 재무계획이다. 재무계획은 주기적으로 갱신해야 하며 재무상태에 영향을 미치는 요소의 변화를 무시하고 과거의 자료를 그대로 사용하는 실수를 하지 말아야 한다. 재무계획의 내용은 반드시 가장 최근의 상황을 반영해야 한다.

④ 일관성을 유지하라

재무계획은 사업계획서 기타부문에서 언급된 세부사항과 일치하여야 한다. 사업계획서의 작성에 익숙하지 못할 경우 각 부분의 통합성을 잃어버리는 경우가 생기는데 이는 부주의하거나 사업 자체에 대한 이해가 없기 때문이다. 어느 경우든 투자자는 투자하지 않는다. 마케팅부문의 광고예산이 있었다면 그대로 재무계획에 반영되어야 한다.

⑤ 전문가의 도움을 받아라

재무계획은 독자적으로 작성하기 쉽지 않으므로 반드시 회계사나 전문가의 힘을 빌려야 한다. 재무계획을 작성하기 전에 준비한 다른 부분의 사업계획이 최종적으로 수치화되고 통합되는 곳이 바로 재무계획 부분이다. 투자자가 가장 신경을 쓰고 보는 곳이 재무계획이므로 어설픈 재무계획은 사업자체에 대한 신뢰를 무너뜨린다. 투자자가 창업자의 사업에 대한 호의를 가지고 직접 재무계획을 작성하면서 검토하는 경우도 있지만 이런 경우는 드물기도 하고 투자결정을 하기까지 많은 시간이 소요된다. 벤처캐피탈을 찾는 창업기업치고 자금이 급하지 않은 곳이 있는가. 빠른 시간 내에 투자를 받고 싶거든 사업계획서를 고치고 또 고쳐서 최대한 완벽하게 작성해야 한다. 벤처캐피탈은 투자수익을 예상되는 사업에는 무조건 투자한다. 여러분이 작성한 사업계획서가 완벽함에도 불구하고 투자를 하지 않는다면 벤처캐피탈의 잘못이다. 그 때는 다른 벤처캐피탈을 찾아가라. 좋은 사업이라면 투자자는 있기 마련이다.

⑥ 근거자료를 준비하라

사업계획서의 제한된 분량으로 인해 재무계획도 구구절절이 모든 사항을 나열할 수 없다. 아래에 기술하는 주요 부분을 제외한 모든 데이터와 가정에 대한 자료를 별도로 준비하고 투자자가 자료를 요청할 경우 즉시 제출하도록 해야 한다. 충실히 자료를 준비할수록 투자검토에 소요되는 시간이 짧아진다.

⑦ 비율 사용에 유의하라

스프레드시트의 사용은 재무계획의 작성을 한결 쉽게 만들었다. 반면에 수치 하나의 조작으로 전체 재무제표의 상태를 바꿀 수 있어 문제가 된다. 재무제표의 주요 수치인 매출, 원가 등을 산출할 때 단순히 비율(%)의 개념을 사용하게 되면 현실성이 없는 결과를 초래한다. 예를 들어 광고비의 경우 흔히 매출액 대비 %를 사용하는데 99년의 매출액이 100억이면 광고비 지출을 매출액 대비 5%로 보고 5억을 비용에 책정한다. 그러나 광고비 지출은 매출의 선행요소이다. 광고비를 지출하고 나서 수개월 혹은 1년이 지나서 광고효과로 인한 매출이 발생한다. 이런 점을 고려하지 않고 단순히 숫자를 삽입함으로써 문제를 야기하는 경우 중의 하나가 매출액을 산정할 때 시장규모에 예상 시장점유율을 적용하는 경우이다. 이것만큼 향후 전망을 낙관적으로 만드는 방법이 없다. 시장점유율을 키보드 위에서 10%에서 20%나 30%로 입력하기는 쉽지만 현실적으로 이를 달성하기 위해서는 추가적으로 엄청난 비용과 노력이 들 뿐만 아니라 원천적인 경쟁우위를 가지고 있어야 한다. 여러분이 시장점유율을 확대하기 위해서는 고객의 구매선 변경, 타기업과의 극심한 경쟁 등의 무수히 많은 난관을 돌파해야 한다. 단순히 시장점유율을 기입하거나 전년대비 성장률을 적용하여 매출액을 산정하는 실수는 피하는 것이 좋다.

6 창업 자금 조달

1) 창업 자금 조달을 위한 준비 사항

창업을 준비하는 과정에서부터 사업이 안정될 때까지 자금 조달을 위해 창업자가 기본적으로 준비해야 할 내용들이다.

창업자금이란 창업을 준비하는 과정에서 필요한 자금뿐만 아니라 사업 초기에 필요로 하는 부족한 운전자금을 포함하고 있다. 사업을 개시하기 위해 창업자금이 필요한 경우가 대부분이지만, 때로는 사업 초기에 계획보다 재료비나 인건비 등이 수입보다 과다하게 지출되는 경우, 수금이 지연되어 여유자금이 고갈되는 경우, 산업을 확장하는 경우 등에 의해 자금을 필요로 하는 일이 의외로 많다.

창업자금 조달은 창업을 준비하는 과정에서 충분한 계획에 의해 조달하는 것이 바람직하지만 예측이 불가능한 것에 대비하는 자세가 반드시 필요하다. 따라서 사전에 자금 조달에 대한 충분한 지식을 갖고 준비를 해 둔다면 훨씬 수월하게 필요로 하는 자금을 조달할 수 있을 것이다.

창업을 준비하는 과정에서부터 사업이 안정될 때까지 자금조달을 위해 창업자가 기본적으로 준비해야 할 내용들을 소개한다.

(1) 사업의 형태를 갖추어라

창업을 준비 중인데 창업자금을 조달할 수 있는가? 라는 질문에 대해 '사업자등록을 하기 이전에는 창업자금 지원을 거의 받을 수 없다'는 것을 우선 알려드리고 싶다. 창업을 준비하고 있는 예비창업자에 대한 창업자금 지원은 보증기관이나 금융기관에 거의 없으며, 따라서 창업자금 조달을 위해 소상공인지원센터나 보증기관의 방문 상담을 하는 경우에는 최소한 점포 계약을 하거나 사업자등록을 마친 후에 진행하는 것이 바람직하다.

(2) 자금수지표를 월별로 작성하라

'필요로 하는 창업자금이 얼마냐?'하는 질문에 대해 창업자들은 '가능하면 최대한으로 받으면 좋겠다'는 막연한 답변을 하는 경우가 많다. 창업자금은 '무엇을 하기 위해 얼마가 부족하다'는 것이 아니라 '언제 무엇 때문에 얼마가 필요하다'는 형태로 계획을 수립해야 한다. 이를 위해서는 '자금수지표'를 작성해야 하는데, 창업에 필요한 지출 내용을 구분하여 월별로 창업 준비 시기에서부터 최소한 창업 후 1년까지를 산출하고 초기 투자 금액과 판매 수입을 예상하여 필요로 하는 자금 규모와 시기를 파악해야 한다.

(3) 보여줄 수 있는 서류를 준비하라

창업자들의 일부는 소상공인지원센터나 신용보증기금에 아무런 서류 준비 없이 자금 조달을 위한 상담을 가는 경우를 간혹 보게 되는데, 이러한 경우 제대로 상담이 이루어지지 않게 된다. 창업자가 도움을 받기 위해 지원기관에 상담을 하러 간다면 상대방에게 자신의 사업 내용을 눈으로 확인시켜 줄 수 있는 확실한 서류들(사업자등록증, 사업계획서, 취급 상품 또는 서비스 내용, 계약서 등)을 준비해야 한다. 또한 신청 서류를 제출할 때도 제출 서류 외에 자신의 사업이 유망하다는 것을 보여줄 수 있는 판매 관련 계약서, 약정서 등의 서류를 첨부하는 하는 것도 도움이 될 수 있다.

(4) 은행 실적을 관리하라

대부분의 예비창업자들은 창업에 소요될 목돈을 짧은 기간이나마 이자 수입을 위해 고금리 상품이 있는 증권회사, 신탁회사, 저축은행 등의 금융기관에 분산하는 경향이 있는데, 그렇게 하면 창업자의 신용 실적을 높일 수 있는 기회를 놓치게 된다. 따라서 창업을 준비하는 과정 동안 창업지원 상품이 있는 1~2곳의 은행으로 자금을 몰아 두는 것이 필요하다. 은행 실적은 필요한 시기에 정부의 창업자금 지원이 아니더라도 금융기관에서 지원하는 자금을 신용으로 받을 수 있는 기회를 가질 수 있기 때문이다.

(5) 개인신용 상태를 확인하라

창업자금 조달을 진행하는 과정에서 과거 친구 또는 동료의 보증에 대한 부적격 사유 발생, 본인이 거주하고 있는 주택 또는 사업장의 가압류 · 가처분, 은행 대출 및 신용카드의 연체 등 창업자 자신이 숙지하지 못한 문제로 인하여 낭패를 보는 경우가 간혹 발생한다. 이러한 경우 창업자금을 조달하는 것이 불가능해질 수 있으므로 인터넷을 통한 신용정보기관의 본인 신용 상태 조회, 주택 및 사업장의 등기부등본 열람 등을 통해 사전에 확인해 두는 것이 필요하다. 특히 주식회사의 경우 법인등기 이사가 신용 불량자인 경우도 자금 조달이 곤란하므로 반드시 확인을 해야 한다.

(6) 보증인 동의를 확보하라

부동산 담보가 없어 보증기관에서 보증서를 발급 받는 경우 창업자의 조건에 따라 반드시 부모 또는 배우자, 주식회사인 경우 법인등기상의 이사 등의 연대보증을 요구하고 있다. 미혼자인 경우 부모님의 반대, 법인의 경우 이사의 보증 거부, 심지어는 배우자의 보증 기피 등으로 창업자금을 조달하지 못하는 경우가 허다하다. 따라서 창업자금의 조달을 필요로 하는 경우 보증인이 될 사람에게 사업 내용을 충분히 설명하고 사전에 동의를 확보해 두는 것이 반드시 필요하다. 법인의 경우 창업자금을 조달해야 한다면 법인등기이사를 보증이 가능한 사람으로 선정하는 것이 유리하다.

(7) 장부와 증빙서류를 보관하라

자금 신청 시에는 특별한 경우를 제외하고 보증기관 또는 금융기관에서 사업장에 현장 실사를 나오게 된다. 이때 기본적으로 확인하는 것이 매출 및 지출에 관한 장부 및 증빙, 근무 인원에 관한 자료, 사업자 명의로 된 예금통장 등이다. 따라서 사업과 관련된 모든 증빙과 장부는 사업장에서 보관하거나 기장대행을 하는 경우 정리 내용을 별도로 비치해 두어야 한다. 특히 예금통장의 경우에는 회사 통장과 개인 통장을 반드시 구분하여 사용하는 노력이 필요하다.

(8) 매출 실적을 관리하라

사업자는 세금을 적게 내기 위하여 매출을 축소하여 신고하는 경우가 대부분인데, 이러한 경우 보증기관이나 금융기관에서는 세무서에 신고한 서류를 통해 평가함으로써 사업실적을 제대로 받기 어렵다. 신용보증기관에서는 운전자금의 경우 일반적으로 매출액의 4분의 1 또는 6분의 1 범위 내에서 보증서를 발급해주는데, 매출 실적을 축소하는 경우 자금조달 규모도 그만큼 줄어들게 된다. 따라서 분기별 부가가치세 신고는 향후 자금조달을 위한 시발점이라는 사실을 명심해야 한다.

(9) 자금 조달 시기를 결정하라

소상공인 창업의 경우 부동산 담보가 없이 또는 점포의 저당권 설정 없이 창업자금으로 5천만원 이상을 조달하는 것은 거의 불가능하다. 창업자금의 경우 창업자 및 사업에 대한 평가와 실적이 거의 없음으로써 생계형 창업 보증을 통해 대부분이 2~3천만원의 자금만이 지원될 뿐이며, 향후 6개월~1년 동안은 신용보증 신청도 할 수 없게 된다. 그러므로 현재 시점에서 창업자금을 조달하지 말고 창업 후 6개월~1년 후에 어느 정도 매출 및 영업 실적을 쌓은 후 진행하는 것도 하나의 방법이다.

(10) 대출 브로커를 조심하라

정책자금 지원을 둘러싸고 주변에는 대출을 알선하고 10~20%에 달하는 고율의 수수료를 챙기는 경우가 많이 있다. 자금 조달에 대한 지식이 없는 창업자의 경우 어려움 없이 자금을 조달할 수는 있지만 금전적인 부담과 함께 많은 위험을 감수해야만 한다. 계속적으로 사업을 영위해야 하는 창업자라면 자금 조달에 대한 노하우 없이 그 때마다 브로커에 의지하여 비싼 대가를 지불한다는 것은 곤란한 일이다. 창업을 하면서 처음부터 배운다는 자세로 주변의 도움을 받아 자금 조달에 대한 지식을 습득한다면 전혀 어려운 일이 아니다.

사업의 실패는 원칙을 지키지 않음으로써 발생한다고 한다. 마찬가지로 자금 조달에 있어서도 기본적인 것들을 무시함으로써 실패하는 경우가 허다하다.

2) 창업 자금 조달 방법

창업의 첫걸음은 자금확보 방법을 터득하는 것이라고 하여도 과언이 아니다. 전액 자기 자본을 투자한다면 아무런 문제가 없겠지만, 창업자금이 부족하다면 정부가 지원하는 값싼 자금을 시중은행보다 낮은 금리로 대출 받는 것도 지혜로운 창업방법이 될 것이다.

고실업에 따른 창업열기의 고조로 금융기관들이 다양한 대출상품을 내놓고 있을 뿐만 아니라 정부 지방자치단체들도 자금지원에 나서고 있기 때문이다. 그러나 자금을 마련하기에 앞서 사업수행에 따른 현금 흐름과 수익구조를 꼼꼼히 따져봐야 한다. 여유자금이 많지 않은 창업일수록 보수적인 자금조달이 필요하다. 어떤 자금이 많지 않은 창업일수록 보수적인 자금조달이 필요하다.

어떤 자금이든지간에 우리나라의 금융현장에 있어서는 대출제도보다 오히려 담보가 문제되는 경우가 많다. 담보문제만 해결된다면 어느 은행에 가든지 3천 내지 1억원 정도는 어렵지 않게 대출 받을수 있게 되어가고 있다. 최근 각 금융기관들이 예금유치를 위해 각종 대출 제도에서 복잡한 절차를 간소화하고 있는 추세이며, 인감과 인감증명서도 필요없이 서명으로만 대출이 되기도 한다. 이런 현상은 앞으로도 지속될 것으로 예상된다. 따라서 창업을 하려고 하는 경우 현재 거래하고 있는 은행에 찾아가서 대출상담을 해보면 담보 범위 내에서 종전보다는 쉽게 대출을 받을 수 있을 것이다.

(1) 시중은행을 이용한 운영자금조달

예비창업자는 창업을 위해 적금대출제도를 활용하는 지혜가 필요하다. 대부분의 시중은행들은 고객으로부터 적금을 가입받고 일정 회차 이상 월불입금을 입금한 경우 정해진 내부 규정에 따라서 통상 계약고 범위 내에서 담보 또는 신용으로 자금지원을 해주고 있다. 따라서 창업예비자들은 필요할 때 시중은행의 대출창구를 통해 적금대출의 가능성도 타진해볼 필요가 있으며, 이러한 적금대출에 대비하여 사전에 창업자금 준비를 일정한 목표하에서 해두는 것도 자금조달의 지혜가 될 수 있다.

(2) 정부 정책자금과 지원 프로그램을 통한 조달

중산층과 서민층, 실직자, 여성가장들의 일자리나 창업을 도와주기 위해 각종 지원책과 저리의 정책자금을 대출해주고 있는데, 이러한 제도를 잘 활용하는 것도 효과적인 자금마련대책이 될 것이다. 어떤 종류의 자금이 나에게 알맞은 자금인지 매스컴이나 인터넷 검색을 통하여 평소 정보를 수집하는 것이 바람직하다.

〈표 1-3〉 창업아이템 경진대회 평가표 예시

평가항목		세부 평가항목	배점
I.	참가자의 역량(20)	아이템 선정배경	10
		참가자 보유역량	10
II.	창업아이템 기술성(30)	기술의 구체성(핵심기술)	15
		기술의 차별성	15
III.	창업아이템 사업성(30)	성장가능성	15
		경쟁력 및 파급효과	15
IV.	창업아이템 추진계획(20)	시제품 제작 계획 체계성	10
		현실성 및 추진가능성	10

3) 창업 자금 관련 지원

(1) 청년전용 창업자금 이용법

https://www.youtube.com/watch?v=JsD8-1Ei56w

(2) 소상공인 & 자영업 관련 지원제도

https://www.youtube.com/watch?v=wTM8Fstzs3o

(3) 창업자금 정책자금 활용법

https://www.youtube.com/watch?v=RIPn013YusE

4) 창업 지원 관련 웹사이트

① 창업진흥원(http://www.kised.or.kr/)
② 서울특별시 소상공인경영지원센터(http://www.seoulsbdc.or.kr/main.do)
③ 창업에듀(http://edu.changupnet.go.kr/)
④ 희망창업(http://www.hopestart.or.kr/)
⑤ 오픈(https://openir.kised.or.kr/)
⑥ 소상공인창업진흥원(http://www.sbiz.or.kr)
⑦ 중소벤처기업부 창업진흥원(https://www.kised.or.kr)
⑧ 중소벤처기업부 K-스타트업(https://www.k-startup.go.kr)
⑨ (해외) 킥-스타터(https://www.kickstarter.com/)
⑩ 사단법인 한국창업보육협회(http://www.kobia.or.kr/)
⑪ 사단법인 한국창업지도사협회(http://www.jidosa.kr/)
⑫ 경기도 경제과학진흥원, 이지비즈(http://www.egbiz.or.kr)

7 사업계획서 작성

1) 사업계획서 작성의 중요성

대부분의 소자본 창업자들은 사업계획서 작성의 필요성을 간과하는 경우가 많다. 그러나 사업계획서는 반드시 필요하다. 아무리 유능한 사람이라도 창업을 준비하다 보면 예기치 못한 일들이 발생하기 때문이다. 따라서 사업계획서에 의한 사업추진만이 문제를 해결하는 데 일조를 할 것이다. 중소기업이나 대기업은 물론이거니와 비록 소자본 창업이라

할지라도 사업을 하려면 제일 먼저 필요한 것이 사업계획서다. 창업자가 기업을 설립하기 위하여 그리고 자신의 사업을 지속적으로 성장시키기 위한 구체화된 의지를 체계적으로 정리한 것이 계획서이다. 그러나 이런 중요성에도 불구하고 기본 사업계획서도 없이 사업을 시작하는 창업자들이 의외로 많으며 어렵게 창업한 기업이나 점포가 부실해지고 실패로 끝나는 것도 사업계획서 없이 주먹구구식 창업에 기인하는 바가 크다고 볼 수 있다.

대부분의 소자본 창업자들은 조그마한 가게 하나 차리는데 무슨 사업계획이 별도로 필요하냐며 간단하게 넘겨버리는 경우가 많은데 반드시 사업계획서를 작성할 필요가 있다. 아무리 유능한 사람일지라도 여러 가지 복합적인 프로젝트를 수행하다 보면 예기치 못한 일들이 발생하며 순서가 달라 사업을 추진하는 데 차질을 빚기도 한다. 이때 사업계획서에 의한 사업추진이 이러한 문제를 해결해 주는데 일조를 할 것이며, 경비절감의 효과도 노려 볼 수 있다.

작업순서가 달라서 창업시기에 맞추려고 무리하게 일을 추진하는 과정에서 예산에 없는 비용이 드는 경우가 있다. 예를 들자면 시급한 공사기일로 견적서 한번 받아보지 못하고 물품 구매가 이루어지는 경우나 허가를 요하는 업종에 있어서는 뇌물성 자금이 지출된다거나 하는 일이 다반사로 벌어지는 것이 창업 현장이다. 물론 최근에 많이 정화되어 부패가 사라졌다고는 하나 현실은 항상 그렇지 않은 것을 감안한다면 사전에 생길수 있는 모든 문제점을 파악하고 사업계획서를 작성하여 순서에 의한 체계적인 창업을 추진 할 필요성이 있는 것이다. 사업계획서 작성이 필요한 이유는 다음과 같다.

(1) 사업계획서는 체계적인 사업 준비를 하는데 유리하다.

창업 절차는 매우 복잡하고 시행과정상 예상치 못한 문제로 차질을 빚는 경우가 많아 사업계획서를 미리 작성한 후 사업을 준비하는 것이 꼭 필요하다.

(2) 사업 성공 가능성을 높여준다.

사업계획서를 작성하는 과정에서 창업가는 사업에 관한 여러 가지를 살펴보게 되며 성공가능성, 위험부담 시장조건들을 객관적으로 빠뜨리지 않고 살펴볼 수 있는 기회가 되므로 사업계획을 짜며 위험 요소를 사전에 체크하고 대책을 수립한 후 사업에 착수하면 실패 위험을 줄일수 있다.

(3) 사업계획서는 자본조달 수단이다.

사업계획의 효율적 추진을 위해 도움을 줄 동업자, 금융기관, 투자자, 일반고객 등에게 자기 사업을 설명하고 홍보하는데 구두로 하는 것보다는 사업계획서가 훨씬 설득력이 있다.

(4) 점포 경영의 지침서다.

일단 사업이 시작되면 사업계획서가 점포경영과 평가의 지침이 될 수 있다. 이런 기록이 없으면 처음 시작할 때 의도했던 목표나 예측을 잊어버리고 그때그때의 평가 기준에 의해 성과를 평가하여 경영을 잘 못하는 수가 있다.

(5) 사업계획서는 창업자의 인격이다.

사업계획서가 얼마만큼 잘 작성되었는지 여하에 따라 상품의 공급 또는 수요관련 거래처들에게 사업목표, 경영방침 등을 효과적으로 알릴 수 있으며 창업자 자신의 인격이나 성품을 알릴 수 있는 수단이 된다.

2) 사업계획서 작성 Tips

(1) 계획서는 살아있어야 한다.

사업계획서는 한번 만들면 그만인 것이 아니라 상황에 따라서 새로운 요소가 발견되면 그때그때 고쳐서 써야 한다. 그리고 계획 사업에 잠재되어 있는 문제점에 대해 항상 열린 마음을 가지고 점검, 작성되어야 한다.

(2) 사업계획서는 충분성과 자신감을 바탕으로 작성되어야 한다.

창업자 자신이 가지고 있는 목표 아이템을 제 3자에게 설득있게 납득시키는 것이 사업계획서의 제 1의 목표이다.

(3) 객관성이 결여되어서는 안 된다.

자신감이 너무 지나쳐 자만심이 되거나 자신의 의견에 몰입되어 갇혀 버린다면 사업계획서의 신뢰성에 큰 타격을 미칠 수 있다. 사업계획서는 정확한 자료에 의거한 객관적인 것이어야 한다.

(4) 핵심내용을 강조, 부각시켜야 한다.

전문용어의 사용을 피하고 보편적으로 설득력 있게 작성되어야 한다.

남들과는 다른 자신의 아이템의 중점 핵심을 부각시키고 그것이 기술적 내용일 경우라도 투자자 및 관련 당사자가 알기 쉽게 작성되어야 한다.

(5) 자금조달 운용계획은 정확하고 실현가능성이 있어야 한다.

사업계획서 작성시 가정을 배제해야 한다. '이렇게되면 자금조달은 순조로울 것이다.' '무엇이 어떻게 된다면 판매에는 아무 문제가 없을 것이다.'라는 식의 가정을 바탕으로 작성되어서는 안된다. 특히 자금조달 및 운용 부분에 있어서는 더욱 그 원칙이 중요하다.

3) 사업계획서 작성할 때 주의할 점

① 창업의 목적이 개인적인 이익을 추구하는 것이 아니고 공공의 이익을 위한 것이어야 한다.
② 사업 내용이 차별화되도록 노력한다. 특징이 없으면 성공할 수 없다.
③ 틈새시장을 집중적으로 공격할 전략을 제시한다.
④ 구체적인 숫자의 예측으로부터 사업이 성공할 것이라는 객관적인 자료를 보인다.
⑤ 제품의 가격, 이윤, 판매량, 시장점유율 등을 예측할 때는 지나치게 낙관적인 자세로 임하지 않는다.
⑥ 유능한 사람들이 모여 균형잡힌 경영진이 되도록 인력을 구성한다.
⑦ 회사의 소요자본이나 운영비를 너무 적게 예측하지 않는다.
⑧ 예상되는 경쟁관계를 과소평가하지 않는다.
⑨ 일회용 히트 기술로는 회사가 지속될 수 없다. 지속적인 기술진보와 제품향상이 이루어질 수 있는 것이어야 한다.
⑩ 투자자를 찾을 때는 어떤 형태(경영에 관여할 사람 또는 단순히 투자에만 관심이 있는 전문 투자자)의 투자자를 원하는지 명확히 정의하여야 한다.

4) 사업계획서의 구성요소

(1) 요약 및 순서

요약은 사업계획서의 가장 중요한 부분이다. 벤처자본가를 포함한 이해 당사자는 이 요약을 보고 다음을 읽을 것인지 아닌지를 판단한다. 벤처자본가나 자문에 응하는 사람은 대부분 주어진 모든 서류를 읽을 시간이나 의지가 충분하지 않다. 이 요약 부분에서 그들을 끌어당길 포인트를 발견하지 못하면 다음 서류로 손이 가지 않는다. 요약에서는 사업의 간략한 스케치가 있어야 하고 계획서의 핵심이 강조되어야 한다. 그리고 목차의 큰 제목에 해당하는 부분을 압축 제시해 주어야 한다. 왜 이 제품은 다른 것과 다르고 성공할 것인지 보여주어야 한다. 요약부분에서 구체적으로 설명할 필요는 없다. 사업계획서를 읽는 사람이 요약에 흥미를 느낀다면 구체적으로 설명된 뒷부분을 읽을 것이기 때문이다. 목차는 한 장 한 장 자세히 살피기보다는 관심있는 부분을 건너뛰며 읽을 사업계획서의 독자에게 편리를 제공하기 위 함이다. 대부분의 투자 예상자들은 창업팀에 관한 부분을 먼저 본다. 창업하는 사람들이 어떤 사람이고 사업하려는 아이템과 관련 어떤 일을 해 왔으며 어떤 자격을 갖추었는지 보고 싶어하기 때문이다. 그리고 기술에 관한 부분, 시장성, 마케팅 전략, 투자자금의 회수가능성을 중점적으로 본다.

(2) 회사의 소개와 조직

회사에 관한 일반적인 사항을 소개하는 부분으로써 다음과 같은 내용이 포함된다.

① 회사개요(기업명 및 형태, 설립 예정지역, 주요 생산품 등)
② 회사 연혁(창업 동기 및 사업의 기대효과)
③ 조직 기구도
④ 주주 현황
⑤ 경영진 및 기술진
⑥ 금융거래 현황
⑦ 조업 현황
⑧ 관련 기업 현황
⑨ 기타

기타 항목에서는 구체적으로 차입금 및 담보(거래은행, 대출 금리, 담보내용 담보자격 등), 재무상태(B/S, I/S, F/S 등), 기술보유 현황(기술개발 실적, 기술인력, 국내외 기술 수준, 기술제휴 현황 등)이 포함된다.

회사의 소개와 조직 항목에서 투자자 및 사업계획서의 독자들은 경영자의 인성 즉 통찰력, 예측 능력, 사업 교섭력, 위기 대응력, 조직관리능력 등을 파악하며, 경영자, 경영진의 능력 및 재력에 주목한다. 또한 여기에는 창업자 또는 투자자들의 주식 배분, 지분의 변화 과정, 주식의 종류(보통주, 우선주) 등을 명시하고, 사업 실행 이후의 회사 발전 전망을 소개하면서 지금 추가 자본이 필요한 이유를 명시하여 설득하여야 한다.

(3) 산업분석

창업팀이 아무리 유능하고 좋은 경험을 가지고 있다고 하더라도 생산하는 제품이나 서비스의 시장 전망이 좋지 않으면 좋은 성과를 얻기 어렵다. 특히 벤처기업을 창업하는 사람이 엔지니어 출신인 경우가 많은데 그러한 창업자들이 시장분석을 어떻게 하고 있느냐 하는 부분은 투자자의 주요 관심 대상이다. 사실상 시장분석은 사업계획서에서 창업팀에게 가장 새로운 도전을 요구하는 부분이다. 시장분석을 함에 있어서는 외부에 자문을 구하든, 신문, 잡지, 서적, 인터넷 등을 활용해 구한 자료로 분석을 하든 숫자로 된 구체적 자료를 수집하고 분석해야 한다.

① 도전하고자 하는 사업의 분석

뛰어들고자 하는 산업을 소개하는 부분으로 이런 소개는 주로 다음과 같은 질문에 답하는 형식으로 이루어질 수 있다.

어떤 산업인가? 현재 이 산업의 시장 규모는 얼마인가? 5년 후, 10년 후에는 규모가 얼마나 될까? 이 산업의 가장 중요한 특성은 어떤 것인가? 누가 현재 이 산업에서 가장 중요한 소비자인가? 새로 생산될 제품이나 서비스가 적용되거나 이용될 주요 분야는 어떤 것이 있는가? 산업의 변화추세는 어떤가? 사업에 영향을 줄 산업의 내적 외적인 변화는 어떤 것이 일어나고 있는가?

예를 들어 일반적 항목을 제시하자면, 수요실적 및 현황, 공급실적 및 현황, 제품의 용도와 성격, 시장규모 등을 수치로 제시할 수 있을 것이다.

② 목표시장

일반적으로 사업을 시작할 때는 넓은 소비자 계층을 대상으로 하지 않고 특수하면서도 확실한 소비자들을 대상으로 하는 것이 유리하다. 이를 특정한 Niche Market이라 한다.

새로운 회사가 뚫고 들어가야 할 시장은 어떤 것인가? 즉, 어떤 소비자 그룹을 대상으로 제품을 만들고 마케팅 전략을 세워야 하는가? 이러한 내용은 다음과 같은 질문에 답하는 가운데 정리될 수 있다.

누가 이 제품(서비스)를 살 것인가? 소비자는 왜 다른 것을 사지 않고 이 제품을 살 것인가? 경쟁자들은 어떻게 할 것인가?

즉 목표시장 항목에서는 계획제품의 시장침투 가능성 및 수요전망을 제시해야 한다.

③ 소비자 분석

사업의 성패는 결국 소비자들의 반응에 달려 있기 때문에 투자자를 포함한 모든 사람들은 소비자들의 반응에 관심이 있을 수 밖에 없다. 수요 계층, 소득, 나이등 소비자에 대한 일반적 분석은 물론 수요예측과 그러한 수요예측의 근거를 제품별로 구체적으로 제시하여 신뢰를 주어야 한다.

④ 경쟁자 분석

경쟁 역시 사업의 성패에 결정적 영향을 미치는 요소이다. 어떤 산업은 경쟁이 이미 치열하거나 경쟁자가 너무 강력해 승산이 없는 분야일 수도 있다. 기본적으로 동업계 현황 및 경쟁제품을 자사와 비교, 장·단점을 분석해야 하고, 진출하고자 하는 업계의 경쟁강도를 분석해야 한다. 그리고 다음과 같은 질문에 대한 대답을 생각해 보아야 한다.

창업 후 제품이 히트할 경우 대기업이 뛰어들 가능성은 얼마나 있는가? 기존 경쟁자들 사이에 끼어들기 위해 또는 새로운 경쟁자가 나타났을 때, 경쟁자보다 우위에 서기 위해 가지고 있는 '색다른 무엇'을 가지고 있는가? 등이다.

시장은 항상 동적인 특성을 가지고 있다. 수많은 경쟁자와 소비자들이 어떻게 움직일지 정확히 예측한다는 것은 사실상 불가능하다. 그러므로 항상 시장 동향과 신기술 동향으로부터 눈을 떼지 않도록 주의해야 한다.

(4) 마케팅 계획

마케팅의 4P(Product, Price, Promote, Place) 측면에 따른 전략을 제시한다.

① Product : 제품정책

② Price : 가격정책

③ Promote : 촉진정책

④ Place : 유통정책

마케팅 전략은 사업화하려는 제품이나 서비스가 어떠한 것인가에 따라 달라지므로 여기서 구체적으로 논하기 어려우나 위의 4P의 측면을 모두 고려하여 효과적인 마케팅 전략을 수립 구사하여야 사업의 성공을 이룩할 수 있으며 그러한 전략에 대한 설명이 제시되어야 한다.

(5) 기술 및 연구개발

이 부분에서는 창업 대상 기술의 내용 및 특성(기술의 우위성)을 제시한다. 기술의 핵심 내용을 그 분야에 대해 잘 모르는 사람이 읽더라도 이해할 수 있도록 쉽게 설명하고 아이템 선전과정 및 기술현황, 사업화 가능성 및 전망 그리고 향후 R&D 투자계획을 개발목표, 개발인력 구성, 개발소요자금, 개발 일정 등으로 설명한다. 투자자 및 사업계획서의 독자는 이 부분에서 창업자의 제품개발 가능성 및 기술능력(기술 인력 현황, 핵심 기술내역, 기술 도입 및 협력 가능성)과 제품의 특성 및 경쟁력(유사품 대비 기술적 우위성, 가격 경쟁력, 대체기술 출현 가능성, 기술 특허현황, 기술도입 가능성, 기술변화 등)을 파악하기를 원한다.

(6) 생산과 시설계획

아이템이 제품의 실제생산이 필요한 것인 경우 다음과 같은 형태의 생산계획안이 제시되어야 한다.

① 총괄
② 연차별 가동 계획
③ 제품별 생산 공정도 및 공정 설명
④ 원 · 부자재 소요 및 조달계획
  가) 소요량 계획
  나) 주요 원재료 수급 계획 (현황)
⑤ 생산 및 시설투자 계획
  가) 생산에 필요한 시설 및 설비
  나) 투자계획

이러한 생산과 시설계획은 다음과 같은 요소로 평가된다.

① 생산 능력 : 기술 및 생산인력 보유, 시설 확보정도 및 능력, 원부자재 조달 능력, 생산 기술 확립 설계 개발능력, 유지보수 계획 등
② 원가 추정 : 원단위 산출, 원가의 유동상태 등
③ 공장건설 : 설비 구입 및 LAYOUT, 공사일정, 설비계약관련 사항
④ 생산형태 : 양산 가능성, 생산규모 등

(7) 경영과 소유, 인력계획

여기에서는 창업팀을 소개한다. 벤처자본가의 세계에서는 사람에게 투자한다는 것이 정설로 되어있다. 아무리 사업 아이템이 좋고 시장전망이 좋아도 그 사업을 시작하고 굴러가게 하는 것은 결국 사람이기 때문이다. 그리고 핵심적인 사람이 있는 것도 중요하지만 무엇보다도 창업팀이 좋아야 한다. 당연히 팀은 완벽할수록 좋다. 기술개발자, 재무관리자,

영업담당자, 생산현장에서 감독할 사람 등, 그리고 그런 각 분야에 대해 어떤 경험과 지식을 쌓아왔는지 밝히는 것이 좋다. 대부분의 벤처창업이 그런 것처럼 이런 각 분야의 모든 사람을 확보하고 출발하지 못했다면, 언제 어떤 자격을 가진 사람을 확보할 예정인가에 대해 언급한다. 그리고 누가 가장 중요한 경영자인가? 그들을 어떻게 회사에 붙잡아 둘 것인가? 보수는 어떻게 할 것인가? 그동안 투자한 사람은 누구이고 얼마씩 몇 차례(라운드) 투자했는가? 그들의 지분은 얼마인가? 발행된 주식은 어떤 종류이며 어떻게 평가되고 있는가? 누가 이사회에서 대표이사가 될 것인가? 이사회의 구성은 어떻게 할 것인가? 등의 질문에 대한 대답이 포함되어야 한다.

그리고 경영진이나 투자자를 제외한 우수인력에 대한 계획도 언급하는 것이 바람직하다. 어떻게 중요한 인력을 찾을 것인가? 어떤 방법으로 그들을 채용하고 붙잡아 둘 것인가? 보상은 어떻게 하는가? 회사의 조직 구조내에서 어떻게 직능을 분리할 것인가? 등이다.

(8) 자본 및 재무계획, 자본금 회수방안

이 부분에서는 창업자가 필요로 하는 자본에 대해서도 언급한다. 필요한 액수와 시기에 대해서 설명한다. 현재 얼마가 필요한가? 향후 5년간 어느 시점에 얼마가 필요한가? 만약 필요 자본급보다 적은 돈이 투자되면 어떻게 할 것인가? 현재 회사의 가치는 얼마로 평가하고 있으며, 이에 따라서 신규 투자가에게는 주식당 가격을 얼마로 책정할 것인가? 여기서는 회사의 가치를 평가한 방법을 투자자들이 이해할 수 있도록 설명할 필요가 있다. 따라서 매출액, 보유기술의 중요성, 인력의 우수성, 성장 가능성 등을 잘 보여주어야 한다. 신규투자가 이루어지면 기존 투자자의 지분에 어떤 변화가 일어나는가? 물론 이때 기존 투자자의 지분과 주식보유량은 물론이고 간단한 인적사항도 필요하다.

그리고 여기서는 기존의 회사라면 지난 5년간 재무제표, 새로 시작하는 회사라면 향후 3~5년 동안 예상되는 재무제표(추정 대차대조표, 추정 손익계산서 등)를 제시해야 한다. 그리고 예상되는 현금 흐름도를 제시해야 한다. 현금 흐름도는 매우 중요한 자료다. 서류상의 흑자회사가 부도나는 경우는 현금관리를 잘못했기 때문이다. 향후 수입에 대한 전망도 필요하다.

그리고, 조달된 자금을 어떻게 사용할 것인지에 대한 소요자금 명세 및 용도와 차입금 상환계획을 제시해야 한다. 투자자들이 자금을 회수하는 방안은 크게 세 가지로 나눌 수 있는데, 첫째, 주식시장의 상장, 둘째, 상장 전 주식을 파는 방안으로 회사를 다른 사람에게 파는 방법도 이에 포함되며, 셋째, 기존의 상장회사에 합병시키는 방법이다. 이 중 어떤 방법을 통해 어느 시점에 투자자가 돈을 회수할 수 있도록 해주겠다는 방안이 제시되어야 한다.

이 부분은 사업계획서의 독자가 매우 관심을 기울이는 부분이며, 다음과 같은 평가요소로서 평가한다.

① 자금규모

② 투자 수익성(ROI : Return On Investment)

③ 경제적 타당성의 정도

④ 미래 경영 상태 예측

⑤ 경영환경 변화에 따른 재무적 성과의 변동정도(BEP, S/A, R/A등)

Ⅲ 반려동물 사업 성공을 위한 Tips

학습목표

1. 창업 성공을 위한 노하우를 알 수 있다.
2. 반려동물 사업 성공 관련 내용을 알 수 있다.

1 성공 CEO 비법

변화를 이끄는 CEO가 해야 할 일과 하지 말아야 할 일은 무엇인가? CEO의 역할은 다른 임원들이나 실무자의 역할과는 어떻게 다를까? 기업의 변화를 이끌어내기 위해서는 최고경영자(CEO)의 적극적인 역할이 꼭 필요하다. 그러나 놀랍게도 변화관리를 위해 CEO가 어떻게 해야 하는 지에 대한 연구는 지금까지 많이 이루어지지 않았다.

맥킨지(McKinsey) 컨설턴트인 케롤라인 아이켄(Carolyn Aiken)과 스콧 켈러(Scott Keller)가 '변화를 주도하는 최고경영자의 역할(The CEO's role in leading transformation)'에서 많은 컨설팅을 통해 얻은 노하우를 바탕으로 가이드라인을 제시한다.

오늘날 기업들에게 변화와 혁신은 정상에 오르기 위한 필수 과정이다. 당신의 책상 위에는 변화와 혁신에 대한 최신 경영 서적들과 잡지들이 수북이 쌓여 있을지도 모른다. 하지만 엄청난 양의 참고문헌 속에서 정작 가장 중요한 CEO의 역할에 대해 다룬 부분은 아주 조금밖에 없다. 성공적인 CEO의 역할 모델은 변화의 상황과 조직의 특성, CEO의 리더십 유형에 따라서 크게 달라진다. 그럼에도 불구하고 맥킨지(McKinsey & Com)의 컨설턴트들은 지난 10여 년간의 컨설팅 경험을 바탕으로 CEO의 4가지 주요 역할을 발견했다.

(1) CEO의 역할 1 – 변화를 의미 있게 만든다(making the transformation meaningful)

변화를 위한 에너지의 근원은 변화에 대한 직원들의 불안감을 없애 줄 '화끈한' 이야기다. 이것은 직원들의 질문에 수동적으로 답하는 것만을 의미하지 않는다. 이 이야기 속에는 CEO의 개인적인 관심과 변화에 대한 의지가 녹아 들어가 있어야 한다.

① 눈높이에 맞추어 말하라

변화관리를 위한 의사소통이 일방적인 발표가 되어서는 안 된다. CEO가 임직원들에게 다가가 일대일로 커뮤니케이션 해야 한다. CEO는 직원들의 입장에서 변화에 대한 이야기를 만들어 가면서 이들이 가진 걱정거리를 공유하게 된다. CEO는 이를 통해 "어떻게 목표를 달성합니까?" 또는 "이 일이 저와 무슨 상관이 있지요?"와 같은 질문에 대한 답을 설득력 있게 만들어 갈 수 있다.

해멀그렌(John Hammergren)은 미국 서부에 있는 건강관리 서비스 운영업체인 맥키슨(McKesson)의 CEO다. 그는 모든 직원들에게 맥키슨의 건강관리 시스템은 결국 모든 사람들이 이용하게 될 것이라는 것을 강조했다. 과거 맥키슨이 볼 베어링 사업에 종사하고 있었을 때는 볼 베어링 사업의 성과가 일반 시민들을 비롯해 모든 직원들에게 영향을 미칠 것이라는 것을 강조하기는 어려웠을 것이다. 해멀그렌은 '우리가 계속 단순 공업 부품 제조 사업을 하고 있었다면 직원들에게 우리 사업의 비전을 내면화 하고 조직원들이 시스템의 변화를 이끌어 내는 주체라는 것을 인식시키기가 어려웠을 것'이라고 말했다.

② 참여를 유도하라

다음 단계는 CEO가 내놓은 이야기를 다른 조직원들이 받아들이게 하는 것이다. 방카인테사(Banca Intesa)의 파세나(Pasena) 회장은 6만 명이 넘는 전 직원과 의사소통을 하기 위해 이탈리아를 오랫동안 여행해야만 했다. 피앤지(P&G)의 CEO인 라플리(Alan G. Lafley)는 다음과 같이 말한다. "직원들은 항상 업무 때문에 바쁩니다. 변화를 내면화시키고 변화에 대한 생각들을 정리할 시간이 없지요. 그렇기 때문에 변화에 대해서 반복해서 설명하고 목표와 과정을 명확히 하는 것이 매우 중요합니다."

이와 같은 커뮤니케이션은 밖에서도 일어나야 한다. 언론과의 관계 재정립을 통해 회사에 대한 PR을 강화하는 것이 이에 해당한다. 회사에 대해 제대로 된 보도가 나가는 것은 임직원들의 사기를 북돋우는데 큰 도움이 된다. 파세라는 "만일 신문들이 계속해서 당신의 사업체가 변변찮은 성과를 내고 있다거나 사회에 공헌하지 않는다든지, 국가 성장에 걸림돌이 된다는 기사를 쓴다고 합시다. 당신 회사의 임직원들은 당신이 무엇이라고 하든지 간에 믿지 않겠죠"라고 경고했다.

③ 성공을 화려하게 조명하라

회사의 변화 과정에서 중간에 거두어 들이는 성공을 화려하게 부각시키는 것도 직원들의 사기를 올리는데 도움이 된다. 성공 사례를 부각시키는 것은 결정적으로 사람들에게 지금 진행하고 있는 혁신작업이 결국 목표를 이룰 것이라고 말하는 것이다. 인도의 자동자 회사 타타 모터스(Tata Motors)의 라비 칸트(Ravi Kant)는 우수 직원 사례로 한 젊은 직원이 어떻게 위험이 따르는 프로젝트를 성공시켰는지 설명하고, 그 결과 승진하게 됐음을 발표했다. 이것은 다른 직원들에게도 동기를 부여하는 효과를 발휘했고, 점차 차별화된 성과를 이끌어 냈다.

실수를 집중적으로 지적하는 평가는 변화에 따른 피로와 불만, 저항을 유발할 수 있다. 반면에 어떤 부분이 잘 되었고 어떻게 하면 이런 장점을 창조력과 열정, 성공에 대한 열망으로 바꿀 수 있을 지를 알려주는 긍정적인 피드백은 매우 효과적일 수 있다.

(2) CEO의 역할 2 – 사고방식과 행동의 역할모델이 된다

직원들은 항상 CEO의 말과 행동을 주시하고 있다. 궁극적으로 직원들은 CEO의 말과 행동에 따라 CEO를 신뢰할 지 여부를 판단한다.

① CEO 자신부터 달라져라

직원들은 CEO가 마하트마 간디의 명언처럼 하기를 원한다. "다른 것을 변하게 하려면, 나부터 먼저 변해야 한다." CEO는 조직 변화의 선두에 서야 한다. 일기를 쓰면서 변화에 얼마나 우선순위를 두고 있는지를 지속적으로 체크할 수도 있다. 개인적으로 변화해야 할 목록을 만들고 이에 대한 전문적인 코칭을 받는 것도 효과적인 방법이다. CEO들은 보통 이런 과정을 매우 중요하다고 기록한다. 모든 경영진이 개인적인 변화를 시도하면서 자신의 개인적인 목표에 대해서 서로 토론하는 것은 도전과 지지의 문화를 만들어가는 데 도움이 된다.

머시(Mursey)는 2002년에 인포시스(Infosys)의 CEO자리에서 물러나 멘토 책임자(Chief of mentor)라는 직책을 맡았다. 그는 CEO자리에서 물러난 것에 대해서 다음과 같이 말했다. "큰 것을 위해서 당신을 먼저 희생해야 합니다. 그래야만 다른 이들에게도 똑 같은 것을 하라고 요구할 수 있습니다." 그는 "좋은 리더는 후계자가 성공을 거두게 하기 위해서 우아하게 배경 속으로 사라지는 법을 알고 있습니다"라는 것도 덧붙였다.

② 상징적인 이벤트를 마련하라

가장 빠르게 조직 내에 파장을 일으키는 방법은 상징적인 이벤트를 벌이는 것이다. 이런 상징적 이벤트는 직원들에게 변화를 위해 행동해야 함을 전하는 신호가 된다. 텍사스 에너지 설비 업체인 티엑스유(TXU)의 CEO인 존 와일더(John Wilder)는 변화관리의 초기 시

점에서 중요한 역할을 맡고 있는 한 여성에게 이례적인 보너스를 지급했다. 그는 "이 리더는 일선에서 진정한 경제적 가치를 창출하는데 공헌했다"고 칭찬했다. 와일더가 노린 것은 이 소식이 회사 전체에 빠르게 전달되어 직원들이 변화에 기여하는 만큼 보상을 받으리라는 사실을 인식하는 것이었다.

(3) **CEO의 역할** 3 – 강하고 헌신적인 최고의 팀을 구성한다

CEO의 직속 팀은 변화를 이끌어 내는 가장 가치 있는 자산이 될 수 있고 되어야만 한다. 팀을 구성하는데 있어서는 충분한 시간이 필요하다.

① 제대로 평가하고 신속히 반영하라

성공적인 CEO들은 개인의 능력을 평가하는데 많은 노력과 시간을 기울이지만 결과에 대해서는 신속히 행동에 옮긴다. 많은 CEO들은 '사업성과(business performance)'와 '훌륭한 행동을 보이는 역할 모델'이라는 두 가지 축을 가진 매트릭스를 최상의 팀을 구성할 때 유용한 지도로 사용하고 있다.

가장 큰 가능성이 있는 사람들은 훌륭한 행동을 보이고 있지는 못하지만 좋은 성과를 내고 있는 사람들이다. 관리자들의 성과를 향상 시키거나 이들을 제거하기 위해 명확한 지시가 내려질 때, 팀 멤버들은 역할 모델과 팀워크가 상관이 있다는 것을 알게 된다. 방카 인테사의 파세라는 "만약 필요하다면 당신은 이 사람들을 반드시 제거해야 합니다. 아무리 뛰어난 인재라고 해도 잦은 말다툼을 유발하고 함께 일하지 못하는 사람이라면 말입니다."

어떻게 CEO가 말썽을 부리는 이들이 팀의 성과를 저해하고 있다는 것을 알 수 있을까? 이는 다음의 질문의 답에 반영될 수 있다.

- 팀원들이 변화 과정에 있어서 팀원들 사이의 관계에 대해서 각자 어떤 기대를 하고 있는지를 알고 있습니까?
- CEO가 긍정적인 역할 모델입니까?
- 모두가 한 팀이 되었을 때의 긍정적인 측면과 부정적인 측면을 인식하고 있습니까?
- 요구되는 일을 할 때의 긍정적인 측면과 부정적인 측면에 대해서는 인식하고 있습니까?
- 다투는 팀 멤버들이 필요한 능력을 기를 기회를 부여 받았습니까?

만약 이들 질문에 대한 모든 대답이 '아니오'라면 즉각적인 조치가 취해져야 한다. EMC

의 투치(Tutch)는 일부 직원들의 오만한 행동에 제동을 걸기 위해서 '공식적인' 조치를 취할 수밖에 없었다고 말했다. TXU의 와일더(Wilder)는 "우리가 조직 문화에 대한 감사를 실시했을 때 직원들의 가장 큰 불만 사항은 회사가 제대로 업무량을 소화해 내지 못하는 직원들을 그대로 내버려 둔 것이었습니다"라고 회상했다.

② 팀에게 시간을 주어라

제대로 된 팀이 있다고 해도, 이들이 명백한 방향으로 나아가게 하는 데는 시간이 필요하다. '얼마나 자주 팀 미팅을 가져야 하는가?' '변화에 관련된 어떤 이슈가 토의되어야 하는가?' '어떤 행동을 팀이 하기를 기대하는가?'에 대해서도 정해야 한다. 이 때 팀 내에서 동의된 사항들을 팀 차트(team chart)라는 것으로 요약하면 편리하다. CEO는 정기적으로 이 차트를 이용해 팀이 제대로 된 트랙을 밟고 있는지를 확인할 수 있다.

팀 내의 효과적인 대화를 위해서 의제(아젠다)를 잘 조직하고 팀을 여러 개의 작은 그룹으로 나누어 토론을 벌이는 것이 중요하다. 아젠다를 명확히 잡으면 개인마다 보이는 의견 차이를 뚜렷하게 볼 수 있다. 소규모 토론을 통해서 생각을 정리하고 2단계, 3단계로 가정을 재 탐구하게 해준다. 그리고 난 다음, 마지막 결정을 내리기 전에 모든 팀원들이 함께 토론을 벌인다. 이런 과정을 통해서 팀 내 대화를 효율적이고 효과적으로 이끌어 내고 참여도가 낮아질 위험을 사전에 방지한다.

(4) CEO의 역할 4 – 변화의 효과를 입증한다

이는 조직의 에너지를 이끌어 내는데 있어서 결정적인 부분이다. CEO는 이제까지 조직에서 변화를 위해 노력한 것이 결코 헛되지 않았으며 효과적이었다는 것을 계속해서 강조해야 한다. 긍정적인 피드백은 조직원들의 열성적인 참여를 다시 이끌어 낸다. 가장 효과적인 전략은 CEO가 전면에 나서는 것이다.

리더들은 때로는 물러날 때를 알아야 한다. 머티리얼 테크놀로지(Sandvic Materials Technology)의 회장인 피터 고사스(Peter Gossas)는 철강 산업에 평생을 바친 사람이다. "저는 직접 작업장에 들어가서 직원들에게 이슈들에 대해서 직접 대화를 나누는 것을 몇 십 년 동안 해 왔습니다. 하지만 저의 방식이 지금 회사에서 하고 있는 혁신의 방향과 어긋났기 때문에 이제는 그 일을 그만두어야 했습니다. 용광로 작업장에 들어갔다가 아무 토론 없이 그냥 걸어 나오는 것이 처음에는 쉽지 않았죠." 그는 아름답게 퇴장하는 법도 아는 리더이다.

CEO는 역시 장기와 단기 이익 사이의 적당한 균형을 맞추어야 한다. 바클레이즈

(Barclays)의 CEO인 존 발리(John Varley)는 "몇 년 동안 재무적인 성과를 증진시키기 위한 전략에 집중했는데, 요 근래에 모든 전략의 관심이 건강 프렌차이즈 쪽으로 쏠리고 있습니다. 이런 와중에 재무 성과를 증진 시키기 위해 필요한 이슈들이 묻혀가고 있습니다. 균형을 맞추기 위해 우리는 묻혀있던 이슈들을 다시 제기하고 있는 중입니다." 라고 말했다.

변화과정에서 몇몇 CEO는 장기와 단기적인 이슈에 따라서 따로 재 검토 미팅을 열고 있다. 이는 운영적 효율성 증진과 장기적 성장 사이의 균형을 맞추기 위해서이다.

CEO가 변화를 성공으로 이끌어 내기 위해서 어떻게 해야 하느냐는 질문에 대한 하나의 모범 답안은 존재하지 않는다. 그러나 다음 네 가지는 모든 기업의 경우에 적용될 수 있다.

변화를 의미 있는 것으로 만들어라. 사고방식과 행동에 있어서 역할 모델이 되라. 강하고 헌신적인 최고의 팀을 구성하라. 변화의 효과를 입증하라. 이 네 가지 사항을 함께 실천할 때 강력한 에너지를 조직에서 끌어낼 것이고 이는 성공적인 변화를 가능케 할 것이다.

2 반려동물 사업 성공 요령

반려동물 사업 성공을 위한 가장 중요한 요소는 사업주가 생명존중과 사명감을 가지고 있어야 한다. 반려동물을 단지 돈을 버는 수단으로 본다면 그 사업은 성공할 수 없다.

1) 반려동물 사업 성공을 위한 관련 CEO의 조언

(1) 창업 전 사업계획과 준비의 철저

창업은 사전 준비를 철저히 하지 않으면 실패할 확률이 높고 실패의 결과는 투자 자본, 시간, 열정의 손실에 따른 타격으로 이어진다. 따라서 창업은 사전에 다양한 조사와 컨설팅, 경험을 통한 노하우 확보 등의 노력을 통하여 구체적이며 성공 가능성이 높은 사업계획서를 작성하여야 한다. 창업 전 다양한 경우에 대한 고려와 시뮬레이션을 통하여 실패의 확률을 줄이고 만에 하나 실패 할 경우를 대비한 안전장치를 마련하여야 한다.

(2) 차별성 있는 진입장벽 높은 사업 준비

반려동물 사업은 전망이 밝은 만큼 경쟁도 심하다. 다른 유사 업체와 차별화된 전략과 따라올 수 없는 진입장벽 높은 사업 아이템과 경영 노하우를 사전에 준비해야 한다.

(3) 경험 축적과 노하우 전수 필요

반려동물 사업은 다른 분야보다 경험이 필요하다. 미리 유사 업체에서 경력을 쌓으며 장단점을 파악하여 본인 사업의 실패 요인을 미리 제거하여 사전 사업계획을 철저히 준비하는 것이 필요하다.

(4) 멀티 매장의 장점 활용

반려동물 사업은 미용, 용품판매, 카페 등 세분화된 매장은 수익성을 올리는 데 한계가 있다. 용품판매, 미용, 호텔, 스파, 카페 등 멀티 매장을 운영해야 단가를 높이고 고객관리를 하는 데 유리하다.

(5) 반려동물 전문지식 확보

반려동물 사업은 전문지식이 없어도 된다고 생각하는 창업자들이 많은데 잘못된 생각이다. 전문적인 교육을 받지 않고 오픈해 용품만 판매하면 오래 버티지 못한다. 반려동물 사업은 제품 지식이 풍부해야 하고 판매방법도 전문적으로 배워야 하며 반려동물에 대한 풍부한 지식이 필요한 지식서비스 사업이다. 반려동물 인구는 많지만 정작 지식이 많은 고객이 많지 않으므로 고객들의 부족한 지식을 메워줘야 성공할 수 있다.

(6) 꾸준히 인기 있는 제품 확보

반려동물 사업은 꾸준한 인기를 가진 제품과 서비스를 보유해야 한다. 사료, 간식, 교육, 미용제품 등을 취급해 꾸준하게 판매 가능한 품목을 잡아야 한다.

(7) 고객 서비스 높은 수준 확보

반려동물 사업은 손님 응대 서비스에 자신이 없으면 창업하지 않는 게 좋다. 반려동물은 말을 못 한다. 대부분의 반려동물은 내 보호자 외에는 겁을 먹는다. 따라서 반려동물을 다룰 수 있어야 한다.

(8) 제품에 대한 이해

반려동물 창업을 준비하는 사람은 제품에 대한 풍부한 지식을 가지고 설명해 줄 수 있어야 한다. 고객들이 편의점처럼 물건을 가져와서 계산하게 해서는 안 된다. 같은 품목이라도 종류가 수십 가지다. 제품별 특성이나 차이에 대해 전문지식을 갖고 설명해 줄 수 있어야 한다.

(9) 위생 청결의 중요성

청결이 매우 중요하다. 이를 위해서는 인테리어에 신경 써야 한다. 가맹본사에 인테리어를 의뢰하지 않아도 되지만 양보할 수 없는 몇 가지 요소들이 있다. 냄새를 없애는 덕트 시설과 바닥 색이다. 바닥은 화이트나 아이보리색이어야 한다. 덕트는 냄새를 없애기 위해서다. 몇 백만원 비용이 추가되더라도 꼭 해야 하는 시설이다. 바닥을 화이트나 아이보리 색으로 고집하는 이유는 바닥 청소를 자주 하도록 하기 위해서다. 블랙이나 우드, 에폭시 바닥은 오줌이 묻어도 티가 안 난다. 후각은 10분이면 길들여진다. 매장 안에 있는 사람들은 냄새를 몰라도 매장을 방문하는 고객들은 곧바로 불쾌한 냄새를 맡게 된다.

(10) 지도 및 컨설팅 필요

창업을 계획하는 사람은 가맹점 본사이든 사업 선배이든 경쟁자이든 누구에게든 지속적인 지도를 받아야 한다. 공부를 멈추면 안 된다. 반려동물 용품과 제품이 계속 발전되므로 관련 제품에 대한 정보와 지식을 계속 공부해야 한다. 공부하지 않으면 아는 것만 구매하게 돼 경쟁력이 떨어진다.

(11) 시장 조사 및 변화에 대한 지속적 공부

반려동물 시장은 빠르게 변하고 있다. 따라서 끊임없이 시장 조사를 해야 한다. 펫 관련 박람회만 수십개다. 가맹본사를 통해 지속적인 정보를 얻을 수 없다면 개인이 직접 발로 뛰면서 시장 조사를 계속해야 한다.

(12) 반려동물을 좋아할 것

반려동물 창업을 고려하는 사람은 동물을 좋아해야 한다. 반려동물에 대한 행동학을 이해해야 한다. 그래야 매장을 찾는 고객과도, 반려동물과도 교감을 나눌 수 있다. 반려동물과 사람 사이에서도 약속을 지키고 존중하는 것이 중요하다. 그런 점들을 고객에게 잘 전달해야 좋은 반려동물 문화를 만들어나갈 수 있다.

(13) 생명에 대한 존중감 및 사명감

반려동물 창업은 돈벌이 사업으로만 접근하면 안 된다. 고객도 반려동물도 살아있는 존재다. 생명과 삶의 질을 항상 잊지 말아야 한다. 단순한 판매자가 아니라 반려동물 문화를 만들어나간다는 자부심과 사명감을 가져야 한다.

3 반려동물 사업 성공 실무

1) 반려동물 용품 전문점 성공 노하우

반려동물 용품에서 발생하는 마진은 그리 크지 않다. 대게 반려동물을 직접 분양해 생기는 60~70% 이윤으로 운영하는 편이다. 그러므로 반려동물 분양에 대한 지식을 충분히 지니고 있어야 하며 순수 혈통의 반려동물들을 다수 보유하고 있는 것이 좋다.

품종의 희소성과 털의 상태, 용모, 건강상태, 혈통 등에 따라 10만원에서 100만원까지 다양하며 특수견은 몇 백만 원을 호가하는 것도 있다.

온라인 판매는 그 시장이 커지고 있으나 심한 가격 경쟁과 쇼핑몰 구축뿐만 아니라 유료광고까지 대대적으로 하지 않으면 실효성이 그리 크지 않아 예비 창업자들은 온라인 판매를 목적으로 할지, 커뮤니티를 통한 홍보와 고객관리를 목적으로 할지 결정하고 접근해야 한다.

반려동물전문점은 중산층 이상의 주거지역인 신도시, 아파트 밀집지의 도로변으로 상권인구가 5000가구 이상은 돼야 상업성이 있다. 교외의 고급주택 지역을 배후로 안고 있다면 상당한 수요를 기대해도 좋다.

내부시설은 반려동물의 건강상태를 유지하기 위한 통풍, 온도조절 등을 고려해 고객들에게 신뢰감을 주고 청결한 이미지를 느끼게 하는 것도 중요하다.

반려동물전문점 창업은 반려동물에 대한 지식과 노하우를 지니고 있어야 한다. 지식이 부족한 예비 창업자들의 경우는 프랜차이즈 본사에서 제공하는 노하우나 전문 지식들을 교육 받을 수 있다.

운영 시에는 고객과의 친밀감을 높이고 작은 것 하나라도 세심한 배려를 해 반려동물을 가족처럼 생각하는 사람들은 더 큰 감동에 단골 고객이 될 수 있다.

각종 위생 시설의 구비에도 신경을 써야 하며 반려동물 판매 후에도 일정기간을 두고 꾸준한 고객 관리가 필요하다. 좋은 종견을 확보해 수정시키는 등 고정 고객을 유치하는 것도 경영 포인트다.

인근의 수의사나 동물병원과 협력관계를 맺는 방법도 생각해 볼 수 있다.

유통업계는 이미 반려동물산업의 전망성을 인지하여 적극적으로 투자하고 있는 모습이다. 백화점 및 대형마트에 반려견용 유모차를 설치하는 한편, 고객들이 쇼핑을 하는 동안 반려동물이 병원, 호텔, 미용실, 놀이터, 분양관 등의 멀티 서비스를 함께 즐기도록 하고 있다.

우리나라와 가장 가까운 나라이자 한국 보다 경제 성장이 수 년 앞서 있는 일본은 반려동물 시장이 10조원에 이른다.

현재 국내 반려동물용품 시장 규모는 선진국에 비해 20% 정도에 불과하다. 한국 반려동물 시장은 아직 성장기며 향후 현재의 두 배까지 커질 것으로 전문가들은 전망하고 있다

여기에 동물보호법에 따른 반려동물 등록제, 지방자치단체의 유기견 보호 장치 등이 시행되고 올바른 애견문화가 정착 돼 가면서 반려동물용품점은 새로운 상승기를 맞을 것으로 보인다.

2) 반려동물 토털서비스 전문점

반려동물의 교배와 분양, 사료판매, 미용, 건강검진 등을 종합적으로 제공하는 토털서비스 전문점.

반려동물 토털서비스 전문점은 개와 고양이 등 다양한 반려동물을 기르는 데 필요한 각종 제품과 서비스를 제공한다.

반려동물을 기르는 데 그치지 않고 예쁘게 가꾸고 건강하게 관리하는 데 필요한 모든 것을 갖추고 있다. 반려동물의 교배와 분양, 사료 및 건강식품 판매, 반려 미용, 동영상 CD 및 책자 발급, 건강검진 서비스 등을 한 점포 내에서 종합적으로 제공한다. 일시적으로 반려동물을 맡기려는 고객들을 위해 반려동물 호텔까지 겸하고 있다.

이 사업을 하는 데 특별한 기술이나 경험이 필요하지 않아 누구나 쉽게 시작할 수 있으나 무엇보다 반려동물을 사랑하는 마음이 중요하다. 다만 반려동물의 커트, 염색 등 미용이 차지하는 비중이 날로 커지고 있으므로 미용기술을 익혀두는 것이 인건비를 절약하고 수익성을 높일 수 있는 비결이다.

(1) 투자비용, 수익성

창업비용은 10평 크기의 표준점포의 경우 점포 임대보증금을 제외하고 약 4천6백만원이 들어간다. 가맹비 4백만원, 초도상품비 1천만원, 집기구입비 1천4백만원, 인테리어비 평당 1백50만원씩 1천5백만원, 간판 · 홍보비 3백만원 등이 구체적인 내역이다.

점포 임대보증금을 포함하면 총 7천만~8천만원 정도가 예상된다. 하루 매출 60만~70만원으로 월 1천8백만~2천1백만원의 매출을 예상할 수 있다. 평균 마진율 50%를 적용하면 약 8백만~1천만원 정도가 매출이익이 되고, 여기서 임대료, 인건비, 관리비 등을 제외하면 5백만~6백만원 정도의 순이익을 올릴 수 있다.

(2) 운영 포인트

중산층 이상의 거주인구가 많은 주택가 주변이나 아파트 밀집지역 등이 좋은 입지다. 주택가로 들어가는 입구에 점포를 차리면 반려동물을 키우려는 신규 고객을 확보하는 데 유리하고, 또한 외출할 때 잠시 맡겨 놓았다가 찾아가는 사람들에게 반려동물 호텔의 역할을 할 수 있는 이점이 있다.

우선 반려동물의 건강과 미용, 질병에 대한 공부를 꾸준히 해서 전문성을 바탕으로 한 신뢰감 있는 서비스를 제공하는 것이 기본이다. 여기에 매장관리도 신경을 써서 냄새가 나지 않도록 하고, 동물들의 위생과 건강을 위해 항상 청결하게 유지해야 한다. 또한 소음방지가 가능한 인테리어로 고객과 반려동물 모두 편안하게 이용할 수 있도록 배려해야 한다.

특히 반려동물 관리에 유의해야 한다. 반려동물은 외부환경에 민감하고, 스트레스를 잘 받아 죽는 경우가 많다. 사전에 건강하고 튼튼한 반려동물을 구입하는 것도 중요하지만, 구입 후 잘 관리하여 사고가 발생하는 빈도를 줄여나가야 한다. 팔고 나서 사고가 나면 소비자와 분쟁이 발생하는 것이 일반적이다. 만약 문제가 생기면 철저한 보상을 통해 고객과의 마찰을 없애는 것이 장기적으로 유리하다.

3) 차량방문 반려견 종합서비스

- 무점포 창업이 가능한 차량방문 종합 반려견 서비스.
- 싱글 또는 맞벌이 가정에서 강아지를 키우는 경우가 많아지면서 등장한 것이 바로 방문 애견서비스.

고객이 전화나 인터넷을 통해 서비스를 신청하면 본사에서 고객지역을 담당하는 체인점주의 PDA(개인휴대 단말기)에 서비스 내용을 전송한다. 체인점주가 이동차량을 갖고 고객의 가정을 방문해 원하는 서비스를 대행해준다.

방문사업이기 때문에 차량만 있으면 무점포로 운영할 수 있어 소자본으로 창업할 수 있다. 업무는 시간이 없는 고객을 대신해 반려동물을 병원 진료에 데리고 가거나 염색 등

미용을 시키고, 교배, 분양, 용품 판매 등 다양한 서비스를 대신해주는 것이다.

(1) 투자비용, 수익성

창업비용은 차량비를 제외하고 총 1천3백60만원이 들어간다. 세부 내역으로는 가맹비 5백50만원, 홍보비 2백만원, 초도물품비 2백만원, 영업장비 2백만원, 차량 외부도색 1백만원, 차량용 전광판 75만원, 차량 인테리어 35만원 등이다.

하루 매출 30만원으로 월평균 9백만원의 매출을 기대할 수 있는데, 이중 물품비 5백만원, 차량유지비 1백만원, 본사 월 관리비 50만원을 제외하면 순수익은 2백50만원이 된다. 단 로열티 개념으로 본사에 내는 월 관리비는 순수익이 2백만원이 넘을 경우에 한한다.

(2) 운영 포인트

무점포이면서 신규업종이므로 반려동물을 키우는 젊은 층이 많은 강남이나 분당, 일산 등 신도시가 좋은 입지다. 하지만 최근에는 반려동물인구가 급속히 늘고 있는 추세이므로 창업자는 자기가 잘 아는 지역을 택해서 고객이 신청할 때 신속한 방문서비스가 가능하도록 하는 것이 더욱 중요하다.

인터넷 인구 또한 무시할 수 없기 때문에 인터넷을 통한 홍보도 중요하다. 회원 가입을 할 때 반려동물의류를 1벌씩 서비스로 제공하거나 용품을 구입할 때 20% 할인을 해주는 등 적극적인 마케팅 전략이 필요하다. 반려동물서비스는 1회용에 그치지 않고 지속성이 있으므로 마일리지 제도 등을 활용한 체계적인 관리도 사업 이미지를 높이는 중요한 전략이 된다.

(3) 성공사례

"회원 10% 할인, 마일리지 적립 등의 적극적인 마케팅으로 불황을 몰라요." OO시에서 반려동물 토털서비스 전문점 OOO캣 운영하는 OOO자매

반려동물 토털서비스 전문점을 오픈한 것은 지난 5월. 강아지를 너무 좋아해 집에서 1~2마리씩 키우던 동생 현옥씨가 취미를 살려 반려동물 미용사자격증을 준비하고 싶다는 뜻을 언니 OO씨에게 전한 것이 계기가 됐다. 그러면서 자매는 뜻이 맞아 반려동물 미용은 물론 용품 판매, 교배와 분양에 반려견호텔 서비스까지 운영하는 반려동물 토털서비스 전문점을 직접 차려 동업을 시작했다.

14평 규모의 'OO캣'을 오픈하는 데 들어간 창업비용은 총 1억7천만원. 점포 권리금 7천5백만원, 보증금 2천5백만원, 인테리어비 3천만원, 초도물품비 1천만원, 냉장고 · 컴퓨터

등 집기류 1천만원, 교배와 분양을 위한 강아지 구입비 2천만원이 투자됐다.

현재 하루 매출은 60만~70만원선으로 영업일 25일 기준으로 월평균 1천6백25만원의 매출을 올리고 있다. 여기서 강아지 구입비는 매출의 50%인 8백만원, 물품비 1백50만원, 미용사 인건비 1백50만원, 전기세 · 식비 · 기타 공과금 1백만원을 제외한 순수입은 4백25만원 정도이다.

① 성공요인

우선 최상의 입지를 골랐다는 점을 들 수 있다. 000캣 00점의 입지는 A급. 00시에서 35~60평형 규모로 1만 세대 이상의 대단위 아파트 단지가 들어서 있어 중심가로 급부상하고 있으며 00동 사거리 대로변 1층에 있어 아파트 단지의 고객은 물론 기존의 주택가들의 고정수요를 확보할 수 있는 이점이 있다. 여기에 사거리 중심에 대형 할인마트가 자리잡고 있어 대로변을 지나는 유동 인구 층도 두텁다.

오픈 이벤트로 고객들에게 반려동물용 과자와 패드를 사은품으로 준비해 서비스한 것도 인지도를 높이는 데 한몫했다. 특히 패드는 1회용으로 반려동물의 대소변 훈련에 필수적인 제품이기 때문에 고객의 재구매를 촉진하는 기대 이상의 효과를 봤다.

여기에 지속적인 고객확보를 위해 회원에 한해 제품 구매 시에 10% 할인을 해주고 비회원인 경우에도 구매 가격의 5%를 적립하는 마일리지 제도를 도입함으로써 단골 고객을 잡는 데 성공했다. 레드 & 화이트 톤의 산뜻한 컬러감각으로 고급 카페 같은 분위기를 연출한 인테리어도 손님들의 시선을 붙잡은 요소이다.

무엇보다 자매가 동업을 함으로써 가족 특유의 끈끈한 팀워크를 살리고 창업비용 부담을 절반으로 줄인 점도 무시할 수 없는 성공 요인이다.

Q&A

'펫코노미'란?

반려동물과 관련한 시장 또는 산업을 일컫는 말로 반려동물을 뜻하는 영단어 펫(Pet)과 경제를 뜻하는 이코노미(Economy)가 결합한 단어다.

'창업 마인드'란?

창업 마인드란 창업하는 이유, 경영 마인드, 운영 철학, 서비스 마인드, 고객 가치 등 눈에 보이지 않는 것들을 모두 포함한다.

'기업가 정신(entrepreneurship)'이란?

기업가 정신(entrepreneurship)이란 창업가 정신이라고도 불리며 기업가 고유의 가치관 내지는 기업가적 태도를 말한다.

알아두기

반려동물의 의료비 절감 효과

반려동물 사육에 의해 보호자들의 의료비 지출이 독일에서는 7조5000억원, 호주는 3조 정도 연간 의료비가 절감되었고 스위스에서도 비슷한 조사결과가 있다. 연구자들은 대체로 의료비의 20% 정도가 줄었다고 결론내리고 있다.

단원 학습 정리

1. 국내 반려동물 시장 규모는 2027년까지는 6조원대 시장으로 성장할 전망이다.
2. 반려동물과의 유대가 옥시토신 호르몬 분비를 증가시키고 심리적 안정감과 편안함을 제공한다.
3. 저출산에 따른 핵가족화와 고령화의 가속화로 반려동물을 가족이나 자녀로 여기며 위안을 찾으려는 인식이 갈수록 증가되고 있어 반려동물 인구는 계속 증가되고 있다.
4. 성공적인 기업가는 혁신성, 진취성, 위험감수성, 도전정신을 가져야 한다.
5. 개인사업자의 큰 장점은 사업자 등록이 쉽고 간편하다는 점이다. 법인사업자의 장점은 대외공신력이 보다 높다는 점이다.
6. 마케팅의 4P 분석은 Product, Price, Promote, Place 측면에서 분석을 하는 것이다.
7. 반려동물 사업 성공을 위한 가장 중요한 요소는 사업주가 생명존중과 사명감을 가지고 있어야 한다. 반려동물을 단지 돈을 버는 수단으로 본다면 그 사업은 성공할 수 없다.
8. 반려동물 사업은 전문지식이 없어도 된다고 생각하는 창업자들이 많은데 잘못된 생각이다. 전문적인 교육을 받지 않고 창업하면 실패할 확률이 높다. 반려동물 사업은 관련 지식이 풍부해야 하고 관련 노하우도 전문적으로 배워야 하며 반려동물에 대한 풍부한 지식이 필요한 지식서비스 사업이다.

쉬어가는 페이지

반려동물 경제, 펫코노미

반려동물 산업은 세계적으로 이미 거대시장이 형성되어 있다. 반려동물 산업이란 사람들과 함께 동거하면서 사람들에게 행복과 즐거움이라는 가치를 제공하는 반려동물과 반려동물에 관련된 용품 및 관련 서비스를 총칭한다. 반려동물을 소재로 한 1, 2, 3차 산업 분야 전체와 문화, 복지 및 관광 등 주변영역을 포함하여 산업분야가 갈수록 다양화되고 확대되고 있는 추세이다.

지금까지는 반려동물의 분양, 사료 및 용품이 높은 비중을 차지하였으나 최근에는 건강, 의료영역을 비롯한 3차산업 영역으로 비중이 확대되는 추세이며 반려동물 동반 카페, 호텔 및 테마파크 등에 이어 캐릭터, 영화 산업 같은 문화콘텐츠 산업으로까지 사업 영역이 확대되고 있으며 최첨단 BT기술을 활용한 고부가 서비스 분야도 포함되고 있다.

세계 미래학회에서 미래 10대 전망 중의 하나로 반려동물 산업이 급속하게 팽창할 것으로 예상하고 있다.

핵가족화와 고령화 사회현상의 가속화, 사이버공간의 활성화 등의 이유로 반려동물의 증가가 지속된다는 예측이다. 현재 미국인들의 여가선용을 위한 영화, 노래, 게임 산업을 합친 규모보다 반려동물 산업분야가 더 큰 규모를 형성하고 있고, 중국을 비롯한 신흥 아시아권에서도 반려동물 산업이 빠른 성장산업으로 발전하고 있을뿐 아니라 사업영역의 폭이 다각화 되고 있으며 고급화, 단순한 화려함을 넘어 반려동물의 인격화 추세에 있다.

[출처] 경북매일(http://www.kbmaeil.com)

제 02 장

펫 숍 (Pet Shop)

펫(pet)은 과거 애완의 개념에서 현재 반려의 개념으로 많은 인식의 변화가 되어 왔다. 펫(pet)을 광의적으로 애완과 반려의 복합적인 개념으로 볼 때 함께 사용하기에 용어가 난해한 것은 사실이다. 인식의 변화를 거치며 이에 따른 의미는 보편화되어 계속적으로 정리 되어갈 것이라 본다. 이 장에서는 숍의 명칭을 펫 숍(Pet Shop)으로 사용하며 그 의미를 반려동물로 사용되는 것으로 이해하길 바란다.

I

펫 숍의 개념과 구성

학습목표

1. 펫 숍의 개념에 대해 이해 수 있다.
2. 펫 숍의 구성에 대해 이해 할 수 있다.

1 펫 숍의 일반적인 개념

펫 숍은 반려동물을 사육하는 소비자의 매장방문을 통해 소매점의 기능과 함께 상품에 대한 정보전달자와 상담자의 역할을 동시에 수행한다. 펫 용품의 온라인 판매와 달리 반려동물과 반려동물을 키우는 소비자가 방문을 통한 대면고객이 된다. 고객의 니즈(needs)와 원츠(wants)를 대화와 소통을 통해 해결하여 경영 이익을 직, 간접적으로 창출 할 수 있는 특징이 있다. 따라서 유리한 입지조건과 여유 있는 주차 공간, 상품의 유통구조를 이용한 전략적 매출의 이익 노하우, 소비자가 원하는 쾌적한 쇼핑문화공간과 더불어 고객의 욕구를 해결 해 주는 고품질의 서비스가 더해진다면 총 매출의 이익이 더해지는 성공경영으로 이어질 것이다. 이에 더불어 경영자의 반려동물에 대한 경영철학이 더해진다면 존경받는 경영인으로 거듭날 수 있을 것이다.

펫 숍의 기능과 구조, 규모는 우리나라의 반려동물 산업의 동향과 깊은 관련이 있다. 반려동물 산업의 확산과 계몽, 반려동물을 키우는 소비자에게 새로운 상품과 정보를 제공하는 기능을 수행하며 또한 반려동물 문화를 선도하는 역할을 수행하는 수준에 와 있다.

제Ⅰ장에서는 펫 비즈니스의 이해를 돕고 매장의 경영과 활성화에 도움을 줄 수 있는 다양한 펫 숍 경영방법과 경영 성공의 노하우에 대해 알아보고

제Ⅱ장에서는 펫 숍 운영 허가와 자격에 대해 알아보자.

그림 2-1 다양한 펫 비즈니스

1) 펫 숍의 특징

소비자가 펫 숍 방문을 통해 다양한 서비스를 제공 받을 수 있다

(1) 펫 숍의 방문을 통해 상품과 서비스를 동시에 제공 받는다.

소비자는 펫 숍의 방문을 통해 상품 뿐 만 아니라 소비자가 요구하는 다양한 서비스를 제공받길 원한다. 소비자가 숍에 방문 시 반려동물에 관한 여러 가지 전문지식을 바탕으로 한 상품 판매와 정보지식의 전달로 이어지는 관계에서 방문 시 느끼는 심리적 만족감과 신뢰감을 얻을 수 있도록 노력해야 한다. 업체의 매출과 직결되는 고객의 다음 방문을 결정짓는 중요한 이미지 메이킹 요인이 되기 때문이다. 업주와 직원 모두 전문가가 되어 고객을 위한 카운슬러가 되어야 하며 이미지 관리를 위한 지속적인 관리와 개선이 이루어져야 한다.

(2) 펫 숍의 다양한 상품의 구성을 통해 전문 숍으로서 인식된다.

온라인 쇼핑과 달리 소비자의 방문을 통해 한 장소에서 다양한 가격과 브랜드의 상품정보를 얻을 수 있는 기회를 제공하여 제품의 특성에 따라 시연, 시식, 체험을 통한 선택과 서비스를 통한 쇼핑의 즐거움을 줄 수 있다. 업체를 통한 홍보의 경우 공간의 확보가 필요할 수 있으며 고객이 아닌 반려동물로 인한 고객의 체험의 경우 반려동물을 위한 눈높이와 공간마련이 필요하다.

(3) 펫 숍을 통해 사육관리의 정보와 신상품의 정보를 얻을 수 있다.

방문을 통해 제품의 상담과 사육시의 어려운 상황의 상담이나 불편함의 호소 등의 대화가 이루어질 확률이 높고 이를 해결하기 위한 정보의 제공과 상담이 이루어 질 수 있으며 그에 따라 문제 해결을 위해 부수적으로 용품의 판매가 이루어질 가능성 또한 커지게 된다. 사육, 관리정보가 담긴 서적과 사육관리에 필요한 새로운 제품의 소개도 이루어 질 수 있다.

(4) 펫 숍의 상품과 함께 관련 서비스를 제공할 수 있다.

펫 숍에서는 상품의 판매 뿐 아니라 다양한 서비스의 판매가 가능하다. 숍의 특성에 따라 다르기는 하나 보편적으로 가장 큰 매출을 차지하는 분야는 미용실과 호텔이다.

요즘은 펫 숍의 형태에 미용실과 호텔, 유치원, 동물병원, 카페 등의 복합 공간으로 가는 대형 토탈 숍의 형태로 가는 추세이다. 소비자는 방문을 통해 한 장소에서 여러가지 전문적인 서비스를 받길 원하기 때문이다

(5) 펫 숍은 반려동물과 함께 방문하기에 입지조건이 유리해야 한다

매장, 점포마다 유리한 입지조건은 조금씩 다르다. 그러나 편리한 교통, 주차장이 확보된 매장은 공통적인 좋은 입지조건의 점포가 될 것이다. 매장의 크기에 맞는 주차장의 이용이 가능 한 입지조건이 유리하다는 것은 말할 것도 없거니와 요즘 같은 주차대란 시기에는 고객유치와 불편, 불만해소를 위해 주차의 해결방법을 모색해야 한다. 펫 숍의 경우 자가용을 이용해 반려동물과 함께 방문하는 고객을 위하여 주차장이 확보되어야 하며 도주 등의 방지를 위한 안전시설의 배려가 있다면 고객의 입장에서 방문 시 재방문의 욕구가 생길 주요 요인이 될 수 있다.

(6) 펫 숍 내의 근무자는 사육지식과 상품지식을 고루 갖추고 있어야 한다.

요즘 반려동물을 키우는 고객들은 반려동물에 대한 지식이 풍부하다. 조금 관심을 기울이면 인터넷과 스마트폰을 통해 각종 지식과 상식적인 내용들을 내 것으로 만들 수 있는

세상이다. 특히 반려동물을 키우는 젊은 층들은 동호회나 전문가와의 만남, SNS를 통한 정보의 교류가 전문가적 수준에 이른다. 필요지식이나 교육적 효과가 있는 내용의 전달을 위해서는 컨설턴트나 동물애호가, 반려동물 전문가의 이미지, 최고의 전문가 이미지로서의 노력이 필요하다. 그들과의 소통을 통해 고객관리에 관심을 둘 필요가 있다.

펫 숍의 특징

- 반려동물 산업의 확산과 계몽을 통해 반려동물 문화를 선도하는 역할을 수행한다.
- 반려동물을 키우는 소비자에게 새로운 상품과 정보를 제공하는 기능을 수행한다.
- 반려동물을 사육하는 소비자의 매장방문을 통해 소매점의 기능과 함께 상품에 대한 정보전달자와 상담자의 역할을 동시에 수행한다.
- 소비자가 방문을 통한 대면고객이 되어 고객의 니즈(needs)와 원츠(wants)를 대화와 소통을 통해 해결하여 경영 이익을 직·간접적으로 창출한다.

2) 펫 숍의 창업 준비

창업을 위한 준비단계는 소매, 서비스업의 업종이라면 특별한 경우를 제외하고 거의 비슷한 단계를 밟게 된다. 처음 창업을 준비하는 단계라면 창업을 준비하는 단계에서 여러 가지 정보와 도움을 받을 수 있는 지역단체인 창업 지원센터 등의 도움을 받거나 반려동물과 관련된 업종의 근무 경력을 갖추어 준비한다. 반려동물 직종의 종사자를 직원으로 채용한다 하더라도 어느 정도의 펫 산업 분야의 영업기술과 인맥을 유지하는 것이 좋다. 특히 미용실의 상황과 미용에 대한 전반적인 사항을 파악할 수 있는 능력을 갖추고 준비하지 않으면 운영에 지장을 초래할 수 있기 때문이다.

(1) 사업계획서의 작성

사업계획서는 사업계획을 문서화 한 것으로 준비하고 실천할 사업의 내용을 핵심적인 사항을 중심으로 구체적으로 정리하여 작성하며 조직과 기술 인력의 구성, 매출계획, 마케팅 전략 등을 기록한다. 이는 작성을 해보는 본인에게 사업의 구상을 구체적으로 정리할 수 있는 작성 중 내용의 점검을 통해 시행착오를 줄이고 성공의 가능성을 높여줄 수 있다. 사업계획서는 이러한 용도 외에 사업과 관련되어 공공기관, 금융기관 등에 사업에 필요한 자금을 지원받는 용도로 사용되거나 동업자, 출자자 등에게 사업의 인, 허가를 받는 중요한 용도로 사용될 수도 있게 된다.

〈표 2-1〉 사업계획서의 예시 : 창업 보육기관 제출용

<table>
<tr><th colspan="4">사업계획서</th></tr>
<tr><td>창업아이템명</td><td colspan="3">반려동물산업을 겨냥한 * * * *</td></tr>
<tr><td>성 명</td><td>* * *</td><td>분 야</td><td>* * *</td></tr>
<tr><td colspan="4">학습 계획</td></tr>
<tr><td colspan="4"></td></tr>
<tr><td colspan="4">아이템 소개</td></tr>
<tr><td colspan="4"></td></tr>
<tr><td colspan="4">창업 계획</td></tr>
<tr><td colspan="4"></td></tr>
<tr><td colspan="4">사업화 계획</td></tr>
<tr><td colspan="4"></td></tr>
</table>

〈표 2-2〉 사업계획서의 예시 : 자금 지원 용도 기관 제출용

사업계획서

보증신청 금액	00백만원
보증서 발급 희망일	년 월 일

▣ 윤리경영 실천을 위한 협조 확약

본인은 신용보증 신청과 관련하여 신용보증기금(이하 '신보')의 윤리경영 실천에 적극 협조하기 위하여 아래와 같이 서약합니다.

- 보증거래 등과 관련하여 신보의 임직원은 물론 어떤 자에 대하여도 일체의 금품, 향응, 편의 등을 제공하지 않으며, 제3자에게도 보증청탁을 하지 않는다.
- 신보의 임직원과 일체의 금전거래를 하지 않는다. 이에 불구하고 금전거래에 따른 피해가 발생할 경우 그 책임은 본인에게 귀속된다.
- 신보의 임직원 등이 금전거래, 금품, 선물, 향응, 편의 제공 등을 요구한 경우에는 즉시 신보의 윤리경영팀 또는 홈페이지 감사제보센터에 신고한다.

▣ 허위자료 제출 시 제재사항

이 「사업계획서」는 귀사가 신용조사 및 신용보증을 받는데 중요한 자료로 활용되므로, 사실과 다르거나 **허위의 자료를 제출한 경우**에는 저희 신보 내규에서 정하는 바에 따라 앞으로 신용보증을 받을 수 없음은 물론, 고소·고발 조치될 수 있습니다.

▣ 자금사용내역서 제출

'예비창업자 창업보증'으로 지원받은 자금에 대하여 신보에서 사후관리를 실시할 경우 '자금사용내역서'를 통장사본 등 근거자료와 함께 제출할 것을 확약합니다.

▣ 신용정보 제공·활용 동의

작 성 일 : 년 월 일 작 성 자 :	기업체명 대 표 자 : (인)

1. 기업체 현황

업 체 명*				대 표 자 명	
설립(개업)일자*				업종(품목)*	
소 재 지	주 소*			전 화 번 호*	팩 스*
본 사					
사 업 장					
E – mail		Homepage*		상시근로자*	
기업형태*	개인기업( ) 법인기업(주식회사 □, 유한회사 □, 합자회사 □, 합명회사 □, 기타 □)				
〈사업 관련 전문자격증 및 지식재산권 보유, 대외기관 인증 및 수상, 창업연수 참여 실적〉					
년 월	내 용				

* 사업자 등록을 하지 않은 예비창업자는 예정(계획) 기준으로 작성

2. 대표자 및 경영진 현황

사 업 장*			
소재지		소유자(관계)	(본인,친척,타인)
임차관계	전세 백만원, 월세 천원	가동상황	월평균 일, 1일평균 시간
생산방식	자사제조 %, 외주가공 %	주문생산 %, 시장생산 %	

주 요 시 설*						
시 설 명	구입년도	수량	단위	용 도	소요자금	제작사
	. .				백만원	

* 사업자 등록을 하지 않은 예비창업자는 예정(계획) 기준으로 작성

3. 사업장 및 주요시설

총 소요자금		
구 분		금 액
운 전		
	소 계(①)	
시 설		
	소 계(②)	
합 계(①+②)		

자금조달계획		
구 분	금 액	조달방법
자기자금	1천만원	
금융차입		
(보증신청)	5천만원	
기 타		
합 계	6천만원	

* 사업자 등록을 하지 않은 예비창업자는 예정(계획) 기준으로 작성

7. 사업 추진계획 (자유롭게 기재하되, 해당내용을 구체적으로 작성)

제품(서비스)의 주요내용	(제품의 특성 및 핵심기술, 기술개발 내용 및 과정, 생산 공정도 등)
시 장 분 석	(시장규모, 주요 수요처, 동업종 경쟁상황, 경쟁업체 현황 등)
기술 및 품질경쟁력	(국내외 경쟁사 제품과의 기술, 품질, 가격 비교 등)
생산(판매) 추진계획	(개발완료 및 제품화 시기, 설비도입 및 양산착수, 판매 등의 계획)

5. 금융기관 거래상황 (단위 : 백만원)

(2) 펫 숍의 운영형태

펫 숍의 운영형태는 선정규모와 특성에 따라 개인형 일반매장과 프랜차이즈 형태로 나눌 수 있으며 프랜차이즈 형태는 대형마트의 프랜차이즈 형태와 일반 프랜차이즈의 형태로 나눌 수 있다. 일반 매장의 경우 소, 중, 대형의 매장규모의 형태로 구성된다. 시대의 흐름에 따라 사업의 형태가 조금씩 변하고 있으므로 규모의 선택과 방법 또한 신중한 결정이 필요하다.

(3) 펫 숍의 입지조건

앞에서 언급한 내용은 매장의 기본적인 입지조건이다. 교통이 좋거나 버스정류장, 전철역 주변 등 유동인구가 많은 곳이 주요 상권이다. 그러나 펫 숍의 주요 입지조건이 아닐 수도 있다. 복잡한 상권의 경우 주차장의 확보가 어렵고 반려동물을 데리고 방문할 수 있는 고객의 동선이 불편할 수 있으며 사람이 모이는 복잡한 구 상가지역은 특히 반려동물의 소음과 냄새 등의 해결이 어려운 경우가 있으므로 오히려 덜 복잡하고 임대료가 부담이 덜 가고 주차공간이 여유 있는 상권을 선택하여 전문성을 키워 고객층을 늘려 매출을 늘리는 방법이 현명할 수 있다.

(4) 인테리어와 설비

평면도 설계를 통해 고객의 동선과 효율적 관리를 위한 근무자의 동선을 예측하여 구조화하는 준비가 필요하다. 미용실의 배치 구조를 결정하여 숍의 입구 또는 안쪽으로 배치할 것인지 결정해야 한다. 또한 효율적인 공간 활용을 위해 기자재의 위치를 미리 파악해 둔다. 조명의 용도와 사용 위치, 전기, 수도, 가스, 냉난방, 환기시설과 관련된 시설물들의 사항들을 공사를 시작하기 전 미리 상의하여 설계대로 진행하도록 준비한다.

(5) 매장의 디스플레이

펫 숍 상품의 디스플레이를 위한 진열장의 위치와 구성은 고객의 동선과 함께 제품의 구매로 연결된다. 진열테크닉이 매출에 큰 영향을 미칠 수 있기 때문에 이동 매대의 활용, 세일과 행사상품의 진열, 신제품과 계절상품의 진열 등 실제로 매장에서는 진열 테크닉에 관련된 전문적이 교육이 필요하다. 간식 또한 매출의 큰 부분을 차지하는 제품으로 판매용 냉장 쇼 케이스의 구비와 고객동선에 따른 위치파악을 해 두어야 한다.

(6) 펫 숍에 필요한 그 밖의 시설

펫 숍은 반려동물이 고객이 되어 함께 방문하는 공간이다. 도주로 인한 사고의 방지를 위한 입구의 이중 구조물의 장치가 필요하다. 매장의 이미지 관리를 위해 통풍과 환기시설을 잘 갖추어 동물의 냄새로 인해 방문이 불쾌하지 않도록 한다. 음향시설을 갖추면 매장의 분위기에 맞는 연출을 할 수 있다.

그림 2-2 입구의 이중구조의 안전장치

2 펫 숍의 운영

1) 매장의 차별화된 특징과 전문성

고객이 어떤 이유로든 매장을 방문했을 때, 특히 반려동물을 동반하여 방문했을 때 방문 시설의 이용이 가능해야 한다. 불편하지 않게 잠시라도 머물고 갈 수 있는 장소로 인식되어진다면 재방문의 욕구가 점점 커질 것이다. 그래서 다른 숍과의 차별화된 전략이 필요하다. 차별화 된 전략의 예로 펫 푸드의 구성, 그루밍 숍의 전문성, 고양이 용품의 구성, 특수동물의 전시와 용품 판매, 수족관, 카페 등이 있다.

2) 매장의 구조와 동선을 활용한 디스플레이의 구성

옷 구매를 위한 피팅 공간, 미용실의 위치에 따른 특징, 상담 및 세미나실, 포토존, 휴게, 대기 공간, 서적, 음료, 녹색 공간, 이벤트 공간, 사각지대의 활용 등

3) 상품의 관리

상품의 관리는 어느 정도 규모의 매장이 되면 관리를 위한 입출고 시스템 운영으로 재고, 입고, 출고, 고객관리까지 효율적으로 파악 할 수 있어야 한다. 정기적인 유통 기한의 확인과 재고 조사. 계절 제품의 관리, 비품과 기자재 관리가 필요하다. 창고의 청결관리 또한 필요하다.

(1) 펫 푸드의 판매

펫 푸드는 보관과 유통기한의 관리가 중요하다. 수제간식의 경우 베이커리 제품의 취급과 같다고 볼 수 있다. 냉장유통 제품의 경우 냉장 쇼 케이스를 이용하여 판매하는 것이 유통과정 상 바람직하며 한눈에 원하는 제품을 고를 수 있게 디스플레이 하는 것이 펫 푸드 판매의 특징이다.

그림 2-3 간식 판매용 냉장 쇼 케이스

(2) 푸드 이외의 제품판매

시중에 판매 되고 있는 디스플레이 제품들을 매장의 구성과 분위기에 알맞게 구비한다. 상품의 디자인과 색채 등을 활용하여 디스플레이 하고 빈 공간, 벽면의 활용을 통해 죽어 있는 공간이 생기지 않도록 한다. 제품에 따라 홍보를 위한 디스플레이용 진열대를 요청할 수 있는 방법도 있으므로 활용해 보도록 한다. 의류의 경우 계절에 맞는 디스플레이가 필요하고 다양한 사이즈를 구비하여 놓는다. 제품과 브랜드의 특성에 따라 선호도가 높은 사이즈의 경우 여러 벌을 구비하여 매출에 지장이 없도록 준비한다. 또한 철이 지난 상품의 경우 매입한 유통과정에 따라 반품처리가 어렵거나 철이 지나 관리가 어려울 경우 이벤트 또는 세일용 매대를 활용하여 제품을 소진시키는 것이 좋은 방법의 예이다.

4) 서비스의 관리

펫 숍에서는 상품뿐만 아니라 서비스의 판매가 가능하다. 대표적인 예로 미용실의 운영을 들을 수 있다. 미용실의 운영은 기술적인 노하우를 통해 타 업체와의 차별화된 경쟁력을 갖출 수 있으며 미용 서비스의 이용을 통해 다른 상품의 매출로 이어지는 확률이 높으므로 펫 숍에서 미용실의 운영은 반드시 필요하다고 할 수 있다. 타 업체와의 차별화된 전략을 위해 끊임없는 아이디어와 상품이 나올 수 있도록 노력해야 한다. 호텔의 운영 또한 큰 매출로 이어질 가능성이 높다. 고객이 방문하였을 때 청결하고 반려동물이 스트레스를 받지 않고 안전하게 지낼 수 있는 호텔의 이미지를 위해 구조와 자재, 가구 등을 섬세하게 구성한다. 반려동물과 고객이 떨어져 있는 동안 심리적으로 안정감을 느낄 수 있게 하기위한 아이디어와 고객유치의 전략구성이 중요할 것이다. 그 밖의 무료서비스로 활용 가능한 이벤트와 세미나 등의 행사를 활용할 수 있다. 이 모든 서비스의 구성은 다시 오고 싶은 재방문의 전략적 도구임을 잊지 말아야 한다. 다시 말해 고객과 반려동물을 위한 전문가적 준비가 완벽해야 한다는 뜻임을 잊으면 안 된다.

(1) 유료 서비스와 무료서비스의 다양한 구성

유료 서비스와 무료서비스의 관리가 가능하며 서비스가 폭넓게 갖춰진 펫 숍의 서비스의 구성으로 재방문의 욕구를 가질 수 있는 이미지의 전문 숍이 되기 위한 노력이 필요하다.

(2) 맞춤형 서비스의 관리

배변훈련, 기초 복종훈련, 목줄 훈련, 사회화 훈련 등 기본적인 길들이기에 관한 상담, 건강과 미용관리에 대한 상담, 동물병원과 수의사와 연계된 맞춤형 서비스의 관리, 교배와 번식에 관련된 정보의 제공 등 반려동물 전문가로서의 고객관리는 반려동물을 키우는 사람들 사이에 입소문을 통해 방문하고 싶은 전문 숍의 이미지를 만드는데 큰 도움이 될 수 있다.

(3) 고객 불만의 관리와 대응

제품과 미용 고객 불만의 신속한 관리와 대응은 숍의 운영에서 가장 중요하고 민감한 부분이다. 사료나 간식 등 섭취식품의 경우 제조날짜와 보관, 철저한 재고 관리를 통해 문제의 요인이 발생하지 않도록 한다. 그러나 미용의 경우 살아 있는 동물을 다루다 보면 예기치 않는 곳에서 문제가 발생하는 일이 생기기 마련이다. 당황하지 말고 문제의 해결방법을 모색하는 것이 첫 번째 해야 할 일이다. 미용실에서 발생한 동물의 부상이나 미용 부주의로 인해 발생한 상처는 주인에게 우선적으로 알리도록 하고 후속으로 더 큰 문제가 발생하지 않도록 신중하게 일을 처리해야 한다. 순간 대처를 바로 하지 못한다면 문제가 증폭되어 더 큰 문제로 발전할 가능성이 있으며 순발력 있게 처리하여 조용히 일이 마무리 될 수도 있다.

(4) 미용실의 운영

미용실의 운영은 펫 숍 운영에서의 꽃이라고 할 수 있다. 고객이 많은 미용 숍의 비결, 성공적인 미용 숍의 운영에 관련된 내용은 3장 반려동물 미용 숍에서 자세히 설명하겠다.

미용 서비스의 활용가치

1. 미용실의 운영을 통해 기술노하우 등 업체와의 차별화된 경쟁력을 갖출 수 있다.
2. 미용 서비스의 이용을 통해 다른 상품의 매출로 이어질 수 있다.
3. 미용실의 운영은 펫 숍 운영에서의 꽃이다.

5) 고객의 관리

고객의 관리는 크게 고객을 이해하고 분석하여 고객의 가치를 관리하는 것을 의미한다. 어떤 고객에게 어떠한 최적의 서비스를 판매할 것인가가 중요한 목표이며 신규고객을 창출함과 동시에 기존 고객의 고객 충성도를 유지하기 위해 서비스를 통한 전략이 필요하다. 이러한 서비스의 관리를 통해 고객관계를 강화시켜 수익성을 증대시킬 수 있다. 잠재고객, 휴면고객의 정보를 이용한 전략적 영업활동도 필요하며 새로운 서비스의 개발과 신상품의 홍보를 통해 고객의 구매자극과 고객감동을 위해 노력해야 한다.

(1) 반려동물도 고객이다.

반려동물을 동반한 고객의 의지에 따라 서비스가 결정되기 때문에 그들의 의사와 상관없이 거래가 진행된다. 하지만 반려동물의 시선에서 바라보았을 때 낯선 장소의 방문은 반려동물의 의사와 상관없이 진행되는 상황들이 모두 스트레스의 요인이 될 수 있다. 어렸을 때부터 사회화가 잘 이루어 져 있어 장소와 사람에 대한 적응력이 좋은 경우, 소위 예의바르게 잘 키워진 반려동물의 경우인 경우라 하더라도 어느 정도 스트레스는 있을 수 있으며 스트레스의 반응정도와 적응능력을 통해 주인이 없는 상황에 의지하게 된다. 반려동물의 시선에서 고려되어져야 하는 사항 등을 충분히 인지하여 스트레스 환경을 최소한으로 줄여주는 등의 서비스 질이 얼마나 중요한지 알아야 한다. 요즘은 매장의 안팎, 미용실 안쪽에도 작업을 하는 모습을 고객이 볼 수 있도록 CCTV설치를 설치하여 고객이 신뢰감을 느낄 수 있는 장치로 사용한다.

(2) 고객관리를 위해 고객을 분류하고 고객의 정보를 활용한다,

고객관리란 고객을 관리하여 지속적으로 방문고객으로 만드는 작업이다. 고정고객, 충성고객, 잠재고객, 신규고객 등 고객의 형태를 분류하여 관리한다. 신규입점 점포의 경우 고정고객이 될 수 있도록 처음의 관리가 중요하며 중장기적인 관리를 위해서 체계적인 고객관리가 필요하다. 고객의 성향 특히 고객의 취향과 반려동물의 사육환경에 맞는 대화와 응대, 개인정보 활용 등 동의서의 작성과 고객정보시스템을 활용한 고객관리, 미용고객의 경우 차트, 고객카드 등을 활용하여 고객의 취향과 성향 등을 분석하여 둔다. 고객의 마음을 사로잡을 수 있는 방법에는 무엇이 있을까에 대한 고민과 실행이 항상 필요하다.

(3) '불만 고객 응대하기' 매뉴얼을 준비하고 활용한다.

고객이 불만을 호소하게 되는 상황을 두 가지로 나누어 볼 수 있다. 숍의 과실로 인한 불만과 그렇지 않은 불만이다. 대부분 불만 고객들은 귀책의 사유가 어찌되었든 고객의 마음을 헤아리고 끝까지 경청해 주길 바란다. 불만 고객의 응대 포인트도 여기에 있다. 경청과 공감의 단계가 지나게 되면 어느 정도 고객은 감정의 흥분상태가 가라앉게 되어 대화의 분위기를 좀 더 쉽게 이어갈 수 있는 상황이 된다. 이때 전문가다운 신뢰의 모습을 보일 수 있어야 하며 숍의 과실 여부에 따라 해결방법을 모색한다. '불만 고객 응대하기' 매뉴얼을 준비하고 활용하여 불만 고객을 충성 고객으로 이끌도록 한다.

(4) 전화 응대하기

전화로 의사소통을 하는 경우 대면하여 대화가 이루어지지 않는 특성 때문에 단순한 목소리의 높낮이나 강약으로 상대방이 성의 없이 느낄 수 있는 오해의 소지가 있다. 그러므로 대면하여 상담하거나 대화할 때 보다 신중한 태도로 임해야 한다. 전화응대 매뉴얼을 작성하여 실행하는 방법이 좋은 예이다. 전화기 주변에 메모를 준비하고 전달사항 등이 누락이 되어 일처리에 지장을 초래하는 일이 없도록 한다. 처리사항을 확인하여 고객에게 진행사항이나 결과를 전달한다. 통화 시도 시 연락이 되지 않았다면 반드시 문자를 남겨 확인할 수 있도록 일을 처리하도록 한다. 신뢰 가는 사업장의 이미지를 고객은 이런 부분에서 바로 느낀다. 어떤 서비스보다 중요하다고 할 수 있다.

6) 계산대

계산과 포장을 위한 공간은 상담, 예약, 전화, 방문고객의 대면 등 사업장의 얼굴이기 때문에 청결과 세련미를 유지할 수 있도록 한다. 계산대 주변의 광고효과를 누릴 수 있는 베너 등의 설치로 고객이 잠시 계산하는 동안 머무는 장소에의 광고 노출은 더욱더 구매욕을 자극한다. 계산대 주위의 구매욕이 생기는 용품과 정보의 디스플레이 기술에 대해 공부해야 한다.

7) 화장실

요즘 화장실은 하나의 문화로 정착되었다. 고객은 화장실을 통해 손님에 대한 배려를 안다. 내 사업장에 방문하는 고객이 배려 받고 싶어 하는 섬세한 부분까지 신경 써야 한다. 화장실뿐만 아니라 내가 고객의 입장과 눈높이가 되어 바라본다면 평소에 눈에 띄지 않았던 것들이 보일 것이다.

8) 근무자의 관리와 교육

마음에서 우러나오는 서비스는 바로 자기가 하고 있는 일에 대한 주인의식과 비전 제시 등 전문가가 되기 위한 마음가짐에 있다. 모두 전문가가 되기 위한 준비 단계에 있음을 인지시켜 주기 위해 반려동물에 대한 교육과 고객관리 교육, 자기개발 등을 구성으로 한 정기적인 전문지식 교육이 필요하다. 좋은 직원은 경영자가 만들어나가는 것이다.

9) 펫 숍 외부공간의 활용

(1) 반려동물 운동장

(2) 반려동물 화장실의 설치

Ⅱ 펫 숍의 운영 허가와 관련 자격증

학습목표

1. 펫 숍의 운영허가에 대한 절차에 대해 이해 수 있다.
2. 펫 숍의 운영에 관련된 자격증에 대해 알 수 있다.

동물보호법 개정에 따라 동물판매업, 동물위탁관리업, 동물미용업을 운영하고자 하는 사업자는 동물보호법 제35조 제2항 관련시설 및 인력기준을 충족하여야 하고 사업장 소재지 지자체(구청, 시청 또는 군청)에 등록 신청을 하여야 한다. – 자세한 내용은 15장 부록 참조 –

1 펫 숍의 운영 허가

1) 창업의 행정절차

펫 숍 창업을 위해서 사업자 등록 신청을 해야 한다. 법인/개인 사업장, 일반/간이 과세자를 구분하여 업장의 주소 소재지인 관할 세무서에서 접수하거나 개인사업자의 경우 국세청 홈텍스에서 부동산 임대차계약서를 온라인으로 파일을 첨부하여 신청이 가능하다. 업종은 애견 용품점으로 표시하고 업태는 도매 및 서비스업으로 표시한다. 사업자 등록신청은 신청 후 사업자 등록증을 발급받을 수 있다. 행정절차나 구비서류 등은 법률상 진행 내용이 바뀔 수도 있기 때문에 기관에 미리 문의, 확인 후 등록 절차에 들어가도록 한다.

창업의 행정절차

1. 법인/개인사업장, 일반/간이과세자를 구분하여 업장의 주소 소재지인 관할 세무서에서 접수한다.
2. 개인사업자의 경우 국세청 홈텍스에서 부동산 임대차계약서를 온라인으로 파일을 첨부하여 신청할 수 있다.
3. 업종은 애견 용품점으로 표시하고 업태는 도매 및 서비스업으로 표시한다.

[별지 제4호 서식(2)] (2009.3.26. 개정)

사업자등록증

(   )

등록번호:

①법인명(단체명):

②대표자:

③개업연월일: 년 월 일 ④법인등록번호:

⑤사업장소재지:

⑥본점소재지:

⑦사업의종류: 업태 종목

⑧교부사유:

⑨주류판매신고번호:

⑩사업자단위과세 적용사업자 여부: 여( ) 부( )

년 월 일

OO세무서장 직인

그림 2-4 사업자 등록증의 예시

2 펫 숍의 운영과 관련된 자격증

1) 반려동물 관리사 자격증

반려동물관리사 자격증은 반려동물 관련 업종에 적용이 가능하며 향후 반려동물의 보급, 반려동물 산업증대 향상과 반려동물 보호자 교육을 통해 행복한 반려동물 문화 정착에 크게 기여할 수 있는 자격증으로 주목을 받고 있다. 반려동물의 다양한 종류와 품종, 관리 정보를 전달할 수 있으며, 이를 통해 효율적인 고객관리를 통한 업체의 수익을 향상시킬 수 있는 관리자로서의 역할 수행능력을 갖추어야 한다.

한국동물매개심리치료학회(http://www.kaaap.org/)에서 민간자격 인증을 통해 반려동물관리사 자격증을 발급받을 수 있다.

〈표 2-3〉 반려동물 관리사의 진로

직 장	활동 내용
펫 숍	반려동물 관리 전문 스텝, 고객 상담 및 교육
애견카페, 애견유치원	반려동물 관리 전문 스텝
동물병원	반려동물 관리 전문 스텝
동물보호센터	반려동물관리 전문 스텝으로 유기동물의 관리와 입양 희망 방문자들의 보호자 교육
방문관리	가정 방문하여 반려동물미용, 행동교정 및 보호자 교육
교육 강의 및 컨설팅	반려동물 관리사에 관한 특강 및 교육 프로그램 운영.
진학	동물매개치료 등 관련 대학원 진학

반려동물 관리사(Companion Animal Manager)란?

반려동물 관리사는 반려동물의 관리 전문가로서 반려동물의 관리업무를 원활하게 수행할 수 있는 활용능력과 직무능력을 갖춘 전문가이다. 반려동물 관리사 자격증은 한국동물매개심리치료학회(http://www.kaaap.org/)에서 발급받을 수 있으며 검정 분야로는 반려동물학 개론, 반려동물 관리학, 반려동물간호학, 반려동물 복지학 과목의 교육과정을 이수 후 응시 할 수 있다.

– 한국동물매개심리치료학회(www.kaaap.org) –

2) 반려견 스타일리스트 자격증

반려견 스타일리스트는 반려동물의 일상적인 관리를 통해 건강과 위생, 아름다움을 관리하고 고객의 요구와 개체특성에 맞는 미용 방법으로 스타일을 작업하고 완성하는 기술을 연마하는 전문가이다. 반려견 스타일리스트 자격증의 경우 반려동물관리사와 더불어 반려동물과 관련된 전 업종에서 갖추어야 할 기술 자격 중의 하나이다.

반려견 스타일리스트 자격증

인간과 더불어 사는 반려견의 건강한 삶을 위하여 고객의 요구와 개체특성에 맞는 방법으로 일상적인 관리와 스타일을 작업하고 고객관리, 기자재 관리, 안전 위생에 관한 업무를 수행하며, 다양한 견종의 미용과 이에 더하여 미용교육을 할 수 있는 전문가적인 소양을 검정한다. 애견미용 교육기관을 통해 교육이수 후 필기시험과 실기시험을 통해 3,2,1급 과정을 응시 할 수 있으며 한국애견협회를 통해 반려견 스타일리스트 자격증을 발급받을 수 있다.

– 한국애견협회 사이트(http://www.kkc.or.kr) –

국가 직무능력 표준(Nationl Competency Standards)을 기반으로 한 애완동물미용 학습모듈

NCS 국가직무능력표준이란 산업현장에서 직무를 수행하기 위해 요구되는 지식, 기술, 소양 등의 내용을 국가가 산업 부문별, 수준별로 체계화 한 것으로 산업현장의 직무를 성공적으로 수행하기 위해 필요한 능력(지식, 기술, 태도)을 국가적 차원에서 표준화한 것을 의미한다. 애완동물미용 학습모듈을 통해 애견미용사 자격 검정에 필요한 정보를 습득하여 학습할 수 있다.

「NCS학습모듈」 찾기 : www.ncs.go.kr → ncs 및 학습모듈검색 → 분야별 검색 → 24.농림어업 → 02.축산 → 01.축산지원개발 → 06.애완동물미용

– NCS 국가직무능력표준 사이트(http://www.ncs.go.kr) –

Q&A

◉ 반려동물 관리사(Companion Animal Manager)란?

반려동물 관리사는 반려동물의 관리 전문가로서 반려동물의 관리업무를 원활하게 수행할 수 있는 활용능력과 직무능력을 갖춘 전문가이다.

◉ 반려견 스타일리스트란?

반려견 스타일리스트는 반려동물의 일상적인 관리를 통해 건강과 위생, 아름다움을 관리하고 고객의 요구와 개체특성에 맞는 미용 방법으로 스타일을 작업하고 완성하는 기술을 연마하는 전문가이다.

알아두기

◉ 반려동물미용사의 업무

반려동물미용사는 반려동물의 미용과 청결을 담당한다.

① 고객과 상담을 통해 커팅모양, 장식모양 등을 결정하고, 건강 상태와 털 상태를 검사한다.

② 반려동물의 청결과 건강관리를 위해 털을 다듬고 빗질하기, 목욕시키기, 귀 청소, 눈, 귀, 발톱 손질 등의 기본미용(그루밍 : grooming)을 한다.

③ 또한 반려동물의 미용을 위해 털을 깎고, 발바닥, 발등, 항문 주위, 배 주위의 털을 뽑거나 짧게 깎아 주는 전신미용(트리밍 : trimming) 작업을 한다.

④ 미용기구를 정돈하고 작업장을 정리하며 정기적으로 반려동물의 미용 일을 고객에게 체크해 주는 사후 관리업무도 한다.

02

단원 학습 정리

1. 펫 숍은 반려동물을 사육하는 소비자의 매장방문을 통해 소매점의 기능과 함께 상품에 대한 정보전달자와 상담자의 역할을 동시에 수행한다.
2. 펫 숍의 특징은 반려동물 산업의 확산과 계몽을 통해 반려동물 문화를 선도하는 역할, 반려동물을 키우는 소비자에게 새로운 상품과 정보를 제공하는 기능을 수행, 반려동물을 사육하는 소비자의 매장방문을 통해 소매점의 기능과 함께 상품에 대한 정보전달자와 상담자의 역할을 동시에 수행, 소비자가 방문을 통한 대면고객이 되어 고객의 니즈(needs)와 원츠(wants)를 대화와 소통을 통해 해결하여 경영 이익을 직·간접적으로 창출한다.
3. 펫 숍의 운영형태는 선정규모와 특성에 따라 개인형 일반매장과 프랜차이즈 형태로 나눌 수 있으며 프렌차이즈 형태는 대형마트의 프랜차이즈 형태와 일반 프랜차이의 형태로 나눌 수 있다.
4. 펫 숍에서는 상품 만 아니라 서비스의 판매가 가능하다. 대표적인 예로 애견 미용실의 운영을 들을 수 있다.
5. 반려동물관리사 자격증은 반려동물 관련 업종에 적용이 가능하며 향후 반려동물의 보급, 반려동물 산업증대 향상과 반려동물 보호자 교육을 통해 행복한 반려동물 문화 정착에 크게 기여할 수 있는 자격증으로 주목을 받고 있다.
6. 반려견 스타일리스트는 반려동물의 일상적인 관리를 통해 건강과 위생, 아름다움을 관리하고 고객의 요구와 개체특성에 맞는 미용 방법으로 스타일을 작업하고 완성하는 기술을 연마하는 전문가이다.

쉬어가는 페이지

펫 숍 창업은 '다년간의 노하우'가 필요

공정거래위원회 가맹사업 정보제공시스템에 따르면, 반려동물 관련 프랜차이즈 사업을 하는 곳은 15여 곳이다. 애견, 펫 외의 상호를 갖고 영업하는 브랜드까지 포함하면 업체 수는 이보다 더욱 많을 것으로 예상된다.

이처럼 애견카페, 펫 숍 등이 인기를 끌고 있는 것은 반려동물에 대한 관심도가 높아졌기 때문이다.

사회트렌드에 걸맞게 단순히 애견용품점에서 벗어나 동물병원과 애견호텔, 애견용품점 등 원스톱서비스를 찾는 애견인들이 많아지고 있다. 이는 멀티 펫 숍 형태의 매장으로 애완동물 용품판매 및 반려동물 분양, 반려동물 미용, 반려동물 호텔, 강아지 유치원 등 다양한 서비스를 원스톱으로 제공한다는 게 특징이다.

러브펫코리아 '러브펫 멀티 펫 숍'은 기존 영세하고 비위생적이었던 애견샵과 차별을 둔다는 게 특징이다. 매장을 카페처럼 인테리어 해서 반려동물 소비시장에서 소비자의 대다수를 차지하고 있는 젊은 여성과 주부들의 발걸음을 끌고 있다.

반려동물 관련 사료, 간식 등은 물론 분양부터 미용, 애완동물 호텔, 강아지 유치원, 애견카페, 고양이 카페 등 반려동물에 관한 서비스를 하나의 매장에서 원스톱으로 제공해 편리함을 더했다. 멀티 펫 숍인 만큼 네일, 화장품, 핸드폰, 편의점 등 다른 아이템과도 접목이 가능하다.

10여 년 동안 동물병원을 운영한 최인영 러브펫동물병원 수의사가 CEO로 활동하는 만큼 애견훈련사, 애견미용사, 동물간호사 등의 전문가로 본사 직원들을 구성해 애견분야에 대해 전문적이고 체계적인 교육과 운영노하우를 제공한다.

출처 :머니S http://mnb.moneys.mt.co.kr/

제 03 장

반려동물 미용 숍 (Pet Grooming Shop)

Ⅰ. 반려동물 미용 숍의 개념
Ⅱ. 반려동물 미용 숍 운영 허가와 자격

펫 숍의 기능과 구조에는 반려동물미용이 함께 한다. 펫 숍 뿐만 아니라 동물병원에도 미용실의 기능이 사업의 한 부분을 차지한다. 외국과 비교 해 볼 때 우리나라의 특징적인 사례라고 볼 수 있다. 이렇듯 반려동물 미용 숍은 펫 숍과 마찬가지로 우리나라의 반려동물 문화를 선도하는 역할을 수행하는 수준에 있다.
제Ⅰ장에서는 반려동물 미용 숍의 경영과 활성화에 도움을 줄 수 있는 다양한 경영방법과 경영 성공의 노하우에 대해 알아보고 제Ⅱ장에서는 반려동물 미용 숍 운영 허가와 자격에 대해 알아보자.

I 반려동물 미용 숍의 개념과 구성

학습목표

1. 반려동물 미용 숍의 개념에 대해 이해 수 있다.
2. 반려동물 미용 숍의 구성에 대해 이해 할 수 있다.

1 반려동물 미용 숍의 개념

반려동물 미용 숍은 반려동물을 사육하는 소비자가 반려동물과 함께 매장을 방문하여 소매점의 기능과 함께 미용 서비스의 판매가 직접적으로 이루어지는 곳이다. 펫 숍과 마찬가지로 유리한 입지조건과 여유 있는 주차 공간, 더불어 고객의 욕구를 해결해 주는 고품질의 미용서비스가 사업의 성패를 가리는 경영으로 직결된다.

1) 반려동물 미용 숍의 특징

반려동물 미용 숍의 특징은 고객이 반려동물과 함께 매장방문을 통해 미용 서비스를 제공 받는다는 것이다. 숍에 방문 시 반려동물의 건강과 미용에 관한 전문지식을 바탕으로 미용서비스를 제공할 수 있어야 한다. 고객의 다음 방문을 결정짓는 미용의 만족도가 매출의 직접적인 영향을 주게 된다.

(1) 반려동물 미용 숍의 다양한 서비스 상품의 구성을 통해 전문 숍으로서 인식된다.

미용 전문 숍의 이미지 마케팅을 위한 상품의 개발과 구성이 필요하다. 다양한 패키지의 구성과 고객과 반려동물이 받을 수 있는 서비스의 정보를 얻을 수 있는 기회를 제공하여 상담을 통한 서비스 정보와 선택으로 숍의 방문을 통한 만족과 즐거움을 줄 수 있어야 한다. 서비스 정보를 한눈에 볼 수 있는 매뉴얼을 개발하여 고객에게 제공하고 노출시켜 선택의 즐거움을 극대화 시킬 수 있다. 공간의 확보를 통해 매장용 스탠드 광고, 안내 베너,

pop, 미용 시 사용하는 제품의 진열 등 매장의 특성에 맞게 고객에게 노출시킬 수 있는 효과적인 방법을 사용한다.

(2) 반려동물 미용 숍을 통해 건강관리와 다양한 미용정보의 기회를 얻을 수 있다.

방문을 통해 미용 상담과 사육, 건강관리의 상담이 이루어진다. 미용에 필요한 사전 상담을 통해 반려동물의 가정 내의 사육환경, 사육 관리의 주체, 품종의 특징, 행동습성, 질병의 유무 등 반려동물에 관한 정보가 필요하며 이에 따른 미용 형태의 상담이 이루어지게 된다. 이러한 상담을 통한 다양한 서비스 선택의 폭을 넓혀 매출로 이어질 수 있는 기회가 될 수 있으므로 숍에서 가장 중요한 과정이 될 것이다.

(3) 숍의 서비스상품과 함께 미용과 관련된 다양한 제품을 제공할 수 있다.

숍에서 가장 중요한 상품의 판매는 미용 서비스이다. 미용서비스와 함께 미용과 관련된 다양한 제품의 판매가 가능하며 전문 숍의 특징을 살려 스파와 아로마, 마사지 등 의 서비스를 함께 제공할 수 있고 미용 시 사용되는 전문 제품, 가정에서 사용할 수 있는 미용관리 용품, 미용 후 구매율이 높은 애견 의류의 판매를 통해 매출을 극대화 시킬 수 있는 도구로 사용할 수 있다. 애견 의류의 경우 계절에 맞게 디스플레이 하고 유행에 민감하므로 다양한 디자인과 사이즈를 구비하여 둔다.

(4) 반려동물 미용 숍은 반려동물과 함께 방문하기에 주차공간의 확보가 필요하다.

주차장이 확보된 매장은 반려동물과 함께 방문하기에 좋은 입지조건의 점포가 된다. 고객유치를 위해 주차공간의 확보는 반드시 필요하다. 용품의 종류와 특색이 많은 펫 숍의 경우와 달리 미용 숍은 특성상 눈에 띄는 중심가가 아니어도 좋다. 기술로 승부하는 특성으로 찾아오는 고정고객을 확보할 수 있는 장점이 있다. 주차공간의 확보가 해결이 된다면 번화가가 아니더라도 경영면에서 유리한 조건이 될 수 있는 환경을 만들어 나갈 수 있다.

반려동물 미용 숍의 특징

1. 반려동물 미용 숍은 고객이 반려동물과 함께 매장 방문을 통해 미용 서비스를 제공받는다.
2. 미용 전문 숍의 이미지 마케팅을 위한 상품의 개발과 구성이 필요하다.
3. 미용 서비스와 함께 미용과 관련된 다양한 제품의 판매가 가능하다.
4. 미용 숍은 특성상 눈에 띄는 중심가가 아니더라도 기술로 승부하여 찾아오는 고정고객을 확보할 수 있는 장점이 있다.

2) 반려동물 미용 숍의 창업 준비

(1) 창업 준비 사항

펫 숍의 경우와 마찬가지로 반려동물 미용 숍의 경우는 창업을 위한 준비단계에 소매, 서비스업의 업종으로 준비할 수 있다. 처음 창업을 준비하는 단계의 경우 여러 가지 정보와 도움을 받을 수 있는 지역기관, 단체 등의 창업 지원센터의 도움을 받을 수 있으며 반려동물과 펫 숍 또는 반려동물 미용 숍의 근무 경력을 갖추어 준비한다. 미용 숍 내의 반려동물 미용에 대한 전반적인 지식과 상황을 파악할 수 있는 능력을 갖추고 준비하며 미용사에 의해 운영된다 하더라도 미용사의 부재 시에도 운영에 차질이 없도록 준비해야 한다.

(2) 입지조건

펫 숍의 입지조건에서 설명한 바와 같이 복잡한 상권의 경우 주차장의 확보가 어렵고 반려동물을 데리고 방문할 수 있는 동선이 불편하여 고객의 불만사항이 될 수 있고 복잡한 상가지역은 반려동물의 소음과 냄새 등의 해결이 어려울 수 있으므로 덜 복잡하고 임대료 부담이 덜 가는 주차 공간이 여유 있는 상권을 선택하여 전문성을 키워 다양한 고객층을 확보하는 방법이 오히려 경영에 유리한 조건이 될 수 있다.

(3) 인테리어와 설비

고객의 동선과 효율적 관리를 위한 근무자의 동선을 구조화하여 평면도를 구성하여 인테리어를 계획성 있게 준비한다. 미용실 안은 작업의 동선을 고려한 기자재와 시설을 설비하고 숍의 입구에 작업실이 보이는 구조로 배치할 것인지 또는 숍의 안쪽에 배치할 것인지 결정해야 한다. 전기, 수도, 가스, 냉난방, 환기시설과 관련된 시설물들의 사항들을 공사를 시작하기 전 미리 상의하여 설계대로 진행하도록 준비한다.

스텐 욕조

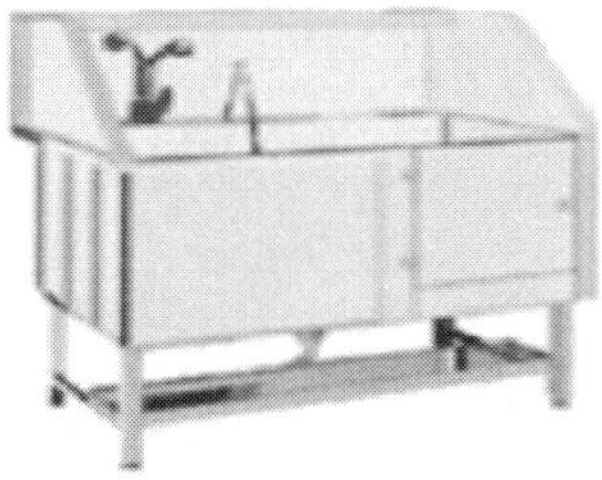

전문가용 드라이기

전기온수기

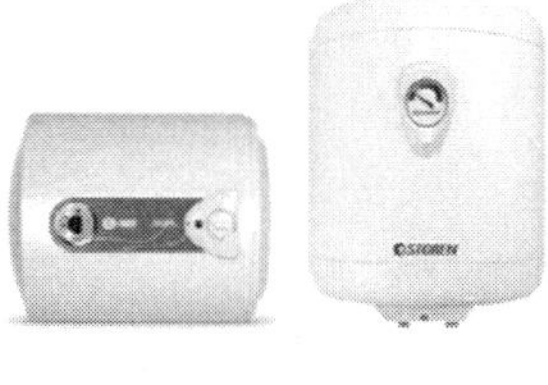

전문가용 미용테이블

그림 3-1 미용실의 설비

(4) 반려동물 미용 숍의 디스플레이

상품의 디스플레이는 펫 숍의 디스플레이와 다를 바 없다. 미용 숍의 경우 펫 숍과 다르게 전문 숍의 특징을 살려 매장을 디스플레이 할 수 있다. 매장의 크기에 비례하여 제품의 디스플레이 구성이 달라질 수 있으며 규모에 따라 일반 펫 숍의 기능에 미용 전문 숍의 기능을 추가할 수 있다.

2 반려동물 미용 숍의 운영

1) 반려동물 미용의 전문성

고객이 어떤 이유로든 매장을 방문했을 때, 특히 반려동물을 동반하여 방문했을 경우

방문 시설의 이용이 가능해야 한다. 불편하지 않게 잠시라도 머물고 갈 수 있는 장소로 인식되어진다면 재방문의 욕구가 커질 것이다. 다른 숍과의 차별화된 전략이 필요하다. 그 곳에 가면 다른 무엇이 있어야 한다는 것이다. 차별화 된 전략의 예로 그루밍 숍의 전문성, 펫 푸드의 구성, 고양이 미용, 고양이 용품의 구성, 특수동물의 전시와 용품 판매 등을 예로 들을 수 있다.

2) 미용 숍의 구성과 디스플레이

미용 후 옷 구매를 위한 피팅 공간, 미용실의 위치에 따른 숍의 전면 구성, 상담 및 세미나실, 미용 후의 포토 존, 미용을 기다리기 위한 휴게 · 대기 공간, 서적, 음료의 비치 등의 공간 구성과 목욕용품 및 가정에서 할 수 있는 손질을 위한 도구, 사료와 사육용품의 구성으로 매장을 구성 있게 디스플레이 할 수 있다.

3) 서비스의 관리

반려동물 미용 전문 숍의 서비스의 판매는 펫 숍의 기능과 차별화하여 운영한다. 차별화된 미용 서비스의 이용을 통해 재방문을 극대화 시킬 수 있기 때문에 기능성 있는 미용실의 운영은 반드시 필요하다. 방문하였을 때 청결하고 반려동물이 안전하게 미용 서비스를 받을 수 있는 환경 조성과 전문점의 이미지를 위한 상품의 개발, 기자재의 구비 등 미용 서비스의 다양화를 위한 아이디어와 고객유치의 전략이 필요하다. 예를 들어 목욕 서비스의 경우 중대형 견을 키우고 있는 가정의 가정에서의 관리 시 불편한 사항을 해소하기 위한 유료 그루밍실을 운영하거나 그루밍 교실을 운영하여 올바른 관리방법을 교육하는 서비스를 운영할 수 있다. 그루밍의 경우 목욕과 미용한 결합한 패키지 상품을 구성하여 한 달 또는 3개월 등의 기한을 설정하여 관리할 수 있는 패키지 서비스상품을 소개한다. 목욕과 미용의 경우 쿠폰제를 실시하여 무료로 서비스를 받을 수 있는 이벤트 상품을 소개하는 것도 고객방문의 활성화를 위한 좋은 예이다. 펫 아로마 테라피와 펫 마사지를 결합하여 상품의 질을 높이는 방법도 고려할 수 있다. 펫 아로마 테라피와 펫 마사지의 경우 별도의 자격과정을 이수하여 전문성을 높일 수 있으며 전문성을 통해 숍에 대한 고객의 신뢰감을 한 차원 더 높일 수 있다. 서비스의 구성은 다시 오고 싶은 재방문의 전략적 도구로 활용할 수 있어야 하며 전문숍은 전문가적 준비에 완벽을 기해야 한다.

반려동물 미용 숍의 서비스의 특징

1. 서비스의 관리(유료+무료) 가능한 서비스의 운영이 필요하다.
2. 사육 상담, 배변훈련 등의 교정훈련, 가정에서의 건강, 미용관리 교육 등을 통해 미용전문가의 전문성을 발휘하여 고객을 상담, 관리한다.
3. 서비스의 고급화와 다양화를 위하여 패키지 상품에 주력해야 한다.
4. 불만사항의 관리와 대응을 통해 고객만족 효과를 위한 노력이 필요하다.

미용실의 운영과 고객응대

1. 미용 전문 숍의 서비스 판매는 펫 숍의 기능과 차별화하여 운영한다.
2. 전문점의 이미지를 위한 상품의 개발과 기자재의 구비 등 미용 서비스의 다양화를 위한 아이디어와 고객유치의 전략이 필요하다.
3. 고객방문의 활성화를 위한 패키지 상품, 이벤트 상품을 개발한다.
4. 상품의 질을 높이기 위해 노력한다.
5. 미용 예약서비스를 운영하여 시간관리에 최선을 다한다.
6. 미용 시 발생할 수 있는 안전 및 유의사항에 대해 매뉴얼을 준비하여, 고객을 이해시키고 사전교육이 이루어질 수 있도록 적극 활용한다.
7. 미용 시 발생한 사고에 대해 즉시 처리가 가능할 수 있도록 매뉴얼을 준비하고 고객응대에 적극 활용한다.

〈표 3-1〉 반려동물 미용실에서 활용 가능한 미용 차트의 서식

미용 차트

고객번호 : 날짜 :

이름	품종	성별	보호자	전화	핸드폰

1. 사전 점검 체크리스트

전신 상태	피부 · 피모	귀 · 눈 · 구강	관절 · 걸음걸이 · 기타
□정 상	□ 정 상	□ 정 상	□정 상
□마 름	□건성 지루	□귀 지(좌, 우)	□파 행
□비 만	□유성 지루	□안 구(좌, 우)	□
□탈 수	□악 취	□치석	□
□기침/콧물	□탈 모	□잇몸 발적	□
□기관지협착	□종 괴	□흔들리는 치아	□

2. 미용 체크리스트 담당미용사 :

미용타입	□전체미용 □기본미용 □목욕 □컷트 □기타 ( )
예방접종여부	□최근 □1년 이내 □1년 이상 □잘모름
미용전 체크사항	□눈 □귀 □입 □피부 □피모 □미용경험(유, 무) □기타 ( )
최근 질병경력	
고객 요청사항	
미용 후 발견사항	
비고	

미용 후 동물의 체질이나 나이, 건강상태에 따라 가려움증, 식욕부진, 정서불안, 수면장애 등 미용 후의 스트레스로 인해 이러한 증상이 있을 수 있습니다. 이러한 경우 병원에 내원하여 진료를 받도록 합니다.

3 반려동물 미용사의 현황

1) 입직 및 취업방법

- 동물병원, 애견센터, 반려동물전문점이나 애견전문미용실 등에 취업하며, 어느 정도 경력을 쌓은 후 본인이 직접 애견미용실 등을 운영하기도 한다.

2) 고용현황

- 반려동물미용사로 활동하는 사람은 4,800명이며, 이 가운데 임금근로자는 2,300명(47.9%)이다.
- 반려동물미용사의 성비는 여자 84.2%, 남자 15.8%이며, 평균 연령은 33.3세이다. 전체적으로 평균 13.1년의 학력을 보유하고 있으며, 평균 계속 근로연수는 3.9년이다(자료: 2013-2014 Job Map).

3) 임금수준

- 반려동물미용사의 월평균 임금은 185만원이다(자료: 2013-2014 Job Map). 직책에 따라 500만원 이상의 임금을 받는 사람도 있어 경력과 미용 실력에 따라 임금의 격차가 크다.

4 반려동물 미용 숍의 수입

1) 반려동물 미용

- 반려견과 고양이의 미용을 실시하여 비용을 받을 수 있다.
- 반려동물의 미용 비용은 품종이나 크기, 고객의 요청 사항에 따라 달라질 수 있다.
- 미용 없이 목욕만 별도로 요청 받는 경우, 목욕 서비스 실시 후 비용을 받을 수 있다.

2) 관련 용품 판매

- 숍 매장 내에 관련 용품을 비치하여 미용 후 보호자의 구매로 수입을 별도 올릴 수 있다.

3) 교육 및 강의

- 보호자들 중에 반려동물 미용에 관심이 있는 사람들의 요청에 의해 반려동물 미용 관련 클래스를 운영하여 수익을 발생할 수 있다.

5 직업전망

- 반려동물과 함께 생활하는 사람들이 증가하면서 일자리 창출 및 성장이 활발하나 취업을 위한 경쟁이 다소 심한 편이다.
- 자기개발가능성이 높으며 능력에 따라 승진 및 직장이동이 수월한 편이다.
- 기술수준의 발달로 규격품이 증가하면서 영세업체의 경우 수입이 불안정한 편이다.
- 근무시간이 규칙적이지만 길고 근무 환경이 다소 열악한 편이다. 육체적 · 정신적 스트레스도 심한 것으로 나타났다.
- 애견미용을 위한 기술이 필요하며 사회봉사와 소명에 대한 의식 수준이 높은 편이다.
- 양성평등의 수준이 높아 성별에 따른 제한이 없는 편으로 나타났다.

6 문의기관

한국애견연맹 http://www.thekcc.or.kr
한국애견협회 http://www.kkc.or.kr

Ⅱ 반려동물 미용 숍의 운영 허가와 관련 자격증

학습목표

1. 반려동물 미용 숍의 운영허가에 대한 절차에 대해 이해 수 있다.
2. 반려동물 미용 숍에 관련된 자격증에 대해 알 수 있다.

동물보호법 개정에 따라 동물미용업을 운영하고자 하는 사업자는 동물보호법 제35조 제2항 관련시설 및 인력기준을 충족하여야 하고 사업장 소재지 지자체(구청, 시청 또는 군청)에 등록 신청을 하여야 한다. – 자세한 내용은 15장 부록 참조 –

1 반려동물 미용 숍의 운영 허가

1) 창업의 행정절차

반려동물 미용 숍의 창업을 위해서 펫 숍의 운영과 같은 방법으로 사업자 등록 신청을 해야 한다.

법인/개인사업장, 일반/간이과세자를 구분하여 업장의 주소 소재지인 관할 세무서에서 접수하거나 개인사업자의 경우 국세청 홈텍스에서 부동산 임대차계약서를 온라인으로 파일을 첨부하여 신청이 가능하다.

업종은 애견 용품점으로 표시하고 업태는 도매 및 서비스업으로 표시한다. 사업자 등록 신청은 신청 후 사업자 등록증을 발급받을 수 있다.

행정절차나 구비서류 등은 법률상 진행내용이 바뀔 수도 있기 때문에 기관에 미리 문의, 확인 후 등록 절차에 들어가도록 한다.

창업의 행정절차

1. 법인/개인 사업장 , 일반/간이 과세자를 구분하여 업장의 주소 소재지인 관할 세무서에서 접수한다.
2. 개인사업자의 경우 국세청 홈텍스에서 부동산 임대차계약서를 온라인으로 파일을 첨부하여 신청할 수 있다.
3. 업종은 애견 용품점으로 표시하고 업태는 도매 및 서비스업으로 표시한다.

2 반려동물 미용 숍의 운영에 관련된 자격증

1) 반려동물 관리사 자격증

반려동물 관리사는 반려동물의 관리 전문가로서 반려동물의 관리업무를 원활하게 수행할 수 있는 활용능력과 직무능력을 갖춘 전문가이다. 자격증은 반려동물 관련 업종에 적용이 가능하며 향후 반려동물의 보급, 반려동물 산업증대 향상과 반려동물 보호자 교육을 통해 행복한 반려동물 문화 정착에 크게 기여할 수 있는 자격증으로 주목을 받고 있다. 반려동물의 다양한 종류와 품종, 관리정보를 전달할 수 있으며, 이를 통해 효율적인 고객관리를 통한 업체의 수익을 향상시킬 수 있는 관리자로서의 역할 수행능력을 갖추어야 한다.

한국동물매개심리치료학회(http://www.kaaap.org/)에서 민간자격 인증을 통해 반려동물관리사 자격증을 발급받을 수 있다.

2) 애견 미용사(반려견 스타일리스트) 자격증

애견미용사는 반려동물의 일상적인 관리를 통해 건강과 위생을 관리하고 고객의 요구와 개체특성에 맞는 미용 방법으로 스타일을 작업하고 완성할 수 있어야 한다. 기자재 관리, 안전 위생에 관한 업무를 수행하며, 다양한 견종을 미용하는 기술이 있는 전문가이다.

애견미용사 자격증의 경우 반려동물의 위생과 건강에 직접적으로 관련이 있는 분야로 반려동물관리사와 더불어 반려동물과 관련된 전 업종에서 갖추어야 할 기술 자격증이다.

미용 숍의 전문성을 위해 자격증을 취득하고 자기계발과 기술의 질을 높이기 위한 미용사 자격증의 단계별 취득을 위한 도전과 노력이 필요하다.

교육기관을 통해 관련 교육과정을 이수 후 자격 발급기관인 한국애견협회(http://www.kkc.or.kr) 또는 한국애견연맹(https://www.thekkf.or.kr/)을 통해 필기시험과 실기시험을 응시하여 3, 2, 1급 과정을 응시하여 발급받을 수 있다.

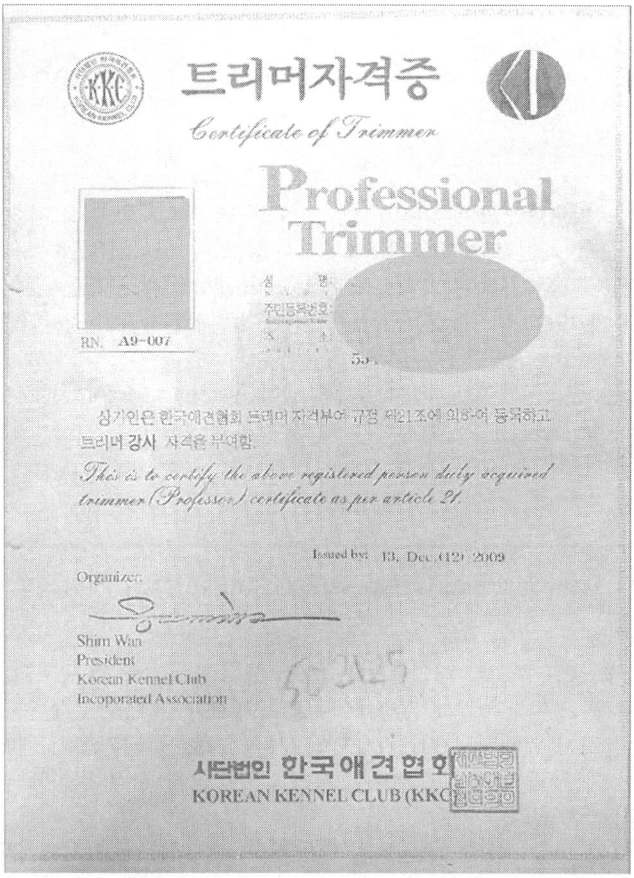

트리머자격증

Certificate of Trimmer

Professional Trimmer

RN. A9-007

상기인은 한국애견협회 트리머 자격부여 규정 제21조에 의하여 등록하고 트리머 강사 자격을 부여함.

This is to certify the above registered person duly acquired trimmer(Professor) certificate as per article 21.

Issued by: 13, Dec.(12) 2009

Organizer:

Shim Wan
President
Korean Kennel Club
Incoporated Association

사단법인 한국애견협회
KOREAN KENNEL CLUB (KKC)

그림 3-2 반려동물 미용사자격증의 예

〈표 3-3〉 반려견 스타일리스트 자격증취득을 위한 자격조건(한국애견협회)

등급	응시자격
사범	1급 자격 취득 후 3년간의 실무경력이 있는 자
1급	2급 자격 취득 후 1년 이상의 실무경력 또는 교육훈련을 받은 자
2급	3급 자격 취득 후 6개월 이상의 실무경력 또는 교육훈련을 받은 자
3급	연령 및 학력은 해당 사항이 없음

* 자격 취득 후의 기준 : 각 등급 별 자격증 발급일자를 말한다.

* 응시자격 조건 : 연령 및 학력조건은 해당 사항이 없으며 필기시험 접수일 현재 상기 조건을 충족해야 한다.

펫 아로마 테라피(Pet Aroma therapy)와 펫 마사지(Pet Massage)

1. 펫 아로마 테라피

펫 아로마 테라피는 다양한 아로마 요법으로 반려동물에게 건강. 안정을 도모한다. 식물에서 유래하는 정유 성분을 이용하여 반려동물에게 건강, 안정을 증진 시킬 수 있다. 반려동물 뿐 아니라 보호자의 생활에 적용시킬 수 있다. 펫 아로마 테라피의 활용분야는 전문센터, 애견 카페, 동물병원 등의 다양한 분야에 적용할 수 있다.

펫 아로마 관리사는 한국동물매개심리치료학회(http://www.kaaap.org/)에서 발급하는 펫 아로마 관리사 자격증을 취득 할 수 있다.

2. 펫 마사지

펫 마사지는 반려동물에게 펫 아로마 테라피와 함께 마사지를 이용하여 반려동물과의 스킨쉽을 통한 교감, 사회화 촉진 등을 기대할 수 있다. 펫 마사지 활용 시 주의할 사항은 비과학적인 태도로 활용하여 반려동물의 건강을 악화시킬 수 있다는 것이다. 동물복지 가이드라인 준수가 필요하며 적절한 사용방안을 계획하기 위하여 수의사와의 긴밀한 협력이 필요하다.

펫 마사지사는 한국동물매개심리치료학회(http://www.kaaap.org/)에서 발급하는 펫 마사지사 자격증을 취득할 수 있다.

국가 직무능력 표준(National Competency Standards)을 기반으로 한 애완동물 미용 학습모듈

NCS 국가직무능력표준이란 산업현장에서 직무를 수행하기 위해 요구되는 지식. 기술. 소양 등의 내용을 국가가 산업 부문별, 수준별로 체계화 한 것으로 산업현장의 직무를 성공적으로 수행하기 위해 필요한 능력(지식. 기술. 태도)을 국가적 차원에서 표준화한 것을 의미한다. 애완동물미용 학습모듈을 통해 애견미용사 자격 검정에 필요한 정보를 습득하여 학습할 수 있다.

반려동물미용에 관한 정보는 애완동물 미용 인전 · 위생관리, 기자재 관리, 고객상담, 목욕, 기본미용, 일반미용, 응용미용, 염색, 장모관리, 쇼 미용의 단계로 구성되어 있다.

「NCS 학습모듈」 찾기 : www.ncs.go.kr → ncs 및 학습모듈검색 → 분야별 검색 → 24.농림어업 → 02.축산 → 01.축산지원개발 → 06.애완동물미용

– NCS 국가직무능력표준 사이트(http://www.ncs.go.kr) –

〈표 3-4〉 반려견 스타일리스트 자격증 취득을 위한 「NCS학습모듈」 훈련 과목

과 목	단 원	학 습 내 용
반려견 미용관리	안전위생관리	안전교육
		안전장비점검
		미용 숍 위생관리

과 목	단 원	학 습 내 용
		작업자 위생관리
	기자재 관리	미용도구관리
		미용소모품관리
		미용장비유지보수
	고객상담	고객응대
		고객관리 차트작성
		애완동물상태확인
		스타일 상담
		작업후 상담
반려견 기초미용	목욕	빗질
		샴푸
		린스
		드라이
	기본미용	미용도구활용
		발톱관리
		귀관리
		기본클리핑
		기초시저링
반려견 일반미용1	일반미용	개체특성파악
		클리핑
		시저링
		트리밍용어
반려견 일반미용2	일반미용	견체용어
반려견 일반미용3	일반미용	피부와 털
		모색

과 목	단 원	학 습 내 용
반려견 특수미용	응용미용	응용스타일구상
		도구응용사용
		응용스타일완성
	염색	염색준비
		염색작업
		염색마무리
반려견 고급미용	쇼미용	품종표준미용 파악
		테이블 매너 훈련
		쇼미용 커트
		쇼미용 스트리핑
		쇼미용 메이크업
	장모관리	장모종 브러싱
		장모종 목욕
		장모종 드라잉
		장모종 래핑 · 밴딩

* 「NCS학습모듈」 찾기 : www.ncs.go.kr → ncs 및 학습모듈검색 → 분야별 검색 → 24.농림어업 → 02.축산 → 01.축산지원개발 → 06.애완동물미용

Q&A

'그루밍'이란

피모를 중심으로 한 견체의 일상적인 손질을 총체적으로 그루밍이라고 한다. 일반적으로 브러싱, 코밍으로 시작해 입욕이나 눈, 귀, 발톱, 다리 등 각 부분의 손질을 그루밍이라고 한다. 그루밍은 반려견에게 꼭 필요한 것이다. 주기적인 그루밍은 반려견을 위생적으로 키울 수 있고, 외관상으로도 아름답게 해줄 수 있기 때문이다.

'트리밍'이란

트리밍은 푸들, 테리어 등에 시행하는 털을 뽑고(플러킹, 스트리핑), 자르고(컷팅), 베고(시저링) 하는 등의 작업을 트리밍이라 불러 그루밍과 구별하여 쓰는 일이 많다. 그루밍 수법은 쇼의 진출을 목적으로 한 그루밍(쇼크립)과 일상 가정 내에서 반려견으로써 키우기 위한 그루밍(펫트 클립)으로 나눌 수 있다.

알아두기

NCS 국가 직무능력 표준이란?

산업현장에서 직무를 수행하기 위해 요구되는 지식, 기술, 소양 등의 내용을 국가가 산업 부문별, 수준별로 체계화 한 것으로 산업현장의 직무를 성공적으로 수행하기 위해 필요한 능력(지식, 기술, 태도)을 국가적 차원에서 표준화한 것을 의미한다.

단원 학습 정리

1. 반려동물 미용 숍은 반려동물을 사육하는 소비자가 반려동물과 함께 매장을 방문하여 소매점의 기능과 함께 미용 서비스의 판매가 직접적으로 이루어지는 곳이다. 펫 숍과 마찬가지로 유리한 입지조건과 여유있는 주차 공간, 더불어 고객의 욕구를 해결해 주는 고품질의 미용서비스가 사업의 성패를 가리는 경영으로 직결된다.
2. 반려동물 미용 숍의 특징은 고객이 반려동물과 함께 매장방문을 통해 미용 서비스를 제공 받는다는 것이다.
3. 반려동물 미용 숍의 경우는 창업을 위한 준비단계에 소매, 서비스업의 업종으로 준비할 수 있다.
4. 반려동물 관리사는 반려동물의 관리 전문가로서 반려동물의 관리업무를 원활하게 수행할 수 있는 활용능력과 직무능력을 갖춘 전문가이다.
5. 애견미용사는 반려동물의 일상적인 관리를 통해 건강과 위생을 관리하고 고객의 요구와 개체특성에 맞는 미용 방법으로 스타일을 작업하고 완성할 수 있어야 한다.
6. 애견미용사 자격증의 경우 반려동물의 위생과 건강에 직접적으로 관련이 있는 분야로 반려동물관리사와 더불어 반려동물과 관련된 전 업종에서 갖추어야 할 기술 자격증이다.
7. 애완동물 미용 숍의 전문성을 위해 자격증을 취득하고 자기계발과 기술의 질을 높이기 위한 미용사의 자격증의 단계별 취득을 위한 도전과 노력이 필요하다.

쉬어가는 페이지

반려동물 미용사의 전문 직업성 조사 연구 결과

2019년 원광대학교 대학원 민자욱 선생님의 석사 학위논문에 따르면, 국내 반려동물 미용사를 대상으로 온라인 설문조사를 진행하여 조사한 연구결과는 다음과 같다.

첫째, 연구 대상자의 일반적, 직업적 특성은 주로 30대 여성, 펫 숍에서 디자이너로 5년 이상 근무자로 월수입 100~300만원, 지역은 경기도가 가장 높은 비율을 차지하였다.

둘째, 연구 대상자의 일반적, 직업적 특성에 따른 전문 직업성의 차이를 보면 남성, 40대, 대학원 이상의 학력, 원장직급, 자영업, 5년 이상 근무한 자로 월수입 400만 원 이상인 반려동물 미용사의 전문 직업성이 높게 나타났다.

셋째, 연구 대상자의 일반적, 직업적 특성에 따른 사회적 지지는 대학원 이상의 학력, 제주도 지역, 샵인샵 소속, 원장직급, 자영업으로 3년 이상 근무, 400만원 이상의 월수입인 경우 반려동물 미용사의 사회적 지지가 가장 높게 나타났다.

넷째, 연구 대상자의 일반적, 직업적 특성에 따른 직무 스트레스는 20대, 경기도지역, 10~12시간 미만의 근무시간, 월수입 100만원~200만원 미만인 반려동물 미용사의 직무 스트레스가 높았다.

다섯째, 전문 직업성이 높아지면 직무 스트레스는 낮아지는 것으로 나타났다.

여섯째, 친구의 지지가 높아지면 직무 스트레스는 낮아지는 것으로 나타났고, 동료의 지지가 높아지면 직무 스트레스는 낮아지는 것으로 나타났다.

본 연구결과 반려동물 미용사들은 직위가 낮고, 일하는 시간이 길고, 월수입이 적을수록 높은 수준의 직무 스트레스를 경험하는 것으로 나타났다. 따라서 반려동물 미용 산업의 질적 향상과 원활한 업무수행을 위한 근무환경 조성과 체계적인 교육을 통해 전문 직업성을 높이고 직무 스트레스를 줄일 수 있는 제도적 방안이 마련되어야 할 것이다.

[출처] 원광대학교 보건 · 보완의학대학원 동물매개심리치료학과 석사학위논문. 2019.

메모장

제 04 장

반려동물 카페 관련 사업

반려동물 카페 관련 사업이란 반려인과 반려동물의 행복한 삶을 도와주기 위한 사회적 움직임이다.
반려동물 카페 관련 사업에는 반려동물 카페, 반려견 유치원, 반려동물 호텔, 반려견 놀이터 등이 있다.

I

반려동물 카페

학습목표

1. 반려동물 카페의 업무를 알 수 있다.
2. 반려동물 카페의 창업정보를 알 수 있다.

반려동물 카페*(Companion Animal Cafe)는 편안한 분위기에서 사람들에게 반려동물과의 시간을 제공하는 곳이다.*

반려동물 카페*(Companion Animal Cafe)는 카페 내에 반려동물을 상주시키는 반려동물 카페와 반려동물 동반 카페가 있다.*

[출처] https://peterpetcafe.com/

그림 4-1 반려동물 카페의 모습

1 직무 및 하는 일

1) 주 업무

반려동물 카페는 두 가지 유형으로 나눌 수 있다.

① 반려동물 카페

사람들이 주로 키우는 개, 고양이들을 카페 내에 상주시키면서 카페를 찾는 사람들에게 개, 고양이와의 친밀감을 쌓을 수 있는 시간을 제공하는 동시에 일반 카페와 같이 음료, 디저트를 판매하는 카페가 있다. 이러한 카페는 반려동물을 키우지 않는 사람들에게 반려동물과의 시간을 제공한다는 점에서 꾸준히 인기를 얻고 있다.

② 동반 카페

다른 유형으로는 일반적인 카페와 다름없으나 반려동물 동반 출입이 가능한 '반려동물 동반 카페', '반려동물 출입가능 카페'로 반려동물을 키우고 있는 사람들이 주로 방문하며 최근 반려동물에 대한 인식이 높아짐에 따라 생긴 카페이다. 이제부터 첫 번째 유형의 카페를 반려동물 카페, 두 번째 유형의 카페를 반려동물 동반 카페로 지칭한다.

2) 수입 발생 분야 및 항목

반려동물 카페는 반려동물을 보기 위해 방문하는 사람들에게 시간 단위로 받는 금액이 기본 수입이며 제공하는 음료나 디저트로 부수입이 발생한다. 반려동물 동반 카페는 일반적인 카페와 같이 음료와 디저트가 기본 수입이며 강아지 간식 등을 부수적으로 판매하여 다른 수입을 얻는다.

3) 평균 수입

카페의 위치나 카페의 부수적인 조건에 따라 차이가 있으며 애견용품, 커피, 브런치 등으로 추가 수익을 창출할 수 있다.

2 창업 준비 사항

1) 인허가 사항

> 동물보호법 개정에 따라 동물전시업, 동물위탁관리업을 운영하고자 하는 사업자는 동물보호법 제35조 제2항 관련시설 및 인력기준을 충족하여야 하고 사업장 소재지 지자체(구청, 시청 또는 군청)에 등록 신청을 하여야 한다. – 자세한 내용은 15장 부록 참조 –

반려견 카페는 근린생활시설에 속한다. 단순히 커피를 만들어 팔거나 간단한 음식을 만들어 판다면 휴게점 허가가 필요하고, 편의점처럼 조제된 식품을 팔거나 애견 관련용품을 판매한다면 소매점 허가가 필요하다. 반려견 카페에 특정 반려견을 전시한다면 동물전시업에 해당되고 손님이 데리고 오는 반려견을 위탁한다면 동물위탁관리업이 되어 관할 지자체에 등록을 하여야 한다. 사업장 소재 구청이나 시청, 군청에 먼저 인허가에게 대해 문의하여 시설기준을 만족하는지 확인하고 진행해야 한다.

2) 점포 유무 및 규모

반려견 카페는 기본적으로 실내 공간은 30평 이상, 야외 공간 50평 이상이 필요하다. 반려견 카페 특성상 일부러 찾아오는 고객이 많아 교외지역에 있어도 창업은 가능하다.

3) 자본금

창업비용은 33㎡(약 10평) 크기의 점포 경우 임대보증금을 포함하면 총 8,000만~9,000만 원 정도가 예상되며, 약 1억 5000만 원 정도의 비용이 준비되어야 시설규모를 유지할 수 있다.

4) 시설 및 기자재

반려동물 카페에는 기본적으로 음료를 제공할 수 있는 주방시설과 고객들이 앉을 수 있는 테이블, 반려동물에 따른 청소용품 및 놀이시설 등이 준비되어야 한다. 이 외에 카페의 개성을 살릴 수 있는 기자재나 소품이 준비된다면 좋을 것이다.

04

5) 직원 인적 구성

카페운영을 위해서 직원은 최소 4명 이상은 유지되어야 한다. 이중 고객에게 맛있는 음료수를 제공하기 위해 전문 바리스타가 있다면 좋을 것이다. 또 특수견 관리, 사육 및 분양(브리드), 핸들링(애견대회 핸들러), 펫시터 경험이 있는 직원들이 함께 한다면 운영에 도움을 줄 수 있다.

6) 경력 및 경험

동물행동상담사, 애니멀커뮤니케이터, 특수견 관리, 사육 및 분양(브리드), 핸들링(애견대회 핸들러), 펫시터 경험이 도움이 된다.

3 관련 자격

1) 관련 자격 및 취득 기관 정보

- 관련 자격증 : 반려동물관리사
- 취득기관 : 한국동물매개심리치료학회 www.kaaap.org

반려동물에 관련된 다양한 분야의 지식을 습득하여 수입검역과정, 동물학대방지 및 사후관리, 동물보호법 계도, 애니멀커뮤니케이터, 동물사양(품종)관리, 특수견 관리, 사육 및 분양(브리드), 핸들링(애견대회 핸들러), 위탁관리 사업 및 시터, 교육훈련, 위생관리, 입양희망자에 대한 반려동물 코디, 용품 개발 및 코디, 반려동물 분양상담, 반려동물 보험산업, 반려동물 장례산업 등의 다양한 영역에서 활동 가능한 반려동물의 전문가이다.

민간 자격증으로 한국동물매개심리치료학회가 대표적인 취득 기관이다.

반려동물 카페나 반려동물 동반 카페 모두 자격증을 요하는 것은 아니지만, 반려동물을 돌봐야하는 반려동물 카페의 경우 전문성을 띄는 것이 관리, 홍보 측에서 효과가 있으므로 취득하는 것이 좋다.

4 적성 및 흥미

기본적으로 반려동물에 대한 흥미와 애정도가 있어야 한다. 특히 반려동물 카페의 경우 여러 반려동물이 같은 공간에서 생활하기 때문에 각각의 개체에 대한 이해도가 높아야 하며 위생 및 청결 관리에 신경 쓰는 등 꼼꼼한 성격을 요구한다.

5 국내외 현황

1) 국내 현황

지금까지는 반려동물의 분양, 사료 및 용품이 높은 비중을 차지하였으나 최근에는 건강, 의료영역을 비롯한 3차산업 영역으로 비중이 확대되는 추세이며 반려동물 동반 카페, 호텔 및 테마파크 등에 이어 캐릭터, 영화산업 같은 문화콘텐츠 산업으로까지 사업 영역이 확대되고 있으며 최첨단 BT기술을 활용한 고부가 서비스 분야도 포함되고 있다. 세계 미래학회에서 미래 10대 전망 중의 하나로 반려동물 산업이 급속하게 팽창할 것으로 예상하고 있다. 핵가족화와 고령화 사회현상의 가속화, 사이버공간의 활성화 등의 이유로 반려동물의 증가가 지속된다는 예측이다.

2) 국외 현황

현재 미국인들의 여가선용을 위한 영화, 노래, 게임 산업을 합친 규모보다 반려동물 산업분야가 더 큰 규모를 형성하고 있고, 중국을 비롯한 신흥 아시아권에서도 반려동물 산업이 빠른 성장산업으로 발전하고 있을 뿐만 아니라 사업영역의 폭이 다각화 되고 있으며 고급화, 단순한 화려함을 넘어 반려동물의 인격화 추세에 있다. 이미 많은 카페들이 반려동물을 동반할 수 있도록 되어 있으며 대형 프렌차이즈 카페의 경우에는 반려동물을 위한 음료도 시중에 판매하고 있다(Ex)스타벅스 - 펫푸치노). 반려동물에 대한 인식의 수준이 국내보다 높은 만큼 반려동물을 동반하는 것이 국내보다 보편화되어 있다.

6 직업 전망

꾸준히 반려동물을 키우는 가구 수가 증가함에 따라 반려동물 사업도 호황을 이루고 있으며, 특히 반려동물이 이제는 단순히 키우는 것이 아닌 같이 생활을 하는 반려자의 의미로 자리 잡았기 때문에 반려동물을 동반한 카페와 같이 반려동물과 함께 할 수 있는 공간에 대한 소비는 증가할 것이다. 그러나 반려견 카페, 고양이 카페 등과 같은 반려동물 카페는 소비가 지속적으로 이루어지고 있으나 최근 동물권과 맞물려 인식이 좋지 않아져 앞으로 밝은 전망을 예측하기는 어렵다.

7 성공 창업을 위한 Tips

반려인과 반려동물들이 편안히 쉴 수 있는 공간으로 청결과 친절이 매우 중요하다. 특히 반려동물과 함께 방문하는 주인의 마음을 끄는 것이 중요하므로, 자주 방문하는 반려동물의 이름을 불러주고 간단히 특징 등을 메모해서 리스트를 작성해 두는 것도 좋다. 또 트렌드에 맞는 인테리어나 반려동물을 위한 놀이 시설의 구비도 필요하다. 이 밖에 홍보를 위해 정기적으로 반려동물 동호회 모임을 주체하는 것도 좋은 팁이 될 수 있다.

8 문의 및 참고자료

1) 문의 기관 정보

피터펫 https://peterpetcafe.com/
이즈바 http://www.izba.kr/shop/main/index.php

2) 참고 자료

① 애견카페 바우하우스
https://www.instagram.com/dogcafe_bauhouse/?n_media=27758&n_

query=%EC%95%A0%EA%B2%AC%EC%B9%B4%ED%8E%98&n_rank=7&n_a
d_group=grp-a001-01-000000002398256&n_ad=nad-a001-01-00000000
9181187&n_keyword_id=nkw-a001-01-000000432516625&n_key-
word=%EC%95%A0%EA%B2%AC%EC%B9%B4%ED%8E%98&n_cam-
paign_type=1

② 두젠틀 https://www.dogentle.com/#firstPage

Ⅱ

반려견 유치원

학습목표

1. 반려견 유치원의 업무를 알 수 있다.
2. 반려견 유치원의 창업정보를 알 수 있다.

반려견 유치원*(Companion Dog Kindergarten)은 반려견의 기본예절과 놀이, 운동, 식사, 산책을 진행하며 반려견이 외롭지 않게 돌봐주는 역할을 하는 시설이다.*

반려견 유치원*(Companion Dog Kindergarten)은 반려견의 사회화의 중요성이 대두되면서 반려인들의 많은 관심을 받고 있다.*

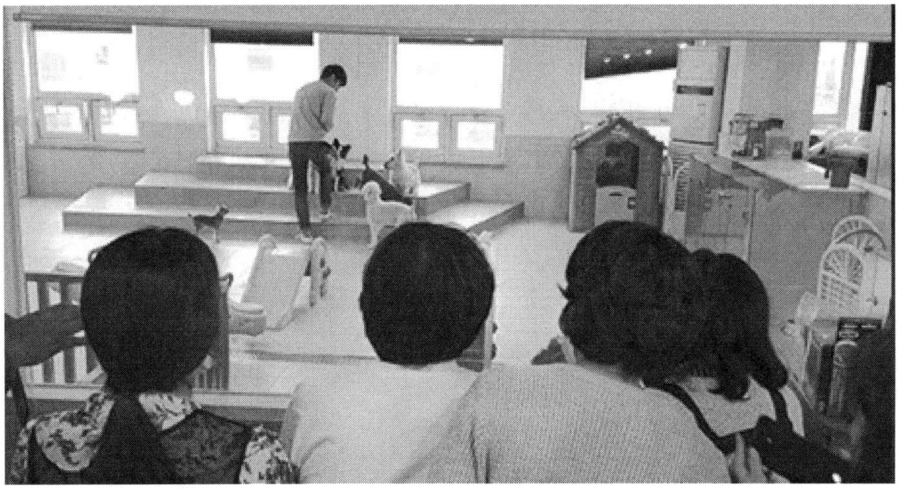

[출처] https://www.pet-edu.kr

그림 4-2 반려동물 유치원의 모습

1 직무 및 하는 일

1) 주 업무

보호자가 직장으로 인해 출근을 하면 주간 시간에 혼자 집을 지켜야 하는 반려견들을 위해 하루 돌봄과 놀이 개념의 공간으로 기본 훈련과 미용 등의 서비스 제공과 더불어 놀이, 운동, 식사, 산책을 진행하며 반려견이 외롭지 않게 돌봐주는, 사람 유치원과 같은 역할을 하는 시설이다. 특히 반려견의 사회화의 중요성이 대두되면서 반려인들이 많은 관심을 가지고 있다. 반려견 유치원 교사는 반려견의 사회성을 길러주고, 기구를 활용한 사회적응 훈련을 시키거나 놀이를 돕는 일을 하며, 반려견의 일정을 관리한다.

2) 수입 발생 분야 및 항목

유치원 운영수입이 주 수입원이 되고, 특수목적 훈련, 배변을 위한 산책 서비스, 픽업 서비스, 시간초과 등으로 추가수입이 발생된다.

3) 평균 수입

반려동물들의 돌봄, 기본예절 및 문제 행동 교정이 주 수입원이 되고, 특수목적으로 사회적응 훈련을 시킬 경우 추가비용이 부과된다. 최근에는 한 달씩 수업료를 내는 경우가 많아졌고, 월 평균 수입은 약 800~1000만 원 정도이다.

2 창업 준비 사항

1) 인허가 사항

동물보호법 개정에 따라 동물위탁관리업을 운영하고자 하는 사업자는 동물보호법 제35조 제2항 관련시설 및 인력기준을 충족하여야 하고 사업장 소재지 지자체(구청, 시청 또는 군청)에 등록 신청을 하여야 한다. – 자세한 내용은 15장 부록 참조 –

2) 점포 유무 및 규모

반려견들의 기본예절이나 행동교정 등의 교육을 진행하고 놀이, 운동, 식사, 산책 등의 활동이 가능한 넓은 공간의 확보가 무엇보다 필요하다. 최근에는 마당이 있는 주택을 개조하여 운영하는 사례들이 늘고 있다.

3) 자본금

애견 유치원의 위치, 면적 인테리어 비용 등을 포함하여, 최소 3억 5천만 원 정도의 자본금이 필요하다.

4) 시설 및 기자재

반려견의 안전을 위한 미끄러짐 방지 및 공기청정기 등의 구비가 필요하고 반려견들의 사회화와 놀이를 충족시킬 수 있는 다양한 준비가 필요하다.

5) 직원 인적 구성

반려견 유치원을 운영할 경우 반려견들의 사회화와 문제행동을 파악하고 담당할 교사를 고용해야 한다. 반려견 호텔과 유치원을 함께 운영한다면 펫 유치원교사와 24시간 돌봄이 가능한 전문 관리사가 필요하다.

6) 경력 및 경험

경험이 필요한 직종은 아니나 동물을 다루는 일이다 보니 애견카페, 훈련소, 아쿠아리움, 조련사, 사육사 등의 경험이 있으면 애견 유치원을 운영하기가 좀 더 수월하다.

3 관련 자격

1) 관련 자격 및 취득 기관 정보

① 관련 자격증: 펫 유치원교사 자격증

- 취득 기관: 한국직업능력개발원 www.krivet.re.kr/

② 관련 자격증: 반려동물관리사

- 취득 기관: 한국동물매개심리치료학회 www.kaaap/org

반려동물에 관련된 다양한 분야의 지식을 습득하여 수입검역과정, 동물학대 방지 및 사후관리, 동물보호법 계도, 애니멀커뮤니케이터, 동물사양(품종)관리, 특수견 관리, 사육 및 분양(브리드), 핸들링(애견대회 핸들러), 위탁관리 사업 및 시터, 교육훈련, 위생관리, 입양희망자에 대한 반려동물 코디, 용품 개발 및 코디, 반려동물 분양상담, 반려동물 보험산업, 반려동물 장례산업 등의 다양한 영역에서 활동 가능한 반려동물의 전문가이다.

민간 자격증으로 한국동물매개심리치료학회가 대표적인 취득 기관이다.

③ 관련 자격증: 동물행동상담사

- 취득 기관: 한국동물매개심리치료학회 www.kaaap/org

과거에는 애견 훈련사라는 이름으로 불렸지만, 요즘엔 문제행동을 바로잡을 수 있게 도와주는 사람이라는 의미에서 동물행동상담사, 반려견 행동교정사, 또는 반려동물 행동 전문가라고도 부르고 있다. 도그 트레이너, 애견 훈련사의 분야가 세분화, 전문화되면서 행동교정을 전문으로 하는 훈련사들을 의미한다. 한국동물매개심리치료학회, 한국애견연맹, 한국애견협회 등 반려동물 전문 교육기관 및 단체에서 민간 자격증으로 취득이 가능하다.

반드시 필요한 대학 전공은 없으나 대학에서 자원동물과, 애완동물과 등 애완동물 관련 전공을 한 사람이면 관련 업체 채용에 유리하다.

4 적성 및 흥미

동물을 사랑하는 마음을 갖고 반려견을 대해야 하고, 반려견에 대한 기본적인 지식이 있어야 하며 반려견의 행동 등을 통해 그들의 심리 상태 등을 파악하고 적절한 대처를 할 수 있어야 한다.

5 국내 현황

어린이집과 비슷한 개념인 반려견 유치원은 보호자 대신 강아지를 맡아 주며 식사를 제공하는 역할에 그치지 않고, 사회화가 덜 된 강아지를 대상으로 교육 훈련을 하거나 지속적으로 건강관리를 해줘 건강한 강아지로 키워내기도 한다. 창업 아이템으로 각광받는 반려견 유치원은 최근 몇 년 새 늘기 시작했는데 특히 강남에서 인기를 끈다. 웹 카메라를 통해 놀이 과정을 실시간으로 제공하거나 매일 픽업 서비스를 제공하기도 한다.

6 직업 전망

국내에 반려견 수요와 그에 따른 반려견 서비스가 계속적으로 증가하고 특화성을 보임에 따라 반려견 유치원의 수도 계속적으로 증가할 것으로 보인다.

http://www.career.go.kr/cnet/front/counsel/counselView.do?SEQ=6120050

7 성공 창업을 위한 Tips

반려견들의 안전을 보장하는 보험에 가입하고, 대형견과 소형견을 분리해 운영한다면 안전사고 예방은 물론 보호자들이 안심하고 맡길 수 있을 것이다.

8 문의 및 참고자료

1) 문의 기관 정보

반려동물전문가 직업능력개발원 http://pett.co.kr/

2) 참고 자료

이리온 http://www.irion.co.kr/services02
퍼피앤커피 https://cafe.naver.com/puppyandcoffee

III

반려동물 호텔

학습목표

1. 반려동물 호텔의 업무를 알 수 있다.
2. 반려동물 호텔의 창업정보를 알 수 있다.

반려동물 호텔*(Companion Animal Hotel)은 반려견과 반려묘를 보살펴줄 수 있는 시설이 갖춰진 곳이다.*

반려동물 호텔*(Companion Animal Hotel)은 반려견과 반려묘의 공간을 나눠서 시설을 이용하게 되고 다양한 놀이시설을 갖추고 있다.*

[출처] https://gnsalonlakeside.modoo.at/?link=nx0edtmr

그림 4-3 반려동물 호텔의 모습

1 직무 및 하는 일

1) 주 업무

반려인이 장거리로 출장을 가거나 휴가철에 긴 시간 집을 비울 때, 반려동물에게 숙식을 제공하며 돌봐주는 일을 한다.

2) 수입 발생 분야 및 항목

반려동물의 호텔이용료가 주 수입이며, 관련용품 판매나 추가적인 요구로 추가 수입이 발생한다.

3) 평균 수입

호텔의 위치나 편의시설의 구성, 고정 고객의 수에 따라 호텔별로 차이가 있다.

2 창업 준비 사항

1) 인허가 사항

동물보호법 개정에 따라 동물위탁관리업 중 하나인 반려견 호텔을 운영하고자 하는 사업자는동물보호법 제35조 제2항 관련시설 및 인력기준을 충족하여야 하고 사업장 소재지 지자체(구청, 시청 또는 군청)에 등록 신청을 하여야 한다. – 자세한 내용은 15장 부록 참조 –

일반적인 반려동물 호텔은 구청에서 인허가나 사업자 등록증만 정상적으로 나온다면 운영이 가능하다. 반려견 호텔의 경우 서비스업과 소매업을 추가하려면 꼭 해당구청에 먼저 인허가에게 대해 문의하여 시설기준을 만족하는지 확인하고 진행하는 것이 좋다.

2) 점포 유무 및 규모

반려동물들의 놀이, 운동, 식사, 산책 등의 활동이 가능한 넓은 공간의 확보가 무엇보다 필요하다. 최근에는 마당이 있는 주택을 개조하여 운영하는 사례들이 늘고 있다.

3) 자본금

8~12평 기준이면 임대비와 보증금을 제외하더라도 7500~8000만 원 정도가 들어가서 투자비는 1억 5000만원~2억 정도가 필요하다.

4) 시설 및 기자재

개별 객실 및 운동장 차양시설, 온돌시스템, cctv 설치 등이 필요하다. 창업을 위해 매장을 알아볼 때 주방설비, 소방설비, 전기증설, 닥트시공 등이 되어 있는 매장을 알아보는 것이 좋다.(인테리어 비용을 줄일 수 있는 방법으로 기존시설을 이용하여 공사를 줄일 수 있다.)

5) 직원 인적 구성

최근에는 24시간 직원이 상주하는 경우가 있으므로 5인정도의 인원이 운영에 도움이 된다.

6) 경력 및 경험

동물 보살핌과 동물행동에 대한 모든 면에 아주 친숙할 수 있도록 펫시터의 경험이 있다면 도움이 된다.

3 관련 자격

1) 관련 자격 및 취득 기관 정보

훈련이나 미용을 하지 않고 운영한다면 자격증은 필요 없다. 단, 동물에 대한 이해와 기본지식이 필요하므로 애견카페, 훈련소, 아쿠아리움, 조련사, 사육사 등의 경험이 있으면 운영이 좀 더 용이하다.

4 적성 및 흥미

동물에 대한 애정, 세심하고 주의 깊은 관찰력 그리고 24시간 상주 근무를 이겨낼 수 있는 건강한 체력이 필요하다.

5 국내외 현황

1) 국내 현황

국내에는 요즘 반려동물 카페가 많아지면서 반려동물 카페의 넓은 매장을 활용한 호텔도 많이 생겼고, 반려동물 호텔이 조금씩 비싸고 고급화되어 가는 추세이다. 또 최근에는 '반려 동물을 동반하는 호텔'도 등장하고 있다.

2) 국외 현황

우리나라보다 선진화되어 있는 미국, 독일, 일본 등은 정말 반려견의 천국이라고 할 수 있는 시설과 서비스를 갖추고 있다. 미국 L.A.에는 '미국 최고의 반려동물 친화적 호텔' 리스트에 이름을 올린 바 있는 '킴튼 에벌리 호텔(Kimpton Everly Hotel)'과 '페어몬트 미라마 호텔 & 방갈로(Fairmont Miramar Hotel & Bungalows)'를 비롯해, 반려견과 함께 지낼 수 있는 다양한 호텔들이 있다. 호텔에는 장난감을 비롯한 반려견 전용 시설을 구비함은 물론, 특별 식사 메뉴, 데이케어 서비스, 심지어 스파 프로그램까지 제공할 정도로 반려동물 호텔 사업이 성장하고 있다.

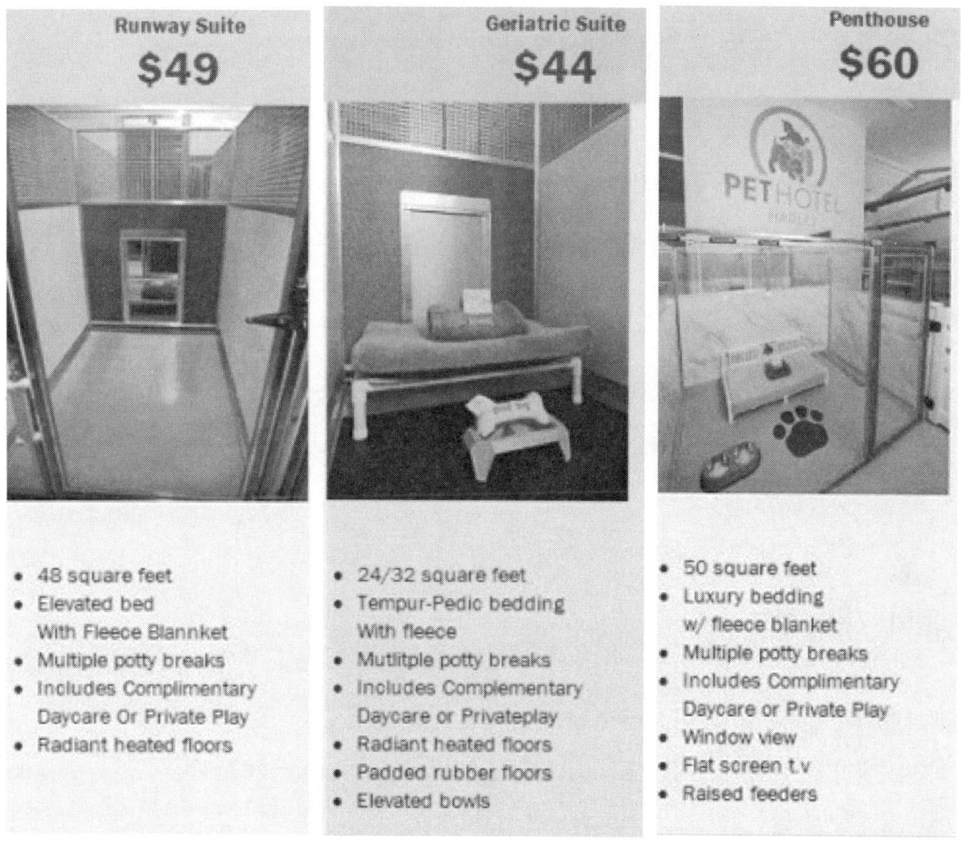

[출처] https://m.blog.naver.com/funfun_dog/220403535344

그림 4-4 외국 반려동물 호텔의 모습

6 직업 전망

국내 반려견 사업 시장성을 보면 분양수익, 반려견 호텔, 용품판매 등 4계절 비수기가 없는 것으로 알려졌다. 향후 반려견 시장을 전망해 보면 반려견 관련 사업과 펫산업의 성장세는 세계적으로 30~70%를 차지할 것이며 독일, 영국 등 반려견 선진국의 반려견 관련 사업은 GDP의 5%차지를 차지한다. 또 현재 고령화, 저출산 등의 이유로 반려견 사업은 더욱 증가할 것으로 예상된다.

7 성공 창업을 위한 Tips

요즘은 반려동물의 호텔도 인테리어와 편의 시설의 차별화가 중요하므로, 인테리어 공사 시작과 동시에 현수막을 통하여 오픈 날짜, 상호, 이벤트 등을 알려 주면 홍보 효과를 얻을 수 있다.

8 문의 및 참고자료

1) 문의 기관 정보

애견호텔창업 창업미디어 www.changupmedia.com
애견호텔창업 한국아카데미 ktpa.biz/PSF/?link_id=pma-cn1
애견호텔창업 한국아카데미 www.pet-edu.kr

2) 참고 자료

개님살롱 레이크사이드 https://gnsalonlakeside.modoo.at/?link=nx0edtmr

Ⅳ 반려견 놀이터

학습목표

1. 반려견 놀이터의 업무를 알 수 있다.
2. 반려견 놀이터의 창업정보를 알 수 있다.

***반려견 놀이터**(Companion Dog Playground)는 매일 반복되는 산책코스에서 벗어나거나 반려견의 사교성 향상을 위해 자유롭게 뛰어 놀 수 있는 공간이다.*

***반려견 놀이터**(Companion Dog Playground)에 숙박시설에 접목하여 운영하는 경우도 있다.*

[출처] http://namyangcafe.com/

그림 4-5 반려견 놀이터의 모습

1 직무 및 하는 일

1) 주 업무

놀이터의 전반적인 관리가 주요 업무다. 잔디가 있는 놀이터의 경우 가장 간단하게는 잔디 관리부터 시작해 위생 관리, 시설물 관리 등을 한다.

특히, 시설물의 경우 튀어나온 못이나 부러진 판자와 같은 것에 반려견이 다치지 않도록 유지, 보수에 매우 신경 써야 한다.

잔디가 있는 놀이터는 진드기와 같은 벌레에 의해 반려견이 질병에 걸릴 확률이 높으므로 주의를 요하고, 진드기를 죽이기 위한 살충제 사용 시 반려견이 살충제를 먹을 수 있으므로 이점도 고려해야 한다.

2) 수입 발생 분야 및 항목

반려견과 견주의 놀이터 입장료 및 놀이터 부속시설 사용료가 주 수입원이다. 이 외에 놀이터 안에서 판매되는 견주와 반려동물을 위한 식품과 반려견 용품이 부 수입원이 된다.

3) 평균 수입

반려견 놀이터의 주시설과 부대시설의 구비에 따라 수요와 사용료가 다르고, 반려동물의 크기에 따라 입장료가 다르기 때문에 평균 수입은 고정적이지 않다.

2 창업 준비 사항

1) 인허가 사항

동물보호법개정에 따라 단순 반려견 놀이터 이외에 동물전시업, 동물위탁관리업을 운영하고자 하는 사업자는 동물보호법 제35조 제2항 관련시설 및 인력기준을 충족하여야 하고 사업장 소재지 지자체(구청, 시청 또는 군청)에 등록 신청을 하여야 한다.

– 자세한 내용은 15장 부록 참조 –

반려견 놀이터시설 허가를 위해서 토지이용 계획원을 확인하여 개발제한구역 여부를 확인해보아야 한다. 자연녹지라면 근린생활시설 허가는 별 문제가 없다.

2) 점포 유무 및 규모

반려견 놀이터는 매일 반복되는 산책코스에서 벗어나거나 반려견의 사교성 향상을 위해 지은 시설로 자유롭게 뛰어 놀 수 있는 공간을 제공한다. 따라서 놀이터로 사용할 수 있는 넓은 부지가 필수이다. 소/중형견과 대형견의 구분이 있어야 하므로 부지가 작아서는 안 된다. 특히, 놀이터를 이용하는 반려인들 가운데에는 반려견이 대형견이라 활동량을 충족시키기 위해 오는 경우가 많으므로 부지를 확보하는 것이 매우 중요하다.

3) 자본금

위치나 시설에 따라 자본금의 차이가 매우 크지만, 최소 2~3억은 필요한 것으로 알려져 있다.

4) 시설 및 기자재

대형파라솔 및 야외탁자 등을 설치해, 반려동물을 동반한 이용자들도 휴식과 놀이를 함께 즐길 수 있도록 한다. 숙박이 가능할 경우 여름철엔 견주와 반려견을 위한 샤워시설의 구비도 고려할 사항이다.

5) 직원 인적 구성

혼자서는 놀이터를 전반적으로 관리하기 힘들기 때문에 시설물 관리나 위생과 관련해서 여러 인력을 동원하는 것이 효과적이다. 놀이터에 수영장을 같이 운영하는 경우 수질 관리와 관련하여 전문 인력이 필요하다.

6) 경력 및 경험

경험이 필요한 직종은 아니나 동물을 접하는 직종이다 보니 애견카페, 훈련소, 아쿠아리움, 조련사, 사육사 등의 경험이 있으면 운영하기가 좀 더 수월하다.

3 관련 자격

자격증이 필요한 직종은 아니나 놀이터와 훈련소를 같이 운영하는 경우 동물행동상담사, 동물매개심리상담사, 동물행동상담사 자격증이 있으면 좋다. 반드시 필요한 대학 전공은 없으나 대학에서 반려동물학과, 반려동물산업학과, 애완동물과 등 애완동물 관련 전공을 한 사람이면 관련 업체 채용에 유리하다.

1) 관련 자격 및 취득 기관 정보

- 관련 자격증: 동물행동상담사
- 취득 기관 : 한국동물매개심리치료학회, 한국애견연맹, 한국애견협회 등 반려동물 전문 교육기관 및 단체

과거에는 반려견 훈련사라는 이름으로 불렸지만, 요즘엔 문제 행동을 바로잡을 수 있게 도와주는 사람이라는 의미에서 동물행동상담사, 반려견행동교정사, 또는 반려동물 행동 전문가라고도 부르고 있다. 도그 트레이너, 애견 훈련사의 분야가 세분화, 전문화되면서 행동교정을 전문으로 하는 훈련사들을 의미한다. 한국동물매개심리치료학회, 한국애견협회, 한국애견연맹 등 반려동물 전문 교육기관 및 단체에서 민간 자격증으로 취득이 가능하다.

4 적성 및 흥미

동물을 사랑하는 마음을 기본으로 활동적이고 동물을 다룰 수 있어야 하며 함께하는 활동을 즐길 수 있는 신체적 · 정신적으로 건강하다면 도전할 수 있다.

5 국내외 현황

1) 국내 현황

국내에는 여러 지역에서 반려견 놀이터가 운영되고 있다. 단순히 놀이터만 운영하는 것이 아니라 수영장 등 다른 시설도 같이 운영하고 있다. 공원에 무료로 개방되는 반려견 놀이터의 수도 증가하고 있다. 또 2023년 개장을 목표로 평창에 500억 원을 투입하여 반려동물 관광 테마파크가 조성될 예정이고 대규모 반려동물 테마 파크가 경기도와 경북 등에서 오픈할 예정이다. 테마파크에는 반려동물 놀이터, 반려동물 수영장, 애견호텔 등 반려동물 관련 시설은 물론, 국제산업전문대학, 메디컬연구센터, 노령견 케어센터 등의 시설도 들어설 예정으로 반려동물 관련 산업 육성과 일자리 창출까지 고려하고 있다.

2) 국외 현황

미국은 1970년대부터 설치하여 5백 개 이상 운영 중이며 일상 속 커뮤니티 공간으로 자리매김하고 있다. 반려견 놀이터는 연회비를 받아 공원 환경 개선 등에 사용하고 있으며, 미드타운의 경우는 반려견 놀이터를 연회비 및 청소자원봉사로 운영하고 있다.
호주는 도시마다 반려동물 놀이터 2백여 곳을 운영 중이며, 대부분 주택가 인근에서는 소규모로 운영되고 일반적으로 대중적인 장소에 반려견 놀이터가 위치하고 있다.

6 직업 전망

반려인들이 반려견의 자유로운 산책환경을 중요시하는 경향이 급속도로 확대되고 있으므로 전망은 밝을 것으로 예측된다. 국내의 반려동물 인구의 증가에 비해 다양한 반려동물과 함께 즐길 수 있는 시설이나 공원은 부족하여 놀이 문화에 대한 요구가 증가하고 있다.

7 성공 창업을 위한 Tips

최근에는 시나 구 단위로 무료로 개방되는 반려견 놀이터가 늘어나고 있는 추세기 때문에 놀이터만 운영하더라도 다른 곳과 차별화되는 놀이기구나 시설이 있어야 한다. 따라서 놀이터와 함께 수영장이나 훈련소와 같은 반려견을 위한 다른 시설이나 펜션과 같은 숙박시설을 같이 운영하여 반려견에게 즐거움을 주는 동시에 견주에게도 편의를 제공해야 반려인들이 꾸준히 찾는 놀이터가 될 수 있을 것이다.

8 문의 및 참고자료

1) 문의 기관 정보

인생창업 https://blog.naver.com/sutragold0456/221592389182

2) 참고 자료

도그베이 http://dogbay.kr/default/th/th01.php?sub=01
늘 푸른 초원 http://namyangcafe.com/20
수원 애견운동장 멍파크 후기https://blog.naver.com/rladudtn85/221569121708

Q&A

◉ '반려동물 호텔'은?
반려인이 장거리로 출장을 가거나 휴가철에 긴 시간 집을 비울 때, 반려동물에게 숙식을 제공하며 돌봐주는 일을 한다.

◉ '반려견 유치원'이란?
혼자 집을 지켜야 하는 반려견들을 위해 하루 돌봄과 놀이 개념의 공간으로 기본 훈련과 미용 등의 서비스 제공과 더불어 놀이, 운동, 식사, 산책을 진행하며 반려견이 외롭지 않게 돌봐주는, 사람 유치원과 같은 역할을 하는 시설이다.

◉ '반려견 놀이터'란?
매일 반복되는 산책코스에서 벗어나거나 반려견의 사교성 향상을 위해 자유롭게 뛰어 놀 수 있는 공간이다.

알아두기

◉ '동물행동상담사' 역할과 자격의 취득
동물행동상담사는 반려동물의 문제행동을 분석하고 보호자 교육과 상담, 반려동물 행동교정을 수행하는 전문가이다. 동물행동상담사 자격은 한국동물매개심리치료학회의 인증 시험을 거쳐 발급 받을 수 있다.

단원 학습 정리

1. 반려동물 카페의 경우 여러 반려동물이 같은 공간에서 생활하기 때문에 각각의 개체에 대한 이해도가 높아야 하며 위생 및 청결 관리에 신경 쓰는 등 꼼꼼한 성격을 요구한다.
2. 반려견 유치원(Companion Dog Kindergarten)은 반려견의 기본예절과 놀이, 운동, 식사, 산책을 진행하며 반려견이 외롭지 않게 돌봐주는 역할을 하는 시설이다.
3. 반려견 유치원 교사는 반려견의 사회성을 길러주고, 기구를 활용한 사회적응 훈련을 시키거나 놀이를 돕는 일을 한다. 더불어 반려견의 일정을 관리한다.
4. 반려견 유치원은 보호자 대신 강아지를 맡아 주며 식사를 제공하는 역할에 그치지 않고, 사회화가 덜 된 강아지를 대상으로 교육 훈련을 하거나 지속적으로 건강관리를 해줘 건강한 강아지로 키워내기도 한다.
5. 반려견 놀이터(Companion Dog Playground)는 매일 반복되는 산책코스에서 벗어나거나 반려견의 사교성 향상을 위해 자유롭게 뛰어 놀 수 있는 공간이다.

쉬어가는 페이지

'애견유치원' 똑소리 나게 가르친다

21일 오전 9시30분 대구 달서구 용산동의 한 강아지 유치원. 통학버스를 타고 등원한 강아지 10여 마리가 옹기종기 모여 있었다. 30분이 지나자 견주들의 품에 안긴 채 유치원으로 직접 등원한 강아지 10여 마리까지 총 20여 마리가 선생님의 구령에 맞춰 자신의 자리에 앉았다.

건강상태와 특이사항 체크를 시작으로 유치원의 일과가 시작됐다.

오전 10시30분 1교시가 시작됐다.

선생님과 함께 장애물 뛰어넘기 등 건강은 물론 자신감도 키우는 '독 스포츠와 피트니스'가 진행됐다. 강아지들은 지정된 장소에 모여 차례가 돌아올 때까지 얌전히 기다리는 여유를 보이기도 했다.

2교시는 '예절과 생활교육' 시간. 선생님이 절도 있고 근엄한 표정과 몸짓을 선보이며 '앉아'라고 지시했다. 강아지들은 이에 답하고자 다소곳하게 요염한 자세를 취하며 자리에 앉았다.

자유시간과 낮잠시간도 있다. 강아지들은 친구들과 재미난 놀이 활동을 끝내고 낮 12시부터 1시간 동안 꿀맛 같은 단잠에 빠졌다.

이후 3교시 특정 소리에 적응하기 위한 '음악 감상(소리 둔감화)'교육, 4교시 '행동 풍부화' 교육 등이 이어졌다.

오후 5시가 되자 '그루밍 시간'을 통해 공부하고 뛰어 논 강아지들은 헝클어진 몸을 깨끗하게 빗질하고 집에 돌아갈 준비를 했다.

교육 시간에는 강아지의 성향에 따라 소심한 견, 활발한 견 등으로 나누어 교육한다. 강아지들을 교육하는 선생님은 매일 숙제검사를 통해 반복학습하고 '간식'이라는 상을 주기도 한다. 또 강아지의 상태나 주요 공지사항 등 그날그날 강아지의 상태를 알림장에 적어 견주가 볼 수 있도록 강아지를 통해 전달한다.

출처 : 블로그 여성시대 ttp://cafe.daum.net/subdued20club/

메모장

제 05 장

브리더와 켄넬 (Breeder와 Kennel)

Ⅰ. 브리더와 켄넬의 개념
Ⅱ. 켄넬의 운영

우리나라의 반려동물 산업의 한 분야로 자리 잡고 있는 반려동물의 번식은 반려동물을 키우는 소비자에게 입양을 통해 반려동물 문화를 계몽, 선도하는 역할을 하며 반려동물에 관한 정보를 제공하는 기능의 수행으로 반려동물 문화에 직접적인 영향을 끼치게 되는 위치와 수준에 있다.

우리나라의 반려동물의 사회적인 통념 상 법적인 테두리에서의 적법성의 문제와 반려동물의 개념에서의 동물보호법에 위배되지 않는 문제는 국가적으로 점차 개선되어져야 할 것으로 보인다. 문화적인 인식의 차이와 사회적인 인식의 격차로 인한 문제가 되는 현상들이 계속해서 일어나고 있기 때문이다. 앞으로 이러한 문제들이 정리되고 개선되리라 생각된다.

5장에서는 번식학과 관리학의 특성을 고려한 과학적인 켄넬의 운영과 사업의 방법을 알아보자.

I

브리더와 켄넬의 개념

학습목표

1. 브리더의 일반적인 개념에 대해 이해 수 있다.
2. 켄넬의 운영에 대해 이해 수 있다.

1 브리더의 일반적인 개념

브리더와 켄넬의 개념을 이해하기 위해서는 번식학의 개념과 관리학의 개념을 먼저 알고 정리할 필요가 있다. 먼저 번식의 개념인 브리딩(breeding)의 뜻을 알아보자. breed란 '새끼를 낳다'의 사전적 의미인 번식의 뜻이 있다.

breeding이란 사전적 의미로 '번식을 위한 동물의 사육'을 뜻한다. 생물학에서는 번식을 reproduction의 단어를 사용하며 반려동물에서는 breeding의 단어가 더 익숙하게 사용되어진다.

켄넬(kennel)의 사전적 의미는 개 사육장, 개집(dog house)의 뜻이 있으며 동물의 보금자리의 의미를 지니고 있다. 현재 사용되어지고 있는 kennel의 의미는 개와 관련 된 여러 의미로 광범위하게 사용된다.

브리더와 켄넬은 함께 하는 단어이다. 번식과 사육은 한 곳에서 이루어지기 때문이다. 브리더의 역할은 가정에서 이루어지는 번식을 위한 역할과 전문가를 위한 브리더 역할로 나누어 볼 수 있다.

펫 숍에서 이러한 브리딩 기능으로 함께 운영하는 곳도 있다. 반려동물을 사육하는 소비자의 매장방문을 통해 특정 품종의 수컷을 사육하여 브리딩에 이용하는 것이다. 이를 통하여 브리딩에 대한 정보의 전달과 상담의 역할을 수행 할 수 있다.

이 또한 용품의 온라인 판매와 달리 반려동물을 키우는 소비자가 방문을 통한 대면고객이 된다.

1) 브리더의 특징

반려동물의 생애주기의 특징을 학습하고 단계별 관리방법에 대해 전문성이 있어야 한다. 사육하고자 하는 종의 품성과 특성, 번식, 사육, 영양, 질병, 훈련, 미용 등의 관리학 등 동물학의 전반적인 학문적 특성에 대한 연구와 학습을 바탕으로 한 사육경험이 필요하다.

(1) 사육하고자 하는 품종의 선택

지구상에는 공식적으로 200여종의 품종이 존재한다. 특히 우리나라의 기후특성과 가옥구조의 형태, 한국인의 라이프 형태에 맞는 인기 품종을 선택하여 브리딩 할 수 있다.

(2) 번식의 관리

암컷의 생리학적 특성과 수컷의 생리학적 특성, 그리고 소, 중, 대형견의 번식특성을 고려하여 볼 때 번식의 전문지식의 습득은 경험적으로 매우 다양하며 중요하다. 개체별 특성 또한 매우 다양하기 때문에 경험이 매우 중요하게 인식될 수 있다. 이는 사육, 영양과의 밀접한 관리가 병행되어야 한다.

(3) 사육의 관리

사육관리에 관한 지식 또한 전문지식을 바탕으로 한 사육경험이 매우 중요하다. 살아있는 동물을 다룬다는 것은 항상 변수가 있기 마련이며 이론과 실제는 항상 다르기 마련이다. 이를 위해 경험과 이를 바탕으로 한 데이터의 축적이 매우 중요하며 이들은 매우 중요한 자산이 된다. 경험을 통한 상담과 사육시의 어려운 상황이나 불편함의 호소 등 고객과의 대화가 이루어질 때 신뢰감은 더욱 두터워 질 수 있고 이를 바탕으로 한 상담은 입양으로 이루어지므로 정보의 제공과 상담은 매우 중요하며 고객관리에 가장 중요한 부분이라 하겠다.

(4) 영양의 관리

영양에 관한 전문지식은 사육관리에 필요한 전문 지식의 한 부분이다. 영양은 사료의 영양으로 표현 할 수 있는데 사육 시 급여할 수 있는 형태의 것들을 총칭하여 말할 수 있다. 사료를 제외한 부수적인 급이 형태의 것들은 임신견 또는 자견의 이유식을 들을 수 있으며 그 이외의 견의 경우 단계별 사료제품을 활용하는 것이 좋다. 사료 이외의 식품으로 대체할 경우 영양학 적 불균형을 초래할 수 있으므로 영양학적 가치를 충분히 계산하여 소화흡수율에 대한 학습과 정보를 통해 영양의 불균형이 되지 않도록 주의를 요한다.

(5) 질병의 관리

질병의 관리는 다두 사육시 매우 중요한 대상이 된다. 전염병의 관리 시 개체관리에 주의해야하며 예방접종을 했다 하더라도 관리대상에서 벗어나지 않는다. 사육 시설의 경우 방역관리에 만전을 기해야 한다. 계절의 변화에 따른 유행되는 전염병의 대처와 관리가 필요하며 신생 자견의 경우 예방접종 프로그램에 따라 예방접종을 반드시 실행하도록 한다. 입양을 보내기 전 예방접종의 프로그램 교육을 반드시 실시하여 실행하도록 한다. 그 밖에 내, 외부 기생충의 관리프로그램을 실행하고 평소 개체 관리를 통한 그루밍과 운동관찰을 통해 질병 발생의 유무를 확인한다.

(6) 훈련과 미용

몸과 마음이 건강한 반려동물 관리의 비결은 훈련과 미용관리이다. 사회화 훈련과 사람와의 교감을 통한 신뢰감의 형성, 목욕, 미용 관리를 통한 건강관리는 최고의 반려동물을 탄생시킨다. 반려동물을 입양 받은 고객을 위해 필요지식이나 교육적 효과가 있는 내용의 전달을 위한 컨설턴트, 반려동물 최고의 전문가 이미지로서의 노력이 필요하다. 고객과의 소통을 통해 고객관리가 필요하다.

동물보호법 개정에 따라 동물생산업에 해당되는 브리더 사업을 운영하고자 하는 사업자는 동물보호법 제35조 제2항 관련시설 및 인력기준을 충족하여야 하고 사업장 소재지 지자체(구청, 시청 또는 군청)에서 허가를 받아야 한다. – 자세한 내용은 15장 부록 참조 –

Ⅱ 켄넬의 운영

학습목표

1. 켄넬의 운영에 대해 수 있다.
2. 켄넬의 운영에 관련된 허가절차와 자격에 대해 알 수 있다.

1 켄넬의 운영

1) 켄넬의 운영

켄넬의 운영 준비 단계는 다음과 같은 부분들을 사전에 준비하여야 한다.

반려동물과 관련된 업종의 근무 경력을 갖추어 준비한다.

반려동물 직종의 종사자를 직원으로 채용한다 하더라도 어느 정도의 펫 산업 분야의 기술과 인맥을 유지하는 것이 좋다.

특히 미용에 대한 기술과 사항을 파악할 수 있는 능력을 갖추는 것이 중요하다. 사육관리의 기본이 되기 때문이다.

(1) 켄넬의 운영구조의 구성

〈표 5-1〉 켄넬의 운영구조의 구성

번식		분만견,자견		일반사육	
종반견(♀) 관리	종모견(♂) 관리	분만견관리	자견관리	입양관리	노령견관리
• 임신견관리 • 교배 • 발정체크 • 영양관리 • 건강관리 (운동, 목욕, 그루밍) • 사회화훈련 • 배변훈련 • 기초복종훈련	• 교배관리 • 영양관리 • 건강관리 (운동, 목욕, 그루밍) • 사회화훈련 • 배변훈련 • 기초복종훈련	• 영양관리 • 건강관리 (운동, 목욕, 그루밍) • 분만관리	• 영양관리 • 건강관리 (운동, 목욕, 그루밍) • 사회화훈련 • 배변훈련 • 기초복종훈련 • 목줄훈련	• 영양관리 • 건강관리 (운동, 목욕, 그루밍) • 사회화훈련 • 배변훈련 • 기초복종훈련 • 목줄훈련	• 영양관리 • 건강관리 (운동, 목욕, 그루밍)

(2) 켄넬의 입지조건

많은 반려견들을 사육하여야 하기 때문에 주택가에서 떨어진 넓은 공간이 필요하다. 차량 이동에 불편이 없어야 하며 반려동물을 사육하기에 적합한 건축물과 시설이 동물복지 기준에 맞게 갖춰져 있어야 한다.

(3) 시설과 설비

① 켄넬의 운영구조의 구성에 따른 평면도 설계를 통해 동선과 효율적 관리를 위한 근무자의 동선을 예측하여 구조화하는 준비가 필요하다.

② 미용실의 배치 구조를 결정하여 숍의 입구 또는 안쪽으로 배치할 것인지 결정해야 한다. 또한 효율적인 공간 활용을 위해 기자재의 위치를 미리 파악해 둔다.

③ 전기, 수도, 가스, 냉난방, 환기시설, 하수도와 관련된 시설물들의 사항들을 공사를 시작하기 전 미리 상의하여 설계대로 진행하도록 준비한다.

(4) 켄넬에 필요한 그 밖의 시설

– 방사장과 프리런

2) 켄넬 개업의 행정절차

창업을 위해서 사업자 등록 신청을 해야 한다. 법인/개인 사업장 , 일반/간이 과세자를 구분하여 업장의 주소 소재지인 관할 세무서에서 접수하거나 개인사업자의 경우 국세청 홈텍스에서 부동산 임대차계약서를 온라인으로 파일을 첨부하여 신청이 가능하다. 사업자 등록신청은 신청 후 사업자 등록증을 발급받을 수 있다. 행정절차나 구비서류 등은 법률상 진행내용이 바뀔 수도 있기 때문에 기관에 미리 문의, 확인 후 등록 절차에 들어가도록 한다.

브리더와 켄넬은 동물생산업에 해당되기 때문에 동물보호법 제34조 제1항에 따라 별지 제22호서식의 동물생산업 허가신청서에 다음 각 호의 서류를 첨부하여 관할 시장, 군수, 구청장에게 제출하여야 한다.

① 영업장의 시설 내역 및 배치도
② 인력 현황
③ 사업계획서
④ 폐업 시 동물의 처리 계획서

2 켄넬의 운영에 관련된 자격증

1) 반려동물 관리사 자격증

한국동물매개심리치료학회(http://www.kaaap.org/)에서 민간자격 인증을 통해 반려동물관리사 자격증을 발급받을 수 있다.

반려동물관리사 자격증은 반려동물 관련 업종에 적용이 가능하며 향후 반려동물의 보급, 반려동물 산업증대 향상과 반려동물 보호자 교육을 통해 행복한 반려동물 문화 정착에 크게 기여할 수 있는 자격증으로 주목을 받고 있다. 반려동물의 다양한 종류와 품종, 관리 정보를 전달할 수 있으며, 이를 통해 효율적인 고객관리를 통한 업체의 수익을 향상시킬 수 있는 관리자로서의 역할 수행능력을 갖추어야 한다.

'반려동물 관리사(Companion Animal Manager)'란?

반려동물 관리사는 반려동물의 관리 전문가로서 반려동물의 관리업무를 원활하게 수행할 수 있는 활용능력과 직무능력을 갖춘 전문가이다. 반려동물 관리사 자격증은 한국동물매개심리치료학회(http://www.kaaap.org/)에서 발급받을 수 있으며 검정 분야로는 반려동물학 개론, 반려동물 관리학, 반려동물간호학, 반려동물 복지학 과목의 교육과정을 이수 후 응시할 수 있다.

– 한국동물매개심리치료학회(www.kaaap.org) –

2) 애견 미용사(반려견 스타일리스트) 자격증

애견미용사는 반려동물의 일상적인 관리를 통해 건강과 위생, 아름다움을 관리하고 고객의 요구와 개체특성에 맞는 미용 방법으로 스타일을 작업하고 완성하는 기술을 연마하는 전문가이다. 애견미용사 자격증의 경우 반려동물관리사와 더불어 반려동물과 관련된 전 업종에서 갖추어야 할 기술 자격 중 하나이다.

'반려견 스타일리스트'란?

인간과 더불어 사는 반려견의 건강한 삶을 위하여 고객의 요구와 개체특성에 맞는 방법으로 일상적인 관리와 스타일을 작업하고 고객관리, 기자재 관리, 안전 위생에 관한 업무를 수행하며, 다양한 견종의 미용과 이에 더하여 미용교육을 할 수 있는 전문가적인 소양을 검정한다. 애견미용 교육기관을 통해 교육이수 후 필기시험과 실기시험을 통해 3,2,1급 과정을 응시할 수 있으며 한국애견협회를 통해 반려견 스타일리스트 자격증을 발급받을 수 있다.

– 한국애견협회 사이트(http://www.kkc.or.kr) –

Q&A

◉ 반려견 브리더(breeder)란?
브리더란 반려견의 특정 품종을 중심으로 하는 반려동물의 교배, 출산, 번식을 다루어 유통시키는 직업을 말한다.

◉ 고양이 브리더(breeder)란?
특정 품종의 고양이를 번식하여 관리하고 케어하며 보급하는 전문가로 특정 고양이 품종을 전문적으로 번식하는 직업을 말한다. 브리더는 보유하고 있는 품종의 고양이가 유전병이 없고 우수한 유전적 혈통과 건강을 유지할 수 있도록 고양이에 대해 연구하고 노력해야 합니다.

◉ 캐터리(cattery)란?
cattery는 영어 단어로 표현하면 고양이를 키우는곳, 혹은 고양이를 키우고 있는 곳이라는 뜻을 가지고 있다. 고양이 전문 브리더들이 특정 품종의 고양이를 전문 지식을 가지고 번식하며 유지, 관리하는 곳을 캐터리라 부른다.

알아두기

◉ 켄넬(kennel)
켄넬(kennel)의 사전적 의미는 개 사육장, 개집(dog house)의 뜻이 있으며 동물의 보금자리의 의미를 지니고 있다. 현재 사용되어지고 있는 kennel의 의미는 개와 관련 된 여러 의미로 광범위하게 사용된다.
반려견에서 켄넬은 브리더들이 운영하는 장소를 의미하며 전문 브리더들이 특정 품종을 우수하게 번식하고 유지, 관리하는 장소를 말한다.

단원 학습 정리

1. Breeding이란 사전적 의미로 '번식을 위한 동물의 사육'을 뜻한다. 생물학에서는 번식을 reproduction의 단어를 사용하며 반려동물에서는 breeding의 단어가 더 익숙하게 사용되어진다.
2. 브리더는 반려동물의 생애주기의 특징을 학습하고 단계별 관리방법에 대해 전문성이 있어야 한다.
3. 반려견에서 켄넬은 브리더들이 운영하는 장소를 의미하며 전문 브리더들이 특정 품종을 우수하게 번식하고 유지, 관리하는 장소를 말한다.
4. 켄넬은 많은 반려견들이 모여 있기 때문에 위생적으로 청결하게 관리되어야 한다.
5. 켄넬코프는 반려견의 목감기를 유발하는 병원체인 보더텔라 세균과 다른 호흡기 병원체들이 복합 감염되어 일어나는 전염병이다. 캔넬코프 예방접종을 통하여 감염을 예방할 수 있다.
6. 고양이 전문 브리더들이 특정 품종의 고양이를 전문 지식을 가지고 번식하며 유지, 관리하는 곳을 캐터리라 부른다.
7. 켄넬은 많은 반려견들을 사육하여야 하기 때문에 주택가에서 떨어진 넓은 공간이 필요하다. 차량 이동에 불편이 없어야 하며 반려동물을 사육하기에 적합한 건축물과 시설이 동물복지 기준에 맞게 갖춰져 있어야 한다.

반려견 브리더 '마리나 홀 필립스' 이야기

마리나 홀 필립스는 '강아지에 홀딱 빠진 사람'이라고 자신을 소개한다. 반려견 브리더(breeder, 견종을 교배하고 품종을 개량하는 사람)로 일하는 필립스는 반려견 사육장을 방문하는 시간보다는 컴퓨터 모니터 앞에 앉아서 일하는 시간이 더 많다.

그녀는 애견협회에 사육 및 분양과 관련한 자문을 제공한다. 지난해까지 십 년 넘게 '시각장애인 안내견협회' 사육담당자로 일하면서 강아지 1만여 마리의 교배와 품종 개량을 관리감독했으며 미국 내에서 가장 큰 규모로 애견 번식을 하는 협회를 운영했다.

반려견 브리더로서 필립스가 하는 일을 쉽게 말하자면, 견종의 여러 가지 자질을 판단, 컴퓨터로 수치계산을 한 다음, 어떤 품종을 교배할지 결정하는 것이다. 필립스는 "판단을 내릴 때 감정을 배제하고 최대한 객관성을 유지하려고 노력했던 게 성공의 요인"이라고 말했다. 그녀는 캘리포니아 자택에서도 반려견을 아홉 마리나 키우고 있다.

필립스는 성공보다 실수를 통해 더 많은 것을 배웠다고 믿는다. 무엇때문에 잘못됐는지 따져볼 수만 있다면 '좋은 견종보다는 나쁜 견종으로부터 교훈을 더 많이 얻을 수 있다'고. 여기서 나쁜 견종이란 건강이나 행동에 문제가 있어서 안내견에 부적합한 품종을 말한다.

그녀는 최근에 키우는 반려견 중 타셀의 새끼를 낳게 하지 않기로 결심했다. 타셀은 애견대회에 나가서 입상할 수 있을 정도로 흠잡을 데 없는 견종이지만 관절염 초기 증세를 보이고 있다. 그녀는 "집에서 키우는 강아지를 종견으로 기부하는 게 오랜 꿈이었던 터라 실망이 크다"면서도 "집에서 키우는 반려견들의 품격도 떨어뜨리지 않기 위해서 끊임없이 노력한다"고 말했다.

[출처] 월스트리트 저널 (https://www.wsj.com/)

메모장

제 06 장

동물 돌봄 센터

Ⅰ. 애견 훈련소
Ⅱ. 방문 훈련
Ⅲ. 도그 워커
Ⅳ. 펫 시터

동물 돌봄 센터(Animal Care Center)란 동물에 대한 애정과 사랑을 바탕으로 동물과 강한 신뢰관계를 구축하여 동물을 먹이고 보살펴주며, 훈련시키는 등 동물에게 편의를 제공하여 행복한 삶을 도와주는 것이다.

동물 돌봄 센터(Animal Care Center)는 반려동물인 개와 고양이들을 위한 훈련소, 방문 훈련, 도그 워커, 펫 시터 센터 등이 있다.

I 훈련소

학습목표

1. 훈련소의 업무를 알 수 있다.
2. 훈련소의 창업정보를 알 수 있다.

***반려동물 훈련소**(Training School)란 반려동물이 장난감과 같은 개념이 아니라는 생명 존중, 동물 보호와 복지의 영역까지 포함하여 더불어 사는데 필요한 사회화 훈련이 이루어지는 곳이다.*

***훈련소**(Training School)에는 개의 복종 훈련과 특수 목적견 훈련을 위한 전문 훈련소가 있다.*

[출처] www.anydogschool.com

그림 6-1 애견 훈련소의 모습

1 직무 및 하는 일

1) 주 업무

반려동물 훈련소는 이름 그대로 훈련과 함께 사양관리가 필수적이다. 주로 위탁이 되어 훈련하는 위탁견들이 상주하기 때문에 위탁견들의 사양관리를 가장 기본으로, 문제 행동 교정이나 기본 훈련에 따른 훈련 업무, 훈련 이외에 호텔 자체만 맡기는 경우에 대해 호텔견들 사양관리, 기존 훈련소 상주견 사양관리 및 훈련, 손님이 오신 것에 대해 응대 업무 등이 주 업무라 할 수 있다.

훈련소의 명칭은 훈련소 외에도 훈련 센터, 교육 센터 등의 명칭이 사용되는 경우도 있고, 최근에는 반려동물학교나 반려동물 문화교실과 같은 명칭을 사용하기도 한다.

2) 수입 발생 분야 및 항목

훈련소에는 크게 훈련과 호텔에 관한 것으로 수입이 발생된다. 수도권 기준으로 반려견 1두 당 훈련 비용은 월 70~80만 원정도 발생하며, 반려견 1두 당 호텔은 40-50만 원정도이며, 이를 주로하여 수입을 유지한다.

3) 평균 수입

사업체마다 수입은 차이가 다른데, 평균 월 1,000~2,000만 원정도 평균을 이룬다.

2 창업 준비 사항

1) 인허가 사항

동물보호법 개정에 따라 동물위탁관리업 중 하나인 반려동물 훈련소를 운영하고자 하는 사업자는 동물보호법 제35조 제2항 관련시설 및 인력기준을 충족하여야 하고 사업장 소재지 지자체(구청, 시청 또는 군청)에 등록 신청을 하여야 한다. – 자세한 내용은 15장 부록 참조 –

동물위탁관리업은 필수적으로 인허가를 받아야 한다. 동물위탁관리업 기준으로는 동물의 위탁관리실과 고객 응대실은 구분되어야 한다. 다만 일정한 경우 고객 응대실을 공동으로 이용할 수 있다. 위탁 관리하는 동물들을 위한 설비를 갖추어야 한다. 위탁관리실은 동물의 상태를 확인할 수 있는 폐쇄회로 녹화장치를 설치해야 한다.

2) 점포 유무 및 규모

동물들의 훈련을 위해서 훈련소가 필요하다. 소형 반려견의 기본 훈련이 주 업무라면 도시에 있는 건물을 임대하여 훈련이 가능하지만, 대형견이나 어질리티와 같은 대회를 준비하는 훈련이 이뤄지려면 근교의 넓은 훈련장을 겸비하는 것이 바람직하다. 그럴 경우 평균 1,000평에서 2,000평 정도에서 운영을 하고 있다.

3) 자본금

훈련소의 위치나 기자재 구입에 따라 자본금의 차이가 워낙 많이 나지만, 최소 2~3억은 필요한 것으로 알려져 있다.

4) 시설 및 기자재

위탁 관리업에 필수적인 고객 응대실부터 각 개별 견사 시설, 운동장, 훈련소 사무실 등등이 필요하다.

5) 직원 인적 구성

평균 훈련소장 1명에 훈련사 2~3명 정도이나 훈련소 크기에 따라 달라질 수 있다. 동물과 관련된 전공학과인 반려동물학과, 애완동물과, 자원동물산업과 전공자로 현장 실습경험이 많거나 실무 경험이 많은 직원을 채용하면 안전사고에 대비할 수 있다.

6) 경력 및 경험

훈련소 창업을 하는 소장이 되기 위해선 최소 5년에서 10년 정도 경력이 필요하다. 그 밖에 훈련소에서 근무하기 위해서는 고등학교의 경우 애완동물과, 동물산업과에 입학하거

나 전문대학 또는 대학교에서 반려동물학과, 애완동물과, 동물산업과, 동물자원학과 등에 입학하여 동물과 관련된 교육을 받아야 한다. 고등학교에서 관련 전공을 하지 않은 경우에는 전문대학 이상의 학력이 필요하다. 훈련소의 전문성을 높이기 위해서는 반려동물에 대한 이론 학습과 실전 경험을 쌓는 것이 중요하다.

반려견의 사회화 교육, 구조견, 마약탐지견, 안내견을 훈련시키고 드라마, 영화, 광고에 출연할 배우견을 전문적으로 훈련시키는 경험이 있으면 유리하다.

3 관련 자격

1) 관련 자격 및 취득 기관 정보

① 관련 자격증 : 애견 훈련사, 반려견 지도사
- 취득 기관 : 한국애견연맹, 한국애견협회

② 관련 자격증 : 동물행동상담사
- 취득 기관 : 한국동물매개심리치료학회

③ 관련 자격증 : 동물행동교정사
- 취득 기관 : 한국반려동물아카데미, 한국반려동물관리협회

④ 관련 자격증 : 반려동물관리사
- 취득 기관 : 한국동물매개심리치료학회, 한국반려동물관리협회, 한국능력교육개발원, 한국애견연맹

4 적성 및 흥미

훈련소에서 근무하기 위해서는 개를 좋아하는 것은 가장 기본적이고, 그냥 내가 동물을 좋아하는 것과 하루 종일 개를 돌보는 일은 천지 차이이다. 개를 좋아하는 것만큼 끈기와

열정이 동반되어야 하는 부분이며, 보호자를 응대해야 하기 때문에 사람을 잘 대하는 부분이 필요하다. 또 여러 동물들의 특성에 대한 지식이 필요하며 사육하고 관리하는 방법과 기술을 갖추고 있어야 한다. 더불어 위급 상황 시 수의사에게 알리는 순발력도 필요하다. 동물에 대한 애정과 이해가 있으면 유리하며, 오랜 시간과 노력이 필요하므로 인내와 끈기가 요구된다.

애견 훈련사에 요구되는 적성

- 동물과 함께 하는 일이 대부분이므로 동물을 가족처럼 아끼고 사랑하는 마음이 있어야 하며, 기본적으로 체력이 튼튼하면 좋다.
- 말을 못하는 동물을 돌보고 훈련시켜야 되기 때문에 세심하고 인내심이 강한 성격이 요구된다.
- 동물에 대한 전문적인 지식을 가지고 시작하는 것이 유리하다.

5 국내외 현황

1) 국내 현황

국내 반려동물의 훈련 산업은 애견이 위주로 되어 개의 복종 훈련과 특수 목적견 훈련을 위한 전문 훈련소 위주로 훈련 산업이 발달하였고, 다른 성장 산업에 비해 성장 속도가 느린 산업이기 때문에 발전 가능성이 크다고 할 수 있다. 현재 국내에 약 200여개의 훈련소가 있으며, 전국 각지에 분포되어 있다. 아직까진 위탁 훈련을 통해 여러 행동을 교정하고자 하는 훈련이 많으며, 클럽 하우스 형태로 보호자 참여형 훈련도 늘고 있는 실정이다. 최근에는 반려견 입양과 사회화를 위한 교육이 필수라는 인식의 변화로 훈련소를 방문하는 경우가 점점 증가하는 추세이다.

2) 국외 현황

외국에서는 반려견을 훈련소에 위탁을 맡겨 훈련을 하는 것보다는 보호자들이 훈련사의 집에 찾아와서 클럽느낌으로 하는 단체 훈련이 많다. 그들은 훈련이 문화이며, 당연히 자신의 개는 자기가 훈련해야 한다는 인식 때문이다.

6 직업 전망

반려인구가 1000만에 달하는 시대와 더불어 각종 개 물림 사고나 개에 대해 이해하는 인식들이 늘어나면서 훈련이 부수가 아닌 필수가 되고 있는 실정이다. 반려인구가 늘어나는 만큼 훈련 산업 또한 긍정적인 면이 많다.

7 성공 창업을 위한 Tips

방문하는 손님 한 분 한 분에 대해 최선을 다하는 것이 가장 기본이며 팁이라고 할 수 있다. 홍보를 보고 훈련을 맡기는 경우도 많으나, 입소문을 통해 오는 경우가 더 많아서, 결국 사람을 상대하는 일이라 보호자의 만족을 최대로 이끄는 것이 가장 성공적인 창업이라고 할 수 있다. 창업을 하기 이전에 반드시 다양한 성공한 훈련소를 돌아다니며, 자문을 구하고, 그들의 성공 포인트를 기록하여 그 장점만 모아 종합하는 것이 가장 중요한 성공 창업 팁일 것이다.

8 문의 및 참고자료

1) 문의 기관 정보

한국 애견 연맹 https://www.thekkf.or.kr/new_home/main.php
한국 애견 협회 http://www.kkc.or.kr/main/main.html
한국반려동물관리협회 http://www.dwse.or.kr/

2) 참고 자료

도루스 - http://www.dorus.co.kr/
http://www.estien.com/bbs/board.php?bo_table=training

Ⅱ

방문 훈련(Visiting Training)

학습목표

1. 방문 훈련의 업무를 알 수 있다.
2. 방문 훈련의 창업정보를 알 수 있다.

***방문 훈련**(Visiting Training)이란 반려동물을 키우는 보호자들이 강아지의 행동문제를 인지하더라도 스스로 해결하기 어려울 때, 반려동물 훈련・상담사가 가정을 방문하여 문제행동 해결과 함께 반려동물에 대한 전문지식을 제공하는 것이다.*

***방문 훈련서비스**(Visiting Training Service)는 보호자가 자신의 강아지를 교육할 훈련사의 자격과 경력을 사전에 파악할 수 있으며, 원하는 훈련사를 선택하여 방문 훈련을 진행하는 것이 특징이다.*

[출처] https://search.naver.com/

그림 6-2 방문 훈련의 모습

1 직무 및 하는 일

1) 주 업무

방문훈련은 반려동물 훈련 · 상담사가 반려동물의 문제 행동 '계속 짖거나, 아무 곳에서나 배설하는 문제, 주인과 잠시라도 떨어져 있는 것을 참지 못하는 경우 등'을 긍정강화, 둔감화, 클리커 트레이닝, 수신호 등의 훈련과 보상시스템으로 진행된다.

문제 행동을 바로잡기 위해 가정에 직접 방문하여 반려동물의 주인과 대화를 통해 근본적인 원인을 찾고 반려동물의 행동을 관찰하고 파악한다.

또한 동물의 문제 행동을 바로잡기 위한 프로그램을 만들어 실시하거나 훈련 일정을 계획하고 관리한다. 그리고 주인에게 반려동물의 행동을 바로잡을 수 있는 방법을 알려주어 행동을 잘 교정할 수 있도록 알려준다.

2) 수입 발생 분야 및 항목

반려견의 사회화 교육이 주 수입원이 되고, 구조견, 마약탐지견, 안내견을 훈련시키고 드라마, 영화, 광고에 출연할 배우견을 전문적으로 훈련시키는 활동으로 추가적인 수입을 얻을 수 있다.

3) 평균 수입

월급은 자신의 능력에 따라 다르다. 보통 처음 시작은 연봉 2700(견습 기간 제외) 내외로 시작해서 그 이후에는 4500정도까지 올라간다.

2 창업 준비 사항

1) 인허가 사항

동물 위탁관리업종이 아니므로 특별히 인허가가 필요하지는 않다.

2) 점포 유무 및 규모

사무실 없이도 가능하다. 단 고객의 방문에 대비하고 필요한 용품 등을 보관할 수 있는 사무실이 마련된다면 편리할 것이다.

3) 자본금

훈련소를 운영할 경우 훈련소의 위치나 기자재 구입에 따라 자본금의 차이가 워낙 많이 나지만, 방문 훈련은 방문 시 필요한 장비구입과 이동 수단을 준비하는 정도의 자본금이 필요하다.

4) 시설 및 기자재

훈련이 필요한 동물을 방문 훈련 나갈 때 사용할 수 있는 기자재를 구비하면 된다.

5) 직원 인적 구성

동물 관련 기초지식을 토대로 반려동물에 대한 이해와 훈련 경험이 많은 훈련사가 있는 것이 유리하다.

6) 경력 및 경험

고등학교의 경우 애완동물과, 동물산업과에 입학하거나 전문대학 또는 대학교에서 애완동물과, 동물산업과, 동물자원학과 등에 입학하여 동물과 관련된 교육을 받아야 한다. 고등학교에서 관련 전공을 하지 않은 경우에는 전문대학 이상의 학력이 필요하다. 훈련소의 전문성을 높이기 위해서는 반려동물에 대한 이론 학습과 실전 경험을 쌓는 것이 중요하다.

3 관련 자격

1) 관련 자격 및 취득 기관 정보

민간등록 자격으로 애견 훈련사, 반려동물 행동상담사, 반려동물 관리 전문가, 반려동물 관리 지도사, 반려동물 관리사, 반려동물 훈련사, 반려동물 훈련 지도사, 핸들러, 동물행동상담사, 클리커트레이너 등이 있다.

① 관련 자격증 : 훈련사, 애견훈련사, 반려견지도사
  - 취득 기관 : 한국애견연맹, 한국애견협회

② 관련 자격증 : 동물행동상담사
  - 취득 기관 : 한국동물매개심리치료학회

③ 관련 자격증 : 동물행동교정사
  - 취득 기관 : 한국반려동물아카데미, 한국반려동물관리협회

④ 관련 자격증 : 반려동물관리사
  - 취득 기관 : 한국동물매개심리치료학회, 한국반려동물관리협회, 한국능력교육개발원, 한국애견연맹

4 적성 및 흥미

방문 훈련을 수행하는 반려동물 훈련 · 상담사는 동물의 특성을 잘 알고 돌보는 것을 잘하는 사람에게 적합한 직종으로, 반려동물의 문제 행동을 이해하고 원인을 파악하기 위해 보호자와 대화를 하거나 행동 교정 프로그램의 필요성을 설득하는 등의 과정에서 대인 관계 능력이 필요하다. 따라서 동물을 훈련시키거나 보호자가 동물을 잘 보호할 수 있도록 도와주는 것을 좋아하고 동물의 문제 행동 원인을 찾기 위한 분석과 자료 수집을 잘하며 행동 프로그램을 개발하는 것을 즐기는 사람에게 유리하다.

5 국내외 현황

1) 국내 현황

국내에서는 소득수준이 높아짐에 따라 개나 고양이 등의 반려동물에 대한 수요는 꾸준히 늘어나고 있으며, 특수동물에 대한 관심도 증가하고 있다. 따라서 특수한 목적으로 동물을 훈련시키는 것뿐 아니라 일반 가정의 반려동물도 훈련을 많이 받는 추세이기 때문에 방문 훈련의 수요는 늘어날 것으로 보인다.

2) 국외 현황

외국은 오히려 반려인들이 훈련사의 집에 찾아와서 자신의 개를 자신이 훈련시키는 방법을 배우는 문화가 발달하였다.

6 직업 전망

혼자 사는 사람이나 자녀를 낳지 않는 부부가 증가하면서 반려동물을 키우는 사람들이 늘어나고 있으며 반려동물과 연관된 산업도 계속 성장할 것으로 예상된다. 최근에는 반려동물과 관련된 방송 프로그램이 사람들에게 꾸준히 인기를 끌면서 반려동물 훈련 · 상담사에 대한 관심도 계속 증가하고 있다. 이와 관련된 동물 훈련 분야에서도 일자리가 늘어날 것으로 보인다.

7 성공 창업을 위한 Tips

반려동물 훈련 · 상담사는 가정 방문이 많이 이뤄지므로 반려동물의 문제 행동을 이해하고 원인을 파악하는 능력 못지않게 단정한 차림과 보호자와의 대인 관계 능력이 필요하다.

8 문의 및 참고자료

1) 문의 기관 정보

http://www.koreananimals.or.kr/

http://www.animals.or.kr/

http://www.edu-catdog.com/

2) 참고 자료

'행복하개'는 2018년 동국대학교 창업선도대학 육성사업에 선정된 기업으로 한국 최초 반려동물 매니지먼트 회사 형태로 운영되는 반려동물 종합서비스 기업이다.

http://happyhagae.co.kr/

Ⅲ

도그 워커(Dog-Walker)

학습목표

1. 도그 워커의 업무를 알 수 있다.
2. 도그 워커의 창업정보를 알 수 있다.

***도그 워커**(Dog-Walker)란 현대인의 생활에서 충족시켜주지 못하는 산책에 대한 욕구를 대신 해줌으로써 반려인과 반려견 모두의 삶의 질을 높일 수 있는 직업이다.*

***도그 워커**(Dog-Walker)는 펫시팅이나 미용 등 추가적인 서비스를 제공하기도 한다.*

[출처]https://www.hankookilbo.com/News/Read/201905271716061888?did=NA&dtype=&dtypecode=&prnewsid=

그림 6-3 도그 워커의 모습

1 직무 및 하는 일

1) 주 업무

반려인을 대신하여 반려견을 산책시키는 일을 주 업무로 한다. 여기에 문제행동 개선과 배변, 응급처치도 포함된다.

2) 수입 발생 분야 및 항목

도그워커의 주 임무인 산책시키기가 주 수입이 되고, 추가서비스로 반려동물 돌봄, 행동교정, 산책훈련 등이 이뤄질 경우 추가비용을 받는다.

해외에서 일부 도그워커들은 고객이 출장이나 여행을 가야 할 때 펫시팅 서비스를 제공하기도 한다. 하지만 이는 도그워커가 꼭 해야 하는 일이 아닌 선택 사항에 해당하는 것으로 펫시팅이나 미용을 제공할 경우 추가적인 서비스 비용을 받기도 한다.

3) 평균 수입

국내에서는 현재 월 평균 수입이 정확히 알려지지 않았고, 도그워커 중계 업체에서 도그워커 서비스를 이용하는 금액은 시간당 2만 5300원으로, 그 중 20%의 수수료와 세금 등을 제외하면 시급으로 약 18,400원을 받는 고수익 직업으로 알려져 있다. 시급으로만 따지면 최저임금의 2배 이상이고 센터나 지역 및 개인 능력에 따라 조금씩 차이가 있을 수 있다. 일반적으로 1회 기준으로 2만 원 정도의 수입이 발생한다.

국외의 경우 미국에서 대부분의 도그워커들은 산책 당 10~20달러(약 11,310~22,620원) 사이의 금액을 받는다고 한다. 한 마리의 강아지만 산책시키는 개별 산책의 경우 보통 이 범위에서 가장 높은 금액에 가깝게 받는다. Indeed.com에 따르면, 풀타임 도그워커는 연간 25,000달러에서 30,000달러의 급여를 받는 것으로 예상된다. 특히, 한 번의 산책에 여러 마리의 강아지를 함께 산책시키는 그룹 워킹이 가능한 도시는 훨씬 더 많은 급여를 받는 것이 가능하다고 한다. 2012년 기준, 뉴욕과 샌프란시스코 도그워커의 평균 연봉은 43,000달러, 시카고는 36,000달러였다.

2 창업 준비 사항

1) 인허가 사항

일반위탁 시 해당되나, 방문위탁만 하는 경우 제한이 없다. 현재 인허가를 위한 법적인 제재는 없는 상황으로 반려견을 돌 본 경험을 바탕으로도 창업이 가능하다.

2) 점포 유무 및 규모

도그워커와 견주의 매칭은 관련 플랫폼이나 반려견 커뮤니티에서 이뤄진다. 따라서 도그워커만 하는 경우 점포는 필요하지 않다.

3) 자본금

무자본으로 창업이 가능하지만, 플랫폼에서 도그워커로 활동하려면 지정된 교육을 이수하는 수강료가 필요하다. 그 예로 A업체에서 도그워커 활동을 위한 교육을 받을 경우 4주 교육 과정에 약 19만 8000원의 교육비를 지급해야 한다.

4) 시설 및 기자재

창업 시 특별히 갖추어야 할 시설은 따로 없고, 홈페이지를 이용하여 홍보를 할 수 있으며, 견종을 고려한 다양한 산책용 줄의 구비가 필요하다.

5) 직원 인적 구성

1인 창업이 가능하다.

원하는 시간에 고객을 받을 수 있는 장점을 가지며 직장인들이 투잡으로 활동하거나, 주부들, 은퇴한 시니어의 일자리로 주목받고 있다.

6) 경력 및 경험

경험이 꼭 필요한 직종은 아니지만, 도그워커는 개들의 행동, 기본적인 관리법, 응급처치에 익숙해야 하므로, 이전에 수의테크니션, 훈련 및 행동교정, 애견카페, 훈련소 등과 같이 직업적으로 강아지를 다뤄본 경험이 많거나, 오랜 시간 강아지와 함께한 반려인인 경우 가능하다.

3 관련 자격

1) 관련 자격 및 취득 기관 정보

자격증이 없어도 할 수 있는 일이다. 하지만 산책만 시키는 단순한 일보다는 반려동물과 관련된 다양한 분야의 지식을 습득하여 다양한 영역에서 활동 가능한 반려동물 전문가로 전문성을 가지고 일을 한다면 사람들이 더 믿고 맡길 수 있다.

① 관련 자격증 : 훈련사, 애견훈련사, 반려견지도사
  - 취득 기관 : 한국애견연맹, 한국애견협회

② 관련 자격증 : 동물행동상담사
  - 취득 기관 : 한국동물매개심리치료학회

③ 관련 자격증 : 동물행동교정사
  - 취득 기관 : 한국반려동물아카데미, 한국반려동물관리협회

④ 관련 자격증 : 반려동물관리사
  - 취득 기관 : 한국동물매개심리치료학회, 한국반려동물관리협회, 한국능력교육개발원, 한국애견연맹

⑤ 관련 자격증 : 도그워커
  - 취득 기관 : 한국반려동물관리협회, 폴랑폴랑, 워키도기

4 적성 및 흥미

반려견에 대한 애정과 관심 그리고 서비스 마인드를 지니고 있어야 한다.

5 국내외 현황

1) 국내 현황

국내도 펫팸족이 늘어나면서 도그워커에 대한 수요가 늘어나고, 직업으로 삼는 사람들도 많아졌다. 도그워커에 대한 인지도가 높아지면서 도그워커와 반려인을 연결해주는 중계사이트가 늘어나고 있다.

A업체의 경우 2018년 10월 기준 도그워커 서비스의 월 이용건수가 800건 이상으로 2017년 대비 4~5배나 늘었다고 한다.

서울시 일자리 창출사업의 일환으로 구민의 복리 증진과 일자리 창출이라는 2가지 목표를 실현하기 위해 공공기관에서 도그워커 양성교육을 하는 등 전문 직업군으로 자리를 잡아가고 있다.

2) 국외 현황

미국이나 영국 등 반려동물 선진국에서는 도그워커가 인기 직업이라고 한다. 미국에서 도그워커의 수입은 매일 서비스하는 고객의 수, 각 장소에서 산책하는 강아지의 수, 고객이 원하는 산책의 길이, 그리고 특정 지역의 표준 급여률에 따라 달라진다고 한다. 미국의 경우 도그워커 시장만 약 1조원에 달하며 관련업체만 2만 여개가 넘는, 이미 활성화된 전문 직업군의 하나이며 영국에서는 연봉 4천만원의 수익을 올리는 직업이기도 하다.

6 직업 전망

한국고용정보원이 최근 발표한 '2019 한국 직업 전망'에 따르면 수의사 등 동물 관련 직종의 고용 수요는 앞으로 꾸준히 늘어날 것으로 보인다. 일자리가 창출되기 때문에 정부 · 지자체에서도 관련 산업을 지원하는 추세다.

반려동물 천만시대이지만 바쁜 현대인의 생활에서 충족시켜주지 못하는 산책에 대한 욕구를 도그워커가 대신 해줌으로써 반려인과 반려견 모두의 삶의 질을 높일 수 있는 직업이다.

또 최근 맞벌이나 1인 가구가 늘면서 그 수요도 점차 늘어나 충분히 성장 가능성이 있다. 이미 해외에서 고수익과 전문성을 가진 직업으로 인정받고 있기에 더욱 전망이 밝다고 생각된다.

블룸버그통신에 따르면, 미국에서는 2025년부터 교사보다 도그워커의 소비자 수요가 더 많아질 거라고 예상하고 있다.

7 성공 창업을 위한 Tips

현재 도그워커는 전문성을 입증할 만한 공인된 자격증이나 법적인 요구사항이 없으나 점차 동물복지에 대한 관심과 동물보호법에 대한 인식이 높아지고 있으므로 향후 미래를 생각하여 관련분야의 다른 자격증과 함께 폭넓은 지식이 필요한 직업임을 고려해야 한다.

8 문의 및 참고자료

1) 문의 기관 정보

- 한국애견연명 www.thekkf.or.kr
- 한국애견협회 kkc.or.kr
- 한국반려동물관리협회 http://www.dwse.or.kr/

2) 참고 자료

- 대표업체 : 우푸(워키도기) woof.kr, 도그메이트www.dogmate.co.kr, 폴랑폴랑
- 서울시홈페이지 : 서울시 도그워커 양성교육과정

Ⅳ

펫 시터

학습목표

1. 펫 시터의 업무를 알 수 있다.
2. 펫 시터의 창업정보를 알 수 있다.

펫 시터(Pet sitter)*란 반려인이 휴가중일 때 반려동물을 위한 돌봄서비스를 제공하는 사람이다.*

펫 시터(Pet sitter) *생활의 하루는 반려동물에게 먹이와 깨끗한 음용수 제공하기, 반려동물 빗질하기, 반려견과 산책하기이다.*

[출처] https://www.dogmate.co.kr/

그림 6-4 펫 시터의 모습

1 직무 및 하는 일

1) 주 업무

고객들이 휴가를 떠나거나 업무상 출장 중일 때, 그 고객들의 반려동물을 위한 기본적인 돌봄을 담당한다. 위탁의뢰인의 집에 방문 또는 자신(펫시터)의 영업장에서 반려인 대신 반려동물을 돌보는 일을 한다.

2) 수입 발생 분야 및 항목

반려동물에 관련된 돌봄 자체에 대한 비용(청소, 식사, 배변처리 등) 수입과 특별한 요청으로 이뤄지는 픽업서비스, 산책서비스, 위생관리(목욕, 발톱, 빗질), 건강관리(투약) 및 병원방문 서비스의 제공으로 추가수익이 가능하다.

3) 평균 수입

펫시터 1인당 수입은 하루 서비스 요청 고객 가정의 숫자, 돌봄이 필요한 반려동물 숫자와 종류 그리고 특정지역의 요율 등 몇 가지 요인에 따라 다르다.

- 방문위탁 : 1회 평균 2만원
- 일반위탁 : 1일 평균 3만원
- 추가서비스 : 업체와 서비스에 따라 몇 천원에서 몇 만원까지 다양하다.

미국의 경우 대부분의 펫시터들은 요청된 서비스에 의해 1회 방문에 8~15달러의 요금을 받고, 일반적으로 약물 투여, 미용 및 목욕 서비스나 기타 특별한 요청이 있는 경우에 추가비용이 발생된다.

2 창업 준비 사항

1) 인허가 사항

일반 위탁에 대해서 동물 위탁관리 허가 및 등록제 시행으로 영업신고 및 관련 서류가 필요하다.

> 동물보호법개정에 따라 동물위탁관리업을 운영하고자 하는 사업자는 동물보호법 제35조 제2항 관련시설 및 인력기준을 충족하여야 하고 사업장 소재지 지자체(구청, 시청 또는 군청)에 등록 신청을 하여야 한다. – 자세한 내용은 15장 부록 참조 –

2) 점포 유무 및 규모

일반 위탁 시 근린 생활시설이어야 등록이 가능하며, 규모제한은 없다.

일부 펫시터들은 서비스 지역을 확장하거나 일주일에 수용할 수 있는 고객 수를 늘리기 위해 직원을 추가로 고용한다. 또, 프랜차이즈 사업을 만들고, 정해진 상표명으로 반려견 체류 서비스 제공을 통한 추가수익이 가능하다.

3) 자본금

자본금은 수용동물의 규모와 개인의 능력에 따라 다양하다.

4) 시설 및 기자재

시설 내 채광, 온습도 관리, 급수 및 배수 시설, 소독시설, 이중문 및 잠금장치, 해충방지시스템, 폐쇄회로 녹화장치, 개체 관리카드 등이 필요하다.

고객이 지방에 간 경우를 고려한다면 반려동물을 위한 숙박시설 제공도 필요하다.

5) 직원 인적 구성

20마리 당 관리 직원1명 확보는 반드시 필요하다. 펫시터들의 업무시간은 종일제 또는 파트타임 중 선택이 가능하다.

6) 경력 및 경험

펫시터들은 특정한 공식적인 교육이나 훈련을 받아야 할 의무는 없으나, 동물 보살핌과 동물행동에 대한 모든 면에 아주 친숙해야만 한다. 대부분의 펫시터들은 그들이 돌봄서비스를 제공하고자 선택한 동물들과 광범위한 실제체험을 하게 된다.

펫시터가 되기 전에 동물 간호 관련 수의테크니션(veterinary technician 동물간호사), 또는 수의사 보조원(veterinary assistant)으로 근무한 경험이 있는 일부 펫시터들의 경우 동물건강과 관련한 경험이 펫시터로서의 임무에 도움이 된다. 동물 CPR과 응급처치 훈련도 펫시터 업무에 도움이 되고, 새로운 고객을 유치할 때 펫시터의 이러한 경력이 큰 장점이 될 수 있다.

3 관련 자격

1) 관련 자격 및 취득 기관 정보

① 관련 자격증 : 훈련사, 애견훈련사, 반려견지도사
- 취득 기관 : 한국애견연맹, 한국애견협회

③ 관련 자격증 : 동물행동교정사
- 취득 기관 : 한국반려동물아카데미, 한국반려동물관리협회

② 관련 자격증 : 동물행동상담사
- 취득 기관 : 한국동물매개심리치료학회

④ 관련 자격증 : 반려동물관리사
- 취득 기관 : 한국동물매개심리치료학회, 한국반려동물관리협회, 한국능력교육개발원, 한국애견연맹

⑤ 관련 자격증 : 펫 시터
- 취득 기관 : 한국애견협회

4 적성 및 흥미

동물에 대한 애정과 세심하고 주의 깊은 관찰력이 필요하다.

5 국내외 현황

1) 국내 현황

최근에는 단순히 반려동물을 돌보는 것에서 벗어나 수의대생 등 전문 인력으로 운영되거나 고양이 전문 등 세분화, 전문화 되어가고 있다. 또 포털검색만으로도 백 여개이상의 업체 검색이 가능하다.

2) 국외 현황

일본의 경우 자격을 갖추기 위한 교육이수 후 시험에 응시해야 하며 펫시팅 비용은 국내보다 몇 배나 높은 금액임에도 많이 이용하고 있으며 개인이 하기 보다는 대형업체가 주를 이루고 있으며 펫시터 보험이 따로 있을 정도이다.

이 밖에도 펫시터를 위한 전문적인 몇몇 회원단체들이 있다. '전국 펫시터전문가 연합회(NAPPS: National Association of Professional Pet Sitters, National Association of Professional Pet Sitters)'는 비영리단체로 네트워크, 보험플랜, 출판, 컨퍼런스, 그리고 회원들에게 관련네트워크를 제공하고 있다. '국제 펫시터들(PSI: Pet Sitters International)'은 스타트업 키트, 보험플랜, 컨벤션, 인증 프로그램을 제공하는 것으로 알려진 회원단체이다.

6 직업 전망

우리나라는 초기에 개인이 자신의 집에서 조금씩 위탁받는 형태였으나 2018년 동물보호법 개정으로 정식사업등록이 필요한 정식업종이 되었으며 반려동물 천만시대와 삶을 즐기고자하는 트렌드, 동물복지 등과 맞물려 펫시터의 전망은 밝은 편이다.

미국 반려동물 상품협회(APPA: the American Pet Product Association)에 따르면, 반려동물과 관련된 소비자 지출은 매년 지속적인 성장을 보이고 있다. APPA에 의하면, 반려동물 손질, 숙박 서비스 등을 통한 수입이 2011년 37억9000만 달러에서 2012년 약 41억1000만 달러로 증가했다. 2011-2012 APPA 소비자 반려동물관련 지출 조사에서는 반려동물 주인들은 강아지 숙박비용으로 매년 평균 274달러를 지출한다.

이 조사는 또한 반려동물 주인들이 매년 고양이 숙박비용으로 166 달러를 지출하는 것으로 나타났다.

미국은 펫시터시장 규모만 6조원(2018년 기준)으로 이미 활성화된 직업군으로 대표업체인 Rover에 등록된 펫시터의 수만 14만 명이라고 한다.

7 성공 창업을 위한 Tips

펫시터는 아직 블루오션인 사업임에 분명하지만 이미 세분화, 전문화가 되어 가고 있는 추세이기에 그에 맞는 경험과 노하우, 충분한 지식이 수반되지 않는다면 도전하기 힘든 분야이다. 더불어 동물에 대한 진정성과 깊은 애정이 반드시 필요하다.

또 아직 제공되고 있지 않은 다양한 종류의 동물(열대조류, 물고기, 말, 작은 포유류와 가축)들에 대한 돌봄 서비스까지 업무영역을 넓혀가는 것도 고려해 볼 수 있다.

8 문의 및 참고자료

1) 문의 기관 정보

- 한국애견연명 www.thekkf.or.kr
- 한국애견협회 kkc.or.kr
- 한국능력교육개발원 http://www.jobtraining.co.kr/pc/

2) 참고 자료

- 대표업체 : 도그메이트, 펫트너, 페펨, 펫플래닛
- 국가법령정보센터 : 동물보호법 제5장 영업

Q&A

'방문 훈련'은?
반려동물을 키우는 보호자들이 강아지의 행동문제를 인지하더라도 스스로 해결하기 어려울 때, 반려동물 훈련・상담사가 가정을 방문하여 문제행동 해결과 함께 반려동물에 대한 전문지식을 제공하는 것이다.

'도그 워커(Dog-Walker)'란?
반려인을 대신하여 반려견을 산책시키는 일을 주 업무로 한다. 여기에 문제행동 개선과 배변, 응급처치도 포함된다.

'펫 시터(Pet sitter)'란?
반려인이 휴가중일 때 반려동물을 위한 돌봄서비스를 제공하는 사람이다.

알아두기

'펫시터' 기본 자질과 전망
펫시터는 아직 블루오션인 사업임에 분명하지만 이미 세분화, 전문화가 되어 가고 있는 추세이기에 그에 맞는 경험과 노하우, 충분한 지식이 수반되지 않는다면 도전하기 힘든 분야이다. 더불어 동물에 대한 진정성과 깊은 애정이 반드시 필요하다.

단원 학습 정리

1. 외국에서는 반려견을 훈련소에 위탁을 맡겨 훈련을 하는 것보다는 보호자들이 훈련사의 집에 찾아와서 클럽느낌으로 하는 단체 훈련이 많다. 그들은 훈련이 문화이며, 당연히 자신의 개는 자기가 훈련해야 한다는 인식 때문이다.
2. 방문 훈련서비스(Visiting Training Service)는 보호자가 자신의 강아지를 교육할 훈련사의 자격과 경력을 사전에 파악할 수 있으며, 원하는 훈련사를 선택하여 방문 훈련을 진행하는 것이 특징이다.
3. 도그 워커(Dog-Walker)란 현대인의 생활에서 충족시켜주지 못하는 산책에 대한 욕구를 대신 해줌으로써 반려인과 반려견 모두의 삶의 질을 높일 수 있는 직업이다.
4. 미국의 경우 도그워커 시장만 약 1조원에 달하며 관련업체만 2만 여개가 넘는, 이미 활성화된 전문 직업군의 하나이며 영국에서는 연봉 4천만 원의 수익을 올리는 직업이기도 하다.
5. 펫 시터는 고객들이 휴가를 떠나거나 업무상 출장 중일 때, 그 고객들의 반려동물을 위한 기본적인 돌봄을 담당한다.

쉬어가는 페이지

'도그 워커' 등 반려동물 이색 직업 뜬다

최근 반려동물 인구가 급증하면서 동물 관련 직업이 4차 산업시대의 유망 직종으로 떠오르고 있다. 한국고용정보원이 최근 발표한 '2019 한국 직업 전망'에 따르면 동물 관련 직종의 고용 수요는 앞으로 꾸준히 늘어날 것으로 보인다.

'반려동물 미용사'는 동물의 외적인 장점을 부각시켜 아름다움을 표현하는 직업이다. 건강 · 미용 등에 대한 전문 지식, 실전 기술을 요구하기 때문에 자격증 취득에 비교적 많은 노력이 필요하다.

'반려견 훈련사'는 반려견이 가진 지각능력 등 본능적 성향을 사람의 환경에 적응시켜 함께 생활할 수 있도록 돕는 직업이다. 기본예절교육, 사회화 훈련, 행동교정 등이 주목적이다.

개인 사정으로 일정기간 반려동물을 돌볼 수 없게 될 경우에는 '펫시터'를 찾으면 된다. 펫시터는 반려동물을 대신 돌봐주는 일을 전문적으로 하는 직업이다.

'도그 워커'는 반려견을 산책시켜줄 여유가 없는 보호자 대신 반려견의 운동을 도와주는 직업이다. 동물의 신체적 · 정신적 건강을 유지시켜주고 스트레스를 해소시켜주는 역할을 한다. 펫시터 · 도그 워커는 최근 맞벌이 · 1인 가구가 늘면서 수요가 점차 늘어날 전망이다.

반려동물을 가족 구성원으로 여기는 사람들이 많아지면서 '반려동물장례지도사'의 인기도 높아졌다. 이 직업은 동물장묘법에 의거해 반려동물의 장례 진행을 돕는다. '펫로스 증후군'을 이겨낼 수 있도록 상담 등을 진행하기도 한다.

반려동물장례지도사 정이찬 씨는 "반려동물과 연관된 직종이 인기를 얻는 등 산업군이 성장하고 있지만 생명체를 다루는 일인 만큼 그에 맞는 투철한 사명감과 윤리의식, 전문성 등을 갖추고 종사해야한다"고 말했다.

출처 : 김해뉴스(http://www.gimhaenews.co.kr/)

제 07 장

동물매개심리 상담센터

동물매개심리상담센터는 대상자가 초기 상담을 통해 동물매개심리상담사를 매칭받고 동물매개치료로 대상자에게 좋은 영향을 미쳐 마음의 병을 고치고, 힐링할 수 있는 곳이다.

동물매개치료가 사람의 심리 치유에 도움이 된다는 것은 이미 많이 연구에서 밝혀왔다. 동물매개치료의 효과가 더욱 많이 알려지고 대중화 되면 좀 더 많은 동물매개심리상담센터가 창업이 될 것으로 보인다.

I

동물매개심리상담센터

학습목표

1. 동물매개심리상담센터 현황을 알 수 있다.
2. 동물매개심리상담센터 전망을 알 수 있다.

1 직무 및 하는 일

동물매개심리상담센터는 대상자가 초기 상담을 통해 동물매개심리상담사를 매칭 받고 동물매개치료로 대상자에게 좋은 영향을 미쳐 마음의 병을 고치고, 힐링할 수 있는 곳이다. 그런 동물매개상담센터에서 직무와 하는 일에 대해서 알아보자.

[출처] 한국동물매개심리치료학회

그림 7-1 프로이드 박사의 동물매개심리상담 과정에 함께하는 반려견 '조피'

1) 주 업무

동물매개심리상담센터에서 하는 주 업무는 심리상담을 기반으로 한 동물매개중재(AAI), 동물매개중재에 함께 하는 치료도우미동물들 관리, 상담센터가 계속 유지되고 많은 대상자들이 센터를 방문할 수 있도록 상담센터 운영 및 사업이 주된 업무라고 볼 수 있다.

- 동물매개중재(AAI)
- 치료도우미동물 관리
- 상담센터 운영 및 사업

(1) 동물매개중재(AAI)

동물매개중재(Animal Assisted Intervention; AAI)란 동물을 활용하여 대상자에 영향을 주는 모든 계획 활동을 말하며, 동물을 활용하여 동물매개상담사 없이 대상자와 상호반응을 얻는 비전문적인 활동인 동물매개활동(Animal Assisted Activities; AAA)와 대상자의 목표한 치료 효과를 얻을 수 있도록 동물매개심리상담사가 전문 지식을 활용하여 치료 목표 달성을 위한 프로그램의 준비와 과학적 평가 등의 잘 짜인 계획된 치료 활동인 동물매개치료(Animal Assisted Therapy; AAA) 그리고 대상자의 목표한 교육 효과를 얻을 수 있도록 동물매개심리상담사가 전문 지식을 활용하여 교육 목표 달성을 위한 프로그램의 준비와 과학적 평가 등의 잘 짜인 계획된 교육 활동인 동물매개교육(Animal Assisted Education; AAE)이 동물매개중재(AAI)의 범위 안에 들어간다. 그리고 동물매개활동(AAA), 동물매개치료(AAT), 동물매개교육(AAE)를 제외한 동물을 활용한 활동들도 동물매개중재(AAI)의 범위 안에 들어간다.

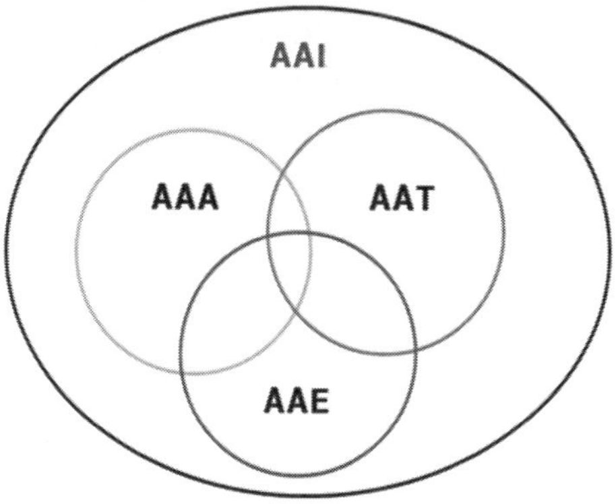

동물매개중재의 범위
[AAI: 동물매개중재, AAA: 동물매개활동, AAT: 동물매개치료, AAE: 동물매개교육]

[출처] 한국동물매개심리치료학회

그림 7-2 동물매개중재의 범위

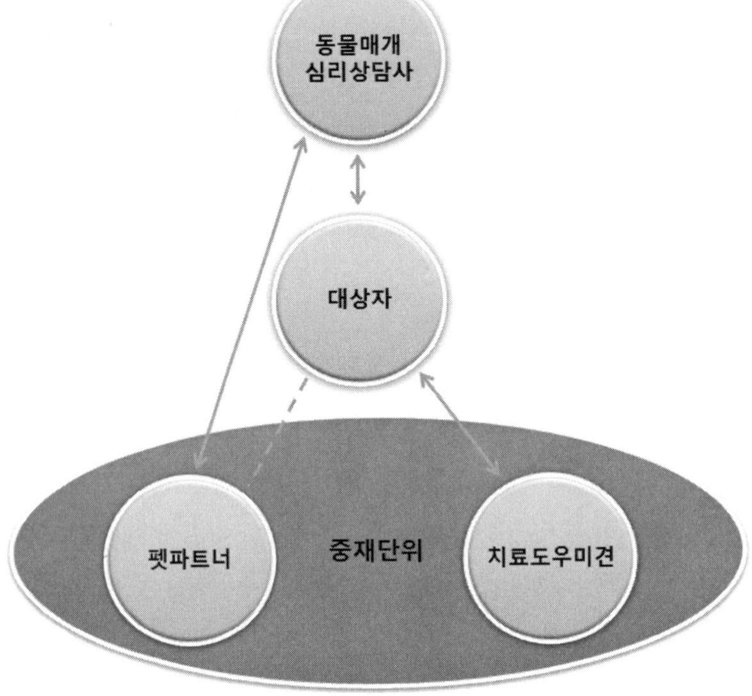

[출처] 한국동물매개심리치료학회

그림 7-3 동물매개중재의 구성과 역할

동물매개중재 활동을 보조하는 펫파트너들과 치료도우미견은 동물매개중재 활동의 기본 단위인 중재단위를 구성한다.

치료도우미견은 펫파트너들과 함께 활동하여 대상자를 위해 계획된 중재 목표들을 달성하도록 도움을 준다.

중재 활동의 전문가인 동물매개심리상담사는 중재활동의 목표를 정하고 프로그램을 설계하며, 중재단위인 펫파트너들과 치료도우미견의 활동을 감독하며, 대상자의 변화를 평가한다.

(2) 치료도우미동물 관리

동물매개중재(AAI)를 구성에 있어서 없어서는 안 될 역할들이 있다. 그 역할은 대상자와 치료도우미동물이다. 이 두 역할이 없으면 동물매개중재(AAI)라고 할 수가 없다. 이만큼 치료도우미동물은 동물매개중재(AAI)에서 굉장히 중요한 역할을 한다.

치료도우미동물의 동물매개중재(AAI)에 있어서의 역할은 사회적 윤활제, 감정의 촉매자, 선생님 역할, 대상자와 동물매개심리상담사 간의 중간 연결체 역할을 한다. 이런 역할을 하는 치료도우미동물에는 8가지 기준이 있다. 치료도우미동물 선택을 위한 8가지 기준은 "사육성, 운반성, 상호접촉성, 감정소통성, 안전성, 인간의 운동성, 동물자신의 즐거움, 감염의 안전성"과 같다.

종류	사육성	운반성	상호 접촉성	감정 소통성	안전성	인간의 운동성	동물자신 즐거움	감염의 안전성
물고기	★	▽	▽	◇	★	▽	◇	☆
파충류	◇	◇	◇	◇	☆	▽	◇	☆
조류	★	◇	☆	◇	★	▽	◇	☆
햄스터	★	★	◇	◇	☆	◇	◇	☆
기니피그	★	★	★	◇	★	◇	◇	☆
토끼	★	★	★	☆	★	◇	◇	☆
양,염소	◇	◇	★	☆	☆	☆	◇	☆
소	◇	◇	☆	☆	☆	☆	◇	☆
돼지	◇	◇	☆	☆	☆	☆	☆	☆
고양이	☆	☆	★	★	☆	☆	★	☆
개	☆	☆	★	★	☆	★	★	☆
말	◇	▽	☆	★	☆	★	☆	☆
돌고래	▽	▽	☆	☆	☆	★	◇	☆
곤충	★	★	▽	▽	★	▽	▽	★
원숭이	▽	◇	◇	☆	▽	☆	☆	▽

★ = 매우 좋음 ☆ = 좋음 ◇ = 보통 ▽ = 나쁨

[출처] 한국동물매개심리치료학회

그림 7-4 치료도우미동물 선택을 위한 8가지 기준

8가지 기준을 보고 잘 선별된 치료도우미동물을 잘 관리하는 것이 중요하다.

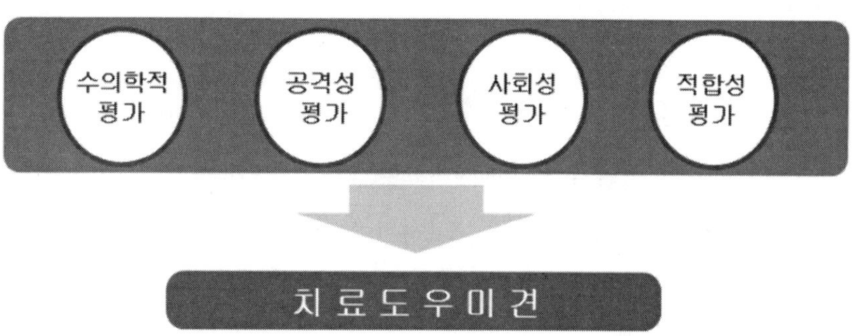

[출처] 한국동물매개심리치료학회

그림 7-5 치료도우미견 선발을 위한 4대 평가

(3) 상담센터 운영 및 사업

동물매개심리상담센터를 계속 유지하고 많은 대상자들이 방문을 할 수 있게끔 다른 상담센터와는 차별화된 홍보 전략과 친절한 고객 응대 서비스를 갖추고 있어야지 성공적인 창업을 할 수 있다. 오프라인/온라인 상담으로 시간적, 공간적으로 효율성과 편리성을 얻을 수 있고, SNS에 홍보용으로 활동 영상과 사진과 치료도우미동물의 일상을 업로드하며 많은 대중들에게 이목을 집중 시키는 등의 여러 가지 전략이 있을 수 있다.

[출처] 한국동물매개심리치료학회

그림 7-6 동물매개심리상담센터의 운영 모습

2) 수입 발생 분야 및 항목

(1) 상담 및 치료비용

대상자가 센터로 와서 상담과 동물매개치료를 받고 지불하는 비용

(예 : 40분 동물매개치료, 10분 상담 - 1회기 × 60,000원)

(2) 활동비용

동물매개활동을 통해서 받을 수 있는 비용

(3) 교육강사료

동물매개교육을 통해서 받을 수 있는 강사료 비용

3) 평균 수입

지역과 기관에 따라서 그리고 상담 및 치료의 횟수와 질에 따라 받을 수 있는 비용이 매우 상이하여 평균적인 수입을 판단하기 어렵다.

임금수준은 조금씩 다르지만 돌고래 매개심리치료의 경우를 예로 들면, 신입 급여는 연봉 1,400~1,600만원 수준이다.

2 창업 준비 사항

1) 인허가 사항

심리상담의 경우는 의료법에 의한 의료기관에 해당하지 아니하고, 학원 등으로 정부의 인가사업에 해당하지 않으므로 인허가를 요구하고 있지 않다.

2) 점포 유무 및 규모

동물매개심리상담센터는 기본적인 심리상담 시설로 개인 상담실과 집단 상담실이 갖추어져야 한다.

일반 상담센터와 다르게 치료도우미동물의 충분한 휴식을 위한 공간이 필요하다.

3) 자본금

동물매개심리상담센터를 창업하기 위해서는 우선 서비스의 내용과 운영의 방향을 구체적으로 먼저 정해야 한다. 서비스의 내용과 운영의 방향에 따라 필요한 재정을 확보하는 것이 필요하다. 동물매개심리상담센터 창업을 위한 기본적인 재정 부분은 다음과 같다.

첫 번째, 구상한 상담서비스를 제공할 만한 사무실을 임대할 임대료를 확보한다. 재정이 넉넉하면 보증금을 높여서 한 달 임대료를 낮추면 경영의 부담을 줄일 수 있다. 사무실 임대를 위해서는 건물의 위치와 시설, 부채 등을 꼼꼼히 확인한다. 두 번째, 동물매개심리상담센터 인테리어 비용을 확보한다. 인테리어 비용은 인테리어 업체에 따라 다양하지만 동물매개심리상담센터의 분위기나 운영자의 취향에 따라 달라질 수 있다. 기본적으로 온돌마루, 냉 난방기, 방음시설, CCTV, 환풍, 조명, 공기 청정기, 각종 사무집기 등이 포함되어야한다. 세 번째, 상담에 필요한 소모품 비용을 확보한다. 상담에 필요한 소모품은 각종 심리검사도구, 놀이치료실 장난감, 언어치료실 물품 등 상담 서비스 내용에 따라 달라진다. 네 번째, 홍보비를 확보한다. 상담센터를 창업하면 홈페이지를 비롯하여 각종 리플릿, 기념품, 현수막 등 초기 홍보비용이 필요하다. 홍보의 내용에 따라 비용이 다르지만 기본적으로 홈페이지나 리플릿 비용은 설정하는 것이 좋다. 다섯 번째, 매달 운영비를 확보한다. 처음 동물매개심리상담센터를 창업하면 기본적으로 들어가는 임대료, 직원월급, 운영비 등이 있다. 이런 운영비를 최소 6개월 정도 확보하는 것이 좋다. 손익분기점이 나는 시기를 보통 창업 6개월로 보고 있는데 순익분기점이 날 때까지의 운영비가 확보되어 있어야 상담센터의 서비스에 집중할 수 있기 때문이다.

4) 시설 및 기자재

동물매개심리상담센터의 시설 및 주변 환경은 대상자의 접근성과 대상자에게 심리적 안정감을 주기 때문에 중요하다. 상담센터를 창업하기 위해서는 다음과 같은 조건이 맞는 사무실을 임대하는 것이 좋다.

첫 번째, 주차장 시설의 완비 및 교통이 편리하여 접근성이 용이해야 한다. 두 번째, 가능하면 독립된 공간으로 승강기와 화장실이 별도로 있어야 한다. 층수가 높은 건물인 경우 7층 이상 높이는 피한다. 세 번째, 소음이 적은 곳으로 소음이 있는 경우에는 방음시설이 되어 있는 곳으로 한다. 네 번째, 주변에 마트나 백화점이 있어서 이동 인구가 많은 곳이 좋으나 유흥시설이나 PC방, 게임장 들이 있는 곳은 피한다. 다섯 번째, 건물전체가 금연구역으로 관리가 잘 되어 있는 곳이 좋다. 여섯 번째, 건물이 담보나 저당이 잡혀있지 않은 곳으로 선택한다. 일곱 번째, 각방마다 창문이 있어서 환기와 햇볕이 잘 드는 곳으로 선택한다. 그리고 가장 중요한 여덟 번째, 동물매개중재(AAI)를 주로 하는 동물매개심리상담센터이다 보니 치료도우미동물이 편히 쉴 수 있는 치료도우미동물관리실이 반드시 있어야 하고, 개인상담실과 집단상담실이 반드시 갖추어져 있어야 된다.

5) 직원 인적 구성

동물매개심리상담센터의 인적 자원은 상담센터의 성공여부를 결정하는 가장 중요한 요건이다. 그래서 본인의 동물매개심리상담센터에 적절한 상담인력을 채용하고 교육하는 것은 상담센터를 운영하는 사람으로 중요한 업무 중에 하나이다. 상담인력을 채용하는 방법은 다음과 같은 기준을 가지고 채용하는 것이 좋다.

첫 번째, 해당 상담서비스의 전문가를 채용한다. 석사이상의 학력을 지니고 각 학회나 법인 기관의 전문과정의 수련을 마친 전문가를 채용하는 것이 좋다. 두 번째, 상담 현장에서 최소 경력이 2년 이상 된 전문가를 채용한다. 전문 자격증을 습득하였지만 상담 현장에서 근무경력이 없는 사람은 개인 상담센터의 다양한 역할이나 다양한 내담자의 문제에 효과적으로 대응하는데 신속성이 떨어질 수 있기 때문이다. 세 번째, 사람과 원만한 관계를 형성하고 유지할 수 있는 사람으로 채용한다. 상담사는 내담자 뿐 아니라 내담자의 부모, 다른 상담사들과 관계를 맺어야 한다. 원만한 관계를 형성하지 못하는 상담자는 오랫동안 한 동물매개심리상담센터에 머물 수 없으며 이로 인해 피해를 보는 사람은 내담자이다.

동물매개심리상담센터를 운영하기 위해서는 다양한 인적 자원이 필요한데, 동물매개심리상담센터의 규모와 상담서비스의 내용에 따라 인적 자원의 수는 다르지만 동물매개심리상담센터를 운영하기 위해서는 다음과 같은 기본적인 인적 자원이 필요하다.

〈표 7-1〉 동물매개심리상담센터 인적자원과 담당업무

인적자원	담당업무
센터장	• 동물매개심리상담센터의 전반적 업무를 담당 • 상담자들의 질적 능력의 향상 • 내담자 코디네이터
전임 상담원	• 상담관련 전반적 업무를 담당 • 상근직으로 채용 • 전문자격증을 가지고 3년 이상 해당 관련기관에서 근무한 자 • 센터장과 상담사들의 중간 관리자 역할
경리 사원	• 회계, 전화상담, 시간표 관리, 바우처 관리 등 • 상근직으로 채용
각 상담사	• 각 해당분야의 전문가로 스스로 사례관리가 가능한 자 • 파트타임이나 계약직으로 채용
치료도우미동물 관리자	• 치료도우미동물에 대한 기본적인 이해가 되어있는 자 • 치료도우미동물 관리, 물품 관리 등 • 파트타임이나 계약직으로 채용

[출처] 한국카운슬러협회

6) 경력 및 경험

동물매개심리상담센터를 창업하기 위해서는 동물관리 및 행동 관련 1급 이상의 자격증과 심리상담 관련 1급 이상의 자격증을 취득하였으며, 석사 이상의 학력을 가져야 동물매개심리상담센터를 창업하였을 때 찾아오는 대상자들이 믿고 찾아와 줄 것이다.

3 관련 자격

1) 관련 자격 및 취득 기관 정보

① 동물매개심리상담사

〈표 7-2〉 동물매개심리상담사 민간자격 정보

기관명	기관소개	급수
한국동물매개심리치료학회	동물매개치료의 연구와 활동을 수행하는 전문가들의 모임으로 구성된 국내 유일의 동물매개치료 학회이며, 동물매개치료의 과학적 접근과 학술적 지원을 위하려 설립되었다.	슈퍼바이저, 전문가, 1급, 2급

[출처] 민간자격 정보서비스

[출처] 한국동물매개심리치료학회

그림 7-7 동물매개심리상담사 자격증 정보

4 적성 및 흥미

동물매개심리상담사가 되어 동물매개심리상담센터를 창업하기 위해서는 동물과 사람을 모두 사랑하고 이해할 줄 아는 마음을 가져야 한다. 동물은 단순히 치료를 위한 매개나 도구가 아니라 한 사람의 인생을 바꿀 수 있는 소중한 존재라는 것을 인식해야 하고, 동물에 대한 전반적인 지식도 갖춰야 한다. 또 어떤 사람이 어떤 행동을 했을 때 그걸 문제행동으로 보는 것이 아니라 왜 그럴 수밖에 없었는지 타인의 감정을 읽고 이해할 줄 아는 마음도 가져야 한다.

5 국내외 현황

1) 국내 현황

① 한국동물매개심리치료학회

- 주소: 전북 익산시 익산대로 460, 원광대학교 동물자원개발연구센터(內) 한국동물

매개심리치료학회 사무국
- 전화: (063)850-6089,6668
- e-mail: kaaap@daum.net
- 홈페이지: http://www.kaaap.org/

② 원광대학교 보건보완의학대학원 동물매개심리치료학과
- 주소: 전북 익산시 익산대로 460. 원광대학교 보건보완의학대학원 교학팀
- 전화: (063)850-5878,6668
- e-mail: kimoj@daum.net
- 홈페이지: http://hcmed.wku.ac.kr/?page_id=127

2) 국외 현황

① Animals and Society Institute
- 주소: 2512 Carpenter Road, Suite 202A Ann Arbor, MI 48108-1188
- 전화: (734) 677-9240
- e-mail: info@animalsandsociety.org
- 홈페이지: https://www.animalsandsociety.org/

② Pet Partners
- 주소: 345 118th Ave SE, Suite 200, Bellevue, WA 98005
- 전화: 425-679-5500
- e-mail: info@animalsandsociety.org
- 홈페이지: https://petpartners.org/

③ Animal Behavior Institute(ABI)
- 주소: 4711 Hope Valley Road Suite 4F-332 Durham, NC 27707
- 전화: (866) 755-0448
- e-mail: support@animaledu.com
- 홈페이지: https://www.animaledu.com/

6 직업 전망

현재 국내 반려인구는 약 1400만 규모로 추산된다. 농협경제연구소는 2018년 펫 관련 시장을 3조6500억원 규모로 집계했다. 이는 3년 전인 2015년(1조8100억원)과 비교해 두 배 성장한 규모다. 2020년은 약 6조원 규모로 확대되었다.

반려동물을 키우는 인구는 매년 증가하여 2023년 기준 그 수는 약 1,500만 명으로 조사되고 있다. 우리나라 인구를 5천만 명으로 계산했을 때, 5명 중 1명 이상은 반려동물을 키우고 있다는 뜻이다.

이와 함께 자연스레 반려동물에 관한 사업 분야도 활발히 성장하며, 관련 직종들도 미래의 유망 직종으로 꼽히고 있다.

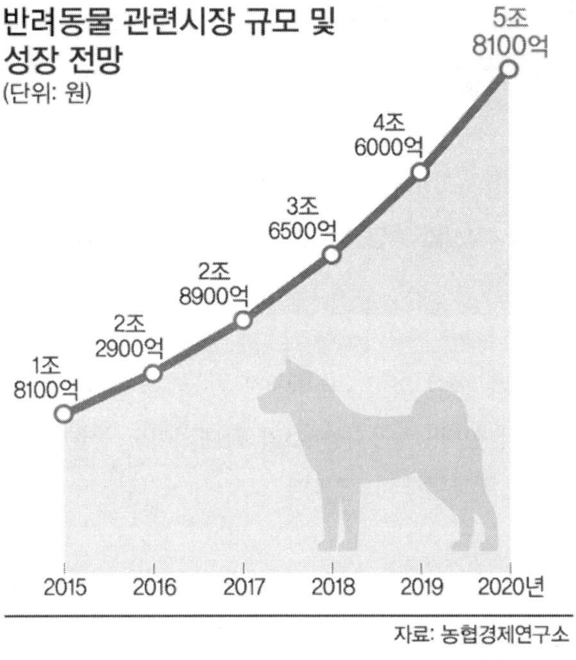

[출처] 농협경제연구소

그림 7-8 반려동물 시장 규모 및 전망

동물매개치료가 사람의 심리 치유에 도움이 된다는 것은 이미 많이 연구에서 밝혀왔다. 동물매개치료의 효과가 더욱 많이 알려지고 대중화 되면 좀 더 많은 동물매개심리상담센터가 창업될 것으로 보인다.

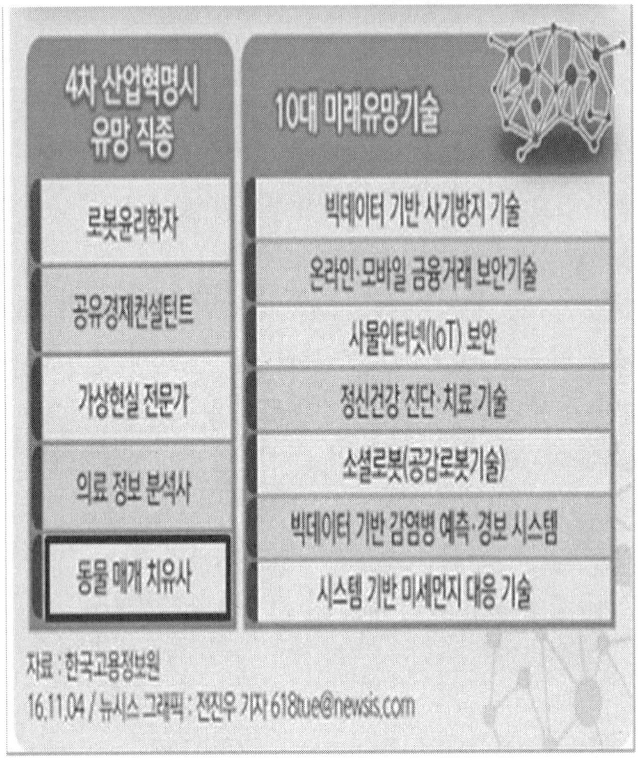

[출처] 한국고용정보원

그림 7-9 4차산업 혁명 시 유망직종에 동물매개심리상담사 포함

한국고용정보원에서 4차 산업 혁명 시 유망직종으로 동물매개치료를 담당하는 동물매개심리상담사를 선발한 바 있다. 인공지능 AI가 확대되어도 동물매개심리상담사의 직업은 해야될 일이 많은 업종으로 분류되고 있다.

7 성공 창업을 위한 Tips

성공적인 창업을 위해서는 서비스의 품질, 센터의 위치, 홍보 전략, 고객 응대 전략을 잘 준비하는 것이 중요하다. 서비스 품질의 경우에는 동물매개심리상담센터가 하는 주 업무인 상담과 동물매개중재(AAI)를 고객이 만족하는 결과가 나오게끔 하는 것이 중요하다. 그러기 위해서는 충분한 학문적 연구와 임상경험은 필수이다. 그리고 대상자가 신뢰를 가질 수 있게 학위 취득과 자격증 취득 또한 필수라고 해도 과언이 아니다. 센터의 위치가 차가 없으면 가기 힘든 곳이거나 고객이 많이 모일만 한 곳이 아니게 된다면 성공적인 창업을 이루기 힘들 가능성이 높다. 하지만 센터의 위치는 획기적이고 차별화된 홍보 전략이 있다면 그렇게 중요하지는 않다. 왜냐하면 센터의 위치는 좋으나 그 위치에 있는지 모르면 말짱 도루묵이기 때문이다.

8 문의 및 참고자료

1) 문의 기관 정보

① 한국동물매개심리치료학회 www.kaaap.org/
② 원광대학교 보건보완의학대학원 동물매개심리치료학과 http://hcmed.wku.ac.kr/

2) 참고 자료

① 데일리벳 컬럼 http://www.dailyvet.co.kr/opinion/kimoj_aat/35857
② 동물매개치료 – 개를 활용한 중재활동 기법과 프로그램. 문운당. 2015
③ 동물매개치료입문. 동일출판사. 2015
④ 동물매개치료 이해와 적용. 문운당. 2014.

Q&A

'동물매개심리상담'이란?

동물매개치료의 한 분야로 치료도우미동물의 도움을 받아 대상자의 심리상담을 수행하는 것을 동물매개심리상담이라 한다.

'치료도우미동물'이란?

동물매개치료에 중재 역할을 하는 동물을 말하며, 동물매개치료 활동에 활용될 수 있도록 수의학적 관리, 공격성, 사회성 및 적합성이 인증된 동물이다.

'동물매개심리상담사'란?

동물매개치료를 계획하고 프로그램을 운영하며 효과를 평가하는 전문가를 말하며 한국동물매개심리치료학회의 인증을 받아 자격증을 발급 받을 수 있다.

알아두기

동물매개심리상담센터 창업의 전제 조건

동물매개심리상담사가 되어 동물매개심리상담센터를 창업하기 위해서는 동물과 사람을 모두 사랑하고 이해할 줄 아는 마음을 가져야 한다. 동물은 단순히 치료를 위한 매개나 도구가 아니라 한 사람의 인생을 바꿀 수 있는 소중한 존재라는 것을 인식해야 하고, 동물에 대한 전반적인 지식도 갖춰야한다.

단원 학습 정리

1. 동물매개심리상담센터에서 하는 주 업무는 심리상담을 기반으로 한 동물매개중재(AAI), 동물매개중재에 함께 하는 치료도우미동물들 관리, 상담센터가 계속 유지되고 많은 대상자들이 센터를 방문할 수 있도록 상담센터 운영 및 사업이 주된 업무라고 볼 수 있다.
2. 동물매개중재(Animal Assisted Intervention ; AAI)란 동물을 활용하여 대상자에 영향을 주는 모든 계획 활동을 말한다.
3. 저출산에 따른 핵가족화와 고령화의 가속화로 반려동물을 가족이나 자녀로 여기며 위안을 찾으려는 인식이 갈수록 증가되고 있어 반려동물 인구는 계속 증가되고 있다.
4. 치료도우미동물의 동물매개중재(AAI)에 있어서의 역할은 사회적 윤활제, 감정의 촉매자, 선생님 역할, 대상자와 동물매개심리상담사 간의 중간 연결체 역할을 한다.
5. 치료도우미동물 선택을 위한 8가지 기준은 "사육성, 운반성, 상호접촉성, 감정소통성, 안전성, 인간의 운동성, 동물자신의 즐거움, 감염의 안전성"이다.
6. 동물매개심리상담센터를 창업하기 위해서는 동물관리 및 행동 관련 1급 이상의 자격증과 심리상담 관련 1급 이상의 자격증을 취득하였으며, 석사 이상의 학력을 갖출 것이 권장된다.
7. 동물매개심리상담센터에서 하는 주 업무는 동물매개중재(AAI), 치료도우미동물 관리, 상담센터 운영 및 사업이다.

쉬어가는 페이지

'동물매개심리상담사' 김수미씨 이야기

"특별한 말이나 행동을 하지 않아도 같은 공간에 있다는 사실 만으로 위안을 얻을 수 있어요. 부드러운 촉감과 따뜻한 온기만으로 서로 감정을 나누고 정서적인 영향을 주고받을 수 있다는 것이 동물매개심리상담의 가장 큰 매력이죠."

동물매개심리상담사는 동물을 매개체로 활용해 사람들이 정신적 · 신체적 · 사회적 기능을 회복할 수 있도록 돕는 일을 한다.

동물매개심리상담사 김수미(27) 씨는 지난 2014년부터 자신이 직접 기르고 있는 리트리버 달이, 비숑 프리제 콩이와 도담이를 데리고 동물매개심리상담을 진행하고 있다. 그가 동물매개심리상담사의 꿈을 갖게 된 것은 고등학생 시절 우연히 동물을 매개로 한 치료에 대한 다큐멘터리 한 편을 본 후부터다.

그 후 지방 국립대의 특수동물학과에 진학했고 사회복지학을 복수 전공하며 동물매개심리상담사가 되기 위한 꿈을 키웠다. 또 원광대 대학원 동물매개심리치료학과에서 전문 교육도 받았다.

김 씨는 "동물을 워낙 좋아해 함께 호흡을 맞출 수 있는 일을 하고 싶었고, 사람에 대한 관심도 많아 이 일을 시작하게 됐다"며 "처음 시작할 때만 해도 매우 생소한 개념이었지만, 지금은 그 효과가 입증되면서 인식도 많이 좋아진 데다 한국 동물매개심리치료학회를 통한 관련 연구자들의 꾸준한 교류도 이뤄지고 있다"고 말했다.

"얼마 전 상담 치료를 받은 어르신께 편지 한 통을 받았어요. 어르신은 상담 치료 전 심리검사에서 우울증과 자살에 대한 충동을 갖고 있는 것으로 나타났고, 평소 말투와 행동도 모두 매우 공격적인 성향이었죠. 처음에는 강아지들이 근처에 오는 것도 싫어하셨는데, 상담 중반기가 넘어가면서 마음의 문을 열고 웃음을 되찾기 시작하셨죠. 편지에는 '내가 이렇게 웃을 수 있는 사람인 줄 몰랐다'고 쓰셨더라고요. 너무나 뿌듯했습니다."

[출처] 캠퍼스 잡앤조이(http://www.jobnjoy.com/)

제 08 장

동물행동 상담센터

Ⅰ. 동물행동상담센터 직무 분석

동물행동상담센터는 동물행동상담사 자격을 취득한 자가 운영하며 반려동물의 문제행동 분석과 교정을 주 업무로 한다.

동물행동상담사는 동물행동학에 기반을 두고, 문제 행동에 대한 분석과 행동교정을 실시하는 직업으로 동물의 행동을 이해, 동물 복지 보장, 동물의 행동을 이해하고 동물복지 보장을 중시해야 한다.

I 동물행동상담센터 직무 분석

학습목표

1. 동물행동상담사에 대해 이해한다.
2. 동물행동상담센터의 직무에 대해 알 수 있다.
3. 동물행동상담센터의 전망에 대해 알 수 있다.

1 직무 및 하는 일

동물행동상담센터는 동물행동상담사 자격을 취득한 자가 운영하며 반려동물의 문제행동 분석과 교정을 주 업무로 한다. 동물행동상담센터는 동물행동상담사가 반려동물 보호자의 의뢰를 받아 문제행동을 분석하고 행동교정에 대한 보호자 상담과 교육, 행동교정을 실시하는 업무를 수행한다.

동물행동상담사는 동물행동학에 기반을 두고, 문제 행동에 대한 분석과 행동교정을 실시하는 전문가이다. 동물행동상담사 자격은 한국동물매개심리치료학회에서 인증 시험을 거쳐 자격을 발급한다. 동물행동상담사는 반려동물의 행동을 이해하고, 동물 복지의 보장을 중시해야 한다.

그림 8-1 동물행동상담의 역할

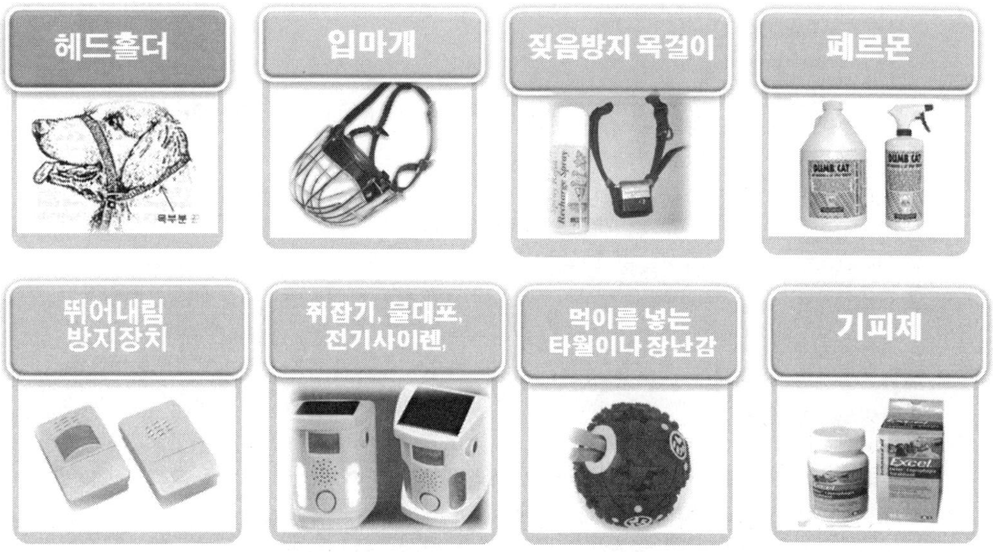

그림 8-2 반려동물 행동 교정을 도와 주는 도구들

1) 주 업무

동물행동상담센터(동물행동상담사)의 주 업무는 올바른 강화와 체벌, 리드 줄 사용, 음성신호, 도구, 환경 조성 등 다양한 수단을 사용하여 반려동물의 문제행동을 교정한다.

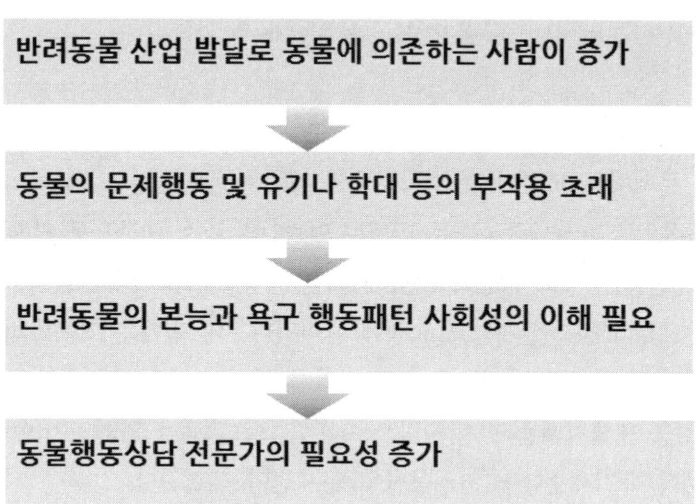

그림 8-3 동물행동상담의 필요성

동물행동상담센터의 주 업무는?

1. 반려동물 문제점 파악
2. 의뢰인의 평소 행동으로 인한 근본적인 문제 찾기
3. 반려동물에게 딱 맞는 훈련 프로그램 설계 및 교정
4. 교육방법을 의뢰인에게 알려주기
5. 편안함을 느낄 수 있도록 반려동물 환경 재배치
6. 행동교정을 통한 반려동물 문제점 해결

동물행동상담사란?

- 동물행동 상담을 수행할 수 있는 자격을 취득한 자
- 인간과 반려동물과의 상호작용 이해
- 동물 행동상담을 통해 동물보호자 가족과 관계 정립 도움
- 인간과 반려동물의 삶의 질 개선
- 동물복지 향상과 동물매개치료 활동의 지원

그림 8-4 동물행동상담의 과정

반려동물의 문제행동 교정의 순서는 다음과 같다. 첫 번째는 의뢰 들어온 반려동물의 문제점을 우선적으로 파악을 한다. 두 번째는 의뢰인의 평소 행동으로 인한 근본적인 문제를 찾는다. 세 번째는 평소 행동과 자극에 의한 반응을 보고 의뢰 들어온 반려동물에게 딱 맞는 훈련 프로그램을 설계하고 교정에 들어간다. 네 번째는 교육방법을 의뢰인에게 설명하여 이해시킨다. 다섯 번째는 필요에 따라서 의뢰 들어온 반려동물이 편안함을 느낄 수 있도록 환경을 재배치해준다. 마지막으로 훈련 프로그램을 의뢰인이 이해하고 그 훈련 프로그램을 계속 유지해준다면 반려동물의 문제점이 해결된다.

2) 수입 발생 분야

(1) 오프라인(off-line)

오프라인에서는 대상자가 동물행동상담센터로 방문하는 것 혹은 동물행동상담사가 가정방문하는 2가지 유형이 있다. 상담 종류로는 예절교육, 산책교육, 짖음교육, 배변교육, 분리불안, 공격성 교육, 경비견 교육, 방문교육, 보호자 동반 교육 등이 있다.

(2) 온라인(on-line)

온라인으로는 인터넷 홈페이지를 통해 인터넷 강의를 듣는 위주의 방식인데 오프라인 교육과 달리 전문적인 교육보다는 보호자가 스스로 할 수 있는 교육 위주로 배치되어있다. 종류로는 산책교육, 카밍시그널, 분리불안, 노즈워크, 화장실 교육, 공격성 교육 등이 있다.

3) 평균 수입

동물행동상담센터에서의 평균 수입을 계산하기 위해서는 일단 수입 발생 분야를 확인해 보면 된다. 동물행동상담센터의 수입 발생 분야로 크게는 오프라인과 온라인이지만 작게는 방문 교육, 행동 상담, 출장 교육 이렇게 볼 수 있다.

방문 교육은 1회(1~2시간) 당 평균 30만원, 행동 상담은 1시간당 12~20만원 추정되고, 출장 교육은 1회(2~3시간)에 평균 45만원+교통비 정도가 된다고 볼 수 있다.

동물행동상담센터의 총 평균 수입을 표로 정리하면 아래와 같다.

〈표 8-1〉 동물행동상담사의 평균 수입

	방문 교육	행동 상담	출장 교육
시간	1회 (1~2시간) 한 사정당 보통 2~3회 방문	1시간당	1회 (2~3시간)
수입	평균 30만원	12~20만원	평균 45만원 + 교통비
평균 수입	월 250~300만원		

2 관련 자격

1) 관련 자격 및 취득 기관 정보

동물행동상담사는 한국동물매개심리치료학회에서 민간자격으로 등록하여 발급하고 있다.

그림 8-5 동물행동상담사 자격 정보

3 적성 및 흥미

동물행동상담사의 명령으로 인해 반려동물과 보호자가 '수동적'으로 움직이는 것이 아닌 '능동적'으로 행동할 수 있도록 이끌어 주는 것이 중요하다. 반려동물도 가족과 주변 환경에 영향을 많이 받기 때문에 동물행동상담사는 반려동물에 대한 끊임없는 궁금증과 감정적인 헌신이 필요하다. 또한 동물행동상담사는 반려동물을 훈련시키는 역할은 물론 그들의 보호자, 가족과도 대화할 수 있는 원활한 의사소통 능력이 요구된다.

4 국내외 현황

1) 국내 현황

반려동물 교육 산업은 국내 반려동물 연관 산업 중에서도 가장 전도유망한 분야로 꼽힌다. 아직 공식적인 시장 규모는 산출되지 않았지만, 이 분야 종사자들은 하루가 다르게 시장이 성장하는 것을 체감하고 있다. 20년 전부터 애견훈련사로 활동해 온 변상우 포라우스 독일 애견훈련소장은 "1990년대보다 애견훈련소만 따지면 7~8배, 애견 카페 · 유치원 등 다른 교육기관까지 포함하면 20배 가까이 반려견 훈련기관이 늘어났다고 본다"고 말했다. 한국애견연맹 측은 "반려견 훈련 기관은 워낙 하루가 다르게 급증하고 있어 파악이 어려울 정도"라고 말했다.

반려동물 교육 시장은 특히 '개'에게 초점이 맞춰져 있다. 2000년대 초반까지만 해도 반려견을 전문 기관의 도움을 받아 훈련시켜야 한다는 인식은 높지 않았다. 그렇다면 왜 반려견 교육 수요가 증가한 것일까. 전문가들은 급증한 반려견 양육 가구와 마릿수에서 그 원인을 찾는다. 2017년 11월 농림축산식품부가 전국의 만 20세 이상 64세 이하 성인남녀 5000명을 대상으로 실시한 조사에 따르면, 한국에서 개나 고양이 등 반려동물을 양육하고 있는 가구는 약 593만가구로 추산된다. 전체 가구의 28.1%로 네 집 중 한 집꼴이다. 2012년 359만가구(전체 가구의 17.9%)에 비하면 65%나 늘어났다. 반려견 수는 지난해 기준 662만마리로 추정되고 있다.

반려견 교육시장은 고부가가치를 창출할 여지가 많다. 훈련소에 입소해 받는 교육 비용은 견종과 체구 등에 따라 보통 월 40만~60만원 선이다. 교육기간은 사람을 공격하는 등 나쁜 습관이 없어 기본 예절교육만 필요할 경우 평균 3~4개월이다.

교육 시장이 성장함에 따라 일자리 창출 효과도 나타나고 있다. 전국 30곳의 고등학교, 대학교, 전문대학 등에서 반려견 훈련사를 양성하고 있다. 한국애견연맹에서 애견훈련사 자격증을 취득한 이들은 2013년 161명에서 2018년 478명으로 5년간 196% 늘었다. 한국애견협회는 현재 전국에서 활동하고 있는 애견훈련사가 3700여명이라고 집계했다.

2) 해외 현황

동물행동상담사와 관련된 외국의 자격증들로는 미국의 동물행동상담사(Animal behaviour consultant), 미국의 동물행동전문가(Animal Behavior Professionals), 미국의 공인응용동물행동가(Certified Applied Animal behaviorist), 영국의 애완동물행동상담사(Pet behaviour counselor), 일본의 애완견방문지도사 등이 있다.

미국의 Animal Behavior Society (ABS; http://animalbehaviorsociety.org/) 단체에서는 아래와 같은 2단계의 전문 자격증을 발급하고 있다.

(1) Associate Certified Applied Animal Behaviorist (ACAAB)

동물행동 관련 분야의 석사 학위가 필요하며, 여러 해의 임상 경험과 전문가로서의 경력이 필요하다.

(2) Certified Applied Animal Behaviorist (CAAB)

생물학 및 심리학 관련 분야의 박사 학위가 필요하며, 여러 해의 임상 경험과 전문가로서의 경력이 필요하다.

미국의 International Association of Animal Behavior Consultants(IAABC; https://iaabc.org/) 단체에서는 아래와 같은 자격증을 발급하고 있다. 이러한 자격증 취득을 위해서는 동물행동 관련 학습만큼이나 보호자와의 상담에 대한 학습이 강조되고 있다.

① Certified Dog Behavior Consultant (CDBC) cat (CCBC), horse (CHBC), parrot (CPBC) consultants
② Certified Animal Behavior Consultants (CABC)

미국에서 수의사를 위한 동물행동 전문 수의사 제도는 American College of Veterinary Behaviorists(ACVB; http://www.dacvb.org/)에서 운영하는 Veterinary Behaviorist가 있다.

미국의 동물행동 전문 수의사(Veterinary Behaviorist)는 최근 40-50명의 동물행동 전문 수의사(Veterinary Behaviorist)가 활동하고 있는데, 미국의 동물행동 전문 수의사(Veterinary Behaviorist)가 되기 위한 조건은 아래와 같다.

① 미국 수의사 자격 취득자
② 2년간의 동물행동 전문 수의사 과정 이수
③ 동물행동 전문 수의사 밑에서 연수 과정 이수

미국의 동물행동 전문 간호사는 Society of Veterinary Behavior Technicians(SVBT; http://www.svbt.org/)에서 제공하는 동물행동상담 관련 정보를 이용하고 있다.

영국에서는 British Veterinary Behaviour Association(BVBA; http://www.bvba.org.uk/) 기관에서 동물행동상담 관련 전문 수의사와 전문 동물간호사 및 일반인을 위한 동물행동 상담 관련 정보를 제공하고 있다.

영국은 반려동물행동상담사(Pet Behaviour Counsellor) 자격을 운영하고 있다. 한국의 고용노동부에서 운영하는 직업 관련 정보 사이트인 워크넷(http://www.work.go.kr/)에서 동물행동상담 관련 해외 직업으로 공식적으로 소개한 영국의 애완동물행동상담사(Pet Behaviour Counsellor) 자격에 대한 정보는 아래와 같다.

(1) 영국 반려동물행동상담사(Pet Behaviour Counsellor) 직업의 생성배경

반려동물에 의존하는 사람이 증가하면서 부작용도 커지고 있다. 반려동물과 좋은 관계를 유지하려면 반려동물의 본능과 욕구, 행동 패턴, 사회성 등에 대한 충분한 이해가 필수적이다.

동물에 대한 이해가 부족하거나 동물의 문제행동이 지속되면 동물유기나 학대 등과 같은 극단적 부작용이 초래될 수 있다.

2012년 유기동물은 9만 9,254마리로 2008년의 7만7,877마리에 비해 약 28% 증가한 상황이다.

반려동물 산업이 발달한 국가에서는 주인과 동물이 좋은 관계를 유지하도록 조언하는 전문가의 필요성을 인식하고 있다. 이에 따라 반려동물행동상담원은 영국의 국가직업서비스에 공식 직업으로 등재돼 있다.

영국 반려동물행동상담사(Pet Behaviour Counsellor)는 Association of Pet Behaviour Counsellors(APBC; www.apbc.org.uk) 기관에서 발급을 하고 있다.

(2) 영국 반려동물행동상담사(Pet Behaviour Counsellor) 수행직무내용

주인에게 반려동물을 어떻게 다뤄야 하고 다양한 문제행동을 어떻게 교정해야 하는지에 대해 조언한다.

주인의 집을 방문하거나 자영업 장소에서 동물의 행동에 대해 반려동물 소유주와 상담한다.

개와 고양이의 과도한 짖음, 공격적이고 파괴적인 행동, 화장실 문제 등과 같은 문제적 행동의 본질과 원인을 분석하고 교정 프로그램을 설계한다.

(3) 영국 반려동물행동상담사(Pet Behaviour Counsellor) 해외 교육/훈련/자격 및 종사현황

영국에는 반려동물행동상담원으로 활동하기 위한 세 가지 경로가 있다.

① 대학과 같은 고등교육기관에서 동물행동 관련 학위를 받는 것
② 동물을 돌보는 산업 내에 고용돼 실무 경험을 쌓는 것
③ 관련기관에서 전문가 과정을 이수하는 것

어떤 경로를 택하건 영국 반려동물행동상담사(Pet Behaviour Counsellor)가 되려면 수련과정을 거치면서 베테랑 전문가의 감독을 받아야 종사가 가능하다. 영국 반려동물행동상담사(Pet Behaviour Counsellor)는 주로 자영업자로 동물행동상담센터 또는 전문가로 활동하는 경우가 대부분이다. 영국 반려동물행동상담사(Pet Behaviour Counsellor)의 건당 상담료로 시간당 85~250 파운드(15만원~45만원)를 받는다.

영국의 반려동물행동상담사(Pet behaviour counsellor)는 아래와 같은 반려동물의 문제행동을 해결한다.

① 짖는 것과 같은 소음
② 사람이나 동물에 대한 공격 행동
③ 파괴적 행동
④ 배변 문제
⑤ 자동차, 자전거 또는 가축을 쫓는 행동
⑥ 공포나 두려움
⑦ 일반적 통제
⑧ 자기 절제
⑨ 수의사로부터 의뢰 받기
⑩ 동물행동상담센터, 동물병원, 보호자 가정에서 동물행동상담
⑪ 동물 문제 행동 관찰과 보호자 상담
⑫ 반려동물 문제행동 원인과 문제 분석
⑬ 보호자를 위한 동물 행동교정 프로그램 설계와 결과 확인
⑭ 다른 동물 관련 전문가와 연락취하기

⑮ 동물행동 수정 계획 보고서 작성과 보호자와 수의사에게 작성된 보고서 제출
⑯ 보호자와 문제행동 교정 과정을 확인하기 위해 연락하기
⑰ 필요한 경우, 교정 프로그램 수정

영국의 애완동물행동상담사(Pet behaviour counsellor)에게 요구되는 기술과 자격은 아래와 같다.

① 동물 핸들링 기술과 경험
② 애견 훈련 관련 지식
③ 의사소통 능력
④ 보호자와 공감하고 신뢰 얻는 능력
⑤ 인내력
⑥ 조언을 제공할 때 적절한 접근법
⑦ 동물복지 법률의 인지
⑧ 기록을 하고 유지할 수 있는 능력
⑨ 교육 기술
⑩ 자신의 능력 한계를 알고 필요한 경우 다른 동물 관련 전문가의 협조에 대한 인지
⑪ 전문 지식 학습과 개발 의지

미국의 동물행동상담사가 받는 상담료는 케이스에 따라 다르지만 시간당 100~400 달러(10만 원~40만 원)를 받고, 전화 상담이나 이-메일 상담은 건당 고양이는 50달러(5만 원), 개는 200달러(20만 원), 말은 100달러(10만 원)를 받고 있다. 미국의 동물행동상담사가 받는 급여는 케이스에 따라 다르지만, 9만 달러(1억 원) 이상의 연봉을 받는 경우가 많이 있다.

일본은 애완견방문지도사가 동물행동상담 관련 직업으로 활동 중이다. 일본의 애완견방문지도사는 강아지가 물거나 짖는 등의 문제 행동을 보이는 경우, 보호자 신청을 받아, 가정을 방문하여 문제 행동의 원인을 찾아서 어떻게 하면 개선이 될 지 조언을 한다. (참고 자료: KBS 2014 신직업리포트 애완견방문지도사: http://www.youtube.com/watch?v=2GtKbXc_Grk)

일본의 애완견방문지도사 출장비용은 집으로 방문을 해야 하기 때문에 기존 훈련소 입소에 비교해서는 비용이 좀 더 비싸다. 그럼에도 일본에서는 애완견방문지도사를 가정으로 불러 집에서 문제 행동을 교정하고 반려견의 훈련을 시키는 일들이 늘어나고 있다.

일본의 애완견방문지도사가 가정 방문을 통한 문제행동 교정과 훈련을 수행하는 경우,

비용은 비싸지만 아래와 같은 장점을 가지고 있다.

① 강아지의 행동 교정이 훈련소에서만 가능한 것도 있지만 강아지는 집에서의 행동이 다르므로 각 집 혹은 개인마다의 문제에 일일이 대응이 가능하다는 점에서 가정방문 교육이 필요하기 때문이다. 즉, 훈련소를 보내 강아지의 문제행동을 고치더라도 다시 집에 와서 환경이 바뀌면 다시 예전 버릇이 나올 수 있기 때문에 그 동안의 훈련이 허사가 되는 일들이 많다.

② 훈련소의 낯선 환경에 보내져 강아지가 받는 스트레스와 불안, 두려움과 같은 요소를 없앨 수 있어, 강아지의 심리 안정에 큰 도움을 준다.

③ 강아지와 같이 살면서 보호자가 곤란을 겪게 되는 점들을 해소할 수 있다. 가구에 상처를 내거나 슬리퍼를 가져가버리는 것 같은 장난이 해결되고, 강아지와 가족의 일원으로 같이 살 수 있게 된다.

국내에서 동물행동 관련 자격은 한국동물매개심리치료학회(http://www.kaaap.org/)에서 발급하는 동물행동상담사 자격증(등록번호 2013-1206)이 국내 유일하게 동물행동상담 관련 자격증으로 민간자격 인증을 받고 발급하고 있다.

국내의 동물행동상담사는 2급, 1급 및 전문가 자격으로 구분되고 있으며, 향후 반려동물의 문제 행동을 교정하고 보호자와 반려동물간의 상호 교감을 향상하여 행복한 반려동물 문화 형성에 크게 기여할 수 있는 직업으로 각광을 받고 있다.

〈표 8-2〉 외국과 국내 동물행동상담 관련 직업

국가	자격증	발급처
미국	Associate Certified Applied Animal Behaviorist	Animal Behavior Society
	Certified Applied Animal Behaviorist	Animal Behavior Society
	Certified Dog Behavior Consultant	International Association of Animal Behavior Consultants
	Certified Animal Behavior Consultants	International Association of Animal Behavior Consultants
	Veterinary Behaviorist	American College of Veterinary Behaviorists
	Veterinary Behavior Technician	Society of Veterinary Behavior Technicians

국가	자격증	발급처
영국	Pet Behaviour Counsellor	Association of Pet Behaviour Counsellors
	Veterinary Behaviorist	British Veterinary Behaviour Association
	Veterinary Behavior Technician	British Veterinary Behaviour Association
일본	애완견방문지도사	–
한국	동물행동상담사(Animal Behavior Counsellor)	한국동물매개심리치료학회 (www.kaaap.org)

〈표 8-3〉 동물행동상담사 자격 등급

자격종목	등급	수준	자격활용현황
동물행동상담사	전문가	전문가 수준의 동물행동상담사로 동물문제행동 상담 및 동물행동상담사 1급 및 2급의 교육과 임상 등 해당 사무능력을 갖춘 책임자로서의 최고급 수준	동물행동상담센터 개설
	1급	준전문가 수준의 동물행동상담사로 동물문제행동 상담의 고급 수준	동물행동상담센터 및 애견카페, 동물병원 전문 스텝
	2급	동물행동상담사 1급을 취득할 수 있는 기회가 주어지며, 임상실습을 통한 전문상담사의 보조 수준	동물행동상담센터 및 애견카페, 동물병원 보조 스텝

〈표 8-4〉 동물행동상담사 자격 검정기준

자격종목	등급	검정기준
동물행동상담사	전문가	동물행동상담 분야의 학사학위 이상 소지자로 현장에서 필요한 전문가 수준의 뛰어난 동물매개심리상담의 활용능력 유무.
	1급	동물행동상담 2급자격증을 취득하고 소정의 교육과 임상을 통해 현장에서 필요한 동물행동상담 활용능력과 현장사무를 수행할 능력 유무
	2급	고등학교 졸업 이상자로 학회가 요구하는 소정의 교육과정을 이수하여, 현장에서 필요한 동물행동상담 활용 기본 능력 유무. 또는, 전문대 이상의 졸업(졸업예정)자로서 동물행동학, 애견훈련학, 애견학, 반려(애완)동물학, 동물간호학, 동물복지학 등. 유사과목을 1과목 이상 이수한 자로 현장에서 필요한 동물행동상담 활용 기본 능력 유무.

〈표 8-5〉 동물행동상담사 자격 검정방법과 검정과목

자격종목	등급	검정방법	검정 과목(분야 또는 영역)
동물행동상담사	전문가	필기	고급동물행동학
			동물보호자상담학
	1급	필기	동물행동학
			보호자상담학
	2급	심사	동물행동학, 애견훈련학, 애견학, 반려(애완)동물학, 동물간호학, 동물복지학 등. 유사과목을 1과목 이상 이수한 자.

〈표 8-6〉 동물행동상담사 자격 응시자격

자격종목	등급	응시자격
동물행동상담사	전문가	1. 동물행동상담사 1급 취득자로, 학회 또는 학회에서 인정하는 기관에서 주관하는 소정의 교육과정 16시간과 임상실습을 2년 동안 200시간 이상 이수한 자. 2. 해당과목(동물행동학, 고급동물행동학, 동물보호자상담학,고급동물보호자상담학 등. 유사과목)의 석사학위 이상의 학력을 소지한 자로 학회 또는 학회에서 인정하는 기관에서 주관하는 소정의 교육과정 16시간을 이수한 자. 3. 박사학위 이상의 학력 또는 그와 동등한 현장 실무 경력 3년 이상, 3년 동안 임상 600시간 이상 자로, 학회 또는 학회에서 인정하는 기관에서 주관하는 소정의 교육과정 16시간을 이수한 자.
	1급	1. 동물행동삼당사 2급 취득자로, 학회 또는 학회에서 인정하는 기관에서 주관하는 소정의 교육과정 16시간과 임상실습을 1년 동안 100시간 이상 이수한 자. 2. 학사 이상의 학위소지자로 학회 또는 학회에서 인정하는 기관에서 주관하는 소정의 교육과정 16시간과 임상실습을 1년 동안 100시간 이상 이수한 자. 3. 석사 졸업예정자로 학회가 인정하는 해당 과목(동물행동학,고급동물행동학,동물보호자상담학,고급동물보호자상담학 등 유사과목)을 이수한 자.(필기면제, 서류심사)
	2급	1. 고등학교졸업 이상의 학력을 소지한자로 학회에서 운영하는 소정의 동물행동상담사교육 이수자.(필기면제, 서류심사). 2. 전문대학 이상의 졸업(졸업예정)자로, 해당과목(동물행동학, 애견훈련학, 애견학, 반려(애완)동물학, 동물간호학, 동물복지학 등. 유사과목을 1과목 이상) 이수한 자.(필기면제, 서류심사).

5 직업 전망

1) 반려동물의 문제 행동에 대한 접근 방식의 변화

과거 반려동물의 문제 행동 해결은 훈련소 입소를 통하여 훈련사에 의한 훈련 과정을 거쳐 이루어져 왔다. 그러나 훈련소 입소는 반려동물에게 낯선 환경에 노출되는 큰 스트레스와 보호자와 떨어져 있어 불안 및 공포로 인한 스트레스를 주게 되고, 결과적으로 면역의 저하와 심한 경우 사망에 이르는 불행한 결과로 이어지는 사례들이 문제가 되어왔다.

이러한 이유 때문에, 현재 동물행동상담사의 중요성이 대두되고 있는 상황이다. 동물행동상담사는 문제 행동의 분석과 행동교정을 통하여 반려동물의 문제 행동을 해결하기 때문에 훈련소 입소에 따른 부작용을 예방할 수 있다. 또한 가정 방문을 통하여 보호자를 교육하는 프로그램을 운영할 수 있어, 반려동물에게 주는 스트레스를 최소화 할 수 있으며, 보호자들이 문제 행동 교정 과정에 능동적으로 참여하는 동안 보호자와 그들의 반려동물 사이에 상호 교감의 기회가 늘어나고 이해의 폭이 넓어질 것이다.

과거에 반려동물의 문제 행동은 훈련사에 의해 훈련소에서 훈련 과정을 거쳐 해결하는 것이었으나, 훈련소 입소에 따른 반려동물들의 스트레스와 보호자와 떨어져 있는 동안의 심리적 불안정 때문에 많은 문제점들이 유발되었다. 이러한 문제점들 때문에, 현재는 훈련소 입소에 의한 훈련보다는 보호자들이 근처 동물병원이나 애견카페 등을 이용하여 행동상담을 받거나, 동물행동상담사에 의해 문제 행동 분석과 행동 교정이 이루어지고 있다. 미래에는 동물행동상담사가 주가 되어 반려동물의 문제 행동 분석과 행동 교정이 이루어지고, 동물행동상담사에 의한 보호자 교육을 통해 반려동물이 훈련소 입소와 같은 낯선 환경에 노출되어 스트레스 받는 일 없이, 가정에서 보호자의 노력으로 행동 교정이 이루어질 수 있다.

동물행동상담사는 반려동물의 문제 행동 분석 과정 동안에 질병에 의해 문제 행동이 유발된 것으로 판단되는 경우는, 동물행동 전문 동물병원의 동물행동 전문 수의사에게 의뢰하여 약물 처치를 통한 질병 치료 및 문제 행동 치료를 받을 수 있도록 한다.

동물행동상담사는 보호자와 그들의 반려동물을 연결해 주는 다리(bridge) 역할을 하며, 문제 행동을 유발하는 반려동물이 보호자로부터 포기되는 불행한 결과들을 예방할 수 있어, 반려동물의 삶의 질을 높이고 동물복지 향상을 실현하는 중요한 역할을 할 수 있다.

2) 21세기 최고 유망 직종으로 급부상

각 지역 펫 페스티벌, 펫 산업 박람회, 코리아펫쇼, 펫페어, 동물 문화 축제 등 반려동물 관련 행사가 매달 4건 이상, 2023 확정된 국내 박람회만 37건으로 2025년 시장규모 7조 원 예상되고 있으며 교육, 문화시설, 전용 놀이공간, 펫 관련 영업시설, 보험, 장묘, 서비스업, 위탁관리 운송업 등 일자리 4만1천개가 창출되었다고 밝혀진 바 있다.

〈표 8-7〉 반려동물 행동 교정에 대한 담당 직군 변화

	과거	현재	미래
담당 직업군	훈련사	훈련사, 동물행동상담사	동물행동상담사, 동물행동 전문 수의사
문제접근 방식	훈련	문제 행동상담+행동교정 및 훈련	문제 행동상담 및 행동교정, 수의학적 약물 처치
장소적 분류	훈련소	가정, 애견카페, 애견유치원, 동물병원 또는 훈련소	동물행동상담센터, 동물행동 전문 동물병원

〈표 8-8〉 동물행동상담사의 진로

직 장	활동 내용
동물행동상담센터	반려동물의 문제 행동 분석 및 행동 교정
애견카페, 애견유치원	동물행동상담 전문 스텝
동물병원	동물 행동교정 및 보호자 교육 담당 스텝
방문상담	가정 방문하여 반려동물 문제행동 교정 및 보호자 교육
동물행동상담 콜센터	전화 및 인터넷 기반 반려동물 문제 행동 상담 및 행동 교정 처방
교육 강의	반려동물 문제행동 및 행동 교정에 관한 특강 및 교육 프로그램 운영
진학	동물행동 관련 대학원 진학

Q & A

◉ '동물행동상담사'란?

동물행동상담사는 동물행동 상담을 수행할 수 있는 자격을 취득한 자로 인간과 반려동물과의 상호작용 이해, 동물 행동상담을 통해 동물보호자 가족과 관계 정립 도움, 인간과 반려동물의 삶의 질 개선, 동물복지 향상과 동물매개치료 활동의 지원을 수행한다.

◉ '동물행동'이란?

동물의 움직임은 외부로부터의 자극(stimuli)과 이에 대해 반응(responses)하는 동작으로 설명하며, 동물이 외부의 자극에 대응할 때 나타나는 모든 움직임을 동물행동(animal behavior)이라고 한다.

◉ '카밍 시그널'이란?

'카밍 시그널(Calming Signal)'은 말 그대로 '차분한 신호'를 뜻한다. 즉 개가 어떤 불안한 자극을 받았을 때 강아지 자신과 다른 강아지와 사람에 이르기까지 모든 상대방을 차분하게 하기 위해 보내는 특정 신호를 말한다.

알아두기

◉ 동물행동상담센터와 동물행동전문 동물병원의 차이

동물행동상담센터와 동물행동전문 동물병원과 차별성은 동물행동상담센터는 보호자 교육과 상담, 반려동물 행동교정을 수행하는 반면, 동물행동전문 동물병원은 동물행동 전문 수의사가 반려동물의 행동교정과 약물을 사용한 행동치료를 수행한다.

단원 학습 정리

1. 동물행동상담센터는 동물행동상담사 자격을 취득한 자가 운영하며 반려동물의 문제행동 분석과 교정을 주 업무로 한다.
2. 동물행동상담사 자격은 한국동물매개심리치료학회에서 인증 시험을 거쳐 자격을 발급한다.
3. 동물행동상담사는 반려동물의 행동을 이해하고, 동물 복지의 보장을 중시해야 한다.
4. 동물행동상담센터의 주 업무는 반려동물 문제점 파악, 의뢰인의 평소 행동으로 인한 근본적인 문제 찾기, 반려동물에게 딱 맞는 훈련 프로그램 설계 및 교정, 교육방법을 의뢰인에게 알려주기, 편안함을 느낄 수 있도록 반려동물 환경 재배치, 행동교정을 통한 반려동물 문제점 해결이다.
5. 동물행동상담사는 반려동물을 훈련시키는 역할은 물론 그들의 보호자, 가족과도 대화할 수 있는 원할한 의사소통 능력이 요구된다.
6. 동물행동상담사와 관련된 외국의 자격증들로는 미국의 동물행동상담사(Animal behaviour consultant), 미국의 동물행동전문가(Animal Behavior Professionals), 미국의 공인응용동물행동가(Certified Applied Animal behaviorist), 영국의 애완동물행동상담사(Pet behaviour counselor), 일본의 애완견방문지도사 등이 있다.

쉬어가는 페이지

반려동물 행동교정 시켜주는 지자체들

최근 개 물림 사고 등 반려동물 관련 문제들이 늘고 있는 가운데 이를 방지하기 위해 지방자치단체들이 나서고 있다.

서울시는 28일 마포구 상암동 에스플렉스센터에 전국 최초로 동물복지지원센터의 문을 열고 반려동물 문제행동 교정상담 프로그램을 운영한다. 또한 반려동물과 보호자가 가족 단위로 교육받을 수 있는 프로그램도 개발 중이다.

이미 반려견 행동교정 프로그램을 운영하고 있는 지자체도 있다.

서울 강동구는 지난 4월부터 반려견과 견주를 위한 반려견 문화교실 '서당개'(서툰 당신의 개)를 운영해왔다. 서당개 교육에는 짖는 행위, 배변 장애 등 반려견의 문제행동 교정뿐만 아니라 반려견 언어 이해, 산책 요령, 응급처치 등 견주들이 알아야 할 내용 등이 포함됐다.

강동구는 또한 11월부터 총 6개월간(주 3회) 반려동물 행동전문가 양성 교육을 진행한다. 2개월간 기초과정 진행 후 심화과정이 운영된다.

부산 해운대구도 반려동물과 사람이 함께 살기 좋은 곳을 만들기 위해 노력 중이다. 조영미 부산 해운대구 동물보호팀장은 "반려동물과 함께하는 삶에서 종종 발생하는 문제를 막기 위해서는 사람들의 인식 전환과 반려동물에 대한 교육이 필요하다고 생각해 동물과 보호자 모두가 교육받을 수 있는 공간을 마련했다"며 "평소 펫티켓 관련 안내문을 돌리거나 캠페인을 여는 등 홍보를 진행하고 있고, 앞으로도 펫티켓 지키기에 앞장설 것"이라고 말했다.

출처 : 뉴스 1(http://news1.kr/)

메모장

제 09 장

펫아로마, 펫요가, 펫마사지 센타

Ⅰ. 펫아로마, 펫마사지, 펫요가 센터 직무 분석

펫아로마테라피 (pet aroma therapy)는 반려동물인 개와 고양이들에게 효과가 검증된 아로마 향을 제공하여 반려동물의 건강 향상과 안정을 유도하는 요법이다.
펫요가 (pet yoga)는 반려동물인 개와 고양이들과 보호자가 함께 요가를 하는 것으로, 펫 요가를 통하여 반려동물의 적절한 운동과 신체 재활, 적절한 자극의 제공을 통하여 반려동물의 건강 향상에 크게 기여할 수 있다.
펫마사지 (pet massage)는 반려동물인 개와 고양이들에게 마사지를 해 주는 것으로, 펫 마사지를 통하여 반려동물에게 휴식을 줄 수 있고, 스킨십을 제공하여 반려동물들이 사람들과 사회화가 촉진되며, 공격적 성향을 갖지 않도록 하기위한 예방효과도 유도할 수 있다.

I

펫아로마, 펫요가, 펫마사지 센터 직무분석

학습목표

1. 펫아로마 센터의 업무를 알 수 있다.
2. 펫요가 센터의 업무를 알 수 있다.

1 펫아로마 센터

1) 직무 및 하는 일

(1) 주업무

인간의 평생 동반자인 반려동물의 육체건강, 정신안정, 교감형성을 위해 아로마를 이용한 제품을 활용하여, 반려동물의 삶의 수준이 질적으로 높아질 수 있도록 총체적으로 접근한다.

또한, 아로마를 통하여, 견주와의 교감형성을 높여 참된 반려동물이 될 수 있도록 해주며, 사회성 향상을 도모하여, 다른 반려동물 및 낯선 사람들과도 잘 지낼 수 있도록 한다.

펫아로마 테라피 (pet aroma therapy)는 반려동물인 개와 고양이들에게 효과가 검증된 아로마 향을 제공하여 반려동물의 건강 향상과 안정을 유도하는 요법이다.

꽃이나 나무 등 식물에서 유래하는 방향 성분(정유)을 이용하여, 반려동물에게 심신의 건강이나 심리적 안정을 증진하는 기술로 펫아로마테라피가 이용된다. 또한, 향이나 프레그랑스 캔들(향초)도 포함해 반려동물 뿐 아니라 보호자 생활에 자연의 향기를 도입해 반려동물과 보호자 모두의 스트레스를 해소하거나 심신을 휴식시키는 일도 포함할 수 있다.

펫아로마 테라피는 펫마사지나 펫요가를 하면서 함께 수행하여 상호 시너지 효과를 얻을 수도 있다.

(2) 수입 발생 분야 및 항목

① 아로마 제품 제작 & 판매

ex) 해충 방지제, 귀 세정제, 피부 보습제, 발바닥 케어제품, 샴푸, 입욕제, 세탁제, 향수 등

② 아로마를 이용한 마사지(서비스 분야)

반려동물에게 아로마를 이용한 마사지를 제공한다.

③ 펫 아로마 수업(강사)

반려동물 보호자, 펫 아로마에 관심 있는 수강생들에게 단계별 펫 아로마 수업을 한다.

(3) 평균수입

- 아로마 제품 제작 & 판매 부분에서 의뢰 들어온 제품의 개수, 품목에 따라 수입이 다르다.
- 만드는 재료, 용기, 디자인 제작, 제작 방법 등 계약 내용에 따라 수입은 달라질 수 있다.

2) 창업 준비사항

(1) 인허가 사항

① 동물용 의약외품 제조업 인허가

최근 들어 아로마를 활용한 동물용 의약외품 제조에 대한 관심이 많아지고 있다. 하지만 관심이 많은 제조업에서 제조업시설을 갖추지 않은 판매자들도 생겨나고 있다.

동물용 의약외품을 제조하려면 제조사마다 각 1명 이상의 제조관리자를 의무적으로 두어야한다. 제조관리자는 동물용 의약외품의 전 제조과정에서 위생, 안전, 및 품질관리 등 매우 중요한 임무를 담당하고 있어 자격요건이 매우 까다로워 '의약외품 범위 및 지정에 관한 규정' 가목의 경우에는 '약사'만을 제조관리자로 둘 수 있다. 하지만 동물질병의 치료, 경감, 처치 또는 예방목적으로 사용되는 고무, 섬유, 지면류에 해당하는 제품과 단순 세정제로서 씻어내는 샴푸, 린스제품(의약외품 범위 및 지정 등에 관한 규정 나목)을 수입 또는 제조업 신고 시에는 아래와 같이 완화된 관리자가 가능하다.

1. 약사, 의사나 수의사
2. 4년제 대학의 화학, 화공학, 섬유공학 등 관련학과 졸업자 또는 이와 동등 이상의 학력을 가진 자
3. 전문대학 관련 학과 졸업한 후 2년제 대학인 경우 2년 이상, 3년제 대학은 1년 이상 동물용의약외품 제조 업무에 종사한 자

그림 9-1 동물용 의약외 제조관리자가 될 수 있는 사람

동물용 의약외품 제조관리자 등록이 이렇게 까다로운 이유는 동물용 제조의 경우 반려용 동물(개, 고양이)의 피부특성 등으로 인해 특정한 품질관리가 필요하기 때문이다.

개와 같은 경우는 표피층의 두께가 3~5층, 사람의 표피층의 두께 10~15층(사람 피부의 1/3 수준)이며, Ph는 개 6.2~7.5(중성), 사람의 경우 약 5.5(산성)를 띠어 각질이 얇고 피부 산도가 중성으로 세균 저항력이 약하고 기초 체온이 높아 세균이 번식할 가능성이 커, 애견용 샴푸를 반드시 사용해야 한다.

인체용 세정제의 경우 약사법의 의약외품으로 관리되다가 2000년『화장품법』이 제정되면서 화장품으로 분류가 되었으나, 화장품법 중 동물용에 관한 특례조항이 없어, 동물용 세정제의 경우 현재까지『약사법』의 관리 하에 있다.

(2) 점포 유무 및 규모

동물용 의약외품을 직접 제조하여 판매할 시 제조하는 공간이 있어야 하며 제조공간과 판매 공간은 분리가 되어 있어야 한다.

규모는 별도로 정해져 있는 규정은 없다

(3) 자본금

- 약 5천만원~1억원 정도

(4) 시설 및 기자재

- OEM을 받을 수 있는 공장형 상가(설비 시설을 갖추고, 제작 가능한 공장으로 허가받은 곳), 수강생 상담실, 수강생 교육실로 동물용 의약외품 제조업 신고 시 필요 사항은 아래와 같다.

1. 사업자등록증 사본
2. 대표자 건강진단서(원본)
   "정신보건법 제3조 제1호에 의거 정신질환자, 마약류 및 그 밖의 유독물질의 중독자가 아님을 증명함"
3. 약사 건강진단서(원본)
   "정신보건법 제3조 제1호에 의거 정신질환자, 마약류 및 그 밖의 유독물질의 중독자가 아님을 증명함"
4. 임대차계약서 사본
5. 건축물 관리대장
6. 시험위수탁계약서 사본(동물약품협회)
7. 평면도
   전체 설계 후 각 실별 배치, 길이, 방위 등을 표시한 평면도
8. 시설내역서
   실별 작업대, 제조도구, 실험도구 등 내역
9. 제조업신고서 신청서(양식)
10. 품목신고서 신청서(양식)

그림 9-2 동물용 의약외품 제조업 신고 시 필요 사항

동물용의약외품제조업신고서

접수번호	접수일	처리기간 10일

신고인 (대표자)	성 명	주민등록번호 (외국인등록번호)
제조업소명		
소재지	본사	(전화번호 :)
	제조소	(전화번호 :)
제조관리자	성 명	면허번호
	생년월일	면허 또는 자격의 종류
제조하려는 품목명		
제조 대상 동물용 의약품의 용도	□농림축산용 □농수산 겸용	□양봉용·양잠용·애완용(관상어 제외) □수산(관상어 포함) 전용

「동물용 의약품등 취급규칙」 제4조제1항에 따라 동물용의약외품의 제조업을 신고합니다.

년 월 일

신고인 (서명 또는 인)

농림축산검역본부장 귀하

구비 서류	신고인(대표자) 제출서류	1. 「약사법」 제5조제1호 및 제3호에 해당하지 아니함을 증명하는 의사의 진단서 2. 제조관리자에 관한 제1호의 서류 3. 제조시설의 구조 및 설비를 표시한 서류와 시설내역서(구조개요 및 유해물질을 배출하는 경우에는 이에 대한 방지시설내역을 포함합니다) 4. 동물용의약품등 제조품목신청서 또는 신고서	수수료 10,000원
	담당 공무원 확인사항	1. 법인등기사항증명서(법인의 경우) 2. 제조관리자의 약사면허증 또는 제조관리자 승인서(사본)	

행정정보 공동이용 동의서

본인은 이 건 업무처리와 관련하여 「전자정부법」 제36조제1항에 따른 행정정보의 공동이용을 통하여 담당 공무원이 위의 내용을 확인하는 것에 동의합니다. * 동의하지 아니하는 경우에는 신청인이 직접 관련 서류를 제출하여야 합니다.

신고인(대표자) (서명 또는 인)

처 리 절 차

신고서 작성	→	접 수	→	해당과 이송	→	검 토	→	결 재	→	신고증 작성
신고인		농림축산검역본부 (민원실)		농림축산검역본부		농림축산검역본부		농림축산검역본부		농림축산검역본부 (교부)

210mm×297mm[백상지 80g/㎡]

그림 9-3 동물용 의약외품 등 취급규칙 [별지 제4호의2서식] 〈개정 2013.3.24〉

동물용 의약외품의 범위 및 지정에 관한 규정은 아래와 같다.

〈표 9-1〉 동물용 의약품외품 범위 및 지정에 관한 규정

제1조(목적)
이 규정은 「약사법」 제2조 제7호 · 제85조, 「동물용의약품등 취급규칙」(이하 "취급규칙"이라 한다) 제2조 제1항 제3호의 규정에 따른 동물용의약외품의 범위 및 지정 등에 관하여 필요한 사항을 정함을 목적으로 한다.

제2조(동물용의약외품의 범위)
① 취급규칙 제2조 제1항 제3호 가목의 규정에 의한 동물용의약외품의 범위는 별표 1과 같다.
② 취급규칙 제2조 제1항 제3호 나목의 규정에 의한 동물용의약외품으로서 위생상의 용도에 제공되는 섬유·고무 또는 지면류의 종류는 별표 2와 같다.

제3조(동물용의약외품 해당여부 검토 등)
① 해당 제품이 「약사법」 제2조 제7호, 취급규칙 제2조 제1항 제3호의 규정에 의한 동물용의약외품에 해당되는지 여부를 검토의뢰 하고자 하는 자는 다음 각 호의 자료를 갖추어 농림축산검역본부장(이하 "검역본부장"이라 한다)에게 제출하여야 한다.
1. 당해제품의 사용 목적에 관한 자료
2. 당해제품의 원료약품 및 분량, 효능효과, 용법용량에 관한 자료
3. 당해제품의 약리작용 및 규격 등에 관한 자료
② 검역본부장은 제1항의 검토의뢰가 있는 경우에는 당해제품이 「약사법」 제2조 제7호, 취급규칙 제2조제1항제3호의 규정에 따른 동물용의약외품에 부합되는지 여부와 품목지정 가능여부 등을 검토하고 그 결과를 7일 이내에 신청인에게 통보하여야 한다.

부 칙(제2007-4호, 2007.1.22)
① (시행일) 이 규정은 고시한 날부터 시행한다.
② (동물용의약품으로 허가받은 품목에 대한 경과조치) 이 규정 시행당시 제2조 제1항에 해당되는 동물용의약외품을 종전의 규정에 의하여 동물용의약품으로 허가받은 자는 2007년 12월 31일까지 동물용의약품 품목허가증 원본을 첨부하여 검역원장에게 제출하고 동물용의약외품 품목 허가(신고)증으로 바꾸어 교부받아야 한다.
③ (동물용의약외품으로 허가받은 품목에 대한 경과조치) 이 규정 시행당시 제2조 제1항 별표1. 제2호 단서 및 제3호 바목 단서의 규정에 해당되는 품목을 종전의 규정에 의하여 동물용의약외품으로 허가받은 자는 2007년 12월 31일까지 동물용의약외품 품목허가증 원본을 첨부하여 검역원장에게 제출하고 동물용의약품 품목 허가증으로 바꾸어 교부받아야 한다.

(5) 직원 인적 구성

① 대표
② 회계
③ 강사진 (펫 아로마, 펫 마사지 등)
④ 아로마 물품 제작 담당자
⑤ 아로마 물품 제작 담당 인력
⑥ 상담 관리 직원

(6) 경력 및 경험

① 반려동물 관련 전공자(학사, 석사, 박사)
② 반려동물 관련 분야에서 경력이 있는 자(동물병원, 애견 미용사, 동물간호사, 훈련사 등)
③ 펫 아로마 관련 자격증 소지자(2급, 1급, 전문가 & 사범 과정 자격증 소지자)
④ 펫 아로마 마사지 관련 자격증 소지자(2급, 1급, 전문가& 사범 과정 자격증 소지자)

3) 관련 자격

한국동물매개심리치료학회(http://www.kaaap.org/)에서 발급하는 반려동물아로마관리사 자격증이 있다.

반려동물아로마관리사는 아로마 향을 이용한 반려동물 심리 안정 유도와 이와 연계된 관련 업종에 적용이 가능하여 향후 반려동물의 안정감 증대와 건강을 향상시키고 보호자와 반려동물간의 상호 교감을 향상하여 행복한 반려동물 문화 형성에 크게 기여할 수 있는 이색 직업으로 주목을 받고 있다.

아로마 향은 반려동물의 흥분 감소, 수면 유도 효과, 진정 효과를 유도할 수 있으며 보호자에게도 동일한 효과를 유도할 수 있다.

반려동물아로마관리사란?

반려동물아로마관리사는 한국동물매개심리치료학회(http://www.kaaap.org/)에서 발급하는 반려동물아로마관리사 자격증을 취득한 자로서, 반려동물인 개와 고양이들에게 효과가 검증된 아로마 향을 제공하여 반려동물의 건강 향상과 안정을 유도시키며 아로마 향을 이용하여 반려동물과 보호자 둘 다의 스트레스를 해소하거나 심신을 휴식시키는 일을 설계하고 시술하는 전문가이다.

반려동물아로마테라피는 펫마사지나 펫요가, 펫뮤직테라피를 하면서 함께 병행 수행하여 시너지 효과를 얻을 수도 있다. 반려동물아로마테라피의 이러한 병행 용이성은 독자적인 전문센터 활동 이외에도 애견카페, 동물병원 등의 다양한 분야에서 적용이 가능하다.

– 한국동물매개심리치료학회(www.kaaap.org) –

〈표 9-2〉 반려동물아로마 센터의 SWOT 분석

강점(Strength)	약점(Weakness)
• 반려동물 문제 행동 교정 보조 • 반려동물 스트레스 감소 • 반려동물 복지 향상 • 반려동물과 보호자 상호교감 증대 • 보호자 지도 교육 가능 • 펫아로마센터 운영 가능 • 펫마사지, 펫뮤직테라피와 시너지 가능 • 다양한 진로 선택 가능	• 아로마, 반려동물 생리학, 반려동물행동학, 동물질병학에 대한 다학제적 전문지식 습득 필요 • 풍부한 임상 경험 필요 • 치유효과 유도가 간접적으로 오랜 시간 필요 • 보조적 요법으로 인식되어 전문가로 특성화된 직업 창출에 노력 필요
기회(Opportunity)	**위협(Threat)**
• 반려동물 사육 인구 증가 • 대체요법에 대한 인식 증가 • 동물복지 요구 증대 • 반려동물과 보호자 상호교감 필요성 증대 • 반려동물에 대한 스트레스 감소 요구 증대 • 보호자의 반려동물 관련 학습 욕구 증대	• 펫아로마테라피 담당 역할에 대한 제도화 필요

4) 적성 및 흥미

반려동물 아로마 관리사에 요구되는 적성은 아래와 같다.

① 말 못하는 동물의 마음을 이해하는 마음을 가진 자

② 반려동물을 가족으로 생각하는 마음을 가진 자

③ 반려동물의 구조, 아로마 적용 등에 관심을 가진 자

④ 반려동물에게 적용하는 아로마에 관심을 갖고 꾸준히 학문 수행 자세를 가진 자

⑤ 단기간으로 끝나는 게 아니라, 장기간 아로마 관련 분야 전문가가 되고자 하는 자

5) 현황 및 직업전망

반려동물 천만 시대에 펫 케어 전문제품이 호황을 누리고 있다. 관련 산업 규모는 매해 10~20% 성장 중이며, 반려동물 제품에 대한 관심이 증가하고 있다.

반려동물을 가족처럼 생각하는 인구가 늘면서 반려동물을 대하는 사회적 인식이 변하는 것은 물론, 반려동물의 삶의 질을 고려한 펫케어 제품 출시가 활발히 이뤄지고 있다.

국내 반려동물 양육 인구 수는 1500만명을 넘어섰으며 반려동물을 기르는 가구의 비율

은 23.7%로 4가구 중 1가구는 반려동물을 양육하는 것으로 추산된다.

반려동물 관련 산업 규모도 매해 15~20%씩 성장 중이며, 2027년에는 6조 원대에 도달할 것으로 업계는 전망하고 있다. 이에 수많은 기업이 반려동물 특성을 고려한 제품들을 선보이며 차별화 전략을 꾀하고 있다.

특히, 과거에는 반려동물의 모습을 더욱 예쁘고 깜찍하게 만들기 위한 꾸밈용 제품이 주를 이뤘다면, 최근에는 반려동물의 건강과 안락한 삶에 중점을 둔 다양한 기능성 제품들이 출시되어 눈길을 끈다. 또한, 반려동물의 평균 수명 증가로 인한 노령견 반려동물을 위한 건강 케어인 펫 아로마와 펫 마사지에 대한 관심 또한 늘어나는 추세이다.

〈표 9-3〉 반려동물아로마 관리사의 진로

직 장	활동 내용
펫 아로마테라피센터	펫 아로마 시술 및 관리 책임자
동물행동상담센터	펫 아로마 전문 스텝으로 펫 아로마에 의한 반려동물의 심리 안정 유도
펫 마사지센터	펫 아로마 전문 스텝으로 펫 마사지 효과에 펫 아로마 시술을 병합하여 시너지 효과 유도
펫 뮤직테라피센터	펫 아로마 전문 스텝으로 펫 뮤직테라피 효과에 펫 아로마 시술을 병합하여 시너지 효과 유도
애견 카페, 애견 유치원	펫 아로마 전문 스텝
동물병원	펫 아로마 전문 스텝
유기동물보호센터	펫 아로마 전문 스텝으로 유기동물의 심리 안정과 입양 희망 방문자들의 심리 안정 유도
방문관리	가정 방문하여 펫 아로마 시술 및 보호자 교육
교육 강의 및 컨설팅	펫 아로마에 관한 특강 및 교육 프로그램 운영. 동물병원 및 펫 숍 등의 펫 아로마 시설 컨설팅 업무
진학	동물매개치료 및 동물행동상담 관련 대학원 진학

6) 성공 창업을 위한 Tips

펫 아로마와 관련된 분야는 해당 지식을 가진 전문가만이 할 수 있는 분야로, 반드시 반려동물의 신체적, 생물학적 구조를 이해하고 아로마에 대한 깊은 지식이 있는 자가 강의하고 제품을 만들어야 한다.

다양한 업체에서 물건제작을 의뢰할 수 있지만, 신뢰가 있고 오랜 기간 이 분야에 종사했으며, 다양한 물건을 만들어보고 무엇보다, 해당 펫아로마와 관련된 지식을 충분히 가지고 있는 전문가가 있는 업체에 물건 제작을 의뢰해야 한다.

반려동물에 대한 소비자들의 가족이라는 인식과 자신의 반려동물을 위한 물건을 구매하고자 하는 소비성향의 폭은 넓어졌지만, 아직까지도 한계와 제한이 있는 실정이다. 따라서, 소비자들의 다양한 소비심리 및 요구도를 충분히 파악하여 교육을 개설하고 펫 아로마테라피 물건을 제작해야 한다.

7) 문의

(1) 문의기관 정보

① 한국동물매개심리치료학회 http://www.kaaap.or.kr/
② 한국동물약품기술연구원 http://www.kahpri.or.kr/

[별표 1] 동물용 의약외품의 범위(제2조제1항 관련)

1. 동물질병 예방을 위한 소독제
   가. 동물질병 방역을 목적으로 축체(사체포함), 축사 및 축사주변, 가축운송 차량 및 기구, 오물, 동물용 음수(급수관 포함), 어류, 양어장, 축산기구 등에 사용하는 소독제
   나. 기타 동물용 소독·살균제

2. 동물용 해충의 구제제, 방지제, 기피제 및 유인살충제. 다만, 직접 동물에 적용하는 것으로써 동물체내로 흡수되어 작용하는 제제는 제외한다.

3. 애완동물용 제제
   가. 동물의 구중청량제, 치아세정제, 치약 및 치석염색제 등 구강 위생제제
   나. 삭제
   다. 동물의 귀세정제, 눈세정제 및 눈주위 세정제 등 세정제
   라. 동물의 탈취제(모발 또는 피부에 직접 적용하는 향수를 포함한다)
   마. 배변유도제, 짝짓기 방지제, 애완동물 기피제, 핥음방지제, 잠자리 유도제, 행동개선제, 생리적 행위유도제 등 동물행동 유인제
   바. 벼룩, 비듬, 진드기 등의 방지 목적으로 사용되는 약용 샴푸제. 다만, 동물의 털과 피부에 직접 적용되는 세균성 피부병, 항진균용, 지루성 염증, 창상의 치료목적으로 사용되는 약용샴푸는 제외한다.
   사. 헤어볼컨트롤 제제
   아. 동물에서의 모발의 양모, 염색, 제모 등을 위한 외용제제
      1) 탈모의 방지, 양모, 모발의 영양공급, 코팅 또는 세팅제
      2) 염색제 또는 염모제 (탈색제, 탈염제를 포함한다)

3) 이어파우더 등 털 제거를 목적으로 사용하는 제제
4) 기타 애완동물의 털에 직접 적용하는 제제

4. 동물용 유두 침지제

5. 동물의 창상부위 보호제, 관절보호제, 발굽보호제 등 신체보호 목적으로 사용되는 단순 외용제제

6. 동물의 영양보조제로서 동물약품 공정서 등에 등재된 비타민제, 효소제, 생균제, 효모제, 유기산제, 아미노산, 당류제, 지방산 및 미량광물질을 주성분으로 하는 단일 또는 복합제제 (사료첨가제, 정제, 캡슐제 등 고형제제와 액제에 한한다). 이 경우 사료관리법에 의하여 등록된 제품은 동물용의약외품으로 보지 아니한다.

7. 동물의 면역기능 개선 및 생리기능 촉진제로서 대한약전외한약(생약)규격집 등에 등재된 생약제제(서방의학적 입장에서 본 천연물 제제로서 한방의학적 치료목적으로는 사용되지 않는 제제에 한한다)

8. 항산화제, 항곰팡이제, 곰팡이독소제거제, 항살모넬라제 등의 보조적 사료첨가제. 이 경우 사료관리법에 의하여 보조사료로 등록된 제품은 동물용의약외품으로 보지 아니한다.

9. 동물용 정액희석제

10. 기타 이와 유사한 제품

[별표 2] 동물용의약외품(위생용품)의 범위(제2조제2항 관련)

1. 동물용 감싸개
   가. 붕대
   나. 탄력붕대
   다. 석고붕대
   라. 원통형 탄력붕대(스터키넷)

2. 동물용 가리개
   가. 마스크(수술용, 방역용)
   나. 안대(수술용, 방역용)

3. 동물용 거즈
4. 동물용 외과수술포
5. 동물용 탈지면
6. 동물용 반창고
7. 동물 소독용 티슈
8. 동물의 세척용 샴푸, 린스, 컨디셔너 및 트리트먼트 등 욕용제(다만, 「화장품법」에 따른 화장비누(고체비누만 해당)는 제외한다.)
9. 기타 이와 유사한 물품

2 펫요가 센터

1) 직무 및 하는 일

(1) 주업무

반려견과 보호자의 교감을 증진하고 함께 운동을 할 수 있는 방법을 알려 주고 장소를 제공하는 곳이 펫요가 센터이다. 펫요가 센터는 전문 펫요가지도사의 레슨을 통해 보호자가 그들의 반려견과 무리 없이 즐길 수 있는 펫요가 방법을 교습 받을 수 있다.

펫요가(pet yoga)는 반려동물인 개와 고양이들과 요가를 보호자가 함께 하는 것으로, 펫요가를 통하여 반려동물의 적절한 운동과 신체 재활, 적절한 자극의 제공을 통하여 반려동물의 건강 향상에 크게 기여할 수 있다.

또한, 보호자와 반려동물이 공동으로 요가 자세를 구현하게 되어 보호자의 성취감 제공과 활동 과정에 스킨십을 제공하여 반려동물들이 사람들과 사회화가 촉진되며, 공격적 성향을 갖지 않도록 하기위한 예방 효과도 유도할 수 있다.

펫요가는 반려동물들의 건강에 유익한 효과가 있을 뿐 아니라, 보호자들의 정신건강 향상과 반려동물과의 반려감 상승에도 큰 도움을 준다.

펫요가는 펫아로마테라피, 펫마사지, 펫뮤직테라피를 함께 병행 수행하여 시너지 효과를 얻을 수도 있다.

[출처] http://www.irishdogs.ie/

그림 9-4 펫요가 클래스

(2) 수입 발생 분야 및 항목

① 펫요가 클래스

요가 자세는 여러 가지 어려운 동작을 취해야 하는 경우가 발생하여 고난이도 요가 자세는 동물학대 문제가 발생할 수 있다. 따라서 펫요가는 동물복지 가이드라인을 철저히 준수하면서 반려동물과 함께하는 즐거운 교감활동으로 수행되어야 한다.

보호자에게 펫요가 지도를 통하여 일정 레슨비를 받을 수 있다. 펫요가 센터의 주 수입원은 펫요가 클래스 레슨비라 할 수 있다.

레슨은 그룹 형태의 단체 클래스로 운영될 수도 있고 개인별 맞춤형 레슨으로 수행될 수도 있다.

② 펫요가 센터 장소 이용료

보호자가 안전하게 자신의 반려견과 함께 펫요가를 할 수 있는 장소로 펫요가 센터를 이용할 수 있고, 센터 이용료로 일정 회비를 받아 운영할 수 있다.

2) 창업 준비사항

(1) 인허가 사항

반려동물의 교습에 관련되어 별도의 인허가는 없으나 보호자 교육이 이루어지는 펫요가 클래스 운영을 위해서는 지역 교육청에 학원 또는 교습소 등록이 필요할 수 있다.

(2) 점포 유무 및 규모

목표하는 수강생의 수에 따라 학원 또는 교습소의 형태가 달라질 수 있으며, 학원의 경우에 교육청에서 요구하는 면적과 공간을 확보하여야 한다.

(3) 자본금

- 약 5천만원~1억원 정도

(4) 시설 및 기자재

- 수강생 상담실, 수강생 교육실의 공간이 필요하며 요가를 하기에 적합한 마루와 시설이 갖추어져야 한다.

– 펫요가 자세의 단계에 따라 도움을 줄 수 있는 운동 보조 기구들이 필요하다.

(5) 직원 인적 구성

① 대표

② 회계

③ 강사진 (펫 요가)

④ 상담 관리 직원

(6) 경력 및 경험

펫요가 관련 자격증 소지자로 교육 경력이 필요하다.

3) 관련 자격

한국동물매개심리치료학회(http://www.kaaap.org/)에서 발급하는 **펫요가지도사** 자격증이 민간자격 인증을 받고 발급하고 있다.

국내의 펫요가는 향후 반려동물의 건강을 향상시키고 보호자와 반려동물간의 행복하고 즐거운 경험을 공유하게 하여 건전한 반려동물 문화 형성에 크게 기여할 수 있는 이색 직업으로 주목을 받고 있다.

펫요가지도사란?

펫요가지도사는 한국동물매개심리치료학회(http://www.kaaap.org/)에서 발급하는 펫요가지도사 자격증을 취득한 자로서, 반려동물인 개와 고양이들과 요가를 보호자가 함께 할 수 있도록 지도하여 반려동물의 적절한 운동과 신체 재활, 적절한 자극의 제공을 할 수 있도록 프로그램을 설계하고 지도하는 전문가이다.

펫요가는 펫아로마테라피, 펫마사지, 펫뮤직테라피를 함께 병행 수행하여 시너지 효과를 얻을 수도 있다. 요가 자세는 여러 가지 어려운 동작을 취해야 하는 경우가 발생하여 고난이도 요가 자세는 동물학대 문제가 발생할 수 있다. 따라서 펫요가는 동물복지 가이드라인을 철저히 준수하면서 반려동물과 함께하는 즐거운 교감활동으로 수행되어야 한다.

– 한국동물매개심리치료학회(www.kaaap.org) –

〈표 9-4〉 펫요가 센터의 SWOT 분석

강점(Strength)	약점(Weakness)
• 반려동물과 즐거운 놀이 활동 • 반려동물 스트레스 감소 • 반려동물 복지 향상 • 반려동물과 보호자 상호교감 증대 • 보호자 지도 교육 가능 • 펫요가센터 운영 가능 • 펫아로마테라피, 펫마사지, 펫뮤직테라피와 시너지 가능 • 다양한 진로 선택 가능	• 과도한 요가 자세는 동물학대로 분류됨 • 동물복지 가이드라인 준수 필요 • 요가, 반려동물 생리학, 반려동물행동학, 동물질병학에 대한 다학제적 전문지식 습득 필요 • 풍부한 임상 경험 필요 • 요가에 대한 전문 지식 필요
기회(Opportunity)	**위협(Threat)**
• 반려동물 사육 인구 증가 • 대체요법에 대한 인식 증가 • 반려동물과 보호자 상호교감 필요성 증대 • 반려동물에 대한 스트레스 감소 요구 증대 • 보호자의 반려동물 관련 학습 욕구 증대	• 펫요가지도사 담당 역할에 대한 제도화 필요

4) 적성 및 흥미

펫요가지도사에 요구되는 적성은 아래와 같다.

① 반려동물을 사랑하는 마음을 가진 자

② 반려동물을 가족으로 생각하는 마음을 가진 자

③ 반려동물의 복지에 관심을 가진 자

④ 반려동물에게 적용하는 펫요가에 관심을 갖고 꾸준히 학문 수행 자세를 가진 자

5) 현황 및 직업전망

유럽에서 2000년대 이후부터 시작된 펫요가 바람이 한국에도 불고 있다. 서울 연남동에 동물요가원이 문을 열었다. 하하랜드, 개밥 주는 남자 등 반려동물 프로그램이나 여러 매체를 통해 수차례 소개된 적도 있다. 펫요가는 반려견과 교감을 하고, 운동과 뼈 강화 효과가 있어 비만이거나 몸이 허약한 반려견에게도 효과적이다.

펫요가 센터는 향후 반려견의 건강을 케어할 수 있는 사람이 절대적으로 필요한 상황이

기 때문에 무한한 전망을 갖고 있다.

최근 국세청 자료에 따르면, 3년 전과 비교해 스포츠시설 운영업과 애완용품점의 사업자 수가 각각 140.3%, 80% 증가했다고 한다. 건강과 반려동물은 굳게 닫혀 있던 지갑도 쉽게 열리게 한 것이다. 그러므로 앞으로 내 건강과 반려동물의 건강을 지키면서 즐거움과 행복감을 동시에 느낄 수 있는 펫요가는 더 많은 인기를 끌 것으로 전망된다. 그러나 동물은 사람처럼 말을 할 수 없기 때문에 동물요가를 진행하기 위해서는 동물에 대한 높은 이해와 관심이 필요할 것이다.

〈표 9-5〉 펫요가 지도사의 진로

직 장	활동 내용
펫요가센터	펫요가 시술 및 관리 책임자
애견카페, 애견유치원	펫요가 전문 스텝
방문관리	가정 방문하여 펫요가 시술 및 보호자 교육
교육 강의 및 컨설팅	펫요가에 관한 특강 및 교육 프로그램 운영
진학	동물매개치료 및 동물행동상담 관련 대학원 진학

6) 성공 창업을 위한 Tips

펫요가는 전통적인 요가 자세를 취할 필요가 없다. 편안한 자세로 반려견과 함께 스트레칭을 하거나 마사지를 해주면 된다.

뉴욕에서 동물병원을 운영하는 수의사 대니 셰만스키(Danni Shemanski)는 "펫요가가 강아지들의 삐뚤어진 자세를 개선하는데 효과적이며 보호자와 반려견의 친밀한 유대감 형성을 돕는다"고 설명했다.

강아지를 품에 안고 요가 포즈를 취하거나 마사지를 해주는 것만으로도 심신 안정과 스트레칭 효과에 도움이 된다는 것이다.

펫요가는 반려견에게 무리한 자세를 취하게 하면 동물학대로 이어질 수 있다. 보호자를 효과적으로 지도하기 위해서는 동물복지적인 요가 방법을 개발하고 보호자와 그들의 반려견이 교감할 수 있는 방법의 지도가 필수적이다.

7) 문의 및 참고자료

(1) 문의기관 정보

① 한국동물매개심리치료학회 http://www.kaaap.or.kr/
② 초들맘의 강아지요가 https://blog.naver.com/vet401

(2) 참고자료

① 한국애견요가협회 https://blog.naver.com/kdya_yogidogi
② L Point 매니아 https://blog.naver.com/lpoint_korea/221168081373

3 펫마사지 센터

1) 직무 및 하는 일

(1) 주업무

전문 펫마사지사에 의해 반려동물의 신체 회복과 물리적 자극을 통한 근육 이완으로 스트레스 감소와 신체 기능 회복에 도움을 주는 일을 하는 곳이 펫마사지 센터이다.

마사지 방법을 알려 주고 장소를 제공하는 곳이 펫마사지 센터이다. 펫마사지 센터는 전문 펫마사지사의 반려동물 마사지를 1회 비용 또는 정기 회원비용을 받고 운영할 수 있으며 레슨을 통해 보호자가 그들의 반려동물에게 마사지를 적용할 수 있는 펫마사지 방법을 교습 받을 수 있다.

펫마사지(pet massage)는 반려동물인 개와 고양이들에게 마사지를 해 주는 것으로, 펫 마사지를 통하여 반려동물에게 휴식을 줄 수 있고, 스킨십을 제공하여 반려동물들이 사람들과 사회화가 촉진되며, 공격적 성향을 갖지 않도록 하기위한 예방 효과도 유도할 수 있다.

펫마사지는 아동들에게는 반려동물들의 신체에 대한 구조를 알려주며 사람과 다른 인간들이 보호해야 하는 존재임을 가르칠 수 있다. 펫 마사지는 동물들의 건강에 유익한 효과가 있을 뿐 아니라, 보호자들의 정신건강 향상과 반려동물과의 반려감 상승에도 큰 도움을 준다.

펫마사지는 펫아로마테라피, 펫요가, 펫뮤직테라피를 함께 병행 수행하여 시너지 효과를 얻을 수도 있다.

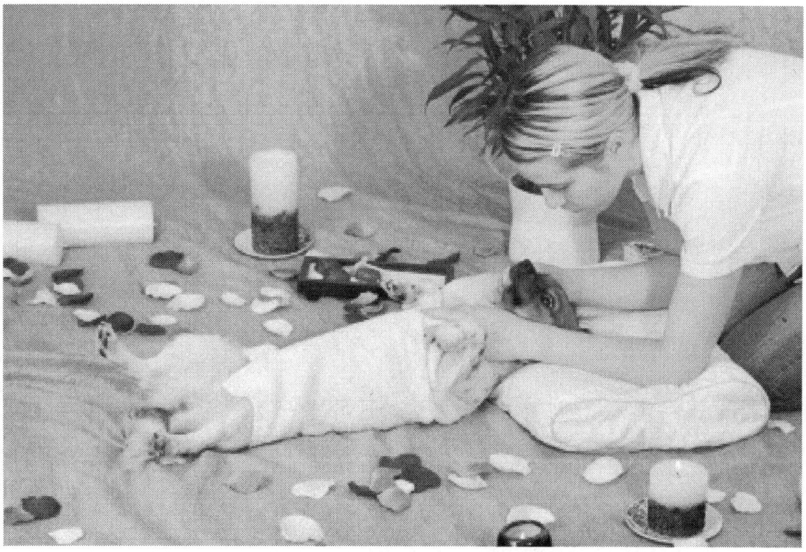

[출처] https://petprosservices.com/

그림 9-5 펫마사지 센터

(2) 수입 발생 분야 및 항목

① 펫마사지

펫마사지 1회 시술 비용을 받아 적용할 수 있고, 부분 마사지와 전신 마사지에 따라 요금을 달리할 수 있다.

또한 별도의 추가 비용으로 펫아로마 요법을 병행하여 추가 비용을 적용할 수도 있다.

② 펫마사지 클래스

펫마사지를 전문가가 아닌 일반인이 잘못된 방법으로 적용하게 되면 반려동물 건강을 악화시킬 수 있어 반드시 동물복지 가이드라인 준수가 필요하다. 적절한 마사지 처방을 계획하기 위하여 전문적인 펫마사지 지식을 습득하여야 한다.

보호자에게 펫마사지 지도를 통하여 일정 레슨비를 받을 수 있다. 펫마사지 센터의 부수적인 수입원은 펫마사지 클레스 레슨비라 할 수 있다.

레슨은 그룹 형태의 단체 클래스로 운영될 수도 있고 개인별 맞춤형 레슨으로 수행될 수도 있다.

2) 창업 준비사항

(1) 인허가 사항

반려동물의 마사지에 관련되어 별도의 인허가는 없으나 보호자 교육이 이루어지는 펫마사지 클래스 운영을 위해서는 지역 교육청에 학원 또는 교습소 등록이 필요할 수 있다.

(2) 점포 유무 및 규모

교육 레슨 클래스 수업을 진행하는 경우에 목표하는 수강생의 수에 따라 학원 또는 교습소의 형태가 달라질 수 있으며, 학원의 경우에 교육청에서 요구하는 면적과 공간을 확보하여야 한다.

(3) 자본금

- 약 5천만원~1억원 정도

(4) 시설 및 기자재

- 펫마사지실
- 수강생 상담실, 수강생 교육실의 공간이 필요하며 반려동물 마사지를 하기에 적합한 시설이 갖추어져야 한다.
- 펫마사지에 도움을 줄 수 있는 보조 기구들이 필요하다.

(5) 직원 인적 구성

① 대표
② 펫마사지사
③ 강사진 (펫마사지)
④ 상담 관리 직원

(6) 경력 및 경험

펫마사지 관련 자격증 소지자로 교육 경력이 필요하다.

3) 관련 자격

한국동물매개심리치료학회(http://www.kaaap.org/)에서 발급하는 **펫 마사지사** 자격증이 민간자격 인증을 받고 발급하고 있다.

국내의 펫 마사지는 향후 반려동물의 건강을 향상시키고 보호자와 반려동물간의 상호교감을 향상하여 행복한 반려동물 문화 형성에 크게 기여할 수 있는 이색 직업으로 주목을 받고 있다.

〈표 9-6〉 펫마사지 센터의 SWOT 분석

강점(Strength)	약점(Weakness)
• 반려동물 스트레스 감소 • 반려동물 복지 향상 • 반려동물과 보호자 상호교감 증대 • 보호자 지도 교육 가능 • 펫마사지센터 운영 가능 • 펫아로마테라피, 펫요가, 펫뮤직테라피와 시너지 가능 • 다양한 진로 선택 가능	• 비과학적인 과도한 마사지는 반려동물 건강을 악화시킬 수 있음 • 동물복지 가이드라인 준수 필요 • 동물물리치료, 반려동물 생리학, 반려동물 해부학, 동물질병학에 대한 다학제적 전문지식 습득 필요 • 풍부한 임상 경험 필요 • 펫마사지에 대한 전문 지식 필요
기회(Opportunity)	**위협(Threat)**
• 반려동물 사육 인구 증가 • 대체요법에 대한 인식 증가 • 반려동물과 보호자 상호교감 필요성 증대 • 반려동물에 대한 스트레스 감소 요구 증대 • 보호자의 반려동물 관련 학습 욕구 증대	• 펫마사지사 담당 역할에 대한 제도화 필요

4) 적성 및 흥미

펫마사지 지도사에 요구되는 적성은 아래와 같다.

① 반려동물을 사랑하는 마음을 가진 자

② 반려동물을 가족으로 생각하는 마음을 가진 자

③ 반려동물의 복지에 관심을 가진 자

④ 반려동물에게 적용하는 펫마사지에 관심을 갖고 꾸준히 학문 수행 자세를 가진 자

5) 현황 및 직업전망

펫마사지 센터는 반려견의 건강을 케어하는 부분에 관심이 증가되고 있는 상황을 고려한다면 전망이 매우 밝다

반려동물 인구의 증가와 반려동물 관련 시장이 성장되고 있는 시점에서 반려동물의 스트레스 감소와 신체 기능 회복에 도움을 줄 수 있는 펫마사지는 소자본으로 창업이 가능한 차별화된 직업으로 자리매김할 것으로 전망된다.

〈표 9-7〉 펫마사지사의 진로

직 장	활동 내용
펫마사지센터	펫마사지 시술 및 관리 책임자
동물병원	펫마사지 전문 스텝
애견카페, 애견유치원	펫마사지 전문 스텝
방문관리	가정 방문하여 펫마사지 시술 및 보호자 교육
교육 강의 및 컨설팅	펫마사지에 관한 특강 및 교육 프로그램 운영
진학	동물매개치료 및 동물행동상담 관련 대학원 진학

6) 성공 창업을 위한 Tips

펫마사지의 주의점으로 비과학적인 과도한 마사지는 반려동물 건강을 악화시킬 수 있어 반드시 동물복지 가이드라인 준수가 필요하며 동물물리치료, 반려동물 생리학, 반려동물 해부학, 동물질병학에 대한 다학제적 전문지식 습득이 필요하다는 점이다. 적절한 마사지 처방을 계획하기 위하여 수의사와의 긴밀한 협력이 필요하다.

7) 문의 및 참고자료

(1) 문의기관 정보

① 한국동물매개심리치료학회 http://www.kaaap.or.kr/

Q&A

펫아로마 테라피란?

반려동물에게 아로마 향을 이용하여 감각을 일깨워 주고 신체 기능을 회복하도록 도움을 주는 요법을 말한다.

펫요가(pet yoga)란?

펫요가(pet yoga)는 반려동물인 개와 고양이들과 보호자가 함께 요가를 하는 것을 말한다.

펫마사지(pet massage)란?

펫마사지(pet massage)는 반려동물인 개와 고양이들에게 마사지를 해 주는 것으로, 펫마사지를 통하여 반려동물에게 휴식을 줄 수 있고, 스킨십을 제공하여 반려동물들이 사람들과 사회화가 촉진되며, 공격적 성향을 갖지 않도록 하기 위한 예방 효과도 유도할 수 있다.

알아두기

펫요가의 효과

펫요가의 대표적인 효과는 다음과 같다.

① 반려동물의 근육이완과 긴장완화 효과를 제공하여 건강을 향상시킬 수 있다.
② 마음을 보는 것으로 알려진 '제3의 눈' 에너지 수준을 높이고 보호자와 반려동물의 마음을 서로 교환하는 효과를 얻을 수 있다.
③ 보호자의 삶의 에너지를 높일 수 있다.
④ 반려동물과 함께할 수 있는 요가 자세를 배울 수 있다.
⑤ 별도의 장비를 추가로 마련하지 않아도 되고, 좁은 공간에서도 활동이 가능하다.
⑥ 반려동물에게 불안을 감소시키고 안정감을 제공할 수 있다.
⑦ 마음의 중심을 잡는 에너지 활성 효과를 얻을 수 있다.

단원 학습 정리

1. 펫아로마테라피(pet aromatherapy)는 반려동물에게 자연의 감각을 일깨워 주고 스스로 자기 몸의 방어적 기능을 되살리고 생활환경의 유기물로 인한 감염을 막아 주도록 관리하는 것을 말한다.
2. 펫요가(Pet yoga)는 반려동물인 개와 고양이들과 보호자가 함께 요가를 하는 것을 말한다. 펫요가는 반려동물과 그들의 주인인 보호자가 한 팀을 이루어 요가 활동을 한다.
3. 펫요가는 동물복지가 우선적으로 고려되어야 한다. 요가 자세는 여러 가지 어려운 동작을 취해야 하는 경우가 발생하여 고난이도 요가 자세는 동물학대 문제가 발생할 수 있기 때문이다.
4. 펫요가지도사는 한국동물매개심리치료학회에서 발급하는 펫요가지도사 자격증을 취득한 자로서, 반려동물인 개와 고양이들과 보호자가 함께 요가를 할 수 있도록 지도하여 프로그램을 설계하고 지도하는 전문가이다.
5. 펫마사지(pet massage)는 반려동물인 개와 고양이들에게 마사지를 해 주는 것으로, 펫 마사지를 통하여 반려동물에게 휴식을 줄 수 있고, 스킨십을 제공하여 반려동물들이 사람들과 사회화가 촉진되며, 공격적 성향을 갖지 않도록 하기위한 예방 효과도 유도할 수 있다.
6. 펫마사지사는 한국동물매개심리치료학회(http://www.kaaap.org/)에서 발급하는 펫마사지사 자격증을 취득한 자로서, 반려동물인 개와 고양이들에게 전문 마사지테라피를 시술하여 반려동물에게 휴식을 줄 수 있고, 스킨십을 제공하여 반려동물의 사회화 촉진 등을 유도할 수 있는 전문가이다.

쉬어가는 페이지

반려동물 건강 챙기고 교감 높이는 '도그 요가'

도그 요가는 말 그대로 '도그'와 '요가'의 합성어로 반려견과 함께 즐기는 요가다. 사람과 반려견의 유대관계를 향상시켜주고 반려견의 건강 상태도 확인할 수 있다.

반려 문화 선진국 일본의 경우 관련 협회가 결성된 지 10년이 넘었고, 고양이와 함께하는 요가도 진행 중이다. 국내에서는 아직 도입 단계지만 관련 행사 신청자가 조기 마감될 정도로 선호도가 높다.

도그 요가는 명상과 호흡 스트레칭으로 이뤄져 있고, 반려견과 호흡을 맞춘다는 점에서 기존의 '커플 요가'와 비슷한 측면이 있다. '아로마 마사지'와 같이 반려견의 건강을 집중적으로 케어할 수 있는 동작들이 포함돼 있는 것도 특징이다.

외국에서는 도그 요가의 효과가 이미 입증된 지 오래다. 미국 뉴욕 베티네리 동물병원의 대니 셰만스키 수의사는 '뉴욕 포스트'와의 인터뷰에서 "도그 요가는 반려견의 삐뚤어진 자세를 교정하는 데 효과적"이라며 "개의 허리뼈는 총 7개로 이뤄져 있고 다양한 근육이 주변에 위치해있다. 도그 요가는 뭉친 근육을 풀어주고 개들의 바른 자세를 유지해준다"고 말했다.

단순히 보호자와 반려견의 건강뿐 아니라 서로의 심리 치료를 위해 도그 요가를 수강하는 반려인들이 많다. 우울증을 겪거나 사교성이 부족한 반려견과의 소통을 늘리고 싶은 마음에서다. 요가라는 운동 자체가 정적이면서 심신을 안정시키는데 탁월하고 무엇보다 함께 운동을 하며 보호자와 반려견 사이 유대감 형성에 큰 도움을 준다.

도그 요가의 장점은 대부분 실내에서 활동해야하는 국내 반려 문화와도 맞닿아있다. 실내의 좁은 공간 안에서도 요가 매트 하나만 준비하면 쉽게 즐길 수 있다.

출처 : 스포츠경향 (http://sports.khan.co.kr/bizlife/)

메모장

제 10 장

반려동물 장묘업

I. 반려동물 장묘업

동물장묘업은 반려동물의 소유자가 반려동물에 대하여 가지는 가족애 등의 정서를 고려하여 장례의 방식으로 반려동물의 사체를 처리함을 의미한다.

I

반려동물 장묘업

학습목표

1. 반려동물 장묘업의 인허가 사항에 대해 알 수 있다.
2. 반려동물 장묘업 창업 준비 사항에 대해 알 수 있다.
3. 반려동물 장묘업의 성공 비결에 대하여 알 수 있다.

1 직무 및 하는 일

1) 주업무

반려동물 1,000만 마리 시대에 갖가지 관련 직업이 탄생할 거라 예상했지만 이 직업은 '상황'을 맞닥뜨려 봐야 필요성을 인식한다. 가족처럼 지내던 동물의 죽음이다. 열악하기 그지없는 동물 장례 정보, 슬픔을 이해 못하는 주변의 몰인식, 생전 제대로 챙기지 못했다는 죄책감이 맞물릴 때쯤 찾게 되는 게 반려동물 장례 전문가다.

2017년 5월 25일 서울시와 농림축산식품부 추산에 따르면 한해 죽음을 맞는 반려동물은 15만 마리 정도다. 하루 평균 410 마리가 죽은 것이다.

이 중 농림부에 정식 등록된 장묘업체에서 화장되는 동물 수는 3만1000~3만3000여 마리 뿐이다. 나머지 12만여 마리는 생활 혹은 의료 '폐기물'로 분류돼 민간 소각장에서 화장되거나 야산·길거리 등에 버려진다.

반려동물의 사후 환경오염은 사체에 대한 불법매장을 꼽을 수 있다. 현재 키워지고 있는 반려동물의 평균연령을 계산한다면 연간 30만 마리의 반려동물이 죽고 이 죽은 반려동물의 몸무게를 환산하면 대략 2,000톤으로 추정된다. 이렇게 사망한 2,000톤의 반려동물 대부분은 지금도 불법 매장으로 처리되고 있다.

(1) 동물장묘업자의 역할은?

가정에서 가족 구성원으로서 키워지던 반려동물이 사망했을 때 보호자의 슬픔을 이해하고 달래주어야 하며, 처리사업으로 인한 환경의 오염을 방지할 수 있어야 한다.

(2) 동물장묘업자의 책무는?

가정에서 가족 구성원으로서 키워지던 반려동물이 사망했을 때 보호자의 슬픔을 이해하고 달래주어야 하며, 처리사업으로 인한 환경의 오염을 방지할 수 있어야 한다.

(3) '반려동물 장례지도사'란?

① 탄생배경

최근 반려동물을 기르는 사람들이 증가하면서 반려동물을 가족의 일원 또는 삶의 동반자로 생각하는 사람들도 많아졌다.

1983년 오스트리아 빈에서 열린「인간과 동물의 관계에 관한 국제심포지움」에서는 사람과 더불어 사는 동물로 그리고 동물이 인간에게 주는 여러 혜택을 존중하기 위하여 애완동물이라는 용어 대신에 반려동물(伴侶動物, companion animal)을 사용하기로 제안했고 이 말은 현재 일본, 미국, 유럽 등 대부분의 국가에서 사용하고 있다.

국내에서도 동물에 대한 학대행위 방지 등 동물을 적정하게 보호 · 관리하기 위한 동물보호법이 1991년 제정되었고, 2015년 일부 개정 후 현재까지 시행되고 있다.

이처럼 반려동물에 대한 사람들의 인식이 변화하면서 반려동물장묘업과 반려동물장례지도사라는 직업이 나오게 됐다.

반려동물의 존재감이 커지고 그들의 죽음을 진심으로 애도하는 장례를 치러주고자 하는 사람들이 늘어나면서 등장하게 된 것이다.

좀 더 구체적으로 국내에서는 1999년도에 일본의 애견장묘업체가 소개되면서 그 사업성을 내다보고 몇몇 업체가 관련 일을 시작하였고 그 뒤로 국내 업체를 모델로 후발업체들이 생겨났다.

그리고 2001년부터 본격적인 장례서비스가 이루어지고, 2008년 동물보호법이 개정되면서 동물장묘업에 대한 법적 기반이 마련되어 반려동물장례지도사의 본격적인 활동이 시작됐다.

② 하는 일

반려동물장례지도사는 반려동물의 장례와 관련한 모든 것을 책임지는 반려동물 장례전문가이다.

이들은 반려동물의 장례식을 주관하고 장례절차 및 각종 용품을 준비하는 등 장례관련 업무를 한다.

수행하는 업무는 크게 사체 이송, 장례식 과정의 염습과 입관 절차를 다루는 예식 그리고 화장로를 이용한 화장의 3가지로 구분되며 보다 구체적인 업무 내용은 다음과 같다.

보통 반려동물이 사망했다고 장례의뢰가 들어오면 고객과 장례절차에 대해 논의하고 자택으로 영구차를 보내 사체를 장례식장으로 운구한다. 그 뒤 반려동물의 사체를 곧고 바르며 깨끗하게 거두는 수시(收屍)와 염습(殮襲: 사체를 깨끗이 목욕시켜 수의를 입히는 일)을 거쳐 입관(入官: 사체를 관속에 넣는 작업)을 한다.

반려동물도 사고사를 당하는 경우가 있는데 이럴 경우 수술용 바늘로 사체를 꿰매서 최대한 깨끗한 상태로 복원한다. 입관이 끝나면 발인을 하게 되며 고객의 종교에 맞게 장례예식을 치르고 화장을 한다. 화장 뒤에는 유골을 수습하고, 분골을 고객에게 인도하며 예식을 종료하게 된다.

고객에 따라 화장만 하는 경우도 있고 화장 뒤에는 반려견 장묘업체가 보유하고 있는 납골당에 두거나 야외에 뿌리기도 한다. 또한 장례식에 직접 참여하지 못하는 고객을 위하여 모든 과정을 동영상으로 촬영하여 제공해주는 일도 한다.

이처럼 반려동물장례지도사는 사체이송 및 장례, 화장에 이르기까지 모든 과정을 혼자 맡아서 처리하며 따라서 장례식장과 화장장, 납골당을 함께 갖추고 있는 곳에서 근무를 한다.

③ 근무환경

근무시간은 업체에 따라 차이가 있지만 보통 오전 9시에서 저녁 9시까지이다. 장례업무라는 것이 언제 발생할지 모르기 때문에 밤늦은 시간이나 주말에도 고객의 요청에 따라 일을 할 수 있다. 근무할 때는 청결함을 유지하기 위해 병원 가운을 입고 근무를 한다.

반려동물의 종류와 크기에 따라 차이가 있지만 장례식 준비에서 화장 뒤 마무리까지 보통 3시간 정도의 시간이 소요된다.

근무환경에 있어 특별한 제약은 없으며 업무의 특성 상 장례식에 참석하는 고객들이 매우 슬픔에 잠겨있는 상태이고 경우에 따라 신경이 매우 예민해진 고객도 있기 때문에 항상 말과 행동에 있어 주의를 기해야 한다.

2) 수입 발생 분야 및 항목

① 장묘시설 사용료 분석

현재 국내에서 영업 중인 장례업자의 장례수수료는 조사 결과 화장 비용 및 납골당 관리비용으로 구분되어 있었으며, 7kg 미만의 반려동물로 가정하였을 때 화장비용은 업체마다 대략 15만 원 정도이며, 납골당 관리비용은 일반형 1년을 기준으로 할 때 대략 10만 원 정도로 나타났다.

〈표 10-1〉 국내 장묘업체 서비스 현황

업체명	시설 및 규모	장례종류 및 서비스/가격
페트나라	화장로 2기 보유 화장장, 납골당, 장례식장	기본 5kg 미만(20만원) 1kg 추가 시 1만원씩 추가
펫로스엔젤	장례설비 1기, 장례식장,납골당	기본장(20만원)
펫바라기	장례식장 국내 최대 화장장 보유	화장, 납골,스톤제작 19만원 부터
굿바이펫	CCTV 의무설치화장로 보유 분향실, 납골당	장례화장예식(30만원)
러브펫	장례식장, 화장장, 메모리얼 스톤 직접제작	화장로유골함 포함 kg 추가시 1만 원씩
메리온	반려동물 장례전용 신축 건물, 친환경 최신 화장시설	기본장(20만원) 염습,예식, 유골함
아롱이천국	장례식장, 화장로 2기, 납골당	기본 5kg(15만원)
엔젤스톤	동시 화장 3기 가능 -대형견 60kg 이상도 화장가능 납골당 운영	-기본사양(도자기 단지 포함) 5kg : 20만원 60kg : 85만원
파트라슈	화장로 2기 보유 화장장, 납골당,장례식장	기본 5kg 미만(20만원) 1kg 추가시1만원씩 추가

〈표 10-2〉 국내 장묘업체 장묘 용구 가격 현황

목록	사진	가격	
		중국	한국
관		3만2천원~30만원 (200위안~1800위안)	7만원
유골함		3만2천원~30만원 (200위안~1800위안)	5만원~10만원 (기본 유골함은 화장료에 포함)

목록	사진	가격	
		중국	한국
비석		8만원~21만원 (500위안~1300위안)	–
메모리얼 스톤		130만원~652만원 (8000위안~40000위안) * 뼈+보석으로 구성	15만원 * 뼈만으로 구성
묘지안치		47만원~57만원 2880위안~3480위안/5년 (관리비불포함, 관리비 1년 기준 50위안~100위안)	–
납골당 안치		–	10만원~30만원 (관리비 1년 기준 5만원~10만원)

3) 평균 수입

- 장묘사업 예상 영업이익율은 20~25% 선
- 최근 개설한 장묘업체 경우 1일 이용고객 5.5명을 기준
- 1일 매출액 : 5.5명 × 20만원 = 110만원 – 순수 화장비용만 계산(평균 5.0kg 기준)
- 일 매출액 : 110만원 × 30.5일 = 월 3,355만원 + 장례 시 추가 선택에 따라 매출액은 더 큰 폭으로 상승될 것으로 예상됨.
- 월영업이익 : 3,355만원 × 22.5% = 754만원 – 영업이익율 22.5%로 계산 – 장례 시 추가 선택에 따라 매출액은 더 큰 폭으로 상승될 것으로 예상됨.

2 창업 준비 사항

1) 인허가 사항

> 동물보호법 개정에 따라 반려동물 장묘시설을 운영하고자 하는 사업자는 동물보호법 제35조 제2항 관련시설 및 인력기준을 충족하여야 하고 사업장 소재지 지자체(구청, 시청 또는 군청)에 등록 신청을 하여야 한다. - 자세한 내용은 15장 부록 참조 -

반려동물 장묘업을 운영하기 위해서는 지자체에 등록을 하여야 한다. 지자체 등록이 지역주민들의 민원 때문에 생각보다 쉽지 않은 상황이다. 반려동물 장묘업을 운영하기 위해서는 지역 주민들과 사전 원만한 관계 형성이 필수라 할 수 있다.

① 동물장례업 허가제 관리방안

현재 운영되고 있는 26개정도의 장례업체 중에 활발하게 운영 되고 있는 곳은 전국적으로 10개 미만이며 이 업체들도 설치된 시설을 충분히 활용하지 못하고 있을 정도의 수준이다.

그러나 장례업체를 이용하는 보호자들이 많아져야 불법매장이 줄어들게 되므로 동물장례업을 활성화시킬 필요가 있으며, 반려동물 등록제에 따라 사망으로 인한 등록해지(사망신고)가 관리되어야 한다. 따라서 불법매장을 근절하고 등록과 사망신고가 균형 있게 이루어지기 위하여 동물장례업은 등록제에서 허가제로 전환이 필요하다고 판단된다.

② 사체처리 반려동물의 범위

개와 고양이 등 법에서 정한 소각로에 수용할 수 있는 크기의 가정에서 사육되며 법령에서 정한 반려동물 또는 타 반려동물로서 사망확인서가 첨부된 사체가 해당된다.

③ 동물장묘업의 범위

동물 사체의 화장에 필요한 소각시설 및 해당 사체 소각 후 발생한 소골을 납골하기 위한 시설이다.

④ 동물장례업 허가절차 및 허가사항

- 허가절차 : 시설기준과 인력기준을 충족하면 장례업자는 관할 관청에 허가 신청을 하고 관할 관청은 허가증을 주어 장례업자는 허가를 받게 됨. 이에 장례업자는 허가사항을 준수 하여야 함

– 허가사항 : 장례업체의 명칭 및 주소(법인일 경우 대표자 이름), 장례업의 종류, 장례시설의 위치, 장례시설의 규모 및 처리능력,
– 첨부서류(지적도, 평면도, 장례시설의 유지관리 계획서, 사용할 건물 및 토지소유자의 사용승낙서(타인 소유의 건물 또는 토지에 설치하는 경우에 한함)

⑤ 동물장례업 변경허가
– 동물장례업자는 최초 신고한 내용 중 다음과 같은 내용이 변경될 경우에는 변경허가를 취득해야함.
– 변경허가 사유 : 장례업체의 명칭 및 주소, 대표자의 변경, 장례시설의 변경

⑥ 장례시설의 설치제한지역 지정
– 현재 시행 중인 장사 등에 관한 법률 및 동법시행령에서 규정하고 있는 설치제한지역을 준용[장사 등에 관한 법률 제15조(묘지 등의 설치제한), 동법시행령 제14조(묘지 등의 설치제한지역)]
– 국토의 계획 및 이용에 관한 법률 제36조 제1항 제1호 가목내지 다목의 규정에 의한 주거지역 상업지역 및 공업지역 다만, 화장장 및 납골시설의 경우에는 국토의 계획 및 이용에 관한 법령의 규정에 의하여 당해 시설을 설치할 수 있는 지역을 제외함
– 한강수계 상수원 수질개선 및 주민지원 등에 관한 법률 제4조, 낙동강 수계 물관리 및 주민지원 등에 관한 법률 제4조, 금강수계물관리 및 주민지원 등에 관한 법률 제4조 , 영산강 · 섬진강 수계물 관리 및 주민지원 등에 관한 법률 제4조의 규정에 의하여 지정 · 고시된 수변구역 및 환경정책기본법 제22조에 의하여 지정 고시된 특별대책지역(상수원 수질보전을 위한 것에 한함)중 수도법 제5조 제1항의 규정에 의한 상수원보호구역을 제외한 지역(공설묘지 · 법인묘지와 법 제14조 제2항의 규정에 의한 재단법인이 설치하는 10만제곱미터 이상의 납골묘 및 납골탑을 새로이 설치하는 경우에 한함)
– 도로법 제50조 및 고속국도법 제8조의 규정에 의하여 지정 · 고시 지정된 접도구역
– 하천법 제8조의 규정에 의하여 지정 · 고시된 하천구역
– 농지법 제30조의 규정에 의하여 지정된 농업진흥지역
– 산림법 제49조의 규정에 의하여 지정 고시된 채종림, 동법 제61조의 규정에 의하여 지정 고시된 보안림 및 동법 제71조 제 1항제 1호 규정에 의한 보존국유림
– 사방사업법 제4조의 규정에 의하여 지정 고시된 사방지
– 군사시설보호법 제4조의 규정에 의하여 설정된 군사시설보호구역 및 군사기밀보호법 제5조의 규정에 의하여 설정된 군사보호구역 다만, 국방부 장관의 인정을 받거나 관

할부대장의 승인을 얻은 경우에는 그러하지 아니함. 붕괴 침수 등으로 인하여 보건위생상 위해를 끼칠 우려가 있는 지역으로써 지방자치단체의 조례가 정하는 지역

2) 점포 유무 및 규모

〈표 10-3〉 민간 동물장묘시설 건축비용

항 목	세 부 내 역	금 액(천원)	비 고
건축비	50평 건물 신축	125,000	평당 250만원
기 계	화장시설 (화장로 2기 기준)	일반형 65,000	- 평균 1기당 8천만원 내외 - 중소형견(25kg) 화장로 기본형 - 대형견(50kg) 화장로 경우 1.46배 제작비용 상승
		고급형 98,000	
인테리어	내부시설	30,000	평당 100만원
집기류	소파, 의자, 납골함 등	20,000	냉난방시설 포함
스톤제작기계	추모석제작기계	5,000	-
차 량	스타렉스(리무진)	30,000	차량내부 개조비용 별도
합 계	-	373,000천원	화장로2기로 할 경우

*화장시간 : 30~40분, 화장로공사기간: 2개월, 소각연료: LNG, LPG, 등유로 화장로 설비업체마다 다름 (LNG가 가장 효율적)

*화장로는 중소형견과 중대형견으로 각각 1기씩 운영하는 것이 바람직함 (고객에게 충분한 추모공간 제공)

3) 자본금

다른 창업과 다르게 반려동물 장묘업은 기본적인 시설로 화장시설을 설치하여야 한다. 따라서 기본 자본금이 화장시설 설치에 따른 고비용이 필요하다.

앞서 분석한 데로 민간 반려동물 장묘업 시설 설치비용으로 4억 정도의 비용이 산출된 것을 보면 알 수 있듯이 기본 자본금이 타 사업에 비교하여 확보 되어야 한다.

4) 시설 및 기자재

① 화장장 및 납골시설

- 장사 등에 관한 법률시행령 제13조(사설화장장 등의 설치기준)

- 사설 화장장 및 사설 납골 시설의 설치기준을 적용하되, 화장로실에는 범죄예방을 목적으로 하는 감시기기 부착과 감시기기의 자료는 12개월간 보관함을 의무화함.

② 화장장

- 화장장에는 화장로실, 관리사무실, 유족대기실 및 편의 시설, 분향실, 화장 한 유골을 뿌릴 수 있는 시설 그 밖의 필요한 시설물과 주차장을 마련해야 함. 화장로실은 시체 또는 유골을 완전 연소시킬 수 있는 구조의 화장로를 설치하여야 하고 외부와 엄격히 구획되어야 하며, 소각 또는 연소에 의하여 생기는 소음 매연 분진 악취를 방지할 수 있는 시설 및 오수처리시설을 설치하고 환경관련법령의 규정에 의한 배출허용기준에 적합하도록 운영하여야 함.

③ 납골시설

- 납골시설의 연면적은 100제곱미터를 초과할 수 없음. 납골시설은 유골을 안전하게 보관할 수 있는 설비를 갖추어야 함. 납골당은 사원 묘지 화장장 그밖에 지방자치단체의 조례가 하는 장소에 설치하여야 함.

5) 직원 인적 구성

① 동물 장묘업을 영위하기 위한 인력

- 소각로 운영을 위한 환경기사, 사망확인을 위한 수의사(비상근직 가능 혹은 공수의 운영) 등

② 운영을 위한 관리직원

- 관리직원은 운영, 경리 등 사무업무 외에 동물의 사체의 등록사항(전자적 인식장치)을 확인하고 정부에서 운영하는 시스템에 접속하여 사망신고를 해야 하며, 만일 등록사항이 없는 사체의 경우는 사체인수자의 인적사항을 기재하여 비치함.

③ 장례절차 직원

- 운영을 위한 관리직원이 겸할 수 있으며, 원하는 장례절차를 진행하는 장례식 전문 직원을 말함.

6) 경력 및 경험

- 반려동물 장묘시설은 전국에서 반려동물이 가장 많은 수도권 근처에 수요가 몰리면

서 경기 지역에만 전체의 절반(44%)에 달하는 11곳이 존재함. 서울은 대기환경보전법과 폐기물관리법에 따라 동물 화장장이 아예 들어설 수 없음.

- 현행법상 동물 화장장 설치는 허가제가 아닌 등록제라 일정 요건만 갖추면 누구나 가능함. 다만 해당 지역 주민들의 반발과 이를 의식한 지방자치단체가 등록신청서를 반려하거나 건축허가를 받아주지 않으면서 업체와의 법정 소송으로까지 번지는 등 갈등의 골은 깊어가고만 있음
- 파주에서도 2016년부터 시청과 A사 간의 법정다툼이 이어졌음.
  A사가 같은 해 1월 동물장묘업 등록신청서 및 건축허가를 내자 시청 측에서는 화장시설의 규정 미비 등을 들어 보완을 요구했고, 기한 내 보완이 이뤄지지 않자 신청서를 반려했음.
  A사는 파주시를 상대로 동물장묘업 영업등록 신청 반려처분 취소청구 등의 행정심판을 청구해 승소한 데 이어 서울고법의 항소심에서도 이겼음. 파주시 측에서는 다시 대법원에 상고한 상태임.
- 동물 화장장을 둘러싸고 갈등을 빚고 있는 지역은 파주뿐이 아님.
  경기 고양과 용인, 수원, 그리고 인천, 대구, 전북 전주, 경남 김해 등지에서도 동물 장묘시설을 설립하겠다는 신청이 이어지면서 지자체와 법적 소송이 벌어짐. 법원은 대부분 업체의 손을 들어주고 있음.
- 2017년 9월 수원지법 행정1부는 용인 처인구청장을 상대로 한 B사의 '개발행위 불허가 처분취소 소송'에서 원고 승소 판결을 내리며 "동물 장례식장이 환경오염이나 생태계 파괴를 초래할 객관적 증거가 없다"고 밝힘.
- 대구 서구에서도 주민 1,000여명이 동물장묘시설 반대 탄원서를 제출하면서 서구청이 관련 건축허가를 불허했으나 업체 측에서 행정소송을 제기해 승소함.
- 총 5곳의 업체가 동물 화장장을 세우겠다고 나섰던 경남 김해에서는 시청에서 이중 3곳에 대해 불허 결정을 내렸지만 행정심판에서 부당하다는 결론이 남. 나머지 2곳은 사업 검토 중이거나 허가는 이미 났으나 주민 반발에 부닥친 상태임. 결국 김해시청에서는 공설 동물장묘시설 건립을 위한 타당성 검토에 착수함. 김해시 측은 "실제 동물 장묘 수요뿐 아니라 주민들의 민원을 최소화할 입지, 환경오염 등을 종합적으로 분석할 계획"이라고 전함.
- 동물장묘업체 측에서는 법 규정과 판결이 나와 있는데도 지자체가 주민들의 여론에 떠밀려 '불허가'를 남발하고 있다고 입을 모으고 있음.
- 아울러 동물 화장장은 혐오시설이 아닌 공익적 요건을 갖춘 '편의시설'로 보는 것이 합당하다는 주장임.

- 전국에서 동물 화장장이 아예 없는 지역은 서울을 비롯해 인천과 대전, 강원, 전남, 울산, 제주 등임. 심지어 인천은 2016년 기준 전국에서 네 번째로 많은 반려동물이 등록(총 7만193마리)돼 있는데도 관련 시설이 하나도 없음.
- 이로 인해 인천 군수·구청장 협의회에서는 동물 화장장 건립을 건의했으나, 인천시에서 중장기 검토사항으로 돌리면서 사실상 무산됨.

〈표 10-4〉 동물장묘 시설 관련 분쟁 현황

동물장묘시설 주요 분쟁 현황

지자체	내용	행정심판·소송
대구 달서구	서구 상리동 건축허가 불허, 주민 1000여명 반대 탄원	행정소송 패소, 항소
경북 칠곡군	가산면 농지 건축허가 불허, 반대대책위 '호국고장 이미지 훼손' 주장	행정소송 패소
경남 김해시	생림면 봉림리, 나전리 상동면 우계리 등 5곳 신청 3곳 불허	공설 화장장 건립 검토
경남 창원시	동물화장시설 등 반려동물 테마공원 조성	주민 반발로 포기
경기 용인시 처인구	환경오염 등 이유로 개발행위 불허	행정처분 취소소송 패소
경기 파주시	동물장묘업 등록 불가 처분	행정심판·법정소송 패소
경기 양평군	불허가, 업체 "마을 이장들에 발전기금으로 5억원 제공에도 사업반대 민원제기" 주장	
경기 고양시	덕양구 동물화장장 조성계획 주민 반발로 중단	
전북 전주시	도시 외곽지에 동물장묘시설 설립 건축허가 신청, 도시계획심의위 회부	

자료: 각 지자체

[출처] 한국일보, 2018.http://news.naver.com/main/read.nhn?mode=LSD&mid=sec&sid1=102&oid=469&aid=0000276033

① 동물장묘시설 운영 시 발생할 수 있는 문제점에 대한 해결방안

- 현재 반려동물 장묘시설은 민간이 주도하여 지자체에 신고등록을 취득하는 절차를 거치고 있음. 그러나 지자체에서는 지역 민원을 고려하여 등록 절차를 지연하고 있음.
- 이는 지자체가 주관하여 진행하는 공공장묘시설임을 고려할 때 충분히 해결할 가능성이 있는 문제로 판단됨.
- 충북 청주시 상당구 남이면 한 야산 기슭에 위치한 '우바스'는 주민과 공감대를 형성해 안착에 성공한 곳으로 꼽히고 있음. 부지 1만4000㎡에 납골당과 화장장, 추모실은 물론 수목장지까지 두루 갖추고 동물장묘업을 시작하였고 화장 건수는 불과 6개월 만에 450여건이나 되는 것으로 파악되고 있음.

3 관련 자격

반려동물 장묘업을 운영하기 위해서는 동물장묘업 등록을 하여야 한다. 지역 주민들의 민원 때문에 등록을 지자체에서 잘 해주지 않는데 등록을 하는 부분과 장묘시설 건축 시 지역 주민들의 반대를 원만히 해결하는 부분이 사업 준비에 가장 중요한 부분이다.

사업자가 사업 운영을 위해 필요한 필수 자격은 없으나 도움이 될 수 있는 자격에는 한국동물매개심리치료학회에서 발급하는 반려동물관리사 자격증 등이 있다.

4 적성 및 흥미

반려동물을 좋아하고 생명에 대한 존중 의식이 있는 사람이 반려동물 장묘업에 적합하다. 죽은 반려동물에 대하여 진정으로 안타까워하고 슬퍼하는 보호자를 진심으로 위로할 수 있어야 한다. 또한 책임감을 가지고 반려동물 사체를 보호자가 만족할 만한 수준으로 처리할 수 있어야 한다.

5 국내외 현황

1) 국내 현황

① 국내 운영 중인 반려동물 장묘업체 등록현황
- 2022년 기준 전국적으로 총 59개의 장묘업체가 등록되어 있음.

〈표 10-5〉 동물장묘업체 운영 형태

구 분	장례식장	화장장	납골시설	수목장(야외장)
A타입 장묘업체	○	○	○	○
B타입 장묘업체	○	○	○	×
C타입 장묘업체	○	○	×	×
D타입 장묘업체	○	건조장	○	×

*화분장 경우 유골을 특수제작한 화분에 넣은 후 화초를 심어 보관하는 방식 (화분비용 5만원 추가 발생)
*유골을 추모석으로 제작할 경우 15만원~20만원 비용 발생

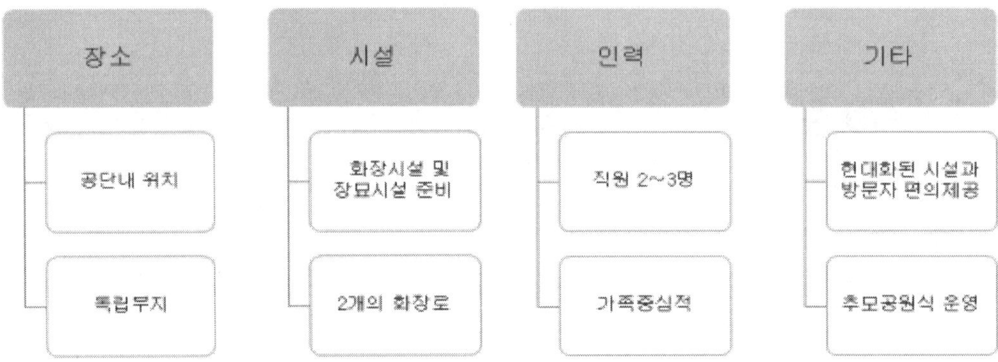

*반려동물장묘업체가 주로 공단 내 있는 이유는 민원이 적고 도시가스를 사용할 수 있기 때문임

그림 10-1 민간 동물장묘업체 현황 분석

〈표 10-7〉 국내 반려동물 장묘업체 등록 현황

No.	업체명	전화번호	소재지	영업내용
1	하늘소풍	055-674-2525	경남 고성군	장례, 화장
2	위드업(메리온)	055-374-6503	경남 양산시	장례, 화장, 납골
3	영남반려동물힐링센터	1599-1627	경북 청도군	장례, 화장, 납골
4	펫바라기	063-625-3737	전북 남원시	장례, 화장, 납골
5	위드엔젤	041-332-8787	충남 예산군	장례, 화장, 납골
6	㈜좋은친구들	041-858-4411	충남 공주시	장례, 화장
7	에이지펫	1661-2272	충남 천안시	장례
8	펫로스엔젤	1544-7374	충북 청주시	건조
9	우바스	1588-6326	충북 청주시	장례, 화장, 납골
10	굿바이펫	043-642-1537	충북 제천시	장례, 화장, 납골
11	더 고마워	031-878-7779	경기 양주시	장례, 화장, 납골
12	하늘애	1588-7166	경기 광주시	장례, 화장, 납골
13	㈜펫포레스트	031-761-5171	경기 광주시	장례, 화장, 납골
14	㈜해피엔딩	1899-5127	경기 광주시	장례, 화장, 납골
15	아롱이천국	031-766-1122	경기 광주시	장례, 화장, 납골
16	러브펫	031-796-4341	경기 광주시	장례, 화장, 납골
17	월드펫(㈜하이루추모공원)	031-984-9922	경기 김포시	장례, 화장, 납골
18	㈜위디안(엔젤스톤)	031-981-0271	경기 김포시	장례, 화장, 납골
19	마스꼬다 휴㈜	031-989-2444	경기 김포시	장례, 화장, 납골
20	페트나라	031-997-4445	경기 김포시	장례, 화장, 납골
21	㈜아리아펫	031-635-2266	경기 이천시	장례, 화장
22	㈜펫바라기	031-376-3179	경기 고양시	장례, 화장, 납골
23	㈜하늘펫	062-946-2626	광주 광산구	장례
24	대구러브펫	053-593-4900	대구 달서구	장례
25	파트라슈	051-723-2201	부산 기장군	장례, 화장, 납골
26	무지개언덕	044-863-7075	세종시	장례, 화장, 납골

[출처] 동물보호관리시스템 : www.animal.go.kr)

② 장묘업체 이용 현황 파악

i) 현황

- 한 해 죽음을 맞이하는 반려동물은 약 15만 마리
- 하루 평균 410마리 숨을 거둠

ii) 장묘시설 이용 형태

- 정식 등록된 장묘업체에서 화장되는 동물 수는 3만 1,000~3만 3,000여 마리에 불과함
- 나머지 12만여 마리는 생활 혹은 의료 폐기물로 분류되어 민간 소각장에 화장되거나 야산 길거리 등에 버려짐

• **업체명 : 파트라슈**

- 위치 : 부산광역시 기장군 장안읍 좌동리 49-1번지
- 수요 : 부산의 동물장례업체로서 이용률이 높음
- 비용

항 목	금 액
기본장례 - 소형견 5kg 미만	20만원
기본장례 - 소형견 5kg 이상 10kg 미만	25만원
기본장례 - 소형견 10kg 이상 15kg 미만	30만원

- 운영방식
  * 사이버 추모관 운영
  * 장례 및 화장 진행 (장례예식절차에 따라 진행) 〉 유골인도 (분골함 또는 납골단지에 담아 유골인도) 〉 사리제작 (선택사항) 〉 추모관 (선택사항)
- 접근성
  * 자가용 (1시간 30분 소요) 대구기준
  * 기차 (2시간 40분 소요) 동대구역 일반기차 기준
  * 버스 (1시간 40분 소요) 대구기준
  * 경남지역 (부산 등) 비교적 가까움
  * 외지에 있어 접근이 다소 어렵고 복잡
- 주민 민원
  * 주민 혐오 시설이라 표지판이 제대로 되어있지 않음.
  * 주민으로부터 행정소송까지 가는 혹독한 과정

• **업체명 : 대구러브펫**

– 위치 : 대구광역시 달서구 장동 50번지

– 수요 : 대구광역시에 유일한 동물장례업체로서 월 100여건 장례

– 비용

* 화장비용

항 목	금 액
5kg 미만	20만원
10kg 미만	25만원
20kg 미만	30만원

* 장례용품

항 목	금 액
기본(일반)수의	7만원
기본(일반)관	7만원
기본(일반)함, 특수(한지)함	5만원

* 납골당

항 목	금 액
일반 납골당	1년 10만원
고급 납골당	1년 30만원

– 접근성

* 도심지에 위치하여 접근성 좋음

– 주민 민원

* 주민 혐오 시설이라 개장하는데 4년 소요

* 개장당시 반대민원이 빗발쳤으나 반려동물을 기르는 사람도 점차 늘고 반려동물 산업을 미래산업으로 키우려는 분위기에 따라 점차 안정

• **업체명 : 에이지펫**

– 위치 : 서울특별시 금천구 가산동 555-4번지

– 수요 :

– 비용

* 기본 – 20만원 (5kg 이하의 소형 반료동물 기준)

* 소형동물 (고슴도치, 햄스터, 소형조류 등) – 15만원

– 운영방식

* 사이버 추모관 운영
* 접수 〉 의전팀 출동 〉 사채수습 〉 운구 〉 분향 〉 화장 〉 유골함 인도
* 친환경처리 장비 운영

구분	건조장	화장
결과물 처리	화분용 비료 가능	봉안(납골)기간 종료후 처리문제
소요시간	30분 ~ 1시간 이내	1 ~ 2시간 이내
에너지 소비	전기	전기, 화석연료
대기오염	없음	각종 대기오염물질 방출
수질오염	없음	각종 수질오염물질 방출
토양오염	없음 (생태학적 분해로 인한 양분공급)	2차 처리를 해야 자연으로 환원

* 엔젤스톤: 화장 후 남은 순수 유골을 초고온으로 용융하여 만든 아름다운 자갈형상 및 구슬의 결정체
* 화장예식 진행 〉 화장 〉 유골함 인도 〉 산골 및 추모실 보관, 엔젤스톤

iii) 문제점

– 버려지는 반려동물의 사체가 많은 이유는 사체를 처리할 장례 인프라 부족

– 사체 처리 한건 당 18만~25만원, 대형동물의 경우 40~50만원의 고비용이 들어가며 동물용 수의, 기념비 등 옵션을 추가하면 100만원 이상이 소요됨

– 동물장묘 시설은 건립 허가 기준이 까다로우며 혐오시설이란 인식 탓에 지역주민들의 반발이 심함

2) 해외 현황

〈표 10-8〉 국가별 동물장례업 시행현황

국가	일본	미국	유럽(프랑스)	한국
시행유무	○	○	○	○

① 미국

- 반려동물 장례의 역사가 깊은 미국은 반려동물 장례서비스와 장묘시설이 성행
- 펜실베니아 주의 힐크레스트-플린 장례식장(Hillcrest-Flynn Pet Funeral Home and Crematory)의 경우, 사람을 위한 장례식장 (human-only funeral home)에서 2006년에 반려동물 장례식 서비스를 도입한 후, 매년 수익률이 25% 이상의 성장세를 나타내고 있음
- 반려동물장의사(Pet funeral director) 역시 각광받는 직업으로 성장 중
- 미국 내 공식적으로 600여 개의 반려동물 묘지가 있으며, 대부분 비영리 단체에 의해 기부금 등을 바탕으로 운영 중이거나, 주정부에서 공공으로 관리하는 경우도 있음
- 장묘 서비스는 화장, 매장을 포함하여 각종 종교의식, 펫로스 상담, 기념비 제작 등을 제공
- 미국 하츠데일 반려동물묘지는 1896년에 만들어졌으며, 세계에 현존하는 반려동물 묘지 중 가장 오래되었다.

  그 역사를 인정받아 미국 국가 사적지로 등록되어있으며, 반려동물 외에도 전쟁에 참여한 군견들을 포함하여 약 7만여 마리의 개, 고양이, 토끼 등이 묻혀있다. 동물들은 다양한 크기와 가격에 따른 장례서비스를 거치게 되고, 기념비 등이 세워지기도 한다. 매년 9월 둘째 일요일은 National Pet Memorial Day로 지정되어, 각종 기념행사가 진행되고, 기부금 및 기금 마련행사 등을 통해 동물보호소를 돕기도 한다.

(자료 : 하츠데일 반려동물묘지 홈페이지 http://www.petcem.com)

② 일본

- 반려동물 등록이 필수이며, 사체는 생활폐기물처리업체가 수거하거나 위탁업체에 위탁하여 화장함. 대부분 사체 1구당 수수료(가와쿠치시 5,400엔)를 징수하고 동물사체 소각시설에서 별도로 처리됨.

③ 프랑스

- 사설 장례장과 공공 장례장이 있으며 사설 장례장은 화장 처리된 동물의 재를 반환해주며, 공공 장례장에서는 반환해주지 않음.

④ 중국

- 교외지역에는 다양한 반려동물 전용 묘지가 꾸준히 개발 중이며 큰 인기
- 베이징 창핑, 다싱 등의 교외에는 반려동물 전용 묘지가 잘 발달되어 있음
- 장례 서비스는 매장, 수목장, 박제 등 다양한 방법으로 이루어지고 있으며 우리나라에 비해 묘지 안치를 선호하며, 반려동물의 흔적을 기념으로 남기기 위한 메모리얼

스톤도 큰 인기

– 장례비용은 7백 위안(약 12만 3천원)에서 4만 위안(약 705만 3천원)까지 다양하며, 높은 장례비용에도 불구하고 큰 수요를 나타냄

〈표 10-9〉 중국의 반려동물 사체처리 현황

종 류	특 징	가 격
매장	사체를 장지로 운반 후 매장	100-150 위안
화장	화장터에서 화장	소형견 100위안, 대형견 : 200-400위안
수목장	사체 매장후 묘지에 나무를 심음	500-600위안
박제	사체를 표본으로 만들어 주는 서비스	소형견 : 300위안-500위안, 대형견 : 1,000-1,500위안

6 직업 전망

반려견 수명은 평균 13.3년(소형견 14세, 대형견 10세, 초소형견 15세)이며 1인 가구, 고령화, 독신여성 증가로 인해 반려동물을 키우는 인구가 지속적 증가 추세이다.

반려동물 시장은 점점 고급화, 다양화로 급속 성장 중이며(매년 두 자리 수 증가 추세) 고가의 유기농 사료, 기능성 제품 위주로 소비, 반려동물 사료 중 70%는 수입품으로 파악되고 있으며 반려인들의 소비 지출이 향후 더 크게 증가될 것으로 전망된다.

반려동물 장묘사업 경우 년 간 매출액 2020년 200억으로 성장했다. 현재보다 반려동물 양육 가구 수는 40% 증가 예상되어 반려동물 장묘사업의 매출액은 더 큰 폭으로 증가될 것으로 전망된다.

7 성공 창업을 위한 Tip

동물장묘 시설은 건립 허가 기준이 까다로우며 혐오시설이란 인식 탓에 지역주민들의 반발이 심하다. 현행법으로 지자체 등록을 반드시 받아야 하기 때문에 지자체 등록을 받을 수 있도록 사전 준비를 해야 하며, 지역 주민들과의 갈등을 줄일 수 있는 방안을 미리 마

련해야 한다.

반려동물 장묘 사업을 위한 창업자의 마인드는 반려인들을 진정으로 위로할 수 있는 의례를 진행할 수 있어야 한다.

반려동물 장묘시설 창업자는 반려인들이 가족처럼 여겼던 반려동물이 죽었을 때 슬픔에만 집중할 수 있는 문화를 만들 수 있도록 노력해야 한다.

8 문의 및 참고자료

1) 문의 기관 정보

(사)한국반려동물장례협회 http://www.kafanc.or.kr/

2) 참고 자료

업체명	업체 로고(심볼)	소재지	전화번호
굿바이펫	goodbye pet 굿/바/이/펫	충북 제천시 봉양읍 장평리 37-1번지	043-642-1537
러브펫	러브펫 반려동물 장례납골당	경기도 광주시 초월읍 지월리 712번지 10호	031-796-4341
위드업(메리온)	메리온 merion	경남 양산시 상북면 외석리 462번지 2호	055-374-6503
영남반려동물 힐링센터 (하얀민들레)	반려동물장례식장 하얀민들레	경북 청도군 화양읍 송금리 83번지	054-372-1179
펫로스엔젤	펫로스엔젤 PETLOSS ANGEL	충북 청주시 서원구 남이면 구미리 233번지 1호	1544-7374
대구 러브펫	대구러브펫 반려동물 장례식장 053-593-4900	대구광역시 달서구 장동 50번지	053-593-4900
위드엔젤	반려동물장례서비스 WithAngel 위드엔젤	충남 예산군 대술면 화산리 464번지 1호	041-332-8787

업체명	업체 로고(심볼)	소재지	전화번호
아롱이천국		경기도 광주시 오포읍 매산리 139	031-766-1122
㈜위디안 (엔젤스톤)	엔젤스톤	경기도 김포시 하성면 양택리 251-6	031-981-0271
㈜하이루 추모공원	hiroo 하이루 추모공원	경기도 김포시 월곶면 개곡리 810-1	031-984-9922
페트나라	PET HEAVEN	경기도 김포시 통진읍 귀전리 167	031-997-4445
남원 펫바라기	PetBaragi 펫바라기	전북 남원시 보절면 신파리 403	031-981-0271
파트라슈	PATRASCHE	부산시 기장군 장안읍 좌동리 49번지1	051-723-2201
(주)좋은 친구들	GOOD FRIENDS Animal Funeral Service	충남 공주시 우성면 보흥2길 36-61	041-858-4411
㈜아리아펫	Aria.pet	경기도 이천시 마장면 장암리 525-1번지	031-635-2266
하늘소풍	하늘소풍	경상남도 고성군 회화면 봉오로 145-22	055-674-2525
무지개언덕		세종특별시 부강면 시목부강로 620	044-863-7075
우바스	UBAS	충청북도 청주시 상당구 남일면 신송서원길 120-30	1588-6326
더 고마워	THE 고마워	경기도 양주시 광적면 비암리 583-4	031-878-7779

Q&A

‘반려동물 장의사’란?

반려동물장의사는 반려동물장묘업자를 말하며, 반려동물의 장례와 관련한 모든 것을 책임지는 반려동물 장례전문가이다.

‘메모리얼 스톤’이란?

반려동물의 유골을 녹여 만든 돌 모양의 기념물. 2009년 한국의 한 장례업체가 개발한 고온의 플라즈마 용융 기법으로 반려동물을 화장하고 유골을 녹여 작은 자갈 형태로 만든 것이 ‘메모리얼 스톤’이다. 부패할 염려가 없고, 휴대가 가능하며, 목걸이나 펜던트 등으로 가공할 수도 있어 반려동물을 떠나보낸 보호자들에게 인기를 얻고 있다.

알아두기

▶ 반려동물(伴侶動物, companion animal)

1983년 오스트리아 빈에서 열린 「인간과 동물의 관계에 관한 국제심포지움」에서는 사람과 더불어 사는 동물로 그리고 동물이 인간에게 주는 여러 혜택을 존중하기 위하여 애완동물이라는 용어 대신에 반려동물(伴侶動物, companion animal)을 사용하기로 제안했고 이 말은 현재 일본, 미국, 유럽 등 대부분의 국가에서 사용하고 있다.

단원 학습 정리

1. 동물보호법 개정에 따라 동물장묘업을 운영하고자 하는 사업자는 동물보호법 제35조제2항 관련 시설 및 인력 기준을 충족하여야 하고 사업장 소재지 지자체 에 등록 신청을 하여야 한다.
2. 반려동물장묘업자의 책무는 가정에서 가족 구성원으로서 키워지던 반려동물의 사망했을 때 사육자의 슬픔을 이해하고 달래주어야 하며, 처리사업으로 인한 환경의 오염을 방지할 수 있어야 한다는 것이다.
3. 반려동물장묘업자는 반려동물 사체처리업 설치와 관련한 시설기준 및 운영기준을 준수하여야 하며, 동물사체 이외의 것을 처리하여서는 안 된다.
4. 현행법상 동물 화장장 설치는 허가제가 아닌 등록제라 일정 요건만 갖추면 누구나 가능함. 다만 해당 지역 주민들의 반발과 이를 의식한 지방자치단체가 등록신청서를 반려하거나 건축허가를 받아주지 않으면서 업체와의 법정 소송으로까지 번지는 등 갈등의 골은 깊어가고만 있다.
5. 반려동물 장묘 사업을 위한 창업자의 마인드는 반려인들을 진정으로 위로할 수 있는 의례를 진행할 수 있어야 한다.
6. 반려동물 장묘시설 창업자는 반려인들이 가족처럼 여겼던 반려동물이 죽었을 때 슬픔에만 집중할 수 있는 문화를 만들 수 있도록 노력해야 한다.
7. 반려동물 장묘업자가 갖추어야 할 자질로는 죽은 반려동물에 대하여 진정으로 안타까워하고 슬퍼하는 보호자를 진심으로 위로할 수 있어야 한다. 또한 책임감을 가지고 반려동물 사체를 보호자가 만족할 만한 수준으로 처리할 수 있어야 한다.

쉬어가는 페이지

'반려동물장례지도사'이야기

"처음엔 많이 힘들었어요. 울고 있는 보호자와 미동하지 않는 반려동물을 보면 저도 울컥하더라고요. 장례식장에 온 사람들을 위로해야 하는 직업이지만 감정을 절제하기가 쉽지 않았거든요. 그래도 무사히 장례를 치르고 나면 제 손을 꼭 잡고 고맙다고 하는 분들도 계시고 보람을 느낍니다."

오는 3월이면 반려동물장례식장 OOO에서 근무한지 1년이 되는 주명지씨(25)의 말이다. 주씨의 직업은 반려동물장례지도사. 아직은 생소할 수 있는 직업이다. 하지만 노령동물이 많아지고 강아지, 고양이가 무지개다리를 건넜을 때 장례를 치러줘야 한다는 인식이 확산되면서 이 직업에 관심을 갖는 사람들이 늘고 있다.

이곳에서 일하는 반려동물장례지도사들은 처음엔 몸보다 마음이 힘든 경우가 많다는 후문이다. 반려동물을 잃고 격앙된 상태의 보호자들을 위로하기란 쉽지 않기 때문이다. 또 그나마 온전한 모습으로 온 반려동물이라면 괜찮지만, 사고가 나서 피가 나거나 뼈가 부러진 상태로 온 것을 보면 직원들의 마음도 무거워진다. 경험이 쌓이면 이런 상황 대처가 유연해지지만, 시작한지 얼마 안 된 사회초년생들은 당황하기 마련이라고.

이상홍 OOO 대표는 "반려동물과 교감해 본 젊은 사람들은 보호자들의 마음을 잘 위로해주고 공감할 줄 안다"며 "반려동물장례지만 궁극적으로 사람을 위로하는 것이기 때문에 마음가짐이 다르고 품성이 따뜻하다"고 말했다.

이어 "젊은 사람들이 일할 수 있는 환경을 조성해주는 것은 기성세대의 몫이다. 직원들이 더 편하게 일할 수 있는 여건을 만들어줄 것"이라며 "반려동물장례지도사라는 직업이 많이 알려져서 사람들은 긍정적인 시선으로 봐주고 직원들은 이 직업에 대한 자부심이 생길 수 있도록 앞으로 더욱 노력하겠다"고 다짐했다.

출처 : 뉴스 1(http://news1.kr/)

메모장

제 11 장

반려동물 수제간식 제조판매

Ⅰ. 반려동물 수제간식 개념
Ⅱ. 반려동물 수제간식 제조판매업 직무 분석

최근에는 수제 펫푸드라고 해서 가공식품이 아닌 핸드메이드 방식으로 제조하고 화학첨가물이나 인공첨가물을 제외한 천연식재료 위주의 수제사료 및 수제간식이 많이 판매되고 있다.
펫푸드 전문가는 향후 반려동물의 건강을 향상 시키고 보호자와 반려동물간의 상호 교감을 향상하여 행복한 반려동물 문화 형성에 크게 기여할 수 있는 이색 직업으로 주목을 받고 있다.

I

반려동물 수제간식 개념

학습목표

1. 국내 반려동물 푸드시장의 트렌드를 알 수 있다.
2. 반려동물 수제간식 창업 시 필요한 기준을 알 수 있다.

1 반려동물 수제간식 정의

반려동물 푸드는 크게 주식과 간식으로 분류되며, 모두 사료라고 말한다. 사료의 정의는 가축에게 주는 먹을거리로 통칭하여 부른다.

이러한 사료에는 농후사료 유통사료, 농가자급사료, 배합사료, 단미사료가 있는데 반려동물이 먹는 간식의 개념에서는 가축용 사료와 구분해서 배합사료와 단미사료에 속하게 된다.

이에 최근에는 수제 펫푸드라고 해서 가공식품이 아닌 핸드메이드 방식으로 제조하고 화학 첨가물이나 인공 첨가물을 제외한 천연 식재료 위주의 수제사료 및 수제간식이 많이 판매되고 있다.

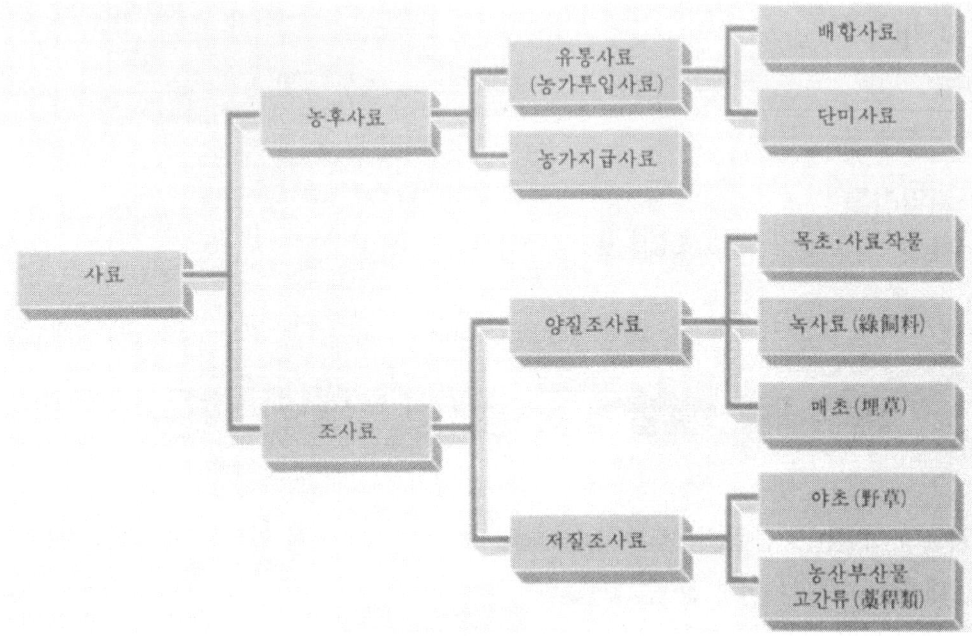

그림 11-1 사료의 종류

2 반려동물 섭취 금지 식품

1) 양파

용혈성 빈혈과 위장관 자극, 간 손상을 일으키며 천식, 구토 설사, 무기력을 동반

2) 포도

신부전과 구토, 무기력, 사망

3) 알콜류

구토, 설사, 중추신경계 억압, 호흡곤란, 혼수상태, 사망

4) 커피 및 초콜렛

구토, 설사, 다뇨, 비정상 심박, 사망

5) 마카다미아

구토, 떨림, 우울, 뒷다리 마비, 고열, 소량으로도 독성 유발

6) 자일리톨

저혈당 유발, 구토, 행동장애, 무기력, 발작, 간 손상

3 펫푸드 사료 기준법 및 제조등록 및 허가방법

사료의 범위는 농림축산부에 고시(사료관리법 제2조 정의; 부록)되어 있는데 단미사료, 보조사료, 배합사료로 나누어져 볼 수 있다.

사료 또는 수제간식을 만들 때는 사료제조업으로 등록되어 있는 시설을 갖추고 있어야 한다. 사료제조업으로 등록하기 위해서는 지자체에 서류를 제출하여야 한다.

〈표 11-2〉 지자체에 제출 필요 서류

-사료제조업등록신청서 -자가품질검사 위탁계획서 -시설개요서 -사업자등록증 -부동산임대계약서 -건축물 등록 대장

〈표 11-2〉 자가품질검사 위탁계약서(예시)

① 한국단미사료협회(http://www.kfeedia.org/) 가입 : 기본정보 입력, 사업자등록증 스캔 ② 한국단미사료협회에서 가입승인 대기 ③ 위탁계획 신청서 작성하고 신청서 1부, 사업자등록증 1부, 계약서 2부(간인 포함) 출력 후 한국단미사료협회에 우편발송 ④ 한국단미사료협회 본소 직인 날인하고 우편으로 전달 받음

4 반려동물 푸드전문가 자격증

한국동물매개심리치료학회(http://www.kaaap.org/)에서 발급하는 반려동물 푸드 전문가 자격증이 있다.

펫푸드 전문가는 향후 반려동물의 건강을 향상시키고 보호자와 반려동물간의 상호 교감을 향상하여 행복한 반려동물 문화 형성에 크게 기여할 수 있는 이색 직업으로 주목을 받고 있다.

Ⅱ 반려동물 수제간식 제조판매업 직무 분석

학습목표

1. 국내 반려동물 수제간식 제조판매업의 업무를 알 수 있다.
2. 반려동물 수제간식 제조판매업의 전망을 알 수 있다.

1 직무 및 하는 일

1) 주 업무

반려동물 수제 간식 레시피 개발, 반려동물 수제 간식 제작 및 판매

2) 수입 발생 분야 및 항목

반려동물 수제 간식을 제작하여 온라인 판매 및 매장 판매로 수입을 창출.

3) 평균 수입

① 반려동물 수제 간식 제작 및 판매로 평균 1,000만원 ~ 5,000만원
② 반려동물 수제 간식 및 강아지 용품 같이 판매 시 평균 5,000만원 ~ 1억원

2 창업 준비 사항

1) 인허가 사항

(1) 시설 허가

- 건축물 대장상 근린생활시설 2종(제조업 등) 또는 공장시설이어야 하며, 주변에 냄새, 먼지 등으로 민원이 발생하지 않는 곳

(2) 제품허가

- 제품을 개발 후 판매 제품으로 제작하여 사료시험검사기관에서 사료성분 검정을 받은 후 사료성분등록신청서 및 성분등록표, 제품공정설명서와 한 품목당 수수료 5천원을 지참하여 관련 담당부서에 제출
- 단미사료 : 성분등록검사성적서, 성분등록신청서, 원료명칭, 제조공정설명서 등
- 배합사료 : 성분등록검사성적서, 성분등록신청서, 원료명칭, 제조공정설명서, 원료배합비율 등

사료의 범위는 농림축산부에서 고시(사료관리법 제2조 정의 ; 부록)되어 있는데 단미사료, 보조사료, 배합사료로 나누어져 볼 수 있다.

사료 또는 수제간식을 만들 때는 사료제조업으로 등록되어 있는 시설을 갖추고 있어야 한다. 사료제조업으로 등록하기 위해서는 시 · 군 · 구 · 도청에 서류를 제출하여 허가 받아야 한다.

2) 점포 유무 및 규모

① 수제 간식을 직접 제조하여 판매 할 시 제조하는 공간이 있어야하며, 제조공간과 판매 공간은 분리되어 있어야 한다.
② 규모는 별도로 정해져 있는 규정은 없다.

3) 자본금

- 약 5천만원 ~ 1억원 정도

4) 시설 및 기자재

〈표 11-3〉 혼합성 단미사료

1. 공장시설 : 건축물 대장상 근린생활시설2종(제조업 등) 또는 공장시설 이어야 하며, 주변에 냄새, 먼지 등으로 민원이 발생하지 않는 곳
2. 저장시설 : 원료와 제품을 저장할 수 있는 저장설비를 갖출 것
3. 계량시설 : 제품을 정확하게 계량할 수 있는 설비를 갖출 것
4. 포장시설 : 제품을 포장할 수 있는 설비를 갖출 것
5. 건조시설 : 생산능력에 적합한 건조설비를 갖출 것
6. 분쇄시설 : 생산능력에 적합한 분쇄설비를 갖출 것
7. 혼합시설 : 원료를 적절히 혼합할 수 있는 설비를 갖추되, 그 공정은 동력에 의할 것
8. 삶는 시설 : 고열 수증기로 원료를 삶을 수 있는 설비를 갖출 것

〈표 11-4〉 배합사료

1. 공장시설 : 건축물 대장상 근린생활시설2종(제조업 등) 또는 공장시설 이어야 하며, 주변에 냄새, 먼지 등으로 민원이 발생하지 않는 곳
2. 저장시설 : 원료와 제품을 저장할 수 있는 저장설비를 갖출 것
3. 배합시설 : 주 배합기와 예비 배합기를 각각 설치하되, 생산능력에 지장이 없을 정도의 설비일 것
4. 계량시설 : 각 원료 및 제품을 계량할 수 있는 계량기를 각각 갖출 것
5. 정선시설 : 제조 과정에서 쇠붙이와 이물질을 제거할 수 있는 제철 및 정선설비를 갖출 것
6. 포장시설 : 제품 단위별로 봉합할 수 있는 반자동 이상의 봉합설비를 갖출 것. 다만, 산물만을 생산하는 경우에는 제외
7. 분쇄시설 : 분쇄할 수 있는 설비를 갖출 것

5) 직원 인적 구성

① 1인 기업으로 창업 시작 가능

② 직원을 둘 경우 : 제조보조 1명, 홀 관리 및 포장, 주문 관리 1명

6) 경력 및 경험

– 펫푸드 경험이 적어도 1~2년 정도

11

3 관련 자격

1) 관련 자격 및 취득 기관 정보

– 반려동물 푸드 전문가 자격증 : 한국동물매개심리치료학회(http://www.kaaap.org/)

4 적성 및 흥미

반려동물을 사랑하고 관심이 있어야 하며, 반려동물의 구조와 식품의 성분을 잘 이해하고, 음식 제조에 흥미가 있어야 한다.

5 국내외 현황

1) 국내 현황

한국의 반려동물 관련시장 규모는 2013년 1조원을 넘어섰고, 2020년에는 5조8000억원으로 늘어났다.

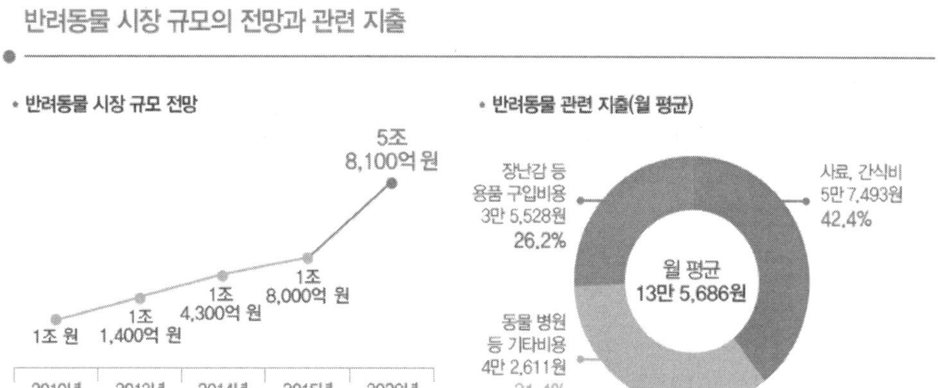

[출처] 농림축산식품부

그림 11-2 국내 반려동물 규모와 전망

2) 국외 현황

IBIS World에 따르면 미국 펫푸드 시장은 2011년부터 2016년 5년간 매년 평균 3.5% 성장했고, 2016년부터 2023년까지 매년 2.4% 성장이 예상된다.

현재 내추럴 및 유기농 펫 푸드 및 간식(31.3%), 건조 개 사료(30.3%), 건조 고양이 사료(12.4%), 개 전용 간식(8.7%) 등의 순으로 시장을 점유하고 있으며, 펫푸드 수입 규모도 지난해 기준으로 7억5000만 달러로 전년 대비 1.77% 증가했다.

특히 미국은 수퍼푸드, 건강식, 펫 휴머니제이션(Humanization), 최소 가공 등을 키워드로 한 프리미엄 펫푸드의 수요가 높은 것으로 나타났다.

6 직업 전망

1인가구 등의 인구구조 변화로 인한 반려동물 시장 성장이 눈에 띄게 빠르게 일어나고 있다. 그에 따라 반려동물 사료 시장규모도 점점 커져가는 추세에 사람들의 인식이 빠르게 변하고 반려동물 가족화 현상이 안착되면서 먹거리의 질과 모양에 관심이 많아지는 관점에서 펫푸드 시장은 점점 늘어날 것으로 전망되고 있다.

7 성공 창업을 위한 Tips

일관된 유기농 재료를 써야하며, 원재료 값을 낮추기 위해 원재료의 질을 낮추면 소비자가 먼저 알기 때문에 신념을 끝까지 지키는 것이 필요하다.

위생은 철저하게 지켜야 한다.

8 문의 및 참고자료

1) 문의 기관 정보

– 인허가 주관 기관 : 각 시 · 도에 관할 시청, 도청 〈농축산유통과 사료 제조업〉

2) 참고 자료

① ㈜하림펫푸드 http://www.harimpetfood.com

② 모나미펫푸드 https://www.monamimall.com/

③ 수수펫푸드 http://su-su.kr

④ 봄, 봄 010-9512-5958

3) 단미사료 제조업 시설기준

〈표 11-5〉 단미사료 제조업의 시설 기준(제6조 관련) [별표 3] 〈개정 2019.7.1.〉

구분	사료종류	시설별	시설기준
식물성	1. 곡류 및 강피류(糠皮類)	「양곡관리법」에 따른 시설기준에 따름	
	2. 식물성 박류(植物性 粕類)	「식품위생법」, 「양곡관리법」 및 「주세법」에 따른 시설기준에 따름	
	3. 농축단백질	「식품위생법」에 따른 시설기준에 따름	
	4. 서류(薯類)	「식품위생법」에 따른 시설기준에 따름	
	5. 당밀, 원당, 파당	「식품위생법」의 시설기준에 따름(파당을 이용하여 제조하는 경우에는 저장시설 · 수송장치 · 혼합시설 및 정제시설 등 제품 생산에 적합한 시설을 갖추어야 함)	
	6. 제과 · 제빵 · 제면의 부산물	가. 공장건물	내화성 건물로서 제품 생산에 적합할 것
		나. 저장시설	원료와 제품을 저장할 수 있는 저장설비를 갖출 것
		다. 계량시설	제품을 정확하게 계량할 수 있는 설비를 갖출 것
		라. 포장시설	제품을 포장할 수 있는 설비를 갖출 것
		마. 수송장치*	모든 원료 및 제품을 수송할 수 있는 동력운송장치를 갖출 것

구분	사료종류	시설별	시설기준
		바. 건조시설*	생산능력에 적합한 건조설비를 갖출 것
		사. 분쇄시설*	생산능력에 적합한 분쇄설비를 갖출 것
		아. 혼합시설*	원료를 적절히 혼합할 수 있는 설비를 갖추되, 그 공정은 동력에 의할 것
		자. 먼지제거시설	제조 과정에서 발생하는 먼지를 제거할 수 있는 시설을 「대기환경보전법」에 따라 갖출 것
	7. 아미노산 발효부산물 및 조미료부산물	가. 공장건물 나. 저장시설 다. 계량시설 라. 포장시설 마. 수송장치	제6호의 시설기준과 같음
		바. 악취제거시설	제조 과정에서 발생하는 악취를 없앨 수 있는 설비를 「악취방지법」에 따라 갖출 것
		사. 정수시설	제조 과정에서 발생하는 오수를 정수하여 배수할 수 있는 설비를 「하수도법」에 따라 갖출 것
	8. 콩류가공부산물(비지 포함)	가. 공장건물 나. 저장시설 다. 계량시설 라. 포장시설 마. 수송장치* 바. 건조시설* 사. 분쇄시설	제6호의 시설기준과 같음
	9. 기타 식품가공부산물류	가. 공장건물 나. 저장시설 다. 계량시설 라. 포장시설 마. 수송장치 바. 분쇄시설* 사. 먼지제거시설*	제6호의 시설기준과 같음
	10. 조류(藻類)	가. 공장건물 나. 저장시설 다. 계량시설 라. 포장시설 마. 수송장치*	제6호의 시설기준과 같음

구분	사료종류	시설별	시설기준
		바. 건조시설* 사. 분쇄시설* 아. 혼합시설	
	11. 섬유질사료	가. 공장건물 나. 저장시설 다. 계량시설 라. 포장시설 마. 수송장치 바. 혼합시설*	제6호의 시설기준과 같음
	12. 섬유질가공사료	가. 공장건물 나. 저장시설 다. 계량시설 라. 포장시설 마. 수송장치 바. 혼합시설	제6호의 시설기준과 같음
	13. 섬유질발효사료	가. 공장건물 나. 계량시설 다. 포장시설 라. 수송장치 마. 혼합시설	제6호의 시설기준과 같음
		바. 저장시설	1) 원료와 제품을 저장할 수 있는 저장설비를 갖출 것 2) 탈수한 전분박(澱粉粕)의 저장설비에는 뚜껑을 갖출 것
		사. 탈수시설*	생산능력에 알맞은 탈수시설을 할 것
	14. 제약부산물류	가. 공장건물 나. 저장시설 다. 계량시설 라. 포장시설 마. 수송장치*	제6호의 시설기준과 같음
		바. 악취제거시설* 사. 정수시설*	제7호의 시설기준과 같음
	15. 식물성유지류	「식품위생법」에 따른 시설기준에 따름	
	16. 전분류	가. 공장건물	내화성 건물로서 제품 생산에 적합할 것
		나. 저장시설	1) 원료를 저장할 수 있는 실내 저장설비를 갖출 것 2) 생산된 제품을 저장할 수 있는 실

구분	사료종류	시설별	시설기준
			내 저장설비를 갖출 것 3) 생산공정 중에 필요한 중간원료와 부형제(浮衡劑)를 구분하여 저장하는 설비를 갖추되, 제품 생산에 적합한 저장능력을 설비를 갖출 것
		다. 계량시설	일정 단위로 포장할 수 있는 계량시설을 갖추되, 생산능력에 적합한 설비를 갖출 것
		라. 포장시설	수요자의 요구에 따라 적정량 단위의 포장을 할 수 있는 설비를 갖추되, 제품 생산에 적합한 설비를 갖출 것
		마. 정수처리시설*	전분을 물과 혼합하여 정제수를 만들 수 있는 설비를 갖추되, 원료투입 및 제품 생산에 적합한 설비를 갖출 것
		바. 용해 및 여과시설	전분을 물과 혼합하여 전분유액을 만들 수 있는 설비와 전분유액을 여과할 수 있는 설비를 갖출 것
		사. 알파화시설	전분유액을 알파화시킬 수 있는 건조기설비와 이를 순간적으로 건조할 수 있는 스팀공급설비를 갖출 것
		아. 분쇄 및 체별시설	수요자가 요구하는 평균 입도(粒度)에 맞게 분쇄·체별할 수 있는 설비를 갖추되, 생산능력에 적합한 설비를 갖출 것
	17. 콩류, 견과종실류, 과실류, 채소류, 버섯류, 기타 식물류	가. 공장건물 나. 저장시설 다. 계량시설 라. 포장시설 마. 수송장치* 바. 분쇄시설* 사. 먼지제거시설*	제6호의 시설기준과 같음
	18. 도축 및 가금도축부산물, 수지박(우지박, 돈지박을 포함한다), 육가공부산물, 육분, 육골분, 육즙흡착사료, 혈분(혈액을 이용한 가공품을 포함한다)	가. 공장건물 나. 저장시설 다. 계량시설 라. 포장시설 마. 삶는시설 바. 압착시설	제21호의 시설기준과 같음. 다만, 삶는 시설은 육골분의 경우 140℃에서 1시간 이상, 혈분의 경우 135℃에서 10분간 가열할 수 있는 설비를 갖출 것

구분	사료종류	시설별	시설기준
동물성		사. 고형분리시설* 아. 유수분리시설* 자. 건조시설 차. 분쇄시설 카. 먼지제거시설 타. 악취제거시설 파. 정수시설	
	19. 동물성단백질 혼합사료	혼합한 각각의 동물성단백질 시설기준을 갖추고, 제18호, 제20호, 제21호, 제23호의 제조시설 외에 동물성단백질 혼합사료를 제조하기 위한 혼합시설을 갖출 것	
	20. 모발분, 우모분, 제각분	가. 공장건물 나. 저장시설 다. 계량시설 라. 압착시설 마. 고형분리시설* 바. 건조시설 사. 분쇄시설 아. 먼지제거시설 자. 악취제거시설 차. 정수시설	제21호의 시설기준과 같음
		타. 삶는시설	소화율을 향상시킬 수 있는 삶는 설비를 생산능력에 적합하게 갖출 것
	21. 새우분, 어류의 가공품 및 부산물, 어분, 어즙흡착사료	가. 공장건물 나. 저장시설 다. 계량시설 라. 포장시설 마. 건조시설 바. 분쇄시설* 사. 먼지제거시설	제6호의 시설기준과 같음
		아. 삶는시설	고열 수증기로 원료를 삶을 수 있는 설비를 갖출 것
		자. 압착시설	삶은 원료를 압착할 수 있는 동력설비를 갖출 것
		차. 고형분리시설	압착 과정에서 흘러나온 용액에서 고형 물질인 침전물(어육 등)을 분리할 수 있는 설비를 갖출 것
		카. 유수분리시설	고형 분리를 거친 용액에서 기름과 물을 분리하는 설비를 갖출 것

구분	사료종류	시설별	시설기준
		타. 농축시설*	고형 분리과정과 유수 분리 과정에서 분리된 용액을 농축할 수 있는 설비를 갖출 것(어즙흡착사료를 제조하는 경우에만 해당한다)
		파. 악취제거시설 하. 정수시설	제7호의 시설기준과 같음
		※ 어선에 대한 특례: 제조시설이 어선에 설치되어 있는 경우 시 · 도지사는 가목, 바목, 사목, 카목, 타목, 파목 시설 중 일부를 면제할 수 있다.	
	22. 유도단백질(가수분해 · 효소처리 등을 한 것을 포함)	가. 공장건물 나. 저장시설 다. 계량시설 라. 포장시설 마. 삶는시설 바. 압착시설* 사. 고형분리시설* 아. 유수분리시설* 자. 건조시설 차. 분쇄시설 카. 먼지제거시설 타. 악취제거시설	제21호의 시설기준과 같음
		파. 가수분해시설	소화율을 향상시킬 수 있는 가수분해설비를 생산능력에 적합하게 갖출 것
	23. 피혁가공분말	가. 공장건물 나. 저장시설 다. 계량시설 라. 건조시설 마. 분쇄시설 바. 먼지제거시설 사. 악취제거시설 아. 정수시설	제21호의 시설기준과 같음
		차. 가수분해시설	크롬 등 불순물을 제거하고 소화율을 향상시킬 수 있는 가수분해설비를 갖출 것
	24. 기타 동물성단백질류	가. 공장건물 나. 저장시설 다. 계량시설 라. 삶는시설 마. 압착시설*	제21호의 시설기준과 같음

구분	사료종류	시설별	시설기준
		바. 고형분리시설* 사. 유수분리시설* 아. 농축시설* 자. 건조시설 차. 분쇄시설* 카. 먼지제거시설* 타. 악취제거시설* 파. 정수시설*	
		하. 혼합시설*	제6호의 시설기준과 같음
		거. 가수분해시설*	소화율을 향상시킬 수 있는 가수분해설비를 생산능력에 적합하게 갖출 것
		너. 냉동 · 냉장 및 가열처리시설*	온도계 또는 온도를 측정할 수 있는 계기를 설치하여야 하며, 적정온도가 유지관리되는 설비를 갖출 것
	25. 골분, 골회, 어골분, 어골회, 패분	가. 공장건물 나. 저장시설 다. 계량시설 라. 포장시설 마. 건조시설 바. 분쇄시설 사. 먼지제거시설 아. 악취제거시설 자. 정수시설	제21호의 시설기준과 같음
	26. 동물성 유지류	가. 공장건물 나. 저장시설 다. 계량시설 라. 포장시설 마. 삶는시설 바. 압착시설 사. 고형분리시설* 아. 유수분리시설* 자. 건조시설 차. 분쇄시설 카. 먼지제거시설 타. 악취제거시설 파. 정수시설	제18호의 시설기준과 같음
		하. 분리시설	폴리에틸렌 및 폴리프로필렌을 분리할 수 있는 설비를 갖출 것

구분	사료종류	시설별	시설기준
	27. 곤충류	가. 공장건물 나. 저장시설 다. 계량시설 라. 포장시설 마. 혼합시설*	제6호의 시설기준과 같음
	28. 플랑크톤류, 단세포단백질	가. 공장건물 나. 저장시설 다. 계량시설 라. 포장시설 마. 혼합시설*	제6호의 시설기준과 같음
		바. 발효 · 배양시설*	생산능력에 적합한 발효 · 배양시설을 갖출 것
		※ 「식품위생법」 또는 「주세법」에 따른 시설기준 및 환경 관련 법규에 따른 공해방지 또는 폐기물의 재활용시설을 갖출 경우 해당 규정의 기준에 따른 시설로 갈음할 수 있음	
	29. 낙농가공부산물류	가. 공장건물 나. 저장시설 다. 계량시설 라. 포장시설 마. 건조시설* 바. 분쇄시설* 사. 먼지제거시설* 아. 악취제거시설* 자. 정수시설*	제21호의 시설기준과 같음
광물성	30. 식염류	「소금산업 진흥법」에 따른 시설기준에 준함	
	31. 인산염류, 칼슘염류 및 광물질류과의 합제	가. 공장건물 나. 저장시설 다. 계량시설 라. 포장시설 마. 건조시설 바. 분쇄시설 사. 먼지제거시설	제6호의 시설기준과 같음
		아. 정선시설*	불순물을 제거할 수 있는 정선설비를 갖출 것
		자. 탈불시설(인산염류를 포함하지 않는 경우는 제외한다)	불소를 제거할 수 있는 설비를 갖출 것. 다만, 원료의 탈불인산공급계약서로 대체할 경우에는 면제할 수 있다.
		차. 불소정화시설*	탈불(脫弗) 과정에서 발생한 불소를 제거할 수 있는 설비를 갖출 것. 다

구분	사료종류	시설별	시설기준
			만, 탈불시설을 원료의 탈불인산공급계약서로 대체할 경우에는 그러하지 아니하다.
	32. 광물질류 및 그 합제(인산염류 및 칼슘염류 및 인산염류 또는 칼슘염류와 광물질류과의 합제 제외)	가. 공장건물 나. 저장시설 다. 계량시설 라. 포장시설 마. 건조시설 바. 분쇄시설 사. 먼지제거 시설	제6호의 시설기준과 같음
		아. 농축시설 자. 용해시설 차. 여과시설 카. 결정세척시설 타. 소성시설	생산능력에 적합한 시설을 갖출 것
기타	33. 기타 유지류	제18호의 시설기준과 같으며, 폴리에틸렌 및 폴리프로필렌을 분리할 수 있는 시설을 추가로 갖출 것(혼합성유지는 먼지제거시설을 제외할 수 있고, 불해성 지방 · 분말유지는 삶는시설 · 압착시설 · 유수분리시설 · 건조시설 · 정수시설을 각각 제외할 수 있음)	
	34. 남은음식물사료	가. 공장건물 나. 저장시설 다. 계량시설 라. 포장시설 마. 수송장치 바. 분쇄시설 사. 혼합시설	제6호의 시설기준과 같음
		아. 건조 · 냉각시설	생산능력에 적합한 건조 · 냉각시설을 갖출 것. 다만, 습식제조시설인 경우에는 그러하지 아니하다.
		자. 악취제거시설	제조 과정에서 발생하는 악취를 제거하는 설비를 「악취방지법」에 따라 갖출 것
		차. 이물질제거시설	쇠붙이 · 비닐 · 유리 등 이물질 제거에 적합한 시설을 갖출 것
		카. 가열시설	100℃에서 30분 이상 가열할 수 있는 시설을 갖출 것. 다만, 돼지전용사료만을 제조하는 경우에는 80℃(심부온도기준)에서 30분 이상 가열할 수 있는 시설을 갖출 것

구분	사료종류	시설별	시설기준
	35. 혼합제 (혼합성 단미사료)	가. 공장건물 나. 저장시설 다. 계량시설 라. 포장시설 마. 건조시설* 바. 분쇄시설 사. 혼합시설	제6호의 시설기준과 같음
		아. 기타*	필요시 혼합한 각각의 단미사료 시설기준을 갖출 것

※ 비고

1) 같은 공장에서 2 이상의 단미사료를 생산하는 경우에는 단미사료별로 유수분리시설 · 배양시설 · 알파화시설, 그 밖에 농림축산식품부장관이 정하여 고시하는 시설을 각각 따로 갖추어야 하며, 그 밖의 시설은 공동으로 사용할 수 있는 공통시설로 갖출 수 있다.
2) 1)에도 불구하고 제18호, 제20호, 제21호 및 제23호 사료의 경우에는 같은 공장에서 2 이상의 단미사료를 생산할 수 없다. 다만, 농림축산식품부장관이 수급조절을 위하여 필요하다고 인정하는 경우에는 그러하지 아니하다.
3) "*" 표시가 있는 시설은 단미사료 제조공정 또는 포장방법의 특성상 불필요한 경우에는 시 · 도지사의 승인을 받아 갖추지 않을 수 있다.

4) 배합사료 제조업 시설기준

〈표 11-6〉 배합사료제조업의시설기준 (제6조 관련) [별표 1] 〈개정 2015.1.2.〉

구 분	시 설 별	시 설 기 준
1. 양축용 배합사료(프리믹스용 배합사료를 포함한다)	가. 공장건물	내화성 건물로서 제품생산에 지장이 없을 것
	나. 저장시설	1) 주원료와 부원료를 저장할 수 있는 저장설비를 갖출 것 2) 생산된 제품을 저장할 수 있는 저장설비를 갖출 것
	다. 분쇄시설	분쇄할 수 있는 설비를 갖출 것
	라. 배합시설	주 배합기와 예비 배합기를 각각 설치하되, 생산능력에 지장이 없을 정도의 설비일 것
	마. 계량시설	각 원료 및 제품을 계량할 수 있는 계량기를 각각 갖출 것
	바. 정선시설	제조 과정에서 쇠붙이와 이물질을 제거할 수 있는 제철 및 정선설비를 갖출 것
	사. 먼지제거시설	제조 과정에서 생기는 먼지를 제거할 수 있는 장치를 「대기환경보전법」에 따라 갖출 것

구 분	시 설 별	시 설 기 준
	아. 포장시설	제품 단위별로 봉합할 수 있는 반자동 이상의 봉합설비를 갖출 것. 다만, 산물만을 생산하는 경우에는 그러하지 아니하다.
	자. 수송장치	모든 원료 및 제품을 수송할 수 있는 동력운송장치를 갖출 것
	차. 작업공장	일관작업(一貫作業)을 할 수 있는 반자동 또는 완전자동 설비일 것
2. 대용유용 배합사료	가. 공장건물 나. 저장시설 다. 배합시설 라. 계량시설 마. 정선시설 바. 먼지제거시설 사. 포장시설	양축용 배합사료의 시설기준과 같음
	아. 분쇄시설	곡물 분쇄설비를 갖출 것
3. 반추동물용 섬유질 배합사료	가. 공장건물	내화성 건물로서 제품생산에 적합할 것
	나. 저장시설	원료와 제품을 저장할 수 있는 저장설비를 갖출 것
	다. 혼합시설	원료를 적절히 혼합할 수 있는 설비를 갖추되, 그 공정은 동력에 의할 것
	라. 계량시설	제품을 정확하게 계량할 수 있는 설비를 갖출 것
	마. 포장시설	제품을 포장할 수 있는 설비를 갖출 것
	바. 수송장치	모든 원료 및 제품을 수송할 수 있는 동력운송장치를 갖출 것
4. 그 밖의 동물·어류용 배합사료	가. 공장건물 나. 저장시설 다. 배합시설 라. 계량시설 마. 정선시설 바. 포장시설	양축용 배합사료의 시설기준과 같음
	사. 분쇄시설	분쇄할 수 있는 설비를 갖출 것

※ 비고

1) 삭제 〈2015.1.2.〉

2) 양축용 배합사료제조업자가 판매용 프리믹스용 배합사료를 제조할 경우에는 양축용 배합사료제조시설과 구획하여 설치하여야 하고, 저장시설 · 배합시설 · 계량시설 · 정선시설 · 먼지제거시설 · 포장시설 · 수송장치를 따로 갖추어야 한다.

3) 배합사료제조업자는 제조공정 또는 포장방법의 특성상 일부 시설이 불필요한 경우에는 시 · 도지사의 승인을 받아 일부시설을 갖추지 않을 수 있다.

Q & A

'반려동물 푸드 전문가 자격증'이란?

한국동물매개심리치료학회(http://www.kaaap.org/)에서 발급하는 자격증으로 펫푸드 제조에 대한 전문 지식을 가진 전문가이다.

'단미사료'란?

식물성 · 동물성 또는 광물성 물질로서 사료로 직접 사용되거나 배합사료의 원료로 사용되는 것을 말한다.

'보조사료'란?

사료의 원료 가운데 에너지나 단백질의 공급원으로 이용하지 않고, 사료의 품질 저하나 변질을 방지하고, 영양 성분을 보충하거나 사료의 효용을 높이기 위하여 첨가하는 물질을 말한다.

알아두기

한국단미사료협회

한국단미사료협회(http://www.kfeedia.org/)는 단미사료 및 보조사료 제조의 기술향상 및 산업과 사료제조업의 병진적 발전도모를 목적으로 1978년 10월 19일 설립된 대한민국 농림수산식품부 소관의 사단법인이다.

주요 사업은 단미사료 및 보조사료 등의 증산계도, 사업의 공동 관리와 운영 및 공동단지조성, 단미사료 및 보조사료 등의 품질향상, 단미사료 및 보조사료 등의 제조에 관련되는 조사연구 등을 수행한다.

11

단원 학습 정리

1. 사료의 범위는 농림축산부에 고시(사료관리법 제2조 정의; 부록)되어 있는데 단미사료, 보조사료, 배합사료로 나누어져 볼 수 있다.
2. 사료 또는 수제간식을 만들 때는 사료제조업으로 등록되어 있는 시설을 갖추고 있어야 한다. 사료제조업으로 등록하기 위해서는 지자체에 서류를 제출하여야 한다.
3. 펫푸드 전문가는 향후 반려동물의 건강을 향상 시키고 보호자와 반려동물간의 상호 교감을 향상하여 행복한 반려동물 문화 형성에 크게 기여할 수 있는 이색 직업으로 주목을 받고 있다.
4. 사료에는 농후사료, 유통사료, 농가자급사료, 배합사료, 단미사료가 있는데 반려동물이 먹는 간식의 개념에서는 가축용 사료와 구분해서 배합사료와 단미사료에 속하게 된다.
5. 반려동물 수제간식 제조판매업은 반려동물 수제 간식 레시피 개발, 반려동물 수제 간식 제작 및 판매를 주 업무로 한다.
6. 반려동물 수제간식 제조판매업은 반려동물 수제 간식 제작하여 온라인 판매 및 매장 판매로 수입을 창출한다.
7. 반려동물 수제간식 제조판매업 제조 시설은 건축물 대장상 근린생활시설2종(제조업 등) 또는 공장시설 이어야 하며, 주변에 냄새, 먼지 등으로 민원이 발생하지 않는 곳이어야 한다.

쉬어가는 페이지

반려동물 수제 간식 '해피팡팡' 이야기

반려동물용 간식도 '수제'가 인기다. 반려동물에 관심 없는 이들에겐 생소하지만 국내에서도 이미 큰 시장을 형성한 아이템이다. 해피팡팡은 지난 2003년 문을 열어 10년 넘게 성장세를 이어왔다. 이른바 '장수몰'로 분류되는 주자다. 반려동물 수제간식이란 시장을 열어 현재 고정 회원만 3만 명 이상이다.

창업자인 서미(50) 대표는 일본 여행 중 우리나라의 10%에 불과한 현지 반려동물 간식 가격에 충격을 받아 사업 결심을 세웠다고 한다.

"창업 전 일본에서 저렴한 반려동물 간식을 사들여 남들에게 나눠주기도 했습니다. 우리나라에도 반려동물의 건강을 생각하고 가격이 저렴한 수제간식이 필요하다는 생각에 '카페24(www.cafe24.com) 솔루션 기반으로 사업을 열었습니다."

상품 개발과 연구도 서 대표가 직접 주관한다. 미국과 독일, 일본 등 반려동물 문화가 먼저 자리잡은 곳들의 박람회에 참여해 트렌드를 분석, 상품에 반영해왔다. 해피팡팡 단골 고객들에게는 익히 잘 알려진 내용이다.

이런 노력들의 결과로 지난 5월에는 서울 독산동에 본사 겸 전시장 역할의 오프라인 매장을 열 정도로 사업이 순항 중이다.

"늘어난 수익의 일부는 동물보호운동이나 유기견보호소 등에 지원하고 있어요. 지난 8월에도 직원들과 야유회 겸 봉사활동으로 유기견보호소에 다녀왔어요. 누구나 마음만 있으면 할 수 있는 일이라고 생각합니다. 현재 저농약 곡물을 구입해 제조하고 있는 데, 농장을 직접 운영해서 자급자족을 달성하는 게 목표입니다."

출처 :머니S http://mnb.moneys.mt.co.kr/

제 12 장

관상어 및 관상조 판매업

관상어는 색채가 아름답고 형태가 예쁘게 생긴 물고기를 말한다. 해산 열대어 중의 산호초 어류나 담수어 중의 비단잉어, 금붕어 등은 대표적인 관상어이다. 관상어 산업은 사회경제적인 측면에서 국민소득 및 생활수준의 향상으로 관상어의 수요도 높아지고 있다. 또한 관상어산업은 관상어를 포함하여 용품, 사육관리, 어병 등을 포함하면 매우 부가가치가 높은 산업이다.

관상조는 넓은 뜻으로는 동물원에서 기르는 공작이나 홍학도 포함되지만, 일반적으로는 새장에서 기르는 반려용 조류를 말한다. 관상조는 최근 반려동물로도 인기를 끌고 있어 그 산업 규모가 더욱 성장하고 있다.

I

관상어 판매업

학습목표

1. 관상어란 무엇인가?
2. 관상어 창업하기 위한 준비사항에 대해 알 수 있다.

1 관상어란

관상어는 색채가 아름답고 형태가 예쁘게 생긴 물고기를 말한다. 해산 열대어 중의 산호초 어류나 담수어 중의 비단잉어, 금붕어 등은 대표적인 관상어이다.

담수어

[출처] https://commm.tistory.com/entry/

해수어

[출처] http://www.greenfish.co.kr

그림 12-1 관상어 종류

2 직무 및 하는 일

1) 주 업무

관상어 생산, 관상어 용품 산업, 관상어 유통판매

2) 수입 발생 분야 및 항목

생물 산업, 용품 산업, 서비스 산업, R&D

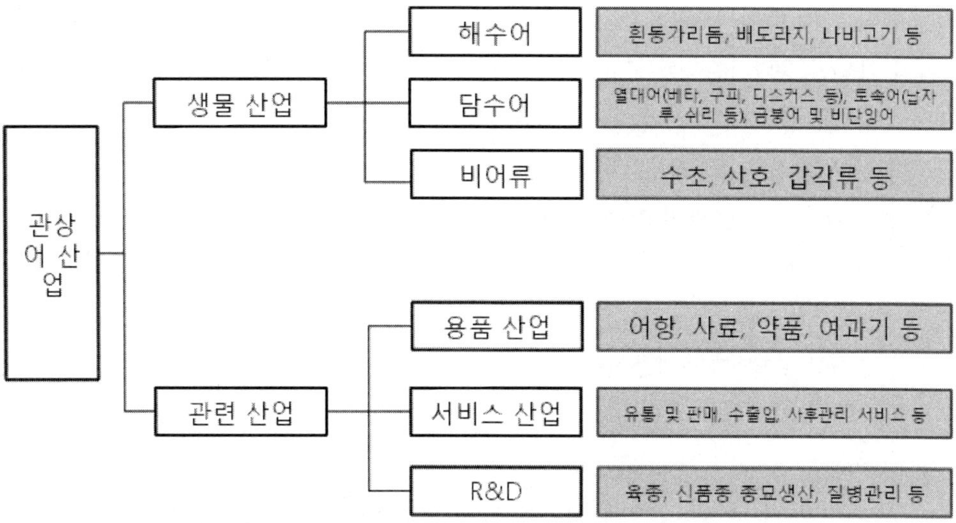

그림 12-2 관상어 산업 범위

〈표 12-1〉 관상어 산업의 분류

<table>
<tr><th colspan="2">구분</th><th>내용</th><th>비고</th></tr>
<tr><td rowspan="2">생물산업</td><td>해수 관상어 산업</td><td>• 비어류 관상생물 포함해 약 2,400여 종 (2,500만 마리)교역
• 향후 산호초 등 비어류 관상생물 교역 증가 예상
• 관상어 생물산업의 최소 10% 비중 차지(교역액 기준)</td><td rowspan="2"></td></tr>
<tr><td>담수 관상어 산업</td><td>• 전 세계에서 약 4,000여 종 교역
• 관상어 생물산업의 최대 90% 비중 차지(교역액 기준)</td></tr>
<tr><td rowspan="2">비생물산업</td><td>용품 산업</td><td>• 어항(수조), 수초 및 수초 관련용품, 이끼제거제, 사료, 여과기/ 여과제, 약품, 히터, 모터, 어항용 경관석, 조명/전기용품 등 포함</td><td rowspan="2"></td></tr>
<tr><td>연관 산업</td><td>• 국제 애완동물 용품박람회 : 독일 Interzoo, 미국 Superzoo Las Vegas
• 국제 관상어 박람회 : 싱가포르 Aquarama, 인도 Aqua Show, 말레이시아 Aquafair Malaysia 등</td></tr>
</table>

3) 평균 수입

관상어 생산자의 매출 현황을 보면 전체의 평균 매출액은 1억 710만원이며, 500~만원~1억원이 전체 응답자의 35.7%로 가장 많았고, 평균 매출액은 7,140만원이었다. 매출액 1억원 이상인 응답자는 42.9%, 2억원 이상인 응답자는 14.3%로서 대체로 생산 규모는 소규모로서 매출규모가 크지 않은 것으로 나타났다.

관상어 도매업 평균매출액은 1억 8,500만원이었다. 이 중 1억 5,000만원 ~2억 5,000만원이 전체 응답자의 50%였고, 매출액은 평균 1억 9,300만원인 것으로 나타났다. [김대영과 강종호 (2012)]

〈표 12-2〉 관상어 도매업자의 매출현황

(단위 : 백만원, %)

구분	응답자		매출액	평균매출액
	명수	비율		
100미만	5	35.7	250	50
150 ~250	7	50.0	1,350	193
800이상	1	7.1	800	800
모름/무응답	1	7.1	–	–
합계	14	100.	2,400	185

〈표 12-3〉 관상어 도매업자의 매출현황

(단위 : 백만원, %)

구분	응답자		매출액	평균매출액
	명수	비율		
50 미만	5	17.9	160	32.0
50–100	10	35.7	714	71.4
100–150	5	17.9	590	118
150–200	3	10.7	480	160
200–300	4	14.3	950	237.5
모름/무응답	1	3.6	–	–
합계	28	100.0	2,894	107.1

3 창업 준비 사항

1) 인허가 사항

관상어 양식업을 하려는 자는 해양수산부령으로 정하는 관상어 양식 시설 기준에 적합한 시설을 갖추어 양식장 소재지를 관할하는 특별자치도지사, 시장, 군수, 구청장에게 신고하여야 한다. 관상어 양식업 신고서에 관상어 양식업의 시설 소유권 또는 사용권을 증명하는 서류 및 시설도 등을 첨부하여 제출하여야 한다. 그 후에 신고증명서를 발급받아야 한다.

동물보호법 제40조(동물생산업의 허가)

① 동물생산업을 하려는 자는 법 제34조 제1항에 따라 별지 제22호서식의 동물생산업 허가신청서에 다음 각 호의 서류를 첨부하여 관할 시장, 군수, 구청장에게 제출하여야 한다.

1. 영업장의 시설 내역 및 배치도
2. 인력 현황
3. 사업계획서
4. 폐업 시 동물의 처리 계획서

② 제1항에 따른 신청서를 받은 시장, 군수, 구청장은 전자정부법 제36조 제1항에 따른 행정정보의 공동이용을 통하여 다음 각 호의 서류를 확인하여야 한다. 이 경우 신청인이 주민등록표 초본의 확인에 동의하지 아니하는 경우에는 해당 서류를 제출하게 하여야 한다.

1. 주민등록표 초본
2. 건축물대장 및 토지이용계획확인서

③ 시장, 군수, 구청장은 제1항에 따른 신청인이 법 제34조 제3항 제1호 또는 제5호에 해당되는지를 확인할 수 없는 경우에는 해당 신청인에게 제1항 또는 제2항의 서류 외에 신원확인에 필요한 자료를 제출하게 할 수 있다.

④ 시장, 군수, 구청장은 제1항에 따른 신청이 별표 9의 기준에 맞는 경우에는 신청인에게 별지 제23호 서식의 허가증을 발급하고, 별지 제24호 서식의 동물생산업 허가 관리대장을 작성, 관리하여야 한다.

⑤ 제4항에 따라 허가를 받은 자가 허가증을 잃어버리거나 헐어 못 쓰게 되어 재발급을

받으려는 경우에는 별지 제19호 서식의 허가증 재발급 신청서를 시장, 군수, 구청장에게 제출하여야 한다.

⑥ 제4항의 동물생산업 허가(변경신고) 관리대장은 전자적 처리가 불가능한 특별한 사유가 없으면 전자적 방법으로 작성, 관리하여야 한다.

■ 관상어산업의 육성 및 지원에 관한 법률 시행 [별지 제8호서식]

관상어양식업 신고증명서

		생년월일
	주소	전화번호
양식업 신고번호	년 신고 제 호	
양식 생물		
시설의 종류 및 규모	(규모:)	
유효기간		
제한 또는 조건		

「관상어산업의 육성 및 지원에 관한 법률」 제12조제1항 및 같은 법 시행규칙 제7조 제2항에 따라 위와 같이 관상어양식업을 신고하였음을 증명합니다.

년 월 일

·특별자치시장
시장·군수·구청장 직인

210mm×297mm[백상지 120g/㎡]

[출처] 해양수산부

그림 12-3 관상어양식업 신고서

■ 관상어산업의 육성 및 지원에 관한 법률 시행규칙 [별지 제7호서식]

관상어양식업 신고서

※ 색상이 어두운 난은 신청인이 적지 않습니다.

접수번호	접수일자	처리기간 6일

신고인	성명	생년월일
	주소	전화번호

양식 생물	[ ] 어류 [ ] 식물 [ ] 기타( )

시설	시설면적
	수조의 수면적

「관상어산업의 육성 및 지원에 관한 법률」 제12조제1항 및 같은 법 시행규칙 제7조제1항에 따라 위와 같이 관상어양식업을 경영하기 위하여 신고합니다.

년 월 일

신고인 (서명 또는 인)

특별자치도지사 · 특별자치시장
시장 · 군수 · 구청장 귀하

신고인 제출서류	1. 관상어양식업의 시설 소유권 또는 사용권을 증명하는 서류 및 시설도(시설설계도와 배치도를 포함하여, 시설의 구조 · 면적 · 종류 등을 알아볼 수 있어야 합니다) 각 1부 2. 양식 생물의 종류 및 구입경로를 증명할 수 있는 서류 1부	수수료 조례에 따름
<담당 공무원 중점 확인사항> 1. 시설 임차 잔여 기간(해당자에 한함) 2. 수조의 수면적		

처리절차

신고서 작성 → 접 수 → 확 인 → 기안 · 결재 → 신고증명서 발급

신고인 / 처리기관: 특별자치도 · 특별자치시 · 시 · 군 · 구

210mm×297mm[백상지 80g/㎡(재활용품)]

[출처] 해양수산부

그림 12-4 관상어양식업 신고증명서

제41조(허가사항의 변경 등의 신고)

① 법 제34조 제2항에서 "농림축산식품부령으로 정하는 사항"이란 다음 각 호의 사항을 말한다.

1. 영업자의 성명
2. 영업장의 명칭 또는 상호
3. 영업시설

4 영업장의 소재지

② 법 제34조 제2항에 따라 동물생산업의 허가사항 변경신고를 하려는 자는 별지 제20호 서식의 변경신고서에 다음 각 호의 서류를 첨부하여 시장, 군수, 구청장에게 제출하여야 한다. 다만, 영업자가 영업장의 소재지를 변경하는 경우에는 제40조 제1항 각 호의 서류 중 변경사항이 있다는 서류를 첨부하여야 한다.

1. 허가증
2. 영업시설의 변경 내역서(시설 변경의 경우만 해당)

③ 법 제34조 제2항에 따른 동물생산업의 휴업, 재개업, 폐업의 신고에 관하여는 제39조를 준용한다.

④ 제1항에 따른 변경신고에 관하여는 제40조 제4항 및 제6항을 준용한다.

1) 점포 유무 및 규모

관상어 시장은 1983년 Pet 산업으로 인정 받은 이후 세계적으로 매우 빠른 성장세를 보이고 있다. 유엔식량기구(UN Food and Agriculture Organization : FAO)에 따르면, 1985년 이후 매년 관상어 교역규모는 연평균 14%의 높은 성장세를 보이고 있다.

〈표 12-4〉 국제 관상어 유통 현황

구분	시장규모	조사연도	비고
FAO	23조 원	2000년	• 관련 용품 시장 합산 • 학계 및 업계에서 추정하는 근사치에 근거
UNEP	2,450억~4,050억원	2003년	-
GTA	3,800억 원	2007년	• 39개국 대상
WTO	18조 3,900억 원	2007년	• 관련용품 시장만을 측정 (관상어 제외)
Fishstat	4,050억 원	2009년	• 2005년 조사(2억 4천만$) 대비 40% 신장

[출처] 농림수산식품부 내부자료, 2010

〈표 12-5〉 국내 관상어 유통 현황

구분		개소	지역
계		1115	
도매	관상어 용품	60	서울, 경기, 부산, 대구, 인천 등
	용품	40	
소매	로드숍	600	서울 청계천 50개, 용두동 30개, 경기 및 지역 520개, 온라인 판매 (150개)를 겸하는 점포 다수
	대형마트	380 ~ 400	이마트(125개), 롯데마트(68개), 홈플러스(115개), 하나로마트(10개), 기타(65개) 등
	동호회 등	15	품종별 동호회 조직

관상어의 판매형태는 소매점 거래형, 대형마트 거래형, 온라인 거래형으로 나누어진다. 먼저 소매점 거래형은 가장 일반적인 판매형태로서 전체 판매의 약 42%를 차지하는 것으로 추산되고 있다.

유통경로는 생산자(수입업자) → 유통업자(도매상) → 소매점(로드숍) → 소비자로 이어진다. 구매계층은 일반인 및 마니아이고 주로 중•고가 관상어 및 용품이 거래된다.

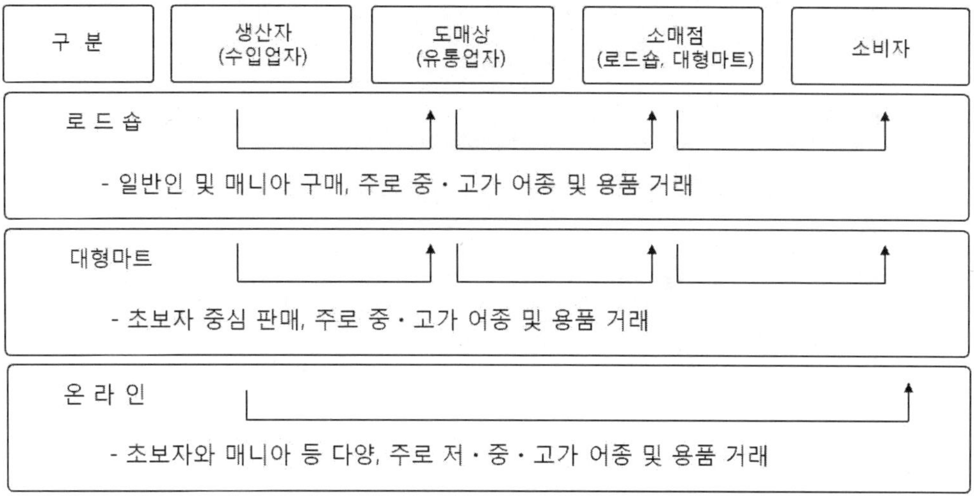

그림 12-5 관상어 유통경로 및 판매형태

2) 시설 및 기자재

[출처] https://news.sbs.co.kr/news/endPage.do?news_id=N1003509806

그림 12-6 수면적이 16.5m 이상인 관상어 양식 수조

[출처] https://news.sbs.co.kr/news/endPage.do?news_id=N1003509806

그림 12-7 관상어 관련 용품

3) 경력 및 경험

제44조(동물판매업자 등의 교육)

① 법 제37조 제1항 및 제2항에 따른 교육대상자별 교육시간은 다음 각 호의 구분에 따른다

1. 동물판매업, 동물수입업, 동물생산업, 동물전시업, 동물위탁관리업, 동물미용업 또는 동물운송업을 하려는 자: 등록신청일 또는 허가 신청일 이전 1년 이내 3시간
2. 법 제38조에 따라 영업정지 처분을 받은 자: 처분을 받은 날부터 6개월 이내 3시간
3. 영업자(동물장묘업자는 제외): 매년 3시간

② 교육기관은 다음 각 호의 내용을 포함하여 교육을 실시하여야 한다.

1. 이법 및 동물보호정책에 관한 사항
2. 동물의 보호, 복지에 관한 사항
3. 동물의 사육, 관리 및 질병예방에 관한 사항
4. 영업자의 준수사항에 관한 사항
5. 그 밖에 교육기관이 필요하다고 인정하는 사항

③ 교육기관의 지정, 교육의 방법, 교육결과의 통지 및 기록의 유지, 관리, 보관에 관하여는 제12의 4제2항, 제4항 및 제5항을 준용한다.

4 관련 자격

- 관련 자격 및 취득 기관 정보
  - 한국 관상어 협회의 관상어관리사 자격증
  - (사) 한국 관상어 협회
- 관상어 생산 및 사육 기술과 품종 개량에 관한 사업
- 관상어 사업에 대한 연구, 조사 및 해외 정보 수집
- 관상어 및 용품의 유통질서가 확립과 개선에 관한 사업
- 관상어 및 용품의 수출, 수입에 관한 사업
- 관상어 사업 종사자의 자질 향상과 교육에 관한 사업
- 한국 관상어 박람회 및 한국 관상어 품평회 개최 등(http://kafaco.kr/)

1) 국내 현황

① 상아쿠아 주식회사
- 주소 : 경기도 부천시 오정구 원종동 341-6
- 전화 : 032-672-5257
- e-mail : sangaqua@naver.com

② 피알피쉬닷컴
- 주소 : 경기도 부천시 소사구 경이로 110, 5층
- 전화 : 032-888-8847
- e-mail : prfish@daum.net

③ 헬로 아쿠아
- 주소 : 경기도 시흥시 대야동 447-6 2층
- 전화 : 031-312-3994
- e-mail : artvkrhl@naver.com

2) 국외 현황

5 직업 전망

세계적으로 관상어 교역 규모는 2007년 기준으로 6억 4000만 달러에 달하며 1990년의 3억 1000만 달러에 비해 약 2배 이상이 증가하였으며 2000년대 이후 그 성장세가 가파르다. 세계 관상어 소비는 소득수준의 향상에 따라 지속적으로 증가할 것으로 예상되며, 싱가포르, 중국, 인도 등의 수출국은 자국 관상어 산업의 지원을 강화하고 있다. 그리고 국내적으로도 국민들의 소득수준 향상에 따라 여가 활동 및 취미 생활이 다양해지면서 생태교육 및 문화적 활용 측면에서 관상어에 대한 수요가 지속적으로 늘어나고 있다. 이와 같이, 국내외적으로 관상어에 대한 관심이 높아지고 있는 속에서 관상어 시장은 지속적인 성장세를 나타내고 있고, 그에 따라 우리나라 관상어산업 역시 발전의 가능성이 클 것으로

예상된다.

먼저, 산업적 특성으로 관상어는 작은 공간에서 사육이 가능하고 습도 조절 및 공기정화의 효과가 있으며, 가정용 및 회사, 대형수족관 등 인테리어로서 다양한 시장이 형성되어 있고, 생태계 관찰 등 교육적 효과가 크며 심리적 안정을 부여한다.

다음으로 사회경제적인 측면에서 국민소득 및 생활수준의 향상으로 관상어의 수요도 높아지고 있다. 또한 관상어산업은 관상어를 포함하여 용품, 사육관리, 어병 등을 포함하면 매우 부가가치가 높은 산업이다.

마지막으로 정책적인 측면에서도 정부에서는 비식용 분야의 새로운 성장 동력원으로서 주목하고 있으며, 세계 관상어 소비시장의 확대에 대응하여 수출산업으로 육성을 검토하고 있기도 하다.

[출처] 한국해양수산개발원]

6 성공 창업을 위한 Tips

첫째, 정부와 업계 간의 명확한 역할 분담
둘째, 관상어산업의 R&D 강화를 통한 산업화 촉진
셋째, 선택과 집중을 통한 관상어 전략 품종 개발 및 용품 육성
넷째, 단계별 추진 전략 수립으로 단기간 내에 산업화 달성

7 문의 및 참고 자료

① http://kafaco.kr/ 한국 관상어 협회 02-765-2079
② https://www.kmi.re.kr/ 한국해양수산개발원 051-797-4800
③ http://www.law.go.kr/ 국가법령정보센터
④ 김대영, 강종호, 김수진(2010) 고부가가치 관상어산업의 육성을 위한 정책 방향 한국해양수산개발원
⑤ [김대영과 강종호 (2012) 관상어 시장규모 및 인식도 분석을 통한 관상어산업의 개선과제. J. Fish. Bus. Adm., 43(3), 089-106.]

Ⅱ 관상조 판매업

학습목표

1. 애완 관상조의 직무에 대해 알 수 있다.
2. 애완 관상조 창업 시 필요한 절차에 대해 알 수 있다.

1 관상조란

관상조는 넓은 뜻으로는 동물원에서 기르는 공작이나 홍학도 포함되지만, 일반적으로는 새장에서 기르는 반려용 조류를 말한다. 일반적으로는 가정에서 아름다운 울음소리를 즐기기 위하여 기르는 휘파람새나, 동박새, 핀치류를 비롯하여 생김새와 깃털이 아름답고 동작이 재미있는 핀치류와 잉꼬류, 사람의 목소리를 흉내내는 앵무류와 구관조 등을 가리키는 말이다.

앵무새
[출처] https://terms.naver.com/entry.nhn?docId=580177&cid=46639&categoryId=46639

문조
[출처] https://terms.naver.com/entry.nhn?docId=1095537&cid=40942&categoryId=32607

그림 12-8 관상조의 종류

반려동물로서 새의 역사는 개나 고양이에 비해 짧은 편으로 주로 깃털, 고기 등을 이용하는 가축으로 활용하였다.

원시사회에서는 토테미즘으로 인해 새의 깃털이 족장이나 무당의 권위와 하늘의 사자로부터 권력을 인정받은 징표 등으로 활용되었다.

반려동물로 길러진 가장 오래된 기록으로는 고대 그리스에서 시작되었다고 알려져 있으며 대표적인 사례가 알렉산더 대왕이 관상조를 기른 것으로 기록되어 있다. 우리나라에서 대본청이라 알려진 알렉산드로 패렛이라는 앵무새는 알렉산더 대왕이 아시아 원정에서 데려온 것으로 기록되어있다.

한국에서 닭을 가축으로 사육한 역사로는 삼국시대 신라의 건국신화나 무덤인 천마총에서 달걀껍데기가 출토되면서 확인되었다.

고려시대 자신의 애완비둘기를 함부로 가져간 것을 계기로 쿠데타를 일으킨 최씨 무신정권 이야기와 아집도 대련이라는 고려시대 회화작품을 볼 때 고려시대에는 관상조 사육문화가 이미 일반화된 것을 알 수 있다.

삼국시대는 기록이나 그림은 없으나 매를 이용한 사냥 등의 기록을 미루어 볼 때 당시에 이미 해동청(사냥에 쓰이는 매)을 길들여 키웠을 것으로 추정된다.

새가 애완동물화 된 것 역시 유럽열강의 식민지 정복과 관계가 깊어 아프리카, 남아메리카, 동남아시아 등 식민지의 조류가 반입된 것으로 알려지고 있다.

당시의 박물학자들에 의하여 연구된 조류와 식물들의 수집과 사육이 유럽의 왕가와 귀족사회에서 매우 인기 있는 취미생활이었다고 한다.

중국도 전국시대 무렵부터 왕실과 귀족을 중심으로 야외에 큰 새장을 지어 공작 등을 키우는 것이 유행이었다.

관상조를 키우는 문화는 인도에서, 다양한 조류는 동남아, 인도와 실크로드를 통해 전해진 것으로 알려진다.

현재는 식민지 시대부터 인기가 많았던 앵무를 비롯하여 색이 화려하거나 울음소리가 매력적인 소형조류까지 매우 다양하다.

앵무새는 인간의 말이나 소리를 흉내 내서 사람들의 흥미를 끌고 동물과의 교감을 경험하게 하는 가장 인기 있는 애완조이며 다시 아래와 같은 여러 종류로 나뉘어진다.

- 금강앵무(Macaw)는 화려한 깃털색과 큰 덩치에 비해 순하고 사람을 잘 따라서 인기 있는 대형종
- 왕관앵무(Cockatiel)는 공격성이 없고 친숙도가 뛰어나면서 목소리도 좋을 뿐 아니라 추위에 강하고 수명이 20~30년 정도로 장수
- 모란앵무(Lovebird)는 가장 인기 있는 품종으로, 색채가 다양하며 새끼 보호를 위한

공격적 성향을 가진 앵무[출처] 바야흐로 반려동물 시대 2(신기한 동물사전)|작성자 약초농군

2 직무 및 하는 일

① 주 업무 : 생물의 생산에서 연구(육종, 신품종, 질병), 판매, 관련 용품의 생산 및 유통, 수출입

② 수입 발생 분야 및 항목

③ 평균 수입

3 창업 준비 사항

1) 인허가 사항

동물보호법 시행규칙 제40조(동물생산업의 허가)

① 동물생산업을 하려는 자는 법 제34조 제1항에 따라 별지 제22호 서식의 동물생산업 허가신청서에 다음 각 호의 서류를 첨부하여 관할 시장, 군수, 구청장에게 제출하여야 한다.

1. 영업장의 시설 내역 및 배치도
2. 인력 현황
3. 사업계획서
4. 폐업 시 동물의 처리 계획서

② 제1항에 따른 신청서를 받은 시장, 군수, 구청장은 전자정부법 제36조 제1항에 따른 행정정보의 공동이용을 통하여 다음 각 호의 서류를 확인하여야 한다. 다만 이 경우 신청인이 주민등록표 초본의 확인에 동의하지 아니하는 경우에는 해당 서류를 제출하게 하여야 한다.

1. 주민등록표 초본
2. 건축물대장 및 토지이용계획확인서

③ 시장, 군수, 구청장은 제1항에 따른 신청인이 법 제34조 제3항 제1호 또는 제5호에 해당되는지를 확인할 수 없는 경우에는 해당 신청인에게 제1항 또는 제2항의 서류 외에 신원확인에 필요한 자료를 제출하게 할 수 있다.

④ 시장, 군수, 구청장은 제1항에 따른 신청이 별표 9의 기준에 맞는 경우에는 신청인에게 별지 제23호 서식의 허가증을 발급하고, 별지 제24호 서식의 동물생산업 허가(변경신고) 관리대장을 작성, 관리하여야 한다.

⑤ 제4항에 따라 허가를 받은 자가 허가증을 잃어버리거나 헐어 못 쓰게 되어 재발급을 받으려는 경우에는 별지 제19호 서식의 허가증 재발급 신청서(전자문서로 된 신청서를 포함한다.)를 시장, 군수, 구청장에게 제출하여야 한다.

⑥ 제4항의 동물생산업 허가(변경신고) 관리대장은 전자적 처리가 불가능한 특별한 사유가 없으면 전자적 방법으로 작성, 관리하여야 한다.

제41조(허가사항의 변경 등의 신고)

① 법 제34조 제2항에서 "농림축산식품부령으로 정하는 사항"이란 다음 각 호의 사항을 말한다.

1. 영업자의 성명
2. 영업장의 명칭 또는 상호
3. 영업시설
4 영업장의 소재지

② 법 제34조 제2항에 따라 동물생산업의 허가사항 변경신고를 하려는 자는 별지 제20호 서식의 변경신고서에 다음 각 호의 서류를 첨부하여 시장, 군수, 구청장에게 제출하여야 한다. 다만, 영업자가 영업장의 소재지를 변경하는 경우에는 제40조 제1항 각 호의 서류 중 변경사항이 있다는 서류를 첨부하여야 한다.

1. 허가증
2. 영업시설의 변경 내역서(시설 변경의 경우만 해당)

③ 법 제34조 제2항에 따른 동물생산업의 휴업, 재개업, 폐업의 신고에 관하여는 제39조를 준용한다.

④ 제1항에 따른 변경신고에 관하여는 제40조 제4항 및 제6항을 준용한다.

2) 시설 및 기자재

[출처] https://ko.aliexpress.com

그림 12-9 앵무새 장난감

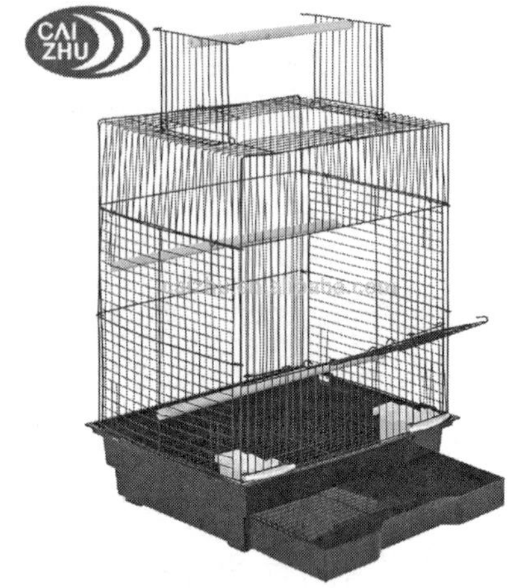

[출처] https://korean.alibaba.com

그림 12-10 관상조류 용품

3) 경력 및 경험

제44조(동물판매업자 등의 교육)

① 법 제37조 제1항 및 제2항에 따른 교육대상자별 교육시간은 다음 각 호의 구분에 따른다

1. 동물판매업, 동물수입업, 동물생산업, 동물전시업, 동물위탁관리업, 동물미용업 또는 동물운송업을 하려는 자: 등록신청일 또는 허가 신청일 이전 1년 이내 3시간
2. 법 제38조에 따라 영업정지 처분을 받은 자: 처분을 받은 날부터 6개월 이내 3시간
3. 영업자(동물장묘업자는 제외): 매년 3시간

② 교육기관은 다음 각 호의 내용을 포함하여 교육을 실시하여야 한다.

1. 이법 및 동물보호정책에 관한 사항
2. 동물의 보호, 복지에 관한 사항
3. 동물의 사육, 관리 및 질병예방에 관한 사항
4. 영업자의 준수사항에 관한 사항
5. 그 밖에 교육기관이 필요하다고 인정하는 사항

③ 교육기관의 지정, 교육의 방법, 교육결과의 통지 및 기록의 유지, 관리, 보관에 관하여는 제12의4 제2항, 제4항 및 제5항을 준용한다.

4 국내외 현황

1) 국내 현황

① 앵무새동물원
- 주소: 인천광역시 서구 마전동 302-3번지
- 전화: 032-568-0303
- e-mail: ks22co@naver.com

② 새초롬샵
- 주소: 경기도 성남시 수정구 태평동 286
- 전화: 070-8783-5245
- e-mail: sharedvalues0627@gmail.com

5 문의 및 참고 자료

① 국가법령정보센터 http://www.law.go.kr/
② 사단법이 카자 http://www.kaza.or.kr/

Q&A

'관상어'란?
수족관에 관상을 목적으로 기르는 물고기. 한국의 경우 관상어하면 금붕어를 떠올리던 시절도 있었지만, 7~80년대부터 열대어 수입이 활발해지면서 현재 수족관업계에서는 보통 열대어라는 말이 관상어라는 의미까지 포함하여 쓰이고 있다.

'관상조'란?
보고 즐기기 위하여 기르는 새로 앵무새 따위가 있다.

'사롱란'이란?
부화 과정에서 알 속에서 새끼로 발육하였으나 어떤 연유로 죽은 알을 말한다.

알아두기

관상어에 열대어가 많은 이유
열대 지방의 물고기들 중에 색상이 화려한 것들이 유독 많은데 이들이 분포하는 수계가 엄청나게 크고 넓기 때문이다. 따라서 각각이 처한 환경에 따라서 다양한 종으로 분화가 가능했고 그 중에서도 화려한 색상을 띄게 된 종들도 상대적으로 많아진 것이다. 또한 일부 종들의 경우 마개조 수준의 개량이 이뤄진 경우도 있다. 전술한 금붕어나 비단잉어는 짧게 잡아도 수백 년 이상 개량을 거듭한 것들이고–지금도 신종이 나온다. 구피, 디스커스 같은 관상어 시장에서 사실 상 하나의 장르를 형성한 종들도 엄청난 수준의 개량이 이뤄져 있다.

단원 학습 정리

1. 관상어 판매업은 관상어 생산, 관상어 용품 산업, 관상어 유통판매를 하는 직업을 말한다.

2. 관상어 양식업을 하려는 자는 해양수산부령으로 정하는 관상어 양식 시설 기준에 적합한 시설을 갖추어 양식장 소재지를 관할하는 특별자치도지사, 시장, 군수, 구청장에게 신고하여야 한다.

3. 관상어 시장은 1983년 Pet 산업으로 인정 받은 이후 세계적으로 매우 빠른 성장세를 보이고 있다.

4. 관상어의 판매형태는 소매점 거래형, 대형마트 거래형, 온라인 거래형으로 나누어진다. 먼저 소매점 거래형은 가장 일반적인 판매형태로서 전체 판매의 약 42%를 차지하는 것으로 추산되고 있다.

5. 산업적 특성으로 관상어는 작은 공간에서 사육이 가능하고 습도 조절 및 공기정화의 효과가 있으며, 가정용 및 회사, 대형수족관 등 인테리어로서 다양한 시장이 형성되어 있고, 생태계 관찰 등 교육적 효과가 크며 심리적 안정을 부여한다.

6. 관상조는 넓은 뜻으로는 동물원에서 기르는 공작이나 홍학도 포함되지만, 일반적으로는 새장에서 기르는 애완용 조류를 말한다.

7. 관상어 및 관상조 모두 양식 생산을 하려는 사람은 동물보호법에 따라 동물생산업 허가신청서에 다음 각 호의 서류를 첨부하여 관할 시장, 군수, 구청장에게 제출하여야 한다. ①영업장의 시설 내역 및 배치도, ②인력 현황, ③사업계획서, ④폐업 시 동물의 처리 계획서

앵무새 숲 만들기 위해 美연수 떠나는 김승수 씨

카카리키란 앵무새가 있었다. 100만 원이 넘던 새가 당시 1만 원 아래로 떨어졌다. 앵무새를 기르는 유행이 관상조(새장에서 애완용으로 키우기에 적당한 조류)에서 애완조(곁에 두고 기르는 조류)로 바뀌면서였다.
애완조로 바꿀 순 없을까. 그는 우선 전국에서 구할 수 있는 카카리키를 다 사들였다. 어떤 브리더는 모이 값도 안 나온다며 거저 줬다. 이때부터 카카리키를 애완조로 만드는 방법을 찾았다. 번식 장소와 기간, 모이 종류, 모이 주기 등 모든 방법을 다 시도했다.
수십 번의 시행착오 끝에 성공. 가지고 놀 수 있는 새로 만들었다. 인터넷을 통해 사진과 동영상을 찍어 홍보했다. 많은 사람이 관심을 보였다. 하지만 바로 팔지 않았다. 마리당 15만 원 이상으로 오르자 분양했다. 그렇게 1년 동안 카카리키로 2억 원을 벌었다.

동서대 경호학과에 다니는 김승수 씨(24) 얘기다. 지난해 1월 제대한 그는 앵무새 사업이 잘되자 농장을 2개로 늘렸다. 한 달 매출은 1500만 원을 훌쩍 넘겼다. 인건비를 들이지 않는 데다 사료값도 거의 나가지 않으니 대부분의 매출이 순이익으로 직결됐다.

승수 씨와의 마지막 인터뷰는 12일에 했다. 그가 미국으로 출국하기 직전이었다. 기사로 쓰겠다면서 앵무새 대통령이란 말이 마음에 드느냐고 물었다. 그는 과분하다면서 또 다른 꿈을 얘기했다. “외로운 홀몸노인에게 무료로 나눠주고 싶어요. 앵무새는 대화가 가능하고 애교를 잘 떨어요. 또 오래 살고 키우기가 쉬워요. 그분들에게 새로운 손자를 안겨주고 싶습니다.”

출처 :동아일보 http://www.donga.com/news/article/

제 13 장

반려곤충 산업

Ⅰ. 반려곤충 산업

곤충산업은 미래 고부가가치 성장산업으로 자리매김하고 있으며, 선진국들은 오래 전부터 시장을 선점하기 위한 연구개발 및 산업화에 매진하고 있다. 곤충은 기존의 양잠, 양봉 및 최근에 주목 받고 있는 다양한 분야에서 그 중요성이 더욱 대두 되고 있으며, 이러한 다양한 범위에서의 곤충을 포괄할 수 있는 용어로 유용곤충이라는 개념이 자리 잡고 있는 실정이다. 한국에서도 정부의 곤충산업 육성에 관한 법률 공포하였다. 이러한 이유로 유용곤충 분야의 전문 인력의 양성이 필요한 실정이다.

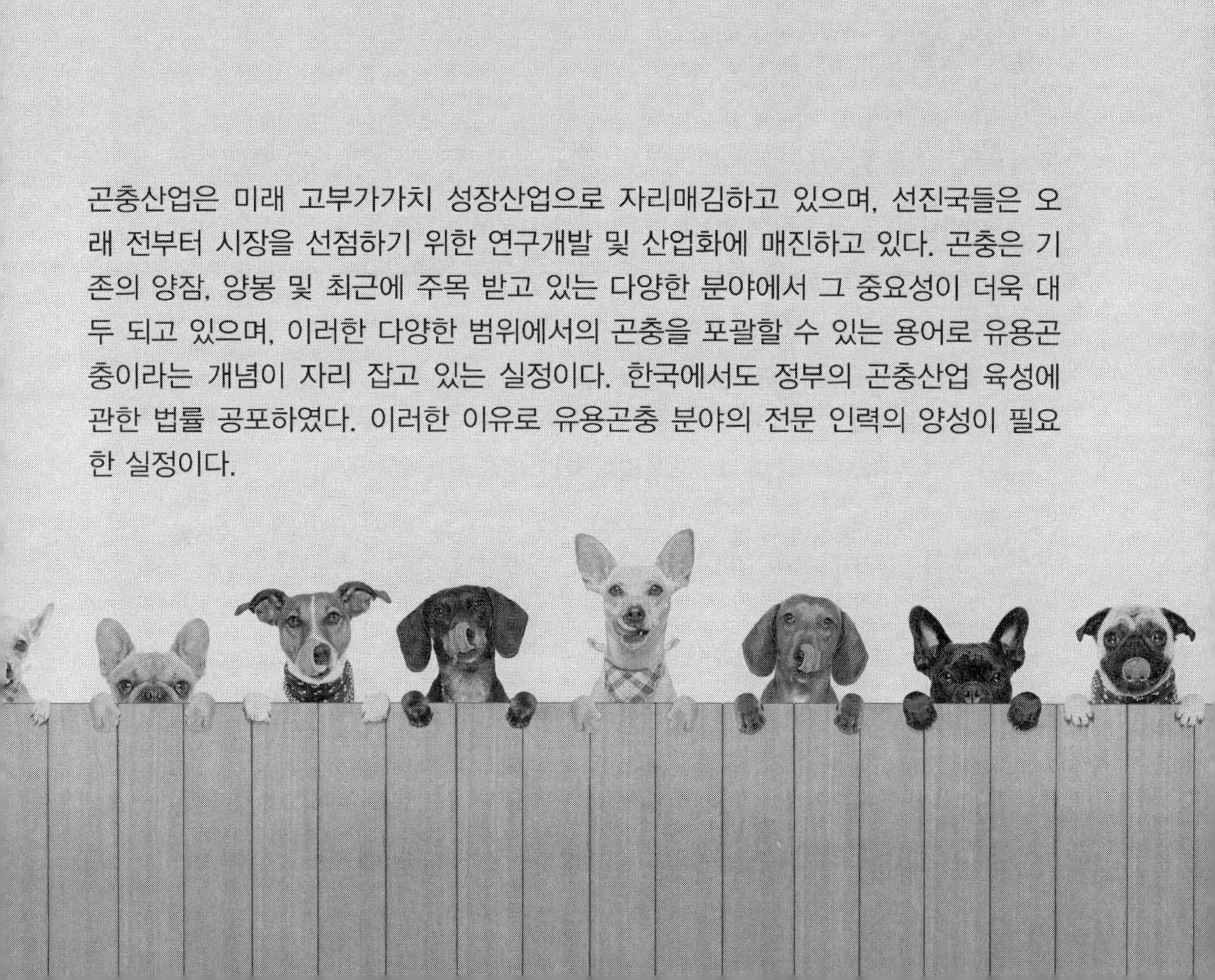

I

반려곤충 산업

학습목표

1. 반려곤충 산업의 직무에 대해 알 수 있다.
2. 반려곤충 관련 창업 시 필요한 절차에 대해 알 수 있다.

1 직무 및 하는 일

1) 주 업무

생물의 생산에서 연구(육종, 신품종, 질병), 판매, 관련 용품의 생산 및 유통, 수출입

〈표 13-1〉 유용곤충의 용도별 분류

구 분	현황 및 전망	이용가능 종류
천 적	– 정부지원사업 중단으로 성장 정체 – 친환경농산물에 대한 수요 증가로 지속적 성장가능 – 판매 천적수 및 회사: 31종 / 11개사	무당벌레, 콜레마니 진디벌, 진디혹파리, 칠레이리응애 등 158종
화분 매개용	– 시설 재배면적 증가, 노동력 감소, 화분매개 충, 감소 등으로 시장 규모 확대 • 이용작목 19(과채 10, 과수 9) • 딸기 99.9%, 참외 81.2, 수박 45.8, 토마토 40.4, 파프리카 15.2	꿀벌, 머리뿔가위벌, 서양뒤영벌, 호박벌, 꽃등애, 파리 등 146종
환경 정화용	– 음식물 쓰레기, 가축분뇨 해양 투기 금지에 따라 곤충자원 개발 및 수요 증가 – 분해능력이 우수하고 사육이 용이한 동애등에 개발로 사육 및 이용 증가	아메리카동애등에, 동애등에, 집파리, 애기뿔쇠똥구리 등 58종
식·약용	– 벼메뚜기, 번데기 외에 식품으로 활용 불가 – 식품원료 등재 위해 연구 수행 중	벼메뚜기, 누에, 장수풍뎅이, 흰점박이

구 분	현황 및 전망	이용가능 종류
	※ 식품 등재 예상시기: 2015년 – 기능성물질 활용 신약 개발 추진	꽃무지 등 105종
사료용	– 안전한 단백질 공급원 – 반려동물 시장 확대에 따라 수요 증가 전망	거저리, 귀뚜라미, 동애등에, 집파리 등
체험·학습용	– 개인 사육용 시장 정체 – 지역축제, 곤충 체험관 및 전시 행사용 증가	장수풍뎅이, 사슴벌레, 배추흰나비 등 50여종
양 봉 (꿀 벌)	– 이상 기상, 밀원감소, 질병 발생 등으로 꿀 생산성은 저하 – 봉독 등 기능성 양봉산물 수요 증가 – 기능성 식의약 소재화 산업으로 개발 추진	꿀벌, 토종벌
누 에 (양 잠)	– 전통적 실크산업 경쟁력 약화됨 – 기능성 식품으로 수요가 증가하고 있으나 생산량 부족 – 오디 수확 후 잉여 뽕잎으로 누에 사육 확대 추진	대박잠 등 16품종

※ 자료 : 농촌진흥청 농업유전자원정보센터

2) 수입 발생 분야 및 항목

농업 : 사료, 천적, 화분매개
융복합 : 생명공학, 생체모방
비농업 : 정서교육, 식의약, 환경정화

2 창업 준비 사항

1) 인허가 사항

동물보호법 제40조(동물생산업의 허가)

① 동물생산업을 하려는 자는 법 제34조 제1항에 따라 별지 제22호 서식의 동물생산업 허가신청서에 다음 각 호의 서류를 첨부하여 관할 시장, 군수, 구청장에게 제출하여야 한다.

1. 영업장의 시설 내역 및 배치도

2. 인력 현황
3. 사업계획서
4. 폐업 시 동물의 처리 계획서

② 제1항에 따른 신청서를 받은 시장, 군수, 구청장은 전자정부법 제36조 제1항에 따른 행정정보의 공동이용을 통하여 다음 각 호의 서류를 확인하여야 한다. 이 경우 신청인이 주민등록표 초본의 확인에 동의하지 아니하는 경우에는 해당 서류를 제출하게 하여야 한다.

1. 주민등록표 초본
2. 건축물대장 및 토지이용계획확인서

③ 시장, 군수, 구청장은 제1항에 따른 신청인이 법 제34조 제3항 제1호 또는 제5호에 해당되는지를 확인할 수 없는 경우에는 해당 신청인에게 제1항 또는 제2항의 서류 외에 신원확인에 필요한 자료를 제출하게 할 수 있다.

④ 시장, 군수, 구청장은 제 1항에 따른 신청이 별표 9의 기준에 맞는 경우에는 신청인에게 별지 제23호 서식의 허가증을 발급하고, 별지 제24호서식의 동물생산업 허가 관리대장을 작성, 관리하여야 한다.

⑤ 제4항에 따라 허가를 받은 자가 허가증을 잃어버리거나 헐어 못 쓰게 되어 재발급을 받으려는 경우에는 별지 제19호 서식의 허가증 재발급 신청서를 시장, 군수, 구청장에게 제출하여야 한다.

⑥ 제4항의 동물생산업 허가(변경신고) 관리대장은 전자적 처리가 불가능한 특별한 사유가 없으면 전자적 방법으로 작성, 관리하여야 한다.

제41조(허가사항의 변경 등의 신고)

① 법 제34조 제2항에서 "농림축산식품부령으로 정하는 사항"이란 다음 각 호의 사항을 말한다.

1. 영업자의 성명
2. 영업장의 명칭 또는 상호
3. 영업시설

4 영업장의 소재지

② 법 제34조 제2항에 따라 동물생산업의 허가사항 변경신고를 하려는 자는 별지 제20호 서식의 변경신고서에 다음 각 호의 서류를 첨부하여 시장, 군수, 구청장에게 제출하여야 한다. 다만, 영업자가 영업장의 소재지를 변경하는 경우에는 제40조 제1항 각 호의 서류 중 변경사항이 있다는 서류를 첨부하여야 한다.

1. 허가증
2. 영업시설의 변경 내역서(시설 변경의 경우만 해당)

③ 법 제34조 제2항에 따른 동물생산업의 휴업, 재개업, 폐업의 신고에 관하여는 제39조를 준용한다.

④ 제1항에 따른 변경신고에 관하여는 제40조 제4항 및 제6항을 준용한다.

2) 점포 유무 및 규모

〈표 13-2〉 곤충생산 현황(15년 12월 기준)

계	경기	강원	충북	충남	경북	경남	전북	전남	제주
724호	162	25	75	80	119	116	49	77	21

- 비닐하우스 322농가(45%) 〉 판넬조립 167(23%) 〉 일반사육시설, 기타 95(12%)
  사육규모 200m² 이하 및, 330m² 이상

3) 시설 및 기자재

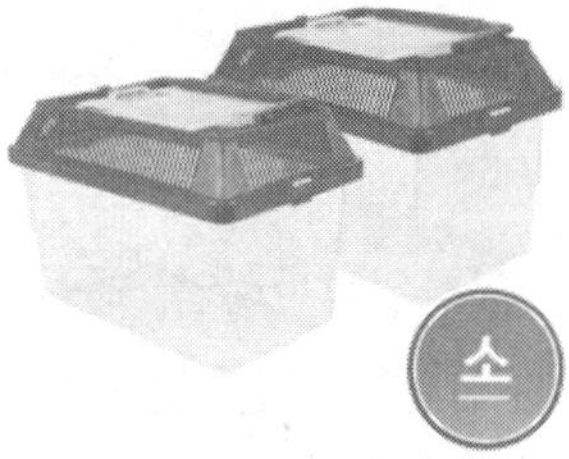

[출처] http://prod.danawa.com/info/?pcode=8215261&cate=19233365

그림 13-1 채집통

[출처] http://www.lotte.com

그림 13-2 발효톱밥

[출처] http://prod.danawa.com/info/?pcode=8033107&cate=19233365

그림 13-3 놀이목

[출처] http://www.enuri.com/

그림 13-4 곤충젤리

[출처] http://www.bugspark.co.kr/products/productslist.php?catecode=08&Length=2

그림 13-5 넓적 사슴벌레

4) 경력 및 경험

제44조(동물판매업자 등의 교육)

① 법 제37조 제1항 및 제2항에 따른 교육대상자별 교육시간은 다음 각 호의 구분에 따른다.

1. 동물판매업, 동물수입업, 동물생산업, 동물전시업, 동물위탁관리업, 동물미용업 또는 동물운송업을 하려는 자: 등록신청일 또는 허가 신청일 이전 1년 이내 3시간
2. 법 제38조에 따라 영업정지 처분을 받은 자: 처분을 받은 날부터 6개월 이내 3시간
3. 영업자(동물장묘업자는 제외): 매년 3시간

② 교육기관은 다음 각 호의 내용을 포함하여 교육을 실시하여야 한다.

1. 이법 및 동물보호정책에 관한 사항
2. 동물의 보호, 복지에 관한 사항
3. 동물의 사육, 관리 및 질병예방에 관한 사항
4. 영업자의 준수사항에 관한 사항
5. 그 밖에 교육기관이 필요하다고 인정하는 사항

③ 교육기관의 지정, 교육의 방법, 교육결과의 통지 및 기록의 유지, 관리, 보관에 관하여는 제12의4 제2항, 제4항 및 제5항을 준용한다.

13

3 관련 자격

- 산림교육전문가(국가자격증)
- 곤충표본제작사/ 곤충표본관리사(민간자격증)
- 문화재수리기능사(박제 및 표본제작공-국가자격증)
- 생물분류기사(국가자격증)

4 국내외 현황

1) 국내 현황

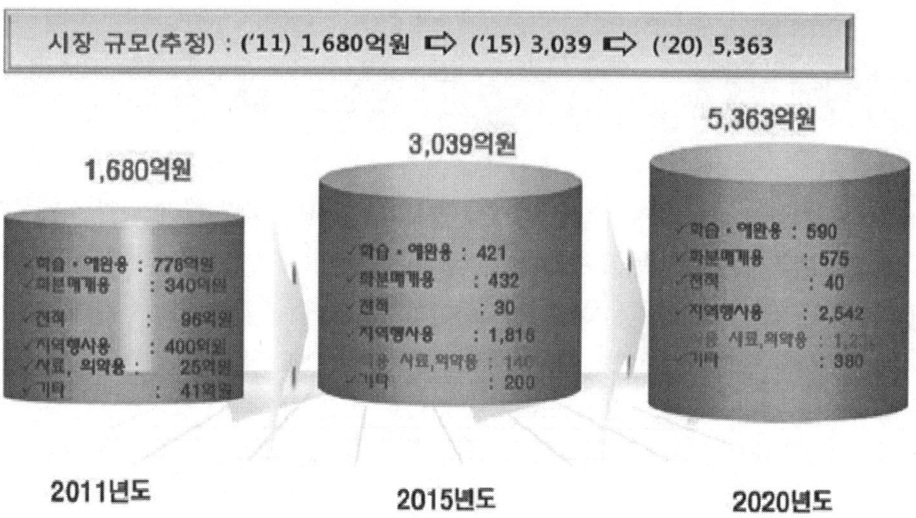

그림 13-6 고부가가치 곤충산업의 시장규모

① 곤충랜드
- 주소: 서울시 송파구 오금동 71-12호 사임당 유치원 2층
- 전화: 02-420-9876 또는 010-5306-5822
- e-mail: daram0497@naver.com

② 웜 팩토리
- 주소: 인천시 계양구 임학동 65-22 번지
- 전화: 010-8721-8112
- e-mail: tmdgks8817@naver.com

2) 국외 현황

농촌진흥청 보고에 의하면, 세계 곤충산업의 시장규모는 2007년 약 11조원 규모에서 2028년 최대 약 50조원 수준으로 성장할 것으로 전망하였다. 곤충 유래 식 · 의약 소재개발을 위해 세계적 경쟁이 심화되고 있다. 일본은 1980년대 초부터 애완용 곤충시장이 형성 발달 되었고 유럽은 화분매개 곤충 및 천적용 곤충, 중국 등 아시아 지역에서는 식의약용 곤충 등이 발달하여 매년 시장 규모가 증가하는 추세이다.

[농촌진흥청 그린매거진 2022]

5 직업 전망

곤충산업은 시간적, 공간적, 인력 면에서 투자대비 기대효과가 큰 산업이기 때문이다. 곤충산업은 식용뿐만 아니라 환경정화용 그리고 학습애완용 등 다양한 산업을 창출할 수 있어 미래의 신성장동력산업으로 발전할 가능성이 높다.

특히 천적, 화분 매개, 사료용 등 농업적으로 이용이 가능하므로 우리나라 친환경 고부가가치 농업을 하기 위한 필수 산업이기도 하다.

앞으로 식용 곤충의 다양한 상품 개발 및 이용, 그리고 식용곤충의 영양 및 기능성을 부각함으로써 기존 식품문화에 대한 인식을 바꾸어야 만이 사람들의 곤충식품에 대한 긍정적으로 인지도를 높일 수 있을 것이다.

기존 음식문화의 관념을 타파하고 새로운 음식관념을 수립해 사람들이 보편적으로 새로운 곤충자원을 식용으로 이용할 수 있게 함으로써 곤충산업의 발전 전망이 매우 밝다고 할 것이다.

곤충 식품 산업
[출처]
http://kid.chosun.com/site/data/html_dir/2016/12/26/2016122601684.html

사슴벌레 키우기 세트
[출처]
http://per.auction.co.kr/recommend/recommendbridge.aspx?itemno=A504100997

여왕개미 키우기 세트
[출처]
http://www.11st.co.kr/product/SellerProductDetail.tmall?method=getSellerProductDetail&prdNo=1459504065

그림 13-7 곤충산업 현황과 전망 세계농업

6 성공 창업을 위한 Tips

1. 곤충의 가치에 대한 인식 전환
2. 곤충을 활용한 친환경 고부가가치 농업실현
3. 곤충자원을 이용한 새로운 시장 창출

[최영철(2013) 곤충산업 현황과 전망 세계농업 제159호]

1) 생산기반 조성

① 사육 규모화를 위한 생산기반 구축
② 곤충종자 보급센터 설립
③ 생산 · 유통단계 한전성 관리 강화

- (생산) 주요 곤충종 질병발생시 상시 모니터링 체계 구축
- (유통) 원산지 관리 강화를 통해 국내 곤충 사육농가 보호 및 소비자 안심 도모

2) 소비 · 유통체계

① 생산자단체를 산지유통주체로 육성

- 생산자단체 · 지역곤충자원센터 연계 '곤충유통사업단 구성': 공동출하 • 품질관리 능력 배양

② 지역곤충자원센터를 유통의 중심축으로 활용

③ 곤충산업 발전 협의회 구성

④ 소비자가 공감하는 홍보 확대

- 용도별 전문 소비자 중심 체험 · 홍보 확대
- 1인 미디어 플랫폼 활용 등 신규 홍보수단 적극 활용

3) 신시장 개척

① 주요 용도별 곤충산업 지원체계 구축

- 식 · 약용 : 호텔요리, 스낵류 등 고급화 및 대중화 병행, 곤충유래 유용물질 확보 및 식 · 의약 소재개발
- 사료 : 기능성 프리미엄 애완사료 시장에 우선진출, 가격경쟁력 확보 후 가축사료화 추진
- 천적 · 화분매개 : 친환경GAP연계로 안전농산물 공급

② 해외시장 개척

- 수출경쟁력 확보가 용이한 품목에 대한 시범 수출
- 수출시장정보, 검역절차, 위생기준 정보 제공
- KOTRA, KOPIA센터 등과 연계, 수출국 바이어 발굴

4) 산업 인프라 확충

① R&D 실용화 체계 확대

- 현장 연계형 3대 핵심과제 추진 : 기능성 사료, 대량생산 · 유통, 질병관리

② 법령 및 제도개선

- 산지관리법, 건축법 등에 곤충사육시설 명기로 산업영역 확대

③인력양성

- 곤충전문인력 양성기관 지정 확대

  12회 농림식품산업 미래창조포럼 '고부가가치 곤충산업의 현황 및 과제'

  최근진 과장 곤충산업 육성정책 및 추진현황

7 문의 및 참고자료

① http://www.naas.go.kr/ 농촌진흥청 국립농업과학원

② http://www.mafra.go.kr/ 농림축산식품부

③ http://www.law.go.kr/ 국가법령정보센터

④ 최영철(2013) 곤충산업 현황과 전망 세계농업 제159호

⑤ 12회 농림식품산업 미래창조포럼 '고부가가치 곤충산업의 현황 및 과제'

Q & A

유용곤충이란?

전 세계적으로 서식하는 약 110~120만 여 종에 이르는 곤충 중 인류에게 유용하게 필요한 가치를 선사하는 곤충을 말한다. 어떤 경우에는 해충으로 여겨져 왔던 곤충 들이 유용한 자원의 곤충으로 역할을 하기도 한다. 또한 분류학적으로 곤충은 아니지만 「곤충산업육성 및 지원에 관한 법률」에서는 몇 몇의 절지동물이 유용곤충의 범위에 포함된다.

'치유곤충'이란?

귀뚜라미와 같이 소리를 들려 주거나 하여 사람의 심리적 안정을 제공하는 곤충을 말한다.

알아두기

화분매개곤충

자가수분이 아닌 타가수분을 하는 작물 중 곤충이 수분을 지켜주는 식물의 꽃을 가리켜 충매화라고도 한다. 이 들 충매화의 작물은 수박, 딸기, 참외, 사과, 배, 토마토, 호박, 파프리카 등의 중요작물이 있다. 화분매개곤충의 이용은 이 들 작물의 시설 재배면적을 증가 시켜주고, 노동력을 크게 감소시켜 주는데, 자연 상태에서 화분매개충 감소와 계절을 가리지 않은 하우스 재배 등에 필요하게 되어 시장 규모가 크게 확대되고 있다.

단원 학습 정리

1. 곤충산업의 육성 및 지원에 관한 법률은 곤충산업을 육성 · 지원하고 그 발전 기반을 마련하며 곤충생태에 대한 이해증진을 지원함으로써 농가의 소득증대와 국민경제의 건전한 발전과 아울러 국민의 정서 함양에 이바지함을 목적으로 한다.
2. "곤충산업"이란 곤충을 사육하거나 곤충의 산물 또는 부산물을 생산 · 가공 · 유통 · 판매하는 등 곤충과 관련된 재화 또는 용역을 제공하는 업(業)으로서 대통령령으로 정하는 것을 말한다.
3. 환경정화곤충은 환경정화에 도움을 주는 곤충으로 동물의 분뇨를 자연으로 되돌려 주는 중간 분해자 역할을 하는 소똥구리와 똥풍뎅이, 음식물의 잔반을 먹어 처리해주는 동애등애, 동물의 사체를 처리해 질병을 막아주는 송장벌레, 파리류 등이 있다.
4. 사료용 곤충은 애완 및 특수동물의 보급 및 시장 확대에 따라, 안전한 단백질 공급원으로서의 사료용 곤충 수요가 늘어나고 있다. 이들 곤충들 중 많이 길러지고 있는 사료용 곤충은 거저리의 애벌레인 밀웜과 슈퍼밀웜, 귀뚜라미, 동애등에, 집파리 등이 있다.
5. 체험학습· 애완용 곤충은 위험하지 않고 학습적으로 또는 애완용으로 기를 수 있는 곤충을 말하며, 장수풍뎅이, 사슴벌레, 호랑나비, 물방개 등 50여종이 있으며, 최근 각 지자체에서 이들 곤충의 체험학습이 유행이며, 애완곤충을 사육하는 마니아 들이 늘고 있다.

쉬어가는 페이지

곤충 사육으로 '억대 매출' 올리는 부자

충남 서산에서 곤충을 사육해 연간 1억원 이상의 매출을 올리는 부자(父子)가 있다. 주인공은 서산시에서 애완곤충 전문점을 운영하는 박천기(57) · 경석(25)씨 부자이다.

박 씨 부자가 곤충과 인연을 맺게 된 것은 10년 전인 2004년이다. 어려서부터 유난히 곤충을 좋아했던 아들 경석씨가 장수풍뎅이를 구해 달라고 조르는 바람에 어렵게 강화도까지 가서 1쌍을 사왔다. 번식력이 좋은 장수풍뎅이는 몇 년이 지나자 온 집안을 가득 채울 정도로 무수히 불어났다.

아버지 박씨는 사라져가는 곤충을 기르면서 아이들을 위한 체험공간을 만들 생각으로 2007년도에 본격적으로 곤충 사육을 시작했다. 처음에는 장수풍뎅이와 사슴벌레 등을 키워 어린이들을 상대로 판매하는 수준에 머물렀다.

하지만 군대를 갓 전역한 경석씨가 다니던 대학교까지 그만두고 곤충농사에 힘을 합하면서 상황이 달라졌다. 부자는 인터넷쇼핑몰을 구축했고 배합사료와 연중 곤충생산을 위한 방법을 연구하는 등 다각적인 노력을 기울였다. 지난 해는 1억 4000만원이 넘는 매출을 기록했다.

박씨 부자는 아이들이 보다 많은 곤충을 체험하고 배울 수 있는 생태체험장을 만들겠다는 포부를 가지고 있다.

아버지 박씨는 "곤충 산업의 성장 가능성이 큰 것은 분명하지만 시작한 지 얼마 안돼 포기하는 농가가 많다" 며 "곤충을 사랑하는 마음과 함께 항상 배우고 연구하는 자세가 중요하다" 고 말했다.

출처 :뉴시스 http://www.newsis.com/

제 14 장

반려동물 관련 신사업

Ⅰ. 반려동물 이색 사업 분야
Ⅱ. 반려동물 신규 사업 아이템

반려동물 요양원은 나이 많은 반려동물을 위하여 전문적인 서비스를 제공하는 곳으로 급여, 검진, 치료, 간병, 청결 등의 프로그램을 제공하는 것을 내용으로 한다.
반려동물 사진관은 일반 사진관에서 차별성을 두어 반려동물에 특화된 사진관으로 반려동물의 사진촬영을 하는 곳이다.
반려동물 재활센터는 일반적인 병을 치료하는 것이 아닌 재활치료와 물리치료 서비스를 제공하는 곳이다.
반려동물 보조 의료기 제작은 질병이나 사고로 장애를 갖게 된 반려동물의 재활을 위한 보조기를 만드는 것이 주 업무이다.

I

반려동물 관련 신사업 분석

학습목표

1. 반려동물 요양원, 반려동물 사진관에 대해 알 수 있다.
2. 반려동물 재활센터에 대해 알 수 있다.
3. 반려동물 보조의료기 제작, 반려견 펜션에 대해 알 수 있다.

1 반려동물 요양원

1) 직무 및 하는 일

1인가구가 증가하면서 반려동물을 하나의 가족으로 생각하는 사람들이 늘어나고 있다. 반려동물과 함께 행복한 삶을 살기위해 반려동물 요양원이 꼭 필요하다고 전망할 수 있다.

우리나라의 반려동물 가구수는 500만으로 10가구당 1가구 정도로 반려동물을 키우는 가정이 늘고 있다. 과거 단순히 집을 지키는 역할에서 이제는 하나의 가족으로 우리의 삶에 정착되고 있다.

하지만 아직까지 반려동물과 함께 할 수 있는 공간적 제약이 크고, 사람들의 사회생활로 인해 반려동물이 홀로 집을 지키는 시간이 증가하면서, 애견, 애묘인들의 걱정도 늘어가고 있다. 이러한 실정에 맞게 반려동물과 사람이 어울려 건강함 삶을 도와줄 반려동물을 위한 요양원이 있다.

반려동물 요양원은 나이 많은 반려동물을 위하여 전문적인 서비스를 제공하는 곳으로 급여, 검진, 치료, 간병, 청결 등의 프로그램을 제공하는 것을 내용으로 한다. 구체적으로 보면 일반 요양원에 간병 및 재활프로그램이 있는 것처럼 반려동물 요양원에도 아침 기상부터 산책, 식사 등 시간별로 정해진 프로그램이 운영된다. 면회는 자유롭게 할 수 있고, 사랑스런 반려견이 생활하는 모습을 인터넷으로 확인할 수 있다.

본 사업은 두 가지 관점으로 볼 수 있는데 하나는 반려동물을 위한 서비스로 고가의 럭셔리 지향 서비스이고 다른 하나는 누구나 접근할 수 있는 서비스로의 사업 전개이다.

반려동물 시장은 2012년 1조8천억 원 규모를 형성하였으며 최근 프리미엄 바람이 불며

2027년에는 6조 원 시장으로 성장할 것으로 예상되고 있다. 이러한 추세로 최근 본 사업의 중요한 참고가 되는 동물병원 역시 프리미엄 전략을 사용하고 있는 것에서 향후 사업방향의 참고로 삼을 수 있을 것이다.

2) 창업 준비 사항

> 동물보호법 개정에 따라 동물위탁관리업 중 하나로 분류될 수 있어 반려동물 요양원을 운영하고자 하는 사업자는 동물보호법 제35조 제2항 관련시설 및 인력기준을 충족하여야 하고 사업장 소재지 지자체(구청, 시청 또는 군청)에 등록 신청을 하여야 한다.
>
> – 자세한 내용은 15장 부록 참조 –

시설은 동물 한 마리당 1.6평방미터의 사육면적을 확보해야 하며 반려견이 마음껏 뛰어놀 수 있는 실내 운동장 및 실외 운동장을 갖추어야 한다.

직원은 약 6명 정도로 수의사, 동물보건사, 전문 동물요양사, 트레이너 등으로 구성하며 일반 요양원에 전문 간병사가 있는 것처럼 반려동물 요양원에도 동물간호사나 노견 전문 동물요양사가 상주하면서 늙은 반려견을 24시간 간병, 수발해야 한다.

보호자에게 언제든 시설공개 및 면회를 허용하며, 소음과 오물, 악취를 적절히 처리 및 관리해야 한다. 또 직원 1명당 사육 동물 수는 15마리 이내로 제한하는 것이 좋다.

투자규모는 요양시설과 충분한 휴식 공간, 재활 시설 등이 필요하여 1억5천만원 ~ 7억 정도까지 예상되고 있다.

3) 관련 자격

반려동물 요양원을 창업할 때에 꼭 보유해야 하는 자격증은 현재 국내에 없으며, 그 외 자격증에는 동물 보건과 관련된 자격증, 요양보호사 자격증 등이 있다.

4) 적성 및 흥미

반려동물의 고령화 속도가 빨라지면서 반려동물들도 고령화 현상을 겪고 있다. 반려동물요양원을 창업하기 위해서는 반려동물을 사랑하고 이해할 줄 아는 마음을 첫 번째로 가져야 한다. 반려동물 요양원은 단기에서부터 종신까지 동물을 케어할 수 있는 전반적인 지식을 갖추어야 하며, 동물의 생활환경이 다 같을 수 없기 때문에 요양사는 반려동물의 습관 및 생활환경 등을 빠르게 습득하여야 한다.

5) 국내외 현황

(1) 국내 현황

① 몽타운

- 주소: 서울시 송파구 문정동 30 몽타운
- 전화: (010)3268-9903
- e-mail: mongtownkr@naver.com
- 홈페이지: http://www.mongtown.co.kr/default/

(2) 국외 현황

① ピージェイシー株式会社(피제이씨(주))

- 주소: 〒150-0013 渋谷区恵比寿4-7-6 KTビル1F
- 전화: (03)5791-1122
- e-mail: info@animalsandsociety.org
- 홈페이지: http://www.pets-j.com/index.htm

〈표 14-1〉 '행복이 가득한 동물요양병원'의 요양 프로그램

프로그램 내용	프리미엄	골드	실버	그린
종합혈액검사	월 1회	월 1회	X	X
방사선검사 - 흉부, 복부	월 1회	X	X	X
초음파검사 - 복부	월 1회	X	X	X
요검사	월 1회	X	X	X
치석제거(무마취 스케일링)	월 1회	월 1회	월 1회	X
혈압측정	월 4회	월 4회	월 4회	X
안과검진	월 4회	월 4회	월 4회	X
아로마 마사지 또는 침뜸	월 8회	월 8회	월 4회	X
목욕 관리	월 4회	월 4회	월 4회	월 4회
고급 수제사료 또는 처방식	매일 2~3회	매일 2~3회	매일 2~3회	매일 2~3회
위생관리와 귀세정	매일	매일	매일	매일
치과위생 관리	매일	매일	매일	매일

* 프리미엄: 건강유지와 위생과 안락함을 위한 프로그램

* 골드: 위생과 안락함을 위한 프로그램 * 실버: 안락함을 위한 프로그램 * 그린: 행복이 가득한 프로그램

일본의 반려동물 요양원 "ペットのここから(반려동물은 여기에서)"는 나이든 반려동물을 위한 요양원으로 급여, 치료, 간병, 청결 등의 서비스를 제공하고 있다.

6) 직업 전망

반려동물의 수명이 점점 길어지고 있다. 반려견의 경우 수명이 예전의 13~15세에서 최근 15~18세로 늘어난 것으로 나타나고 있다. 이처럼 반려동물의 수명이 길어진 것과 함께 나이든 반려동물에 대한 문제 역시 대두되고 있는데 특히 문제가 되는 것은 독신가정의 경우 반려동물의 노화로 지속적인 간병이 필요한 경우 적절한 조치가 필요하나 집을 비우는 시간이 많으므로 별다른 대안이 불가능하다. 따라서 반려동물의 수명이 길어짐에 따라 꼭 필요한 사업이 될 것으로 전망하고 있다.

나이든 반려동물의 경우 지속적인 건강관리와 함께 문제가 생기는 경우에 따라 적절한 조치가 필요하나 독신가정의 경우 집을 비우는 시간이 많으므로 이러한 조치가 거의 불가능하다는 이유에서이다.반려동물 요양원은 반려동물의 수명이 길어짐에 따라 꼭 필요한 사업이 될 것으로 전망된다.

[출처] https://blog.naver.com/cdn_0114/80199408459

그림 14-1 일본의 반려동물 요양원 "반려동물은 여기에서"

7) 성공 창업을 위한 Tip

나이 많은 반려동물과 함께 생활하는 가정, 특히 독신가정의 경우 출근 등의 원인으로 반려동물의 관리에 많은 시간을 할애하는 것이 어려우므로 가장 큰 고객의 대상이 된다.

본 사업은 단지 요양시설이 아닌 동물과 인간의 커뮤니티를 형성할 수 있는 마당이 되는 것이 가장 바람직하며 장애인, 노인 등과 동물들이 서로 치유 효과를 얻을 수 있는 형태가 가장 좋은 모습이 될 것이다.

사람과 마찬가지로 반려동물도 나이가 많아지면 신체적, 정서적으로 여러 가지 어려움을 겪게 되고, 또 보살핌이 필요하게 된다. 본 아이디어인 반려동물을 위한 요양원은 이와 같이 나이 많은 반려동물을 위하여 전문적인 서비스를 제공하는 곳으로 급여, 검진, 치료, 간병, 청결 등의 프로그램을 제공하는 것을 내용으로 한다. 일본 '애완동물은 여기에서'는 노견을 위한 치료사 역할로 어린 강아지를 이용하고 있는데 이는 유기견 보호에도 도움이 되므로 동물보호에 있어 다방면으로 도움이 될 수 있는 사업으로 추천한다.

2 반려동물 사진관

1) 직무 및 하는 일

반려동물 사진관은 일반 사진관과 차별성을 두어 반려동물에 특화된 사진관으로 반려동물의 사진촬영을 하는 곳이다. 촬영의 종류에는 사람을 찍는 증명사진, 여권사진, 프로필 촬영 등이 있으며, 반려동물 촬영은 여러 컨셉을 잡아 찍을 수 있다. 추가로 출시하기 위한 제품의 촬영이나 음식촬영, 쇼핑몰 촬영, 스튜디오 렌탈 서비스도 운영할 수 있다.

촬영 가격은 컨셉에 따라 차이가 날 수 있으며 보통10~20만 원정도이다. 컨셉에는 귀엽고 사랑스럽게 찍는 컨셉, 우아하고 도도하게 찍는 컨셉 등이 있으며 반려동물 단독으로 찍거나 보호자와 함께 찍는 것에 따라서도 가격이 달라진다. 추가로 찍는 수에 따라서도 추가 비용이 붙는다.

반려동물사진작가는 반려동물을 모델로 사진촬영을 한다. 크게 개인의 의뢰와 업체의 의뢰를 받아 사진을 찍는다. 반려동물을 기르는 사람들은 사진을 통해 반려동물의 특징이 잘 살아나길 원한다. 그런 이유로 각 동물별 특성을 파악하고 거기에 맞춰 사진을 찍어야 한다. 예를 들어, 강아지의 경우 견종의 특성이 뚜렷이 드러나길 원한다.

그런 점에서 생김이나 털의 색깔, 체형 등 포인트가 되는 부분을 잘 살려 촬영해야 한다. 강아지는 움직임이 활발하기 때문에 순간 포착이 중요하다.

이와 달리 고양이는 사람에게 다가오기 보다는 구석으로 숨으려하기 때문에 호기심을 자극해 촬영공간으로 이끌어내는 게 중요하다. 동물을 잘 달래고 꾸며주면서 촬영기술도 신경을 써야 해서 이 일은 혼자서는 절대 할 수 없다.

때문에 스튜디오에서 동물사진을 연출해서 찍을 때는 반드시 2인 1조로 작업이 이뤄진다.

2) 창업 준비 사항

스튜디오를 창업하기 위해 건물을 임대해야 하는데, 보통 좋은 곳에 자리를 잡아야 하므로 건물 임대료가 상당하다. 내부 인테리어도 사진관을 창업하는데 적지 않은 비율을 차지하기 때문에 대략 1억~1억 3천정도가 필요하다. 추가로 지역에 따라 많이 차이가 난다.

직원을 채용하기 위해서 봐야할 요소는 전공이 사진과 관련한 전공인지, 사진과 관련한 경력은 어느 정도 되는지 봐야한다. 사진에 대한 기술도 중요하지만 반려동물 관련한 전공인지, 반려동물과 관련한 경력이 어느 정도 되는지, 반려동물을 길러본 경험이나 반려동물 자격증의 보유 여부 등 반려동물에 대한 전문지식이 풍부한지도 중요하게 보아야 한다.

반려동물 사진관을 운영하기 위해서는 촬영 기자재가 필요하다. 기자재의 종류에는 조명, 조명연출도구, 조명스탠드, 플래시, 반사판, 카메라 고정 장비 등 많은 기자재가 필요하다.

사진관 조명 장비
[출처]
http://www.cl-mall.co.kr/m/product_list.html?type=M&xcode=003&mcode=011

사진관 플래시 장비
[출처]
http://www.gauphoto.co.kr/item/category_view.php?cat=FF&dep=F7

사진관 반사판 장비
[출처]
http://www.1300k.com/shop/goodsDetail.html?f_goodsno=215024535227

그림 14-2 사진관 조명 장비

요즘 카메라 성능이 워낙 뛰어나기 때문에 일반인들도 고품질의 사진을 찍을 수 있게 되었다. 사람들 가운데에는 사진을 전문으로 배우지 않고도 동물사진작가가 될 수 있다고 생각하는 경우가 많다. 하지만 가능하면 사진을 전공하는 것이 전문성을 키우기에 좋다.

요즘은 사람들의 눈높이가 굉장히 높아져서 전문으로 배운 사람과 그렇지 않은 사람의 결과물은 확연하게 드러난다.

또 카메라를 다루는 기술도 중요하지만 스튜디오에서 촬영을 할 때는 반려동물 털의 색이나 질감 등을 잘 드러나게 하는 조명기술이 더 중요하므로 정식으로 배운 사진기술이 필요하다.

또 스튜디오 촬영이기 때문에 의상과 액세서리로 포인트를 주는 경우가 많고, 세트를 만들고 변형해서 활용하려면 손재주를 길러두면 좋다.

그리고 무엇보다도 조명과 플래시가 난무하는 낯선 장소에 와서 낯선 사람을 대하다 보면 동물들이 극도로 예민해질 수 있으므로 반려동물에 대한 특성을 잘 이해하고 있어야 한다.

[출처] 메르펫

그림 14-3 반려동물 전문 스튜디오 “메르펫”

3) 관련 자격

반려동물 사진관을 창업하기 위해서 필요한 자격증에서는 한국산업인력공단(http://www.hrdkorea.or.kr/main/index.jsp)에서 발급하는 사진기능사 자격증, 한국동물매개심리치료학회에서 발급하는 반려동물관리사 자격증 등이 있다.

4) 적성 및 흥미

반려동물의 사진은 무조건 반려동물에 대한 사랑이 많다고 해서, 혹은 기술만 좋다고 해서 결과가 좋게 나올 수 없다. 반려동물에 대한 세세한 지식, 정성과 배려, 촬영기술, 조명기술 등이 함께 어우러져야 소중한 추억을 잘 담아 낼 수 있다.

시간과 정성이 많이 들더라도 반려동물들이 편안해하고 반려 가족들이 좋아할 만한 이미지와 컨셉을 만들어서 반려동물의 호기심을 자극하고, 편안하게 할 수 있는 환경을 만들어 주어서 다양한 컨셉을 개발하여 오랫동안 간직될 수 있는 사진을 찍을 수 있도록 노력한다.

5) 국내외 현황

(1) 국내 현황

① 키스펫 스튜디오
- 주소: 서울 서초구 강남대로18길 16-11 JS빌딩 지하1층 (우)06779
- 전화: (070) 8750-4155
- e-mail: www.kisspetstudio.com

② 몽펫 스튜디오
- 주소: 서울시 종로구 대학로 14길 21 2층
- 전화: (02)765-1174
- 홈페이지: http://mongpetstudio.co.kr/

③ 와이낫스튜디오
- 주소: 서울시 광진구 중곡동 258-22 지층
- 전화: (070) 8171-4392
- 홈페이지: http://ynotstudio.co.kr/

(2) 국외 현황

① Bonilla photography
- 주소: 3552 Collins Blvd Suite A Chesapeake, VA 23321
- 전화: (757) 912-5862
- 홈페이지: https://www.bonillapetphotography.com/

② Vancouver pet photography
- 주소: 35 E 3rd Ave, Vancouver, BC V5T 1C5
- 전화: (778)385-9942
- e-mail: hello@vancouverpetphotography.com
- 홈페이지: https://www.vancouverpetphotography.com/

6) 직업 전망

국내 반려동물 시장 규모는 점점 늘어나는 추세고 2027년에는 6조를 넘길 것이라는 전망이다. 최근 반려동물과 함께 찍는 가족사진을 만들기 위해 스튜디오를 찾는 사람들이 많다. 반려동물과 함께 찍을 수 있는 스튜디오 비중이 10% 정도밖에 안 되지만 앞으로 계속 커질 전망이다.

아직은 반려동물의 보호자들이 개인적으로 사진을 의뢰하는 사례가 많지만 점점 기업체의 의뢰도 늘고 있다.

반려동물 사료나 의류, 목욕용품을 만들어 파는 기업은 제품의 포장지를 만들 때, 또는 카탈로그 등에 들어갈 사진이 필요하고, 동물병원에서도 사진을 요청하는 일이 늘고 있다. 이 일은 반려동물 산업의 발전과 궤를 같이 하고 있다.

반려동물을 기르는 인구가 꾸준히 늘고 있는 만큼 앞으로 동물사진을 필요로 하는 곳도 점점 늘 것으로 보인다.

7) 성공 창업을 위한 Tip

자신의 반려동물 사진이 들어있는 핸드폰 케이스, 시계, 에코백 등의 제품을 함께 판매하면 그 희소성 때문에 사람들이 사진관을 찾을 것이다.

3 반려동물 재활센터

1) 직무 및 하는 일

> 반려동물 재활센터는 동물병원과 긴밀한 협조가 필요한 분야이다. 치료 목적의 물리치료 기기 사용이나 경우에 따라 필요한 전문 약제의 처방과 처치는 동물병원에서 수의사에 의해 수행되어야 하는 분야이다. 반려동물 재활센터는 근육 마사지나 온열치료, 하이드로 테라피 등의 재활요법을 수행하는 기관이다.

반려동물 재활센터는 일반적인 병을 치료하는 것이 아닌 재활치료와 물리치료 서비스를 제공하는 곳이다. 틀어진 뼈를 제대로 맞추거나 걷는 훈련 등을 통해 반려동물이 이후 정상적인 활동이 가능해지도록 돕는다. 이러한 재활치료와 물리치료뿐 아니라 추가로 반려동물의 심리치료 및 신체기능 회복 서비스 등 다양한 대체치료를 제공할 수 있다.

재활치료의 종류에는 레이저 치료, 마사지, 초음파 치료, 하이드로테라피, 냉온요법, 스포츠 테이핑 등이 있다. 사람의 물리치료 원리를 적용해 힘과 유연성 회복을 통해 치료 효과를 높이고, 약물치료도 진행할 수 있다.

2) 창업 준비 사항

반려동물 재활센터를 창업하기 위해 필요한 자본금은 약 1억 5천만 원 이상으로 기자재의 비용이 적지 않게 드는 것을 알 수 있다.

반려동물 재활센터에서 필요한 기자재에는 수중 런닝 머신, 피넛볼, 밸런스 디스크 등의 운동치료 기구, 고압산소 치료를 위한 챔버, 동물전용 레이저 기기, 텐스(TENS) 치료기기 등이 있다.

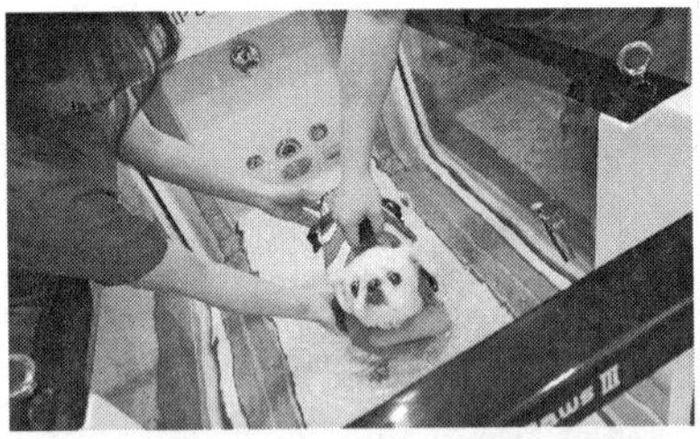

수중 런닝 머신
[출처] http://vipah.co.kr/html/rehabilitation_about.php

고압산소 치료 장면
[출처] http://vipah.co.kr/html/rehabilitation_about.php

레이저 치료
[출처] http://vipah.co.kr/html/rehabilitation_about.php

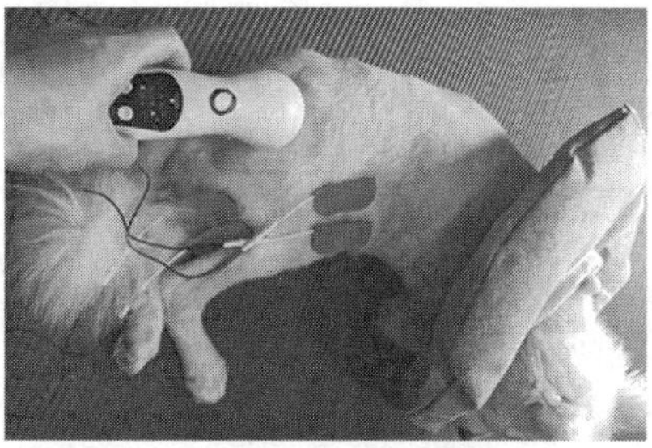

텐스 치료
[출처]] http://vipah.co.kr/html/rehabilitation_about.php

그림 14-4 반려동물 재활센터 장비

3) 관련 자격

국내에서는 아직 반려동물 재활치료사를 취득할 수 있는 기관은 없으며 자격이 인증되는 전문교육은 해외에서만 받을 수 있다. 그렇지만 한국동물재활학회에서 반려동물 재활치료에 집중한 세미나를 개최하는 등 반려동물 재활에 대한 움직임이 활발해지고 있다.

반려동물 재활치료사란?

반려동물 재활치료사는 반려동물의 부상이나 만성 질환, 신경학적인 문제 등으로 인한 통증을 최소화하고 최적의 회복을 위한 치료 계획을 세우고 시행하는 일을 하는 전문가이다. 부상이나 수술 외에 노화와 퇴행성 질환의 회복을 돕고, 비만인 반려동물에게 도움이 되는 치료를 제공하기도 한다.

4) 적성 및 흥미

반려동물 재활센터를 설립하기 위해서는 동물병원을 경영했거나 반려동물 재활치료 전문 수의사들에게 적합하다.

5) 국내외 현황

(1) 국내 현황

① 한국동물재활학회
- 주소: 서울시 성동구 고산자로 207, 4층 (행당동)

- 전화: (070)8673-7977
- 홈페이지: http://ksvr.co.kr/index.asp

② 이을반려동물케어센터
- 주소: 서울시 서초구 사평대로 20길 3, 이을반려동물케어센터 (반포동)
- 전화: (02)593-7575
- 홈페이지: https://blog.naver.com/ieulcacc/221385762973

(2) 국외 현황

① Pawsitive Steps Rehabilitation & Therapy for Pets
- 주소: 1894 Star Batt Drive, Rochester Hills, MI 48309
- 전화: (248)564-0309
- e-mail: frontdesk@pawsitivestepsrehab.com
- 홈페이지: https://www.pawsitivestepsrehab.com/

② Pet Rehab
- 주소: 8500 Arlington Blvd Fairfax, VA 22031
- 전화: (571)213-2624
- 홈페이지: https://www.petrehab.net/

③ K9 Rehab Center
- 주소: K9 Rehab Center Iglasjövägen 18 372 75 Johannishus
- 전화: (073)168-178
- e-mail: info@k9rehabcenter.se
- 홈페이지: https://www.k9rehabcenter.se/

6) 직업 전망

매년 국내에도 반려견 인구가 지속적으로 증가하고 있고 그만큼 동물에 대한 대중들의 인식도 좋아지고 있는 추세다. 자신보다 반려동물에게 더 많은 애정을 쏟는 사람도 있고, 가족처럼 생각하고 아끼는 사람도 있을 정도여서 다양한 애견용품들도 불티나게 팔리고 있다. 그런 동물들을 위하여 동물병원들의 수도 전국적으로 매년 꾸준히 증가하고 있으니 동물병원이 증가하는 것과 비례하여 반려동물 재활센터도 꾸준히 증가할 것으로 예상된다.

7) 성공 창업을 위한 Tip

현재 동물병원들끼리 경쟁이 치열해서 큰 수익을 거두기가 쉽지 않은 상황이다. 따라서 기존 동물병원들이 물리치료와 재활치료라는 전문 영역을 강화해서 업종을 변경하는 것도 병원의 경쟁력 측면에서 필요해 보인다. 사람에게 물리치료가 반드시 필요한 것처럼 머지않아 반려동물에게도 반드시 필요한 서비스 중 하나로 정착할 것이다.

4 반려동물 보조 의료기 제작

1) 직무 및 하는 일

반려동물 보조 의료기 제작은 질병이나 사고로 장애를 갖게 된 반려동물의 재활을 위한 보조기를 만드는 것이 주 업무이다.

보조기를 만들기 위해서는 수의사로부터 진단서를 받아 동물의 건강상태를 정확하게 체크해야 하며, 나이나 크기, 체중, 질병, 사고 정도 등을 종합적으로 고려하여 보조기를 제작한다. 의료기구를 제작하는 일이라 인체공학이나 해부학적인 지식과 기술의 전문성을 요한다. 신체 일부 절단, 골절 등 원인에 의한 손상으로 신체가 고유의 기능을 상실했을 때, 결손된 신체가 본래의 기능을 수행할 수 있도록 의학, 공학적 지식을 기반으로 결손된 신체를 대신할 수 있는 의족, 보조기, 휠체어를 제작한다.

수익 구조는 반려견의 보호자와 수의사를 통한 판매이다. 대부분의 초창기 매출은 자신의 반려견에게 필요한 보조기구를 구매하고자 했던 보호자의 구매를 통한 매출이 99%를 차지했다. 그런데 시간이 지날수록 많은 수의사들이 재활보조기구에 대해 알게 되면서 동물병원을 통해 보호자에게 추천하는 방식으로 매출이 발생하며 거의 30% 정도를 차지하게 되었다. 소비자에게 판매되는 맞춤 제품은 60만 원 정도라면 병원에서 판매되는 기성제품은 10~30만 원 수준이지만 다양한 장소에서 많은 판매가 이루어지고 있어서 갈수록 매출 비중이 늘고 있다.

2) 창업 준비 사항

창업 시 사업장의 유형은 사무실형이 적합하며 자본금은 3~7천만 원 정도이다. 이외에 필요한 기자재 중에는 보행분석기, 3D 프린터 등이 필요하다.

3D 프린팅 디자인 포털 3D 업 앤 다운(www.3dupndown.co.kr)에서 반려동물 장애 보조기구 디자인 파일을 무료로 제공한다. 3D 프린팅 기술을 활용하면 인간뿐만 아니라 반려동물용 맞춤형 보조기구를 만들 수 있다. 3D 업 앤 다운 홈페이지에서 디자인 파일을 무료로 다운로드해 사이즈 교정 후 출력하면 된다.

반려동물 보조 의료 기구의 종류로는 휠체어, 바디휠, 보철다리, 엉덩이 하네스, 바디 하네스, 동물용 비탈 등이 있다.

업태는 서비스업, 업종은 전문서비스, 사업화유형은 전문지식기반으로 분류될 수 있으며, 사업장은 사무실형으로 투자규모는 3~7천만원 이상 정도가 소요된다.

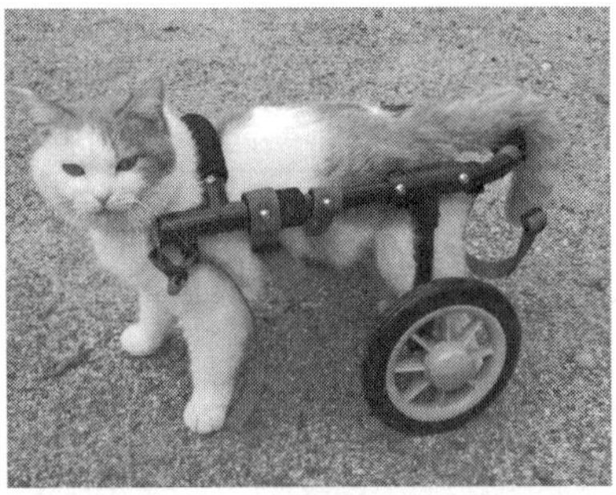

1. 반려동물 휠체어
[출처] https://mypetlife.co.kr/17301/

2. 반려동물 바디휠
[출처] https://mypetlife.co.kr/17301/

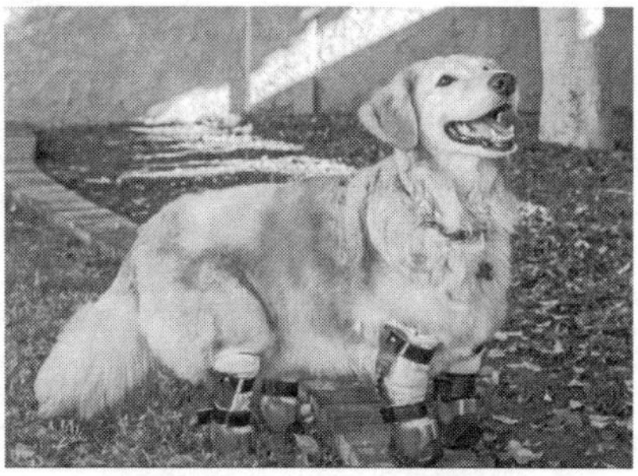

3. 반려동물 보철다리
[출처] https://news.joins.com/article/20887716

4. 반려동물 엉덩이 하네스
[출처] https://mypetlife.co.kr/17301/

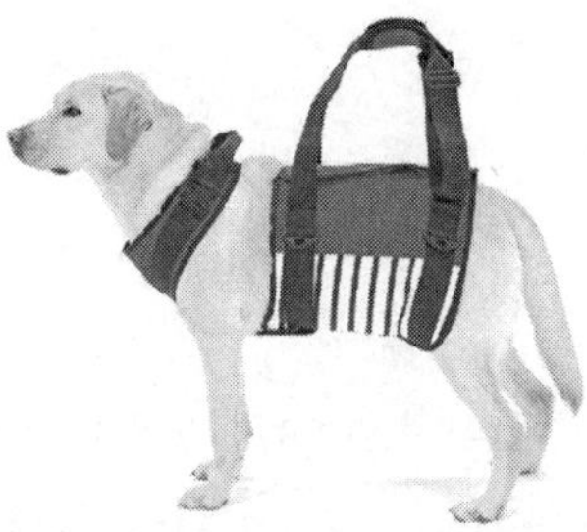

5. 반려동물 바디 하네스
[출처] https://mypetlife.co.kr/17301/

6. 동물용 비탈
[출처] https://mypetlife.co.kr/17301/

그림 14-5 반려동물 보조기기

3) 관련 자격

반려동물 의료보조기 제작과 관련한 자격증에는 한국보건의료인국가시험원(http://www.kuksiwon.or.kr)에서 발급하는 의지·보조기 기사 자격증, 대한보조공학기술학회

(http://www.ksatot.or.kr)에서 발급하는 보조공학사 자격증, 반려동물재활공학사 자격증, 한국동물매개심리치료학회에서 발급하는 반려동물관리사 자격증 등이 있다.

4) 적성 및 흥미

반려동물 보조의료기 제작을 창업하기 위해서는 먼저 동물을 사랑하고 배려할 수 있는 사람, 동물의 입장에서 객관적으로 생각할 수 있는 사람, 또 이러한 동물의 질환들을 잘 이해하고 손으로 제작하는 것들도 좋아하는 사람이어야 한다.

단순하게 동물에 대한 관심만으로는 어렵다. 동물을 대하는 것보다는 보조기구를 제작하는 시간이 더 많기 때문에 이런 부분을 더 중요하게 생각해야 한다.

또한 한 가지의 일만 하는 것을 좋아하는 사람보다는 여러 가지를 열어놓고 생각하는 것을 즐겨하고 더 나은 방안을 생각하는 것을 즐거이 하는 사람에게 적합하다.

5) 국내외 현황

(1) 국내 현황

현재 국내에는 동물을 위한 의지와 보조기를 제작해 주는 곳이 없다. 현재 휠체어는 한국장애동물연구협회에서 무상이나 적은 금액으로 제공을 해 주지만, 이는 무상봉사활동 개념이라서 제작 소요기간이 최소 1개월 이상 걸리는 등 많은 불편함을 초래하고 있다.

① 은해반려동물보조기
- 주소: 부산광역시 동구 수정1동 397-6 (고관로 43)
- 전화: (051)464-9996
- e-mail: eunhaepet@naver.com
- 홈페이지: http://eunhaepet.com/

② 펫츠오앤피
- 주소: 서울시 영등포구 양평동 2가 35-6, 1층
- 전화: (02)6012-8777
- 홈페이지: https://www.petsonp.com/

(2) 국외 현황

해외에는 미국에만 최소 10개의 동물 의지보조기 전문 클리닉이 있고 캐나다, 영국 및 유럽 전 지역에 이 서비스를 제공해 주는 회사가 많이 있다. 현재 미국에서는 이 사업이 성장가능성을 가진 사업으로 각광받고 있으며, 그 매출 또한 매우 큰 것으로 확인된다.

① Petsthetics
- 주소: 5617 Whispering Willow Way, Fort Myers, FL 33908
- 전화: (239)384-7291
- e-mail: info@petsthetics.com
- 홈페이지: https://petsthetics.com/

② Orthopets
- 주소: 1130 West 124th Ave. Suite 900 Westminster, CO 80234
- 전화: (303)953-2545
- e-mail: info@orthopets.com
- 홈페이지: https://orthopets.com/

③ Animal Tech
- 주소: 40 King Street Shepparton, Victoria Australia (Northern Victoria Orthotic and Prosthetic Service)
- 전화: (048)114-7757
- e-mail: elizabeth@animaltech.com.au
- 홈페이지: https://www.animaltech.com.au/

6) 직업 전망

반려동물 보조기구의 수요가 늘어남에 따라 그에 수반되는 재활관련 소규모 업체들이 생겨나게 될 것이다. 또한 서울대병원 등 여러 병원에서 현 보조기와 의지 및 휠체어에 관심을 갖고 있다. 치료의 수단으로 반려동물 재활기구가 상용화 되면 수요가 쉽게 급성장할 것으로 예상되며 고수익 창출이 가능할 것으로 전망된다.

현재 가장 위협이 될 만한 것은 사람의 의지보조기를 제작하는 대형 회사들이다. 이미 전국에 사람의 의지보조기를 제작하는 대형회사들이 자리 잡고 소기업들의 자리를 압박하고 있다. 분명 이 사업이 시작되고 발전하게 되면 그 대형회사들이 자본을 가지고 뛰어들 것이다. 이에 대해 우리는 시작부터 "명품 의지보조기 클리닉"을 사훈으로 삼고 소기업들의 대표자를 교육해 프랜차이즈화 시킬 생각이다. 모든 재료는 미국에서 직수입하여 미국과 유럽에서 제공하는 동일한 재료들을 사용하여 고품질 서비스를 제공할 것이다.

현재 미국에서는 미국 내의 애견의료보험에 의해 보조기, 의지 및 휠체어 또한 보상되고 있다. 앞으로 이 시장이 발전할수록 사람과 같이 애견의 보조기와 의지 또한 보험 급여 대상에 해당될 것으로 예상된다.

병원에서 이제 막 퇴원한 동물들의 더 빠른 신체 회복을 위해서 사람들은 재활센터를 찾을 것이고 반려동물을 사랑하는 주인들은 자신의 반려동물에게 재활치료가 반드시 필요하다고 느껴 재활센터를 이용할 가능성이 높다. 혹은 운영 중인 동물병원과 연계한다면 충분히 기대되는 사업이다.

본 사업아이템의 수요가 늘어남에 따라 많은 소상공인이 생겨날 것으로 예상된다. 이는 현재 없던 학문, 서비스의 창조이기 때문에 이 보조기와 의지 및 휠체어를 제공하는 서비스가 발생함에 따라 그와 수반되는 재활관련 소규모 업체들이 생겨나게 될 것이다. 또한 서울대병원등 여러 병원에서 현 보조기와 의지 및 휠체어에 관심을 갖고 있다. 치료의 수단으로 반려동물 재활기구가 상용화 되면 수요가 쉽게 급성장할 것으로 예상되어 이에 따라 고수익 창출이 가능하다.

7) 성공 창업을 위한 Tip

현재 가장 위협이 될 만한 것은 사람의 의지 · 보조기를 제작하는 대형 회사들이다. 이미 전국에 사람의 의지·보조기를 제작하는 대형 회사들이 자리잡고 소기업들의 자리를 압박하고 있다. 분명 이 사업이 시작되고 발전하게 되면 대형 회사들이 자본을 가지고 띄어들 것이다. 이에 대해 차별화를 둘 수 있는 방안이 필요하다.

5 반려견 펜션

1) 직무 및 하는 일

반려동물을 혼자 두고 여행하기 힘들었던 싱글들과, 가족여행 시 애견호텔 등에 맡겨야

했던 불편함 때문에 여행을 꺼려했던 사람들에게 반려견 펜션이 그 고민들을 덜어 줄 수 있다.

반려동물과 함께 버스나 기차, 비행기를 이용할 수 있는 시대가 되었지만, 반려견과 함께 숙박할 수 있는 숙박시설은 미비한 편이다. 반려견 호텔과 같은 반려동물을 맡길 수 있는 시설이 생겼지만, 지방의 경우 반려동물을 맡길만 한 곳도 여의치 않다. 여행은 가고 싶지만 홀로 남을 반려동물이 걱정되어 여행을 미루는 경우도 생겨난다.

반려견 펜션 사업은 여러 가지 문제점으로 인해 여행을 포기하거나 미뤄두는 사람들을 위해, 반려동물과 함께 소중한 추억을 만들 수 있게 도와주는 아이템이다.

본 아이템은 반려동물인 반려견들과 함께 숙박할 수 있으며 반려견 및 주인을 위한 다양한 서비스(반려견 식사, 반려견 수영장)가 제공된다. 특히 바쁜 현대인들이 주말에 여행을 떠나고 싶지만 집에서 키우는 반려견들의 문제점을 해결할 수 있는 게 특징이다. 특히 여행을 좋아하는 사람들이 집에서 기르는 반려견을 데리고 갈 수 없는 불편함을 해소한 아이템이다. 고객은 온라인에서 반려견의 종류와 숙박, 식사를 실시간 조회한 후 선택하여 결제하는 시스템이며, 반려견 및 주인을 위한 수영장, 바비큐, 인터넷, 드링크서비스 등 최고의 서비스를 지향한다.

반려견 펜션을 운영할 때에 주 업무에는 여러 가지가 있는데, 그 중에 제일 중요하고 어려운 것이 반려견 보호자와 반려견 양쪽에게 제공해야 할 서비스이다.

가장 중요한 서비스는 펜션을 찾은 손님들이 강아지와 관련한 압박이나 부담을 느끼지 않을 수 있는 운영을 찾는 일이다. 또한 다른 견주나 반려견과의 마찰도 늘 신경 써야 할 부분이다.

어디 한 쪽 편을 들기 애매하며, 인터넷 커뮤니티의 민감함이 크게 작용하기도 한다. 따라서 적절한 이용 수칙과 안내가 필수적이다. 특히 사람이 지켜야 할 제약이 많다. 무심코 남의 강아지들에게 간식을 던져준다든지, 반려견들이 먹어서는 곤란한 음식물을 들여오는 경우는 무척 흔하다.

강아지를 좋아하는 것과 강아지에 대한 이해도가 높은 것은 전혀 다른 이야기다. 그렇기에 이러한 점을 이해하지 못하는 손님은 사전에 예약을 받지 않아야 하는 경우도 생길 수 있다.

주 고객층은 반려동물을 기르는 사람들이 될 것이며 특히 20대~30대의 나홀로 가구 또는 2~3인 가구가 주 이용대상이며, 숙박의 가격은 비수기 주중 11만 원, 주말 13만 원 정도이며 성수기에는 15만 원정도의 숙박비를 받고 있다.

수익성으로는 고객들이 반려동물을 맡기는 비용, 숙박 시 비용, 총 년간 약 2억원의 매출이 예상된다.

2) 창업 준비 사항

반려견 펜션을 창업하기 위해서는 약 1억 5천만 원 이상의 자본금이 필요하다.

반려견 펜션을 운영하기 위해서는 건축도 구성해야 하는데, 건축 구성에는 호텔 건물, 펜션건물, 관리실 등으로 나누어야 하며 시설에는 수영장, 바베큐장, 인터넷 등의 서비스를 제공할 수 있는 시설도 필요하다.

객실 구성은 복층 구조보다는 원룸 형태가 제일 적합하다. 강아지들의 안전을 생각하면 계단을 오르내리는 구조는 가급적 피해야 한다. 건물 형태 역시 단층이 알맞다.

객실당 면적도 일반 펜션보다 조금 더 크게 만들어야 한다. 객실 당 투숙 가능한 인원수는 물론, 입실 가능한 반려동물 수도 염두에 두어야 한다.

반려견 펜션은 인테리어도 중요하다. 사람과 반려동물을 함께 배려하는 디자인과 자재를 사용해야 하기 때문이다. 디자인의 방향은 강아지를 데리고 오는 사람의 눈높이에 맞추어야 할 뿐만 아니라 반려동물의 편의도 무시하지 못한다. 기본적인 바닥이나 벽체 마감은 물론이며, 바닥 몰딩이나 가구의 형태도 애견의 편의에 초점을 맞춰야 한다.

반려견 펜션에는 반려견이 맘껏 뛰놀 수 있는 넓은 공간과 무엇보다도 외부와 완벽하게 차단될 수 있는 환경이 조성되어야 한다. 요즘은 답답한 아파트나 도시에서만 지내는 반려견이 마음껏 뛰놀 수 있는 곳을 찾는 사람들이 점점 늘어나고 있다. 그러한 장소가 반려견 펜션이며, 반려견 펜션에 놀러 온 이상 목줄을 하고 다닐 이유가 없어야 한다. 펜션 주변에 낮은 담장을 만들어 외부와 격리 시킬 방법을 찾아야 한다.

사업 초기에는 반려견에 대한 상식 및 지식습득이 필요하다.

3) 관련 자격

반려견 펜션을 운영하기 위해서 필요한 자격에는 한국동물매개심리치료학회에서 발급하는 반려동물 관리사 자격증 등이 있다.

4) 적성 및 흥미

창업을 하는 사람이 반려인이 아니거나 강아지 자체에 거부감을 가진 경우라면 반려견 펜션을 하지 않는 것이 좋다. 진정으로 좋아하지 않으며 언제나 성가신 존재로 밖엔 느껴지지 않는다. 강아지의 특성을 이해하고 공감하지 못한다면 단순히 고역을 치르는 일상이 된다.

5) 국내외 현황

(1) 국내 현황

① 모나코 애견 풀빌라 펜션
- 주소: 경기도 가평군 상면 임초밤안골로 252 모나코 애견펜션
- 전화: (010)9151-5687
- 홈페이지: http://www.psmonaco.com/

② 풀빌라 포독스
- 주소: 경기도 양평군 서종면 화서로 464-1
- 전화: (010)2902-4609
- 홈페이지: http://www.poolvillafordogs.com/

(2) 국외 현황

① 잘 프라이빗 리조트 오쿠마
- 주소: 〒905-1412 沖縄県国頭郡国頭村字奥間913
- 전화: (0980)41-2222
- 홈페이지: http://okumaresort.co.kr/

② 카누 차베이 호텔
- 주소: Abu 156-2, Nago City, Okinawa, Japan 905 2263
- 전화: (0980)55-8880
- 홈페이지: https://www.kanucha.jp/en/

③ 츄라우미 온더비치
- 주소: 〒905-0225 沖縄県国頭郡本部町崎本部2573-1
- 전화: (0980)47-2277
- 홈페이지: https://churaumi-motobu.jp/

[출처] http://www.psmonaco.com/

그림 14-6 모나코 애견 풀빌라 펜션

[출처] www.poolvillafordogs.com/special_04.html

그림 14-7 풀빌라 포독스

6) 직업 전망

통계청 발표를 보면 1, 2인 가구가 급증하고 있으며 국내 반려견 시장은 2027년에는 6조원 시장으로 성장할 것으로 보고 있다. 특히 반려동물은 어른이 된 자식과 떨어져 사는 노인 및 아이가 없는 난임 부부의 가장 큰 가족으로 인식되고 있으며 이런 성장과 더불어 다양한 애견 서비스(의상, 미용)들이 생겨나고 있다. 따라서 반려견 펜션은 기존의 펜션, 숙박을 하는 업체들에게 적합할 수도 있으며 현재 비교적 애견을 위한 숙박시설이 많지 않으므로 수익을 높일 수 있을 것으로 전망된다.

국내에서도 이제 애완견을 반려동물 가족으로 인식하고 있으므로 애견인들의 고민이었던 부분을 해결할 수 있는 본 아이템은 향후 지속적인 시장의 성장과 함께 수요가 많을 것으로 예상된다. 하지만 사업초기에 애견에 대한 상식 및 지식습득이 필요하며 애견을 위한 다양한 서비스가 개발된다면 충분히 성공 가능성이 높을 것으로 기대된다.

7) 성공 창업을 위한 Tip

펜션의 이름, 즉 홈페이지의 이름에는 '펜션'이라는 글자가 포함되어야 좋다. 추가로 지역명도 포함되면 더욱 좋다. 사이트 포털에 검색 시 홈페이지가 노출될 확률이 매우 높아진다.

반려견 펜션을 운영할 때 제일 중요한 부분 중 하나가 반려견 중 어떤 종류를 할 것인지를 정하는 일이다. 소형, 중형, 대형을 구분해서 받는 일을 말하는데, 사실 현재 운영 중인 반려견 펜션의 대부분은 소형견 위주로 운영되고 있다. 대형견은 다른 개들과의 충돌 때문에 문제가 되기 때문인데, 대형견 수요도 적지 않아 대형견까지 받는다면 다른 반려견 펜션들과 차별성을 두게 될 것이다.

Ⅱ 반려동물 신규 직업 및 사업

학습목표

1. 반려동물 신규 직업 아이템에 대하여 알 수 있다.
2. 반려동물 사업으로 새로운 영역에 대한 아이디어 도출과 계획 능력을 함양한다.

1 반려동물 패션 디자이너

1) 직무 및 하는 일

반려동물을 하나의 소유물처럼 여기던 예전과는 달리 요즘은 가족처럼 여기고 기르는 분위기가 정착되고 있다.

자연스럽게 반려동물을 돌보고 키우는데 필요한 옷과 소품을 찾는 대중이 늘고 있고, 그에 따라 반려동물 패션 산업이 발달하고 있다. 반려동물 패션디자이너는 개, 고양이 등 반려동물의 의상과 소품을 전문적으로 디자인한다.

품목을 결정하여 디자인하고 원단 및 부속품을 선택하여 견본의상을 제작하는 등 반려동물 옷을 만드는 과정은 인간의 옷을 만드는 과정과 크게 다르지 않다.

털이나 정전기, 피부병, 물어뜯기, 입히고 벗기는 방법, 배변 등 반려동물 의상의 특수성을 이해해야 한다. 반려동물의 다양한 상태를 파악하고 여러 가지 질병에 취약한 부분까지 반영해 소재 및 부자재를 세심하게 선택한다.

견종 및 묘종에 따라 어울리는 아이템과 컬러 등을 분석한다. 반려동물의 견본(견체, 묘체 등)을 연구해서 동물의 활동에 지장을 주지 않도록 고려한다.

시장의 전체적인 트렌드를 파악하고 소비자가 원하는 경향을 반영하여 디자인한다. 견종별로 조사한 다양한 사이즈의 패턴을 그리고 가봉을 본 다음 디자인을 확정한다. 샘플을 제작하고 대량생산하거나, 맞춤으로 온라인이나 오프라인을 통해 판매한다.

방송매체에 다양한 반려동물이 등장하면서 반려동물과 관련된 의상과 소품을 특별 주문 제작하기도 한다.

2) 전망

반려동물의 의류 및 액세서리는 이미지나 스토리텔링, 디자인 여하에 따라 높은 부가가치를 부여할 수 있으므로 고객층에 따라 다양한 판매 전략이 가능하다. 표준 반려동물 의복은 저렴한 비용으로 판매하여 소외계층이나 저소득층을 겨냥할 수 있고, 맞춤형 고급 의복을 원하는 소비자에게는 특이재질이나 개성적인 디자인을 가미함으로써 높은 가격에 응대 가능하다.

사람들은 각자의 기호에 따른 독특한 반려동물 용품을 원하고 있으므로 의복에 한정하지 않고 신발, 향수, 전자제품 등 전반적인 상품 영역으로 확장될 수 있다. 또한 국내에서 발걸음을 뗀 반려동물 시장은 전 세계적 추이를 볼 때 높은 성장가능성을 가졌으며, 관련 정책과 지원도 속속히 등장할 예정이므로 본 사업은 앞으로 큰 성장 잠재력을 가졌다고 볼 수 있다.

2 반려동물의 몫도 함께 챙겨주는 배달음식 전문점

– 배달음식을 주문하면 반려동물용 덤까지 함께 배달해주는 서비스! –

본 사업 아이디어 '반려동물의 몫도 함께 챙겨주는 배달음식 전문점'은 배달음식을 주문하면 반려동물도 함께 먹을 수 있도록 서비스로 '덤'을 추가하여 주는 것을 포인트로 하는 점포이다.

음식의 메뉴에 대한 것은 제한이 없으나 한식, 분식, 치킨, 피자 등 메뉴에 따라 반려동물에게 주게 되는 덤은 달라질 수 있으므로 이 부분에서 각 종류별 차이를 보이게 된다.

이는 메뉴에 따라 초기부터 조리를 하는가 조리 후 처리를 하는가, 아니면 메뉴와 관계없이 반려동물용 간식을 제공하는가가 결정되기 때문이다. 창업은 일반적인 배달전문점과 큰 차이가 없으나 입지를 선택할 때 펫 숍과 같은 반려동물 수요가 많은 곳을 선택하여야 한다는 점에 유의하여야 한다.

배달음식 시장은 경쟁이 과열되고 있으나 1~2인 가구와 같은 소규모 가구가 늘고 있으며 수요는 계속 증가하고 있어 앞으로도 이 분야의 창업 열기는 계속될 전망이므로 독특한 컨셉을 통해 고객에게 어필할 수 있다는 점에서 본 사업의 의의를 찾을 수 있다.

[출처] http://www.sbiz.or.kr/neb/nebidea2014/1193704_1309.jsp

3 반려동물을 위한 자연식 레스토랑

– 반려동물의 영양을 위해 개발된 20여 가지의 특별한 메뉴! –

최근 독일 그루네발트의 고소득층 거주 지역에 문을 연 펫츠델리(Pets Deli)는 애견, 애묘를 위한 독일 최초의 반려동물 대상 자연식 레스토랑(gourmet restaurant)이다. 개와 고양이의 건강을 위해 정성껏 요리된 한 끼 식사의 가격은 3 ~ 6유로이며 컵케이크와 같은 간식은 4유로 정도 한다.

인간과 마찬가지로 질병 및 사고로 병원 치료를 받았거나 면역력과 기력이 떨어져 소화기능이 저하된 동물에게는 그에 맞는 특별 영양식이 필요하다. 또한 체질적으로 공장에서 나온 사료를 소화시키지 못하거나 각종 식품첨가물에 알레르기 반응을 보이는 동물에게도 특별한 자연식이 필요하다.

이러한 아이디어로 출발한 반려동물 전용 자연식 레스토랑은 개와 고양이의 영양을 위해 개발된 20여 가지의 메뉴는 물론 주인을 위한 커피와 차 음료도 판매하여 반려동물과 주인 모두 즐거운 시간을 보내도록 돕고 있다.

반려동물의 병원비 부담에서 벗어나고 건강하게 함께하고자 직접 반려동물의 음식을 만들어 주는 경우도 주변에서 심심치 않게 볼 수 있다. 이미 외국에는 펫영양사 자격시험과 전문 교육이 있는 만큼 해외에서 정보를 수집하여 우리 정서에 맞는 반려동물 자연식으로 초기시장을 개척한다면 훌륭한 소상공인 창업 아이템이 될 것으로 보인다

[출처] http://www.sbiz.or.kr/neb/nebidea2014/1193846_1309.jsp

4 반려동물과 함께 살 수 있는 셰어하우스

– 반려동물과 함께 살 수 있는 특화된 셰어하우스를 임대해준다. –

본 아이디어는 일본의 '아사히 카세이'사의 건축부문에서 만든 고양이와 함께 사는 집인 '플러스 야옹 하우스'를 기초로 발전시킨 아이디어로, 반려동물과 함께 입주할 수 있는 집을 임대하는 셰어하우스이다. 일반적인 경우, 공동주택이 대다수를 차지하는 현 시점에서 반려동물과 함께 사는 입주자를 반기는 주택은 없다.

본 사업은 이와 같은 사정으로 입주처를 찾기 어려운 반려동물과 함께 사는 사람들만을 대상으로 하는 셰어하우스이다. 반려동물과 함께 입주가 가능하며 입주자에게는 반려동물로 인해 얻어지는 대다수의 문제점들에 대해 간섭을 받지 않는다. 사업자에게는 반려동물을 위해

집안의 구조를 몇 가지 바꾸어야 하기는 하나 동일면적에 비해 임대료를 높일 수 있고 동물에 의한 파손이 많은 자재에 대해 저가형을 사용하여 건축비를 낮출 수 있다는 장점이 있다.

반려동물을 키우는 가정, 특히 싱글족이나 반려동물이 많은 가정을 대상으로 한다. 싱글족의 경우 반려동물과 함께인 경우 주택 입주에 상당히 어려움을 겪는 경우가 많아 임대 물량의 많은 부분을 싱글족을 대상으로 하는 것도 좋은 방법으로 판단하고 있다.

[출처] http://www.sbiz.or.kr/neb/nebidea2014/1193486_1309.jsp

5 반려동물 장례 도우미 서비스

'반려동물 장례 도우미 서비스'는 반려동물과 아름다운 이별을 준비할 수 있게 도와주는 서비스이다.

반려동물을 떠나보낸 사람들이 겪는 우울증의 한 종류인 펫로스 증후군을 방지하기 위해 반려 동물 사망 전 이별을 준비하는 과정을 시작으로 장례식 진행, 치유와 회복 프로그램, 나눔 프로그램이 단계적으로 구성돼 있다.

반려동물이 세상을 떠나기 전에 추억이 담긴 엔딩 앨범 및 3D 프린터를 이용하여 피겨를 제작하고, 죽음을 앞둔 반려동물에 대한 상식과 유의점을 교육받을 수 있다.

반려동물이 사망한 후에는 반려동물 장례 지도사가 장례식을 함께 진행한다.

반려동물이 세상을 떠난 후에는 전문가에게 심리치료를 받을 수 있는 프로그램이 준비돼 있고, 반려동물의 사망으로 상실감을 느끼는 가족이 유기동물을 입양할 수 있도록 돕는 매개 역할도 한다.

6 실내 동물 키즈파크

동물과 함께하는 생활이 정서발달과 면역력에 좋다고 한다. 하지만 털이나 질병 등에서 자유롭지 못해 동물을 키우지 못하는 가정도 많다. 그래서 보다 마음 편하게 동물을 접할 수 있는 실내동물 키즈파크가 생겼다.

반려동물과 함께 하는 가구수가 증가하면서, 애견카페나 고양이 카페가 늘고 있다. 하지만 이러한 카페들은 동물들을 만지지 못하게 하여 사람과 거리를 두는 단점이 있다. 또한 기존의 동물원은 날씨에 구애받는다는 어려움을 갖고 있다. 애견카페의 장점과 동물원의 장점을 보완하여 실내에 사람과 함께 교감할 수 있는 실내동물 키즈파크는 각박한 생활에 소소한 행복과 교감을 안겨줄 것으로 기대된다.

실내동물 키즈파크는 부모와 아이들이 함께 실내에서 많은 동물들을 직접 만지고 함께 놀 수 있는 '실내 체험형 동물원'과 같은 곳이다. 실내 동물원이라는 특징 때문에 일반적인 동물원과는 달리 주로 덩치가 작고 안전한 소형 동물들로만 구성되어 있다. 그렇다보니 동물을 좀 더 가깝게 볼 수 있으며 직접 손으로 만지거나 먹이를 주는 등 체험 동물원만이 갖는 정서적 경험을 유도하여 재미를 더할 수 있는 프로그램을 구성하고 있는 것이 특색이다.

주요 동물들은 우선 조류의 경우 대형 노란색 부리를 가진 토코투칸, 형형색색의 아름다운 자태를 가진 캐나다 기러기, 앵무새 류, 핀치 류 등이 있다. 조류 전시관은 방문객이 새장 속에 들어가서 모이를 주며 자연 체험을 할 수 있도록 꾸몄다. 일반 동물들로는 사막여우, 자이언트 토끼, 미니 말, 미니돼지, 설가타 거북, 개 종류인 셰틀랜드쉽도그, 다람쥐원숭이, 패럿 등 다양한 종류의 동물들이 있다. 각 동물 별로 담당 사육사가 있어 동물에 대한 정보를 습득할 수 있다. 한편 부모들은 아이들과 함께 동물을 구경할 수도 있고 한쪽에 마련된 카페에서 커피나 차를 마시며 시간을 보낼 수도 있다.

'실내동물 키즈파크'는 말 그대로 실내에 입지하고 있어 계절에 관계없이 고객을 꾸준히 유치할 수 있으며, 학생들의 현장학습장으로도 이용이 가능하다. 또한 국내외 관광객들의 관심을 일으켜 하나의 코스로 이용할 수 있는 가능성이 커 수익성도 보장된다. 하지만 동물이 상품화될 수 있다는 문제점도 있다. 일반 동물원은 입장료가 없는 곳이 있기도 하며 동물을 보여주기 위한 목적이 더 크지만 '실내동물 키즈파크'는 카페와 동물원을 겸함으로써 고객들의 흥미를 끌어 수익을 높이는 방법으로 사용한다는 것에 초점을 두게 될 수도 있기 때문이다. 실내에 동물들이 전시되는 점을 감안해 쾌적하고 청정한 실내 환경을 조성하기 위해 첨단 환기시스템으로 실내 동물 악취를 제거하였다.

주 고객층은 어린이가 해당되며, 주로 부모들이 아이들을 데리고 가족 단위로 오거나, 친한 이웃끼리 아이들을 데리고 오는 경우가 많다. 그러나 어린이 외에도 친구나 연인끼리 오는 경우도 있다. 이처럼 이 아이템은 어린이를 겨냥하였지만, 동물을 선호하거나 동물들을 직접 만지고 싶어하는 남녀노소 누구나 다 이용가능하다. 어린이들을 위한 북카페나 화석 체험장 등의 자연학습장으로도 활용이 가능하며 다양한 동물쇼와 공연이 있어 많은 사람들의 관심을 받고 있다.

본 사업은 동물보호법이 적용되는 동물전시업에 해당되기 때문에 사업장 관할 지자체(구청, 시청 또는 군청)에 등록을 하여야 하는 업종이다. 창업 시 준비사항으로는 카페와 동물원을 함께 운영하므로 고객들을 유치하는데 있어 동선의 편리성이나 효율성을 따져 적절한 배치를 고민해야하며, 실내이므로 부지를 넓히기에 불리한 측면이 있으니 처음 설계 시에 면적과 시설을 충분히 확보해야 한다.

예비창업자는 사업 자체보다 주변 환경까지 고려하여 전체를 볼 줄 아는 시각을 가져야 하며, 단기에는 투자 대비 수익이나 결과가 충분히 나오지 않기 때문에 장기적인 목표를 설정해 인내심을 가지고 노력해야 한다. 또 요즘 대부분의 사업은 서비스 마인드가 중요하므로 올바른 서비스 교육이 필요하다.

7 차량방문 종합 반려동물 관리서비스

현재 미국과 일본에서 반려동물을 키우는 사람들은 꾸준히 증가하고 있으며, 관련 사업도 다양해지고 있다. 우리나라에서도 반려동물 전문점이 소자본 창업 아이템으로 급부상하고 있다. 따라서 멀리 출장을 가는 직장인이나 멀리 여행을 가야되는 경우 반려동물을 어떻게 놔두어야 하는지 고민하는 사람들도 늘어나고 있다.

현재 여행이나 장기간 출장을 갔을 때 맡기거나 대신 돌볼 수 있는 시설이 거의 없다시피 하다. 극단적으로 유기견이 늘어나는 이유도 여기에 해당된다. 이러한 이유로 최근 이슈가 되는 반려견 사업은 "반려견 전용 BnB(Bed and Breakfast · 잠자리와 아침식사를 제공하는 실용적인 숙박서비스) 사업"이다.

오래 전부터 반려동물 BnB사업은 선진국에서 수익률이 높은 사업 중 하나로 인식되고 있다. 일본 역시 경기불황 속에서도 시장규모가 줄지 않고 있으며, 전문 · 기업 · 브랜드화의 노력을 통해 새로운 반려동물 문화를 구축해 나가고 있다. 반려동물 시장은 연간 7,000억~8,000억 원 규모며, 연간 10~15% 정도 확대될 것으로 예상되므로 충분한 성장 잠재력이 있다.

기존에 있던 반려견 관련 서비스와 달리 반려견 전용 BnB 서비스 회사 도그백캐이(DogVacay)는 반려동물을 사랑하는 사람들이 반려견 보호소를 이용하는 대신 개인의 집을 빌릴 수 있게 중개한다. 또한 개를 산책시켜주는 '도그워커(dog walker)' 중개 회사는 도그워커와 반려견의 산책 경로를 위치정보시스템(GPS)을 통해 보호자의 휴대전화로 보내준다. 본 사업은 다양해진 반려동물 관련 사업을 필요로 하는 사람들을 위해 직접 찾아 가서 솔루션을 제공하는 사업형태이다.

무점포 창업이 가능한 차량방문 종합 반려동물 서비스는 강아지를 키우는 싱글 또는 맞벌이 가정이 증가하면서 등장하기 시작했다. 고객이 전화나 인터넷을 통해 서비스를 신청하면 본사에서 해당 지역 담당자가 이동차량을 갖고 고객의 가정을 방문해 목욕, 커트 등 고객이 원하는 서비스를 대행하거나 용품 판매까지 겸한다. 이동 방문사업이기 때문에 차량만 있으면 무점포로 운영할 수 있어 소자본으로 창업할 수 있다. 시간이 없는 고객을 대신해 반려동물을 병원에 데리고 가거나 염색 등의 미용 서비스를 제공하고 교배, 분양, 용품 판매 등 다양한 서비스를 대신한다.

주 고객은 도시의 중산층 이상의 가정과 자녀를 출가시킨 노인층 또는 독신 남녀가 주 고객층이며, 장기간 집을 비워두는 여행 또는 출장 시에 주로 이용한다.

또한 본 사업은 전문 반려견 미용실, 병원, 사진관, 반려견 유치원과 연계해 서비스를 제공하며, 오프라인 업체와 연계해 고객이 더 편리하게 이용할 수 있도록 서비스를 제공하여 복합적으로 종합서비스가 가능하도록 하는 부가가치 창출 전략이 필요하다.

개인 사무실을 제외하면 무점포 사업이기에 경력 있는 직원을 뽑거나 사용하는 인건비에 많은 지출이 예상된다. 하지만 1인 가구가 늘어나면서 덩달아 늘어나는 반려동물 산업과 연결되는 사업이고, 반려동물을 키우고 있는 직장인이라면 누구라도 고민을 했을 출장 시 반려동물의 위탁 문제, 여행 시 반려동물의 위탁 문제를 동시에 해결할 수 있는 사업성 높은 아이템이다.

[출처] 소상공인진흥공단

그림 14-8 찾아가는 반려동물 Total Solution 'dogvacay'

8 온라인 반려견 훈련사업

국내 · 외적으로 반려견과 함께 살아가는 가구가 증가하고 있다. 반려견의 소유주는 점차 훈련에 대하여 많은 관심을 갖게 되었는데 4차 산업혁명 하에 충족시키기 위하여 오프라인이 아닌 온라인 반려견 훈련 사업으로 발전되어 가고 있다.

반려견의 특징과 훈련법에 대한 궁금증이 증가하고 있는 상황에서 TV방송과 인터넷을 통한 반려견 훈련법이 알려지고 있으나 한계가 있다고 판단된다. 점차 방송을 통한 훈련은 신청에 한계가 발생되어 어려움이 있고 많은 질의사항에 대한 제한된 답변으로 반려견 보호자는 포기하는 경우가 많다.

오프라인 반려견 훈련소의 경우 비용과 시간 · 장소의 단점이 있다. 인터넷의 경우는 출처가 불분명한 각기 다른 정보들이 넘쳐나 반려견 보호자에게 혼란을 야기 시킬 수 있다. 오프라인의 장점과 온라인의 장점을 결합을 통하여 비용과 컨텐츠를 협업 · 협치적인 온라인 반려견 훈련사업이 등장하고 있는 것을 볼 수 있다.

미국 등 선진국에서는 반려견을 대상으로 병원뿐만이 아니라, 호텔, 미용실, 놀이공원 등 반려견 산업이 급성장하고 있다고 한다. 이러한 반려견에 대한 관심은 자연스럽게 반려견을 보다 잘 돌볼 수 있는 방법 및 노하우에 대한 관심으로 귀결된다.

[온라인 반려견 훈련사업]은 반려견 보유자 및 반려견 전문가라면 궁금해 할 것들에 대해서 상세한 정보를 텍스트 및 동영상을 통해서 체계적으로 제공하는 웹사이트이다. 해당 사이트는 반려견을 잘 돌보기 위한 폭넓은 내용을 제공하고 있다.

웹사이트가 제공하는 서비스는 다음과 같은 항목들이 있다:

- 전국 반려견 훈련자의 온라인 디렉터리 제공
- 반려견 훈련 시연 모습을 영상으로 게시
- 반려견 훈련에 관한 최신 기사와 정보를 지속적으로 업데이트

이렇게, [온라인 반려견 훈련사업]은 반려견 보유자가 가장 궁금해 할 것들(반려견 훈련, 반려견 건강관리, 반려견 행태, 반려견 스포츠, 반려견 영양식, 반려견 배변훈련 등)에 대해 상세한 정보를 제공함으로써, 반려견 보호자들의 니즈를 충족시켜 줄 수 있다. 정보는 텍스트 및 영상으로 제공된다.

[온라인 반려견 훈련사업]은 회원비를 받아 회원에게만 공개하는 회원제로 운영하는 것도 가능하고, 누구나 이용 가능하도록 공개적으로 운영하는 것도 가능하다. 공개적으로 운영할 경우에는, 웹사이트의 주요 수익원은 광고수익이 될 것이다. 미국의 "e-Training for Dogs" 웹사이트의 경우에는, 반려견 훈련 관련 정보들이 누구나 이용 가능하도록 운

영되고 있다.

Entrepreneur(http://www.entrepreneur.com)에 따르면, 온라인 반려견 훈련사업 창업 시에, 비점포 창업 및 재택 창업도 가능하며 창업비용은 2,000 달러에서 10,000달러(한화로 약 200만원~1000만원)로 예측된다고 한다. 그러므로 본 사업은 재택창업 및 주부들의 소호창업에 적합하다고 할 수 있다. 이러한 종류의 웹사이트의 수익원은 광고수익뿐만 아니라, 반려견 훈련 프로그램 및 훈련 비디오의 판매수익도 될 수 있다.

[출처] 소상공인진흥공단

그림 14-9 온라인 반려견 훈련사업 "e-Training for Dogs"

수많은 반려견 온라인 카페 및 동호회들이 반려견과 관련하여 수많은 정보를 제공하고 있다. 그러므로 [온라인 반려견 훈련사업]은 무엇보다 웹페이지에서 제공하는 정보의 질이 중요한 사업이다. 인터넷으로 누구나 검색해 볼 수 있는 기초적인 지식과는 확실한 차별화가 필요하다는 것이다. 그러므로 홈페이지 제작에 많은 투자가 이루어지는 것이 좋다. 본 사업은 특별한 설비가 필요하지 않아, 소자본 창업이 가능하나, 반려견 보호자 사이의 입소문이 매우 중요하게 작용할 수 있으므로 세심한 노력이 필요한 사업이다.

본 사업은 반려견을 키우고 있는 사람뿐만 아니라, 개 훈련사, 개 사육사, 반려견 동호회 멤버들에게 보다 효과적으로 반려견을 돌볼 수 있는 깊은 정보를 제공해야 한다. 그러므로 주고객은 반려견 전문가에만 한정되지는 않으며, 일반적인 반려견 보유자까지도 주 고객이 될 수 있기 때문에, 폭넓은 고객층을 가진다는 장점이 있다.

미국의 "e-Training for Dogs" 웹사이트의 경우에는, 홈페이지를 반려견 전문가를 위한 공간과 반려견 보호자를 위한 공간으로 이원화하여 관련 노하우 및 정보를 구분하여 운영하고 있다.

9 반려동물 물리치료 재활 서비스 사업

'Woodstock Veterinary Clinic'은 반려동물 물리치료 재활 전문센터다. 이곳은 일반 동물병원과는 달리 반려동물의 물리치료와 관련된 서비스만을 전문적으로 제공한다. 동물들도 반드시 물리치료가 필요하다.

사고나 외상으로 치료를 받고 그 이후, 정상적인 활동까지는 어느 정도 시간이 흘러야 하고 뼈가 부러졌거나 심한 외상을 입은 경우에는 물리치료와 재활치료가 있어야만 정상적인 회복이 가능하다. 따라서 일반적인 동물병원이 할 수 없는 반려동물만을 위한 물리치료 병원이 필요하다.

환자들에게 요양병원과 재활전문 병원이 필요한 것과 동일한 이유다. 앞에서 설명한 바와 같이 이 병원은 반려동물만을 위한 것으로 일반적인 병을 치료하는 것이 아니라 재활치료와 물리치료 서비스만을 제공한다. 틀어진 뼈를 제대로 맞춰주거나 걷는 훈련 등을 통해서 반려동물이 이후 정상적인 활동이 가능해지도록 돕고 있다.

여기에 반려동물 심리치료와 신체기능 회복 서비스까지 다양한 대체치료 서비스까지 제공되니 이곳을 통해서 반려동물들은 손상된 신체를 빠르게 회복할 수 있고, 회복한 이후에 건강하게 보호자의 품으로 돌아갈 수 있게 된다.

반려동물 물리치료 재활병원의 주 고객은 역시 외상을 입었거나 치료를 받은 반려동물 보호자들이 주로 이용할 수 있다. 최근, 높은 곳에서 떨어지거나 교통사고 등을 당하는 동물들이 갈수록 많아지고 있는데 일반적인 동물병원은 치료 외에 재활훈련과 물리치료는 거의 없는 상태라 동물들의 회복이 더디다. 따라서 이 재활치료 센터를 통해 많은 동물들이 좀 더 빠르게 정상적인 신체를 회복하는데 도움을 줄 수 있다.

매년 국내에도 반려견 인구가 지속적으로 증가하고 있고 그만큼 동물에 대한 대중들의 인식도 좋아지고 있는 추세다.

[출처] 소상공인진흥공단

그림 14-10 반려동물 물리치료 재활 서비스 사업 'Woodstock Veterinary Clinic'

자신보다 반려동물에게 더 많은 애정을 쏟는 사람도 있고, 가족처럼 생각하고 아끼는 사람도 있을 정도여서 다양한 애견용품들도 불티나게 팔리고 있다. 그런 동물들을 위하여 동물병원들의 수도 전국적으로 매년 꾸준히 증가하고 있으니 동물병원들이 증가하는 것과 비례하여 반려동물 물리치료 재활센터들도 꾸준히 증가할 것으로 예상된다.

병원에서 이제 막 퇴원한 동물들의 더 빠른 신체 회복을 위해서 재활센터를 찾을 것이고 반려동물을 사랑하는 주인들은 자신의 반려동물에게 물리치료가 반드시 필요하다고 느껴 이 병원을 이용할 가능성이 높다. 혹은 현재 운영 중인 동물병원과 연계하여 함께 동물들의 회복에 나선다면 국내에서도 충분히 기대되는 사업이다.

이 아이템을 창업하기 위해서는 동물병원을 경영했거나 동물 재활치료 전문 수의사들에게 적합하다. 동물병원들도 경쟁이 치열해서 큰 수익을 거두기가 쉽지 않은 상황이다.

따라서 기존 동물병원들이 물리치료와 재활치료라는 전문 영역을 강화해서 업종을 변경하는 것도 병원의 경쟁력 측면에서 필요해 보인다. 사람에게 물리치료가 반드시 필요한 것처럼 머지않아 반려동물에게도 반드시 필요한 서비스 중 하나로 정착할 것이다.

10 반려동물 장난감 사업 'Peppy'

집에 홀로 반려동물에게 장난감을 제공하여 외부에 있는 소유자들이 스마트폰 앱을 이용하여 직접 조종할 수 있다. 이후 반려동물의 활동량과 긴급 상황을 감지할 수 있고 축적된 DB 자료를 통하여 병원에 방문할 때 활용할 수 있다. 자동기능을 통하여 설정한 예약 시간에 반려동물이 홀로 놀 수 있는 장난감 판매 · 대여 사업을 말한다.

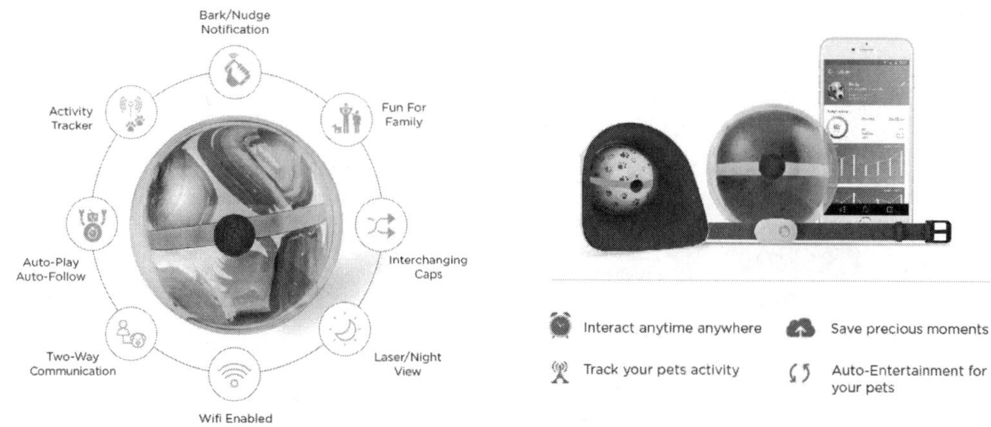

[출처] 소상공인진흥공단

그림 14-11 반려동물 장난감 사업 'Peppy'

11 IT 융합 용품 시장

1) 보안카메라 '퍼보'

미국 반려동물 스타트업 퍼보(Furbo)는 사물인터넷 기반의 보안카메라 '퍼보'를 출시했다. 이 기기를 통해 주인은 반려동물이 곁에 없어도 기기에 장착된 카메라로 반려동물과 소통하며 간식을 줄 수 있다. 작은 정수기 모양의 하얀 기기에 카메라가 부착돼 있고 반려인은 앱으로 이 카메라를 통해 반려동물을 관찰할 수 있다.

앱으로 반려동물과 소통하며 클릭하면 사진기 아래 나 있는 구멍을 통해 간식이 날아간다. USB 케이블과 어댑터가 있으며 따로 배터리는 없다.

퍼보는 2016년 5월 크라우드펀딩 사이트 인디고고에 등장했으며 목표 금액을 600% 초과 달성해 주목을 받았다. 지금까지 가장 성공한 펫 IT 크라우드 펀딩으로 기록됐다.

2) 반려동물 활동 모니터기

영국 핏펫(Pitpat)은 반려동물 활동 모니터기를 제작했다. 목줄에 달려있는 형태의 작은 기기로 개가 찰 수 있다. 반려인은 앱을 깔면 반려동물의 이동 경로, 잠 자는 시간, 활동상황을 스마트폰을 통해 실시간으로 확인할 수 있다. iOS와 안드로이드 기반 폰에서 사용할 수 있다. 워터프루프 디자인으로 배터리는 교체 없이 1년 동안 사용할 수 있다.

[출처] 펫뉴스

그림 14-12 보안카메라 '퍼보'

3) 반려동물을 위한 게임기

클레버펫(CleverPet)은 반려동물을 위한 게임기다. 이 제품은 조명과 스피커, 디스펜서를 갖추고 있는 플라스틱 돔 모양이다. 개밥도 줄 수 있다.

돔 덮개를 열고 개밥을 넣고 게임 설정을 해두면 개는 몇 시간씩 즐겁게 놀 수 있다. 조명을 이용해서 제한 시간 안에 터치하는 게임이다.

이 제품은 크라우드 펀딩 사이트인 킥스타터에서 18만달러에 달하는 자금을 모으는 데 성공했다. 당시 투자자 1000명 이상에게 제품을 공급했다.

4) 반려동물을 위한 차량 공유업체 온디맨드 서비스 'Rover'

로버(Rover)는 차량 공유업체 우버 같은 온디맨드 서비스를 제공한다. 반려인은 반려동물을 잘 보살펴줄 수 있는 펫시터를 사이트를 통해 찾을 수 있다. 지난 2012년 설립됐다.

로버는 반려동물계의 에어비앤비다. 반려동물을 신뢰할 수 있는 사람 집에 맡길 수 있도록 알선하는 서비스를 제공한다.

필요한 기간만큼 반려동물을 돌봐줄 사람과 장소를 찾을 수 있으며 이 모든 과정은 앱과 공식 사이트를 통해 간편하게 이용할 수 있다.

Q&A

'하이드로테라피'란

도수치료 수치료라고도 하며 따뜻한 스파 기구 안에서 운동을 시켜 신체 기능을 활성화하기 위한 재활치료의 한 방법이다.

반려동물 재활치료사란?

반려동물 재활치료사는 반려동물의 부상이나 만성 질환, 신경학적인 문제 등으로 인한 통증을 최소화하고 최적의 회복을 위한 치료 계획을 세우고 시행하는 일을 하는 전문가이다.

반려견 펜션의 중요 부분

반려견 펜션을 운영할 때 제일 중요한 부분 중 하나가 반려견 중 어떤 종류를 할 것인지를 정하는 일이다. 소형, 중형, 대형을 구분해서 받는 일을 말하는데, 사실 현재 운영 중인 반려견 펜션의 대부분은 소형견 위주로 운영되고 있다. 대형견은 다른 개들과의 충돌 때문에 문제가 되기 때문인데, 대형견 수요도 적지 않아 대형견까지 받는다면 다른 반려견 펜션들과 차별성을 두게 될 것이다.

알아두기

반려동물 요양원의 방향성

반려동물 요양원은 단지 요양시설이 아닌 동물과 인간의 커뮤니티를 형성할 수 있는 마당이 되는 것이 가장 바람직하며 장애인, 노인 등과 동물들이 서로 치유 효과를 얻을 수 있는 형태가 가장 좋은 모습이 될 수 있다.

단원 학습 정리

1. 반려동물 요양원은 나이 많은 반려동물을 위하여 전문적인 서비스를 제공하는 곳으로 급여, 검진, 치료, 간병, 청결 등의 프로그램을 제공하는 것을 내용으로 한다.
2. 반려동물 사진관은 일반 사진관에서 차별성을 두어 반려동물에 특화된 사진관으로 반려동물의 사진촬영을 하는 곳이다.
3. 반려동물 재활센터는 일반적인 병을 치료하는 것이 아닌 재활치료와 물리치료 서비스를 제공하는 곳이다.
4. 반려동물 보조 의료기 제작은 질병이나 사고로 장애를 갖게 된 반려동물의 재활을 위한 보조기를 만드는 것이 주 업무이다.
5. 반려동물의 수명이 길어진 것과 함께 나이든 반려동물에 대한 문제 역시 대두되고 있어 반려동물 요양원의 필요성이 늘어나고 있다.
6. 반려동물 보조의료기 제작을 창업하기 위해서는 먼저 동물을 사랑하고 배려할 수 있는 사람, 동물의 입장에서 객관적으로 생각할 수 있는 사람, 또 이러한 동물의 질환들을 잘 이해하고 손으로 제작하는 것들도 좋아하는 사람이어야 한다.

쉬어가는 페이지

블루오션으로 떠오르는 반려동물 관련 직업

반려동물을 가족처럼 생각하는 이른바 '펫팸족(Pet+Family 합성어)'이 증가하고, 더불어 반려동물 시장이 커지면서 새로운 직업들이 속속 등장하고 있습니다. '블루오션'으로 떠오르는 반려동물 관련 직업은 무엇일까요?

1. 동물재활공학사

장애 반려동물에게 보조기로 희망을 주는 동물재활공학사 역시 주목받고 있습니다. 동물의 크기나 체중에 따른 섬세한 제작공정 때문에 인체공학 · 해부학적인 지식과 기술이 필수인 직업입니다.

2. 반려동물 장례지도사

반려동물을 가족으로 여기는 사람이 늘면서 반려동물 장례지도사의 수요도 늘고 있습니다. 반려동물이 떠나간 빈자리 때문에 생길 수 있는 '펫로스증후군'을 이겨낼 수 있도록 상담서비스를 병행하는 장례지도사도 있습니다.

3. 기타

반려동물의 소중한 모습을 남겨주는 직업들도 인기인데요. 반려동물과 애틋한 추억을 남기고자 하는 보호자들이 증가하면서 사진, 초상화, 타투 등 다양한 방법들이 각광받고 있습니다.

또한 1인 가구, 맞벌이 부부가 늘면서 꼭 필요한 반려동물 관련 직업도 있는데요. 반려동물을 혼자 집에 둬야 하는 상황에서 대신 돌봐주는 '펫시터', 반려견에게 필수인 산책을 대신 시켜주는 '도그워커'도 유망한 직업입니다.

출처 : 대한민국 정책브리핑(http://www.korea.kr/news/)

제 15 장

부록

Ⅰ. 반려동물 신규 사업 등록제 홍보
Ⅱ. 반려동물 영업 관련 법 조항
Ⅲ. 반려동물 영업 관련 시설 및 인력 기준
Ⅳ. 반려동물 영업자의 준수 사항
Ⅴ. 반려동물 영업 등록 및 허가 신청서

I

반려동물 신규 사업 등록제 홍보

2018.3.22부터

반려동물 생산업 허가제 및

전시업 위탁관리업

동물미용업 운송업

등록제 시행

대상동물

가정에서 반려를 목적으로 기르는

개, 고양이, 토끼, 페럿, 기니피그, 햄스터

[출처] 농림축산식품부

- **동물생산업 허가제 시행**

1. 근 거 : 동물보호법 제33조(2018.3.22부터 시행)
2. 대 상 : 동물생산업 (반려견과 고양이 브리더, 케넬, 번식장)
3. 등록기관 : 사업장 관할 구청 또는 시청, 군청 등 지자체 기관

■ 반려동물 신규 사업 등록제 시행

1. 근 거 : 동물보호법 제33조(2018.3.22부터 시행)
2. 대 상 : 동물장묘업, 동물판매업, 동물전시업, 동물위탁관리업, 동물미용업, 동물운송업
3. 등록기관 : 사업장 관할 구청 또는 시청, 군청 등 지자체 기관

영업 등록 절차

허가 · 등록 신청서 작성	»	접 수	»	첨부서류 확인 및 검토	»	현장실사 및 시설조사	»	허가 · 등록증 발급
신청인		시장 · 군수 · 구청장		시장 · 군수 · 구청장		시장 · 군수 · 구청장		시장 · 군수 · 구청장

※ **동물영업 :**
동물장묘업/판매업/수입업 · 생산업/전시업/위탁관리업/미용업/운송업

벌칙 기준

1. 벌금 및 과태료

구분	금 액	내 용
벌금	500만원 이하	• 영업을 등록하지 아니하거나 허가받지 아니한 자 • 거짓이나 그 밖의 부정한 방법으로 영업 등록 · 허가 • 영업정지기간에 영업을 한 영업자
과태료	300만원 이하	• 반려동물 전달방법*을 위반하여 동물을 판매한자 * 직접전달, 동물 운송업자를 통하여 배송
	100만원 이하	• 동물운송방법을 위반하여 반려동물을 운송한 자 • 영업자 지위 승계하고 미신고 • 교육을 받지 아니하고 영업한 영업자 • 미보고 · 자료 미제출, 거짓보고 · 거짓자료 제출, 출입 · 조사를 거부 · 방해 · 기피한 자 • 동물보호감시원 직무수행 거부 · 방해 또는 기피

2. 행정처분

– 등록 또는 허가를 취소, 6개월 이내의 영업 정지

• 거짓이나 그 밖의 부정한 방법으로 영업 등록 · 허가
• 동물에 대한 학대행위 등을 한 경우
• 등록 또는 허가를 받은 날부터 1년이 지나도 영업을 시작하지 아니한 경우
• 시설 · 인력기준에 미치지 못하게 된 경우
• 변경신고를 하지 아니한 경우
• 영업자 준수사항을 지키지 아니한 경우

| 영업자 공통기준 |

• 신청서류 : 모든 영업자는 사업계획서 제출
  * 동물생산 · 전시업의 경우는 폐업처리계획서 제출
• 교육 : 동물장묘업을 제외한 모든 영업자 대상
  매년 3시간 보수교육 의무화
• 영업 : 영업장 내부에 영업 등록(허가)증, 요금표 게시,
  생산 · 판매 · 수입업자는 개체이력카드, 거래내역서
  2년 이상 보관
  * 수입업자 검역관련 서류 2년 이상 보관

※ **계도기간(2018. 3. 22~9. 21. 6개월)**
– 법은 시행되었지만 새로운 제도 이행준비 및 적응을 위해 처벌을 위한 단속보다는 바뀐제도를 지도 · 안내하는 기간

문의처	해당 기초 지자체(시 · 군 · 구청) 동물보호 담당 부서 및 동물보호상담센터(1577-0954)

농림축산식품부

[출처] 농림축산식품부

① 동물생산업(시행규칙 제36조)

! '18.3.22부터 동물생산업 신고제가 허가제로 전환됩니다.

* 기존에 동물생산업 신고를 받은 업체는 허가를 받은 것으로 간주되며, 법령 시행 후 2년 이내에 법에 따른 요건을 갖추면 됩니다.

! 동물생산업은 소규모생산과 일반생산으로 구분됩니다.

* 소규모 생산 : ①체중 5kg미만(20마리 이하) ②체중 5kg~15kg미만 (10마리 이하) ③체중 15kg이상(5마리 이하)

| 동물생산업 신고제, 허가제 비교 |

구분	신고제	허가제
인력기준	• 사육 · 관리인력 100마리당 1명 이상	• 번식이 가능한 12개월령 이상의 개 · 고양이 75마리당 1명 이상
시설기준	• 뜬장 가능 (발이 빠지지 않는 규격)	• 뜬장 신규 설치 금지(허가자) • 기존시설 바닥면적 30%이상 평판 삽입 (기신고자) • 동물의 특성에 맞는 생태적 환경 조성 – 개 : 운동공간 설치 – 고양이 : 배변시설, 선반, 은신처 설치
준수사항	• 출산, 교배 및 운동 관련 규정 미비	• 만 1세미만 개 · 고양이 교배 · 출산 금지 • 출산사이 최소 8개월 이상 기간 부여 • 주1회 이상 운동 실시

※ 무허가 생산업체는 생산업허가신청 업체에 한해 허가추진 이행을 위한 계도 기간 부여

| 동물영업 관련 교육(법 제37조) |

- 영업을 등록(장묘업 제외) · 허가하려는 자는 등록신청일 또는 허가일 이전 1년 이내 3시간 교육 필수
- 동물장묘업을 제외한 모든 영업자 매년 보수교육 3시간 의무화
- 영업자가 영업에 직접 종사하지 아니하거나 두 곳 이상의 장소에서 영업을 하는 경우 종사자 중에서 책임자를 지정하여 대신 교육 가능

[출처] 농림축산식품부

② 동물전시업(시행규칙 제36조)

! 동물 관련 전시 영업을 하려면 관할 지자체(시 · 군 · 구청)에 동물전시업 등록을 해야 합니다.

시설 · 인력

- 전시실, 휴게실 각각 구분 설치
- 소독장비, 이중문과 잠금장치 설치
- 사육 · 관리인력 20마리당 1명 이상

준수사항

- 전시하는 개 · 고양이는 생후 6개월령 이상, 동물등록 의무화
- 정기적인 예방접종과 구충
- 체중 · 성향에 따른 구분 관리 등

* 전시동물, 생산이나 판매 목적 이용 불가

③ 동물위탁관리업(시행규칙 제36조)

! 동물 관련 호텔, 유치원 및 훈련소 등 위탁하여 관리하는 영업을 하려면 관할 지자체(시 · 군 · 구청)에 동물위탁관리업 등록을 해야 합니다.

시설 · 인력

- 위탁관리실, 고객응대실 분리, 구획 또는 구분 설치
- 이중문과 잠금장치, 폐쇄회로 녹화장치 설치 (위탁관리실에 설치)
- 사육 · 관리인력 20마리당 1명 이상

준수사항

- 체중 · 성향에 따른 구분 관리 등
- 위탁관리 계약서 제공
- 관리인원 상주 또는 수시 확인 가능

④ 동물미용업(시행규칙 제36조)

! 동물 관련 미용업 영업을 하려면 관할 지자체 (시 · 군 · 구청)에 동물미용업 등록을 해야 합니다.

시설 · 인력

- 작업실 · 동물대기실 · 고객응대실은 분리 또는 구획 설치
- 소독장비, 작업대와 고정장치 설치
- 급 · 배수시설, 냉 · 온수설비 등 구비

* 시설을 갖춰 이동식 미용차량도 가능

준수사항

- 미용기구 소독
- 마취용 약품 사용 시 「수의사법」 등 관련규정에 따름

⑤ 동물운송업(시행규칙 제36조)

! 동물 관련 운송 영업(펫택시 등)을 하려면 관할 지자체 (시 · 군 · 구청)에 동물운송업 등록을 해야 합니다.

시설 · 인력

- 동물운송차량의 시설과 구조

준수사항

- 동물보호법 제9조 운송규정 준수
- 운송현황 작성 · 비치 등

[출처] 농림축산식품부

Ⅱ

반려동물 영업 관련 법 조항

- 동물보호법 제32 ~ 38조 -

동물보호법
[시행 2019. 3. 25.] [법률 제16075호, 2018. 12. 24., 일부개정]

제32조(영업의 종류 및 시설기준 등)

① 반려동물과 관련된 다음 각 호의 영업을 하려는 자는 농림축산식품부령으로 정하는 기준에 맞는 시설과 인력을 갖추어야 한다. 〈개정 2013. 3. 23., 2013. 8. 13., 2017. 3. 21., 2020. 2. 11.〉

1. 동물장묘업(動物葬墓業)
2. 동물판매업
3. 동물수입업
4. 동물생산업
5. 동물전시업
6. 동물위탁관리업
7. 동물미용업
8. 동물운송업

② 제1항 각 호에 따른 영업의 세부 범위는 농림축산식품부령으로 정한다. 〈개정 2013. 3. 23.〉

제33조(영업의 등록)

① 제32조제1항제1호부터 제3호까지 및 제5호부터 제8호까지의 규정에 따른 영업을 하려는 자는 농림축산식품부령으로 정하는 바에 따라 시장·군수·구청장에게 등록하여야 한다. 〈개정 2013. 3. 23., 2017. 3. 21.〉

② 제1항에 따라 등록을 한 자는 농림축산식품부령으로 정하는 사항을 변경하거나 폐업·휴업 또는 그 영업을 재개하려는 경우에는 미리 농림축산식품부령으로 정하는 바에 따라 시장·군수·구청장에게 신고를 하여야 한다. 〈개정 2013. 3. 23.〉

③ 시장 · 군수 · 구청장은 제2항에 따른 변경신고를 받은 경우 그 내용을 검토하여 이 법에 적합하면 신고를 수리하여야 한다. 〈신설 2019. 8. 27.〉

④ 다음 각 호의 어느 하나에 해당하는 경우에는 제1항에 따른 등록을 할 수 없다. 다만, 제5호는 제32조제1항제1호에 따른 영업에만 적용한다. 〈개정 2014. 3. 24., 2017. 3. 21., 2018. 12. 24., 2019. 8. 27.〉

1. 등록을 하려는 자(법인인 경우에는 임원을 포함한다. 이하 이 조에서 같다)가 미성년자, 피한정후견인 또는 피성년후견인인 경우
2. 제32조제1항 각 호 외의 부분에 따른 시설 및 인력의 기준에 맞지 아니한 경우
3. 제38조제1항에 따라 등록이 취소된 후 1년이 지나지 아니한 자(법인인 경우에는 그 대표자를 포함한다)가 취소된 업종과 같은 업종을 등록하려는 경우
4. 등록을 하려는 자가 이 법을 위반하여 벌금형 이상의 형을 선고받고 그 형이 확정된 날부터 3년이 지나지 아니한 경우. 다만, 제8조를 위반하여 벌금형 이상의 형을 선고받은 경우에는 그 형이 확정된 날부터 5년으로 한다.
5. 다음 각 목의 어느 하나에 해당하는 지역에 동물장묘시설을 설치하려는 경우
   가. 「장사 등에 관한 법률」 제17조에 해당하는 지역
   나. 20호 이상의 인가밀집지역, 학교, 그 밖에 공중이 수시로 집합하는 시설 또는 장소로부터 300미터 이하 떨어진 곳. 다만, 토지나 지형의 상황으로 보아 해당 시설의 기능이나 이용 등에 지장이 없는 경우로서 시장 · 군수 · 구청장이 인정하는 경우에는 적용을 제외한다.

제33조의2(공설 동물장묘시설의 설치 · 운영 등)

① 지방자치단체의 장은 반려동물을 위한 장묘시설(이하 "공설 동물장묘시설"이라 한다)을 설치 · 운영할 수 있다. 〈개정 2020. 2. 11.〉

② 국가는 제1항에 따라 공설 동물장묘시설을 설치 · 운영하는 지방자치단체에 대해서는 예산의 범위에서 시설의 설치에 필요한 경비를 지원할 수 있다. [본조신설 2018. 12. 24.]

제33조의3(공설 동물장묘시설의 사용료 등)

지방자치단체의 장이 공설 동물장묘시설을 사용하는 자에게 부과하는 사용료 또는 관리비의 금액과 부과방법, 사용료 또는 관리비의 용도, 그 밖에 필요한 사항은 해당 지방자치단체의 조례로 정한다. 이 경우 사용료 및 관리비의 금액은 토지가격, 시설물 설치 · 조성비용, 지역주민 복지증진 등을 고려하여 정하여야 한다. [본조신설 2018. 12. 24.]

제34조(영업의 허가)

① 제32조제1항제4호에 규정된 영업을 하려는 자는 농림축산식품부령으로 정하는 바에 따라 시장 · 군수 · 구청장에게 허가를 받아야 한다. 〈개정 2013. 3. 23., 2017. 3. 21.〉

② 제1항에 따라 허가를 받은 자가 농림축산식품부령으로 정하는 사항을 변경하거나 폐업 · 휴업 또는 그 영업을 재개하려면 미리 농림축산식품부령으로 정하는 바에 따라 시장 · 군수 · 구청장에게 신고를 하여야 한다. 〈개정 2013. 3. 23., 2017. 3. 21.〉

③ 시장 · 군수 · 구청장은 제2항에 따른 변경신고를 받은 경우 그 내용을 검토하여 이 법에 적합하면 신고를 수리하여야 한다. 〈신설 2019. 8. 27.〉

④ 다음 각 호의 어느 하나에 해당하는 경우에는 제1항에 따른 허가를 받을 수 없다. 〈개정 2014. 3. 24., 2017. 3. 21., 2018. 12. 24., 2019. 8. 27.〉

1. 허가를 받으려는 자(법인인 경우에는 임원을 포함한다. 이하 이 조에서 같다)가 미성년자, 피한정후견인 또는 피성년후견인인 경우
2. 제32조제1항 각 호 외의 부분에 따른 시설과 인력을 갖추지 아니한 경우
3. 제37조제1항에 따른 교육을 받지 아니한 경우
4. 제38조제1항에 따라 허가가 취소된 후 1년이 지나지 아니한 자(법인인 경우에는 그 대표자를 포함한다)가 취소된 업종과 같은 업종의 허가를 받으려는 경우
5. 허가를 받으려는 자가 이 법을 위반하여 벌금형 이상의 형을 선고받고 그 형이 확정된 날부터 3년이 지나지 아니한 경우. 다만, 제8조를 위반하여 벌금형 이상의 형을 선고받은 경우에는 그 형이 확정된 날부터 5년으로 한다. [제목개정 2017. 3. 21.]

제35조(영업의 승계)

① 제33조제1항에 따라 영업등록을 하거나 제34조제1항에 따라 영업허가를 받은 자(이하 "영업자"라 한다)가 그 영업을 양도하거나 사망하였을 때 또는 법인의 합병이 있을 때에는 그 양수인 · 상속인 또는 합병 후 존속하는 법인이나 합병으로 설립되는 법인(이하 "양수인등"이라 한다)은 그 영업자의 지위를 승계한다. 〈개정 2017. 3. 21.〉

② 다음 각 호의 어느 하나에 해당하는 절차에 따라 영업시설의 전부를 인수한 자는 그 영업자의 지위를 승계한다.

1. 「민사집행법」에 따른 경매
2. 「채무자 회생 및 파산에 관한 법률」에 따른 환가(換價)

3. 「국세징수법」·「관세법」 또는 「지방세법」에 따른 압류재산의 매각
4. 제1호부터 제3호까지의 규정 중 어느 하나에 준하는 절차

③ 제1항 또는 제2항에 따라 영업자의 지위를 승계한 자는 승계한 날부터 30일 이내에 농림축산식품부령으로 정하는 바에 따라 시장 · 군수 · 구청장에게 신고하여야 한다. 〈개정 2013. 3. 23.〉

④ 제1항 및 제2항에 따른 승계에 관하여는 제33조제4항 및 제34조제4항을 준용하되, 제33조제4항 중 "등록"과 제34조제4항 중 "허가"는 "신고"로 본다. 다만, 상속인이 제33조제4항제1호 또는 제34조제4항제1호에 해당하는 경우에는 상속을 받은 날부터 3개월 동안은 그러하지 아니하다. 〈개정 2017. 3. 21., 2019. 8. 27.〉

제36조(영업자 등의 준수사항)

① 영업자(법인인 경우에는 그 대표자를 포함한다)와 그 종사자는 다음 각 호에 관하여 농림축산식품부령으로 정하는 사항을 지켜야 한다. 〈개정 2013. 3. 23., 2017. 3. 21., 2020. 2. 11.〉

1. 동물의 사육 · 관리에 관한 사항
2. 동물의 생산등록, 동물의 반입 · 반출 기록의 작성 · 보관에 관한 사항
3. 동물의 판매가능 월령, 건강상태 등 판매에 관한 사항
4. 동물 사체의 적정한 처리에 관한 사항
5. 영업시설 운영기준에 관한 사항
6. 영업 종사자의 교육에 관한 사항
7. 등록대상동물의 등록 및 변경신고의무(등록 · 변경신고방법 및 위반 시 처벌에 관한 사항 등을 포함한다) 고지에 관한 사항
8. 그 밖에 동물의 보호와 공중위생상의 위해 방지를 위하여 필요한 사항

② 제32조제1항제2호에 따른 동물판매업을 하는 자(이하 "동물판매업자"라 한다)는 영업자를 제외한 구매자에게 등록대상동물을 판매하는 경우 그 구매자의 명의로 제12조제1항에 따른 등록대상동물의 등록 신청을 한 후 판매하여야 한다. 〈신설 2020. 2. 11.〉

③ 동물판매업자는 제12조제5항에 따른 등록 방법 중 구매자가 원하는 방법으로 제2항에 따른 등록대상동물의 등록 신청을 하여야 한다. 〈신설 2020. 2. 11.〉

제37조(교육)

① 제32조제1항제2호부터 제8호까지의 규정에 해당하는 영업을 하려는 자와 제38조에

따른 영업정지 처분을 받은 영업자는 동물의 보호 및 공중위생상의 위해 방지 등에 관한 교육을 받아야 한다. 〈개정 2017. 3. 21.〉

② 제32조제1항제2호부터 제8호까지의 규정에 해당하는 영업을 하는 자는 연 1회 이상 교육을 받아야 한다. 〈신설 2017. 3. 21.〉

③ 제1항에 따라 교육을 받아야 하는 영업자로서 교육을 받지 아니한 영업자는 그 영업을 하여서는 아니 된다. 〈개정 2017. 3. 21.〉

④ 제1항에 따라 교육을 받아야 하는 영업자가 영업에 직접 종사하지 아니하거나 두 곳 이상의 장소에서 영업을 하는 경우에는 종사자 중에서 책임자를 지정하여 영업자 대신 교육을 받게 할 수 있다. 〈개정 2017. 3. 21.〉

⑤ 제1항에 따른 교육의 실시기관, 교육 내용 및 방법 등에 관한 사항은 농림축산식품부령으로 정한다. 〈개정 2013. 3. 23., 2017. 3. 21.〉

제38조(등록 또는 허가 취소 등)

① 시장 · 군수 · 구청장은 영업자가 다음 각 호의 어느 하나에 해당할 경우에는 농림축산식품부령으로 정하는 바에 따라 그 등록 또는 허가를 취소하거나 6개월 이내의 기간을 정하여 그 영업의 전부 또는 일부의 정지를 명할 수 있다. 다만, 제1호에 해당하는 경우에는 등록 또는 허가를 취소하여야 한다. 〈개정 2013. 3. 23., 2017. 3. 21.〉

1. 거짓이나 그 밖의 부정한 방법으로 등록을 하거나 허가를 받은 것이 판명된 경우
2. 제8조제1항부터 제3항까지의 규정을 위반하여 동물에 대한 학대행위 등을 한 경우
3. 등록 또는 허가를 받은 날부터 1년이 지나도 영업을 시작하지 아니한 경우
4. 제32조제1항 각 호 외의 부분에 따른 기준에 미치지 못하게 된 경우
5. 제33조제2항 및 제34조제2항에 따라 변경신고를 하지 아니한 경우
6. 제36조에 따른 준수사항을 지키지 아니한 경우

② 제1항에 따른 처분의 효과는 그 처분기간이 만료된 날부터 1년간 양수인등에게 승계되며, 처분의 절차가 진행 중일 때에는 양수인등에 대하여 처분의 절차를 행할 수 있다. 다만, 양수인등이 양수 · 상속 또는 합병 시에 그 처분 또는 위반사실을 알지 못하였음을 증명하는 경우에는 그러하지 아니하다. [제목개정 2017. 3. 21.]

제38조의2(영업자에 대한 점검 등)

시장 · 군수 · 구청장은 영업자에 대하여 제32조제1항에 따른 시설 및 인력 기준과 제36

조에 따른 준수사항의 준수 여부를 매년 1회 이상 점검하고, 그 결과를 다음 연도 1월 31일까지 시·도지사를 거쳐 농림축산식품부장관에게 보고하여야 한다. [본조신설 2017. 3. 21.]

부칙 〈제16977호, 2020. 2. 11.〉

제1조(시행일)
이 법은 공포 후 1년이 지난 후부터 시행한다. 다만, 제1조 및 제24조제2호의 개정규정은 공포한 날부터 시행하고, 제2조제1호의3, 제8조제2항제3호의2, 제12조제4항·제5항, 제32조제1항, 제33조의2제1항, 제36조제1항제7호 및 제41조의2의 개정규정은 공포 후 6개월이 경과한 날부터 시행한다.

제2조(벌칙이나 과태료에 관한 경과조치)
이 법 시행 전의 위반행위에 대하여 벌칙이나 과태료를 적용할 때에는 종전의 규정에 따른다.

Ⅲ 반려동물 영업 관련 시설 및 인력 기준

- 동물보호법 제35조 제2항 관련 -

동물보호법 개정에 따른 동물장묘업, 동물판매업, 동물생산업, 동물수입업, 동물생산업, 동물전시업, 동물위탁관리업, 동물미용업, 동물운송업을 운영하고자 하는 사업자는 동물보호법 제35조 제2항 관련시설 및 인력기준을 충족하여야 한다.

1. 공통 기준

가. 영업장은 독립된 건물이거나 다른 용도로 사용되는 시설과 같은 건물에 있을 경우에는 해당 시설과 분리(벽이나 층 등으로 나누어진 경우를 말한다. 이하 같다)되어야 한다.

다만, 다음의 경우에는 분리하지 않을 수 있다.

1) 영업장(동물장묘업은 제외한다)과 「수의사법」에 따른 동물병원(이하 "동물병원"이라 한다)의 시설이 함께 있는 경우

2) 영업장과 금붕어, 앵무새, 이구아나 및 거북이 등을 판매하는 시설이 함께 있는 경우

3) 제2호라목1)바)에 따라 개 또는 고양이를 소규모로 생산하는 경우

나. 영업 시설은 동물의 습성 및 특징에 따라 채광 및 환기가 잘 되어야 하고, 동물을 위생적으로 건강하게 관리할 수 있도록 온도와 습도 조절이 가능해야 한다.

다. 청결 유지와 위생 관리에 필요한 급수시설 및 배수시설을 갖춰야 하고, 바닥은 청소와 소독을 쉽게 할 수 있고 동물들이 다칠 우려가 없는 재질이어야 한다.

라. 설치류나 해충 등의 출입을 막을 수 있는 설비를 해야 하고, 소독약과 소독장비를 갖추고 정기적으로 청소 및 소독을 실시해야 한다.

2. 동물위탁관리업

1) 동물의 위탁관리실과 고객응대실은 분리, 구획 또는 구분되어야 한다.
   다만, 동물판매업, 동물전시업 또는 동물병원을 같이 하는 경우에는 고객 응대실을 공동으로 이용할 수 있다.
2) 위탁관리하는 동물을 위한 개별 휴식실이 있어야 하며 사료와 물을 주기 위한 설비를 갖춰야 한다.
3) 위탁관리하는 동물이 영업장 밖으로 나가지 않도록 출입구에 이중문과 잠금장치를 설치해야 한다.
4) 동물병원을 같이 하는 경우 동물의 위탁관리실과 동물병원의 입원실은 분리 또는 구획되어야 한다.
5) 위탁관리실에 동물의 상태를 확인할 수 있는 폐쇄회로 녹화장치를 사각지대의 발생이 최소화될 수 있도록 설치해야 한다.
6) 개 또는 고양이 20마리당 1명 이상의 관리 인력을 확보해야 한다.

IV 반려동물 영업자의 준수 사항

- 동물보호법 제43조 관련 -

1. 공통 기준

가. 영업장 내부(동물운송업의 경우 차량을 포함한다)에 영업 등록(허가)증과 요금표를 게시해야 한다.

나. 동물을 안전하고 위생적으로 사육 · 관리해야 한다.

다. 동물은 종류별, 성별(어리거나 중성화된 동물은 제외한다) 및 크기별로 분리하여 관리해야 하며, 질환이 있거나 상해를 입은 동물, 공격성이 있는 동물, 늙은 동물, 어린 동물(어미와 함께 있는 경우는 제외한다) 및 새끼를 배거나 젖을 먹이고 있는 동물은 분리하여 관리해야 한다.

라. 영업장에 새로 들어온 동물에 대해서는 체온의 적정 여부, 외부 기생충과 피부병의 존재 여부 및 배설물의 상태 등 건강상태를 확인해야 한다.

마. 영업장이나 동물운송차량에 머무는 시간이 4시간 이상인 동물에 대해서는 항상 깨끗한 물과 사료를 공급하고, 물과 사료를 주는 용기를 청결하게 유지해야 한다.

바. 시정명령이나 시설개수명령 등을 받은 경우 그 명령에 따른 사후조치를 이행한 후 그 결과를 지체 없이 보고해야 한다.

사. 영업장에서 발생하는 동물 소음을 최소화하기 위해서 노력해야 한다.

아. 동물판매업자, 동물수입업자, 동물생산업자, 동물전시업자 및 동물위탁관리업자는 각각 판매,수입, 생산, 전시 및 위탁관리하는 동물에 대해 별지 제29호서식의 개체관리카드를 작성하고 비치해야 하며, 우리 또는 개별사육시설에 개체별 정보(품종, 암수, 출생일, 예방접종 및 진료사항 등)를 표시하여야 한다. 다만, 기니피그와 햄스터의 경우 무리별로 개체관리카드를 작성할 수 있다.

자. 동물판매업자, 동물수입업자 및 동물생산업자는 입수하거나 판매한 동물에 대해서 그 내역을 기록한 거래내역서와 개체관리카드를 2년 이상 보관해야 한다.

차. 동물장묘업자 및 동물위탁관리업자는 폐쇄회로 녹화영상을 30일간 보관해야 한다.

카. 동물생산업자 및 동물전시업자가 폐업하는 경우에는 폐업 시 처리계획서에 따라 동

물을 기증하거나 분양하는 등 적절하게 처리하고, 그 결과를 시장 · 군수 · 구청장에게 보고해야 한다.

2. 동물위탁관리업

반려견 호텔, 훈련소, 유치원 등의 일시적 또는 장기적으로 반려동물을 위탁받아 관리할 수 있도록 업체에 맡기는 형태의 업종을 운영하는 업체를 '동물위탁관리업'이라 한다.

1) 위탁관리하고 있는 동물에게 정기적으로 운동할 기회를 제공해야 한다.
2) 사료나 간식 등을 과도하게 섭취하지 않도록 적절히 관리해야 한다.
3) 동물에게 건강상 위해요인이 발생하지 아니하도록 영업관련 시설 및 설비를 위생적이고 안전하게 관리해야 한다.
4) 위탁관리하고 있는 동물에게 건강 문제가 발생하거나 이상 행동을 하는 경우 즉시 소유주에게 알려야 하며 병원 진료 등 적절한 조치를 취해야 한다.
5) 위탁관리하고 있는 동물은 안전을 위해 체중 및 성향에 따라 구분 · 관리해야 한다.
6) 영업자는 위탁관리하는 동물에 대한 다음의 내용이 담긴 계약서를 제공해야 한다.
   가) 등록번호, 업소명 및 주소, 전화번호
   나) 위탁관리하는 동물의 축종, 품종, 나이, 색상 및 그 외 특이사항
   다) 제공하는 서비스의 종류, 기간 및 비용
   라) 위탁관리하는 동물에게 건강 문제가 발생했을 때 처리방법
7) 동물을 위탁관리하는 동안에는 관리자가 상주하거나 관리자가 해당 동물의 상태를 수시로 확인할 수 있어야 한다.

V 반려동물 영업 등록 및 허가 신청서

■ 반려동물 신규 사업 등록제 시행
1. 근거 : 동물보호법 제33조(2018.3.22부터 시행)
2. 대상 : 동물장묘업, 동물판매업, 동물전시업, 동물위탁관리업, 동물미용업, 동물운송업
3. 등록기관 : 사업장 관할 구청 또는 시청, 군청 등 지자체 기관

■ 동물보호법 시행규칙 [별지 제15호서식] 〈개정 2021. 6. 17.〉

영업 등록 신청서

※ 바탕색이 어두운 난은 신청인이 적지 않습니다. (앞쪽)

접수번호	접수일시	발급일	처리기간 15일

신청인	대표자의 성명(법인명)		주민등록번호(법인등록번호)
	주소 (전화번호 :)		
영업장	영업장의 명칭(상호)		
	주소	(전화번호 :)	
	신청업종	[ ]동물장묘업 – 장례식장: 설치 / 미설치 – 동물화장시설: 설치 / 미설치 – 동물건조장시설: 설치 / 미설치 – 동물수분해장시설: 설치 / 미설치 – 봉안시설: 설치 / 미설치	[ ]동물판매업 (일반, 알선·중개, 경매 알선·중개) [ ]동물수입업 [ ]동물전시업 [ ]동물위탁관리업 [ ]동물미용업(일반, 자동차 이용) [ ]동물운송업 ※ 다수 영업의 등록 신청 시 각각의 영업등록 신청서 작성 필요

「동물보호법」 제33조제1항 및 같은 법 시행규칙 제37조제1항에 따라 위와 같이 영업의 등록을 신청합니다.

년 월 일

신청인 (서명 또는 인)

(시장 · 군수 · 구청장) 귀하

210mm×297mm[백상지(80g/㎡) 또는 중질지(80g/㎡)]

(뒤쪽)

첨부서류	1. 인력 현황 2. 영업장의 시설 내역 및 배치도 3. 사업계획서 4. 「동물보호법 시행규칙」 별표 9의 시설기준을 갖추었음을 증명하는 서류가 있는 경우에는 그 서류 5. 동물사체에 대한 처리 후 잔재에 대한 처리계획서(동물화장시설, 동물건조장시설 또는 동물수분해장시설을 설치하는 경우에만 해당합니다) 6. 폐업 시 동물의 처리계획서(동물전시업의 경우에만 해당합니다)	수수료 영업등록 건별 1만원
담당 공무원 확인사항	1. 주민등록표 초본(법인인 경우에는 법인 등기사항증명서) 2. 건축물대장 및 토지이용계획정보(자동차를 이용한 동물미용업 또는 동물운송업의 경우에는 제외합니다) 3. 자동차등록증(자동차를 이용한 동물미용업 또는 동물운송업의 경우에만 해당합니다)	

행정정보 공동이용 등 동의서

1. 본인은 이 건 업무처리와 관련하여 「전자정부법」 제36조제1항에 따른 행정정보의 공동이용을 통하여 담당 공무원이 주민등록표 초본 또는 자동차등록증을 확인하는 것에 동의합니다.
   * 동의하지 않는 경우에는 해당 서류를 제출해야 합니다.
2. 「동물보호법」 제29조제6항에 따른 교육 · 홍보와 반려동물 관련 영업정보의 효율적인 관리를 목적으로 영업 등록내용(영업장의 명칭, 영업의 종류, 영업장의 주소)을 「동물보호법 시행령」 제7조제1항에 따른 동물보호관리시스템에 게시하는 것에 동의합니다.

신청인 (서명 또는 인)

작성방법

1. 신청인의 업종에 따라 신청업종란의 동물장묘업, 동물판매업, 동물수입업, 동물전시업, 동물위탁관리업, 동물미용업, 동물운송업 중 해당되는 업종의 "[ ]"란에 ✓ 표시를 하고, ( )안의 영업의 세부범위에 표시합니다. 다수의 업종에 대해 동시에 영업 등록 신청을 하려면 각각의 영업 등록 신청서 작성이 필요하며, 영업등록 처리는 각각의 영업으로 별도 등록합니다.
2. 동물장묘업의 등록을 하려는 자는 장례식장, 동물화장시설, 동물건조장시설, 동물수분해장시설, 봉안시설 중 설치 · 운영하려는 시설 모두에 대하여 설치 여부를 표시합니다.

처리절차

신청서 작성	→	접 수	→	첨부서류 확인 및 검토	→	현장조사 및 시설조사	→	결재	→	등록증 발급
신청인		시장 · 군수 · 구청장								

■ **동물생산업 허가제 시행**
1. 근 거 : 동물보호법 제33조(2018.3.22부터 시행)
2. 대 상 : 동물생산업 (반려견과 고양이 브리더, 케넬, 번식장)
3. 등록기관 : 사업장 관할 구청 또는 시청, 군청 등 지자체 기관

■ 동물보호법 시행규칙 [별지 제22호서식] 〈개정 2021. 6. 17.〉

동물생산업 허가신청서

※ 바탕색이 어두운 난은 신청인이 적지 않습니다. (앞쪽)

접수번호	접수일시	발급일	처리기간 15일

신청인	성명(법인명)		주민등록번호(법인등록번호)	
	주소 (전화번호:)			
영업장	명칭(상호)			
	주소	(전화번호:)		
생산동물의 종류	개( ), 고양이( ), 기타( )		인력현황(종사자 수)	명
품종별 사육마리 수	종 : 두 (암 , 수) * 사육 품종별로 모두 작성		소규모 생산업 여부 ( ) *「동물보호법 시행규칙」 별표 9 제2호라목1)바)에서 정하는 기준에 해당하는 경우에 ✓ 표시합니다.	
맹견 사육 여부	예( ), 아니오( )	(참고) 맹견의 범위(「동물보호법 시행규칙」 제1조의3) 1. 도사견과 그 잡종의 개, 2. 아메리칸 핏불테리어와 그 잡종의 개, 3. 아메리칸 스태퍼드셔 테리어와 그 잡종의 개, 4. 스태퍼드셔 불테리어와 그 잡종의 개, 5. 로트와일러와 그 잡종의 개		

「동물보호법」 제34조제1항 및 같은 법 시행규칙 제40조제1항에 따라 위와 같이 동물생산업의 허가를 신청합니다.

년 월 일

신청인 (서명 또는 인)

(시장・군수・구청장) 귀하

210mm×297mm[백상지(80g/㎡) 또는 중질지(80g/㎡)]

(뒤쪽)

첨부서류	1. 영업장의 시설 내역 및 배치도 2. 인력 현황 3. 사업계획서 4. 폐업 시 동물의 처리계획서	수수료 1만원
담당공무원 확인사항	1. 주민등록표 초본(법인인 경우에는 법인 등기사항증명서) 2. 건축물대장 및 토지이용계획정보	

행정정보 공동이용 동의서

1. 본인은 이 건 업무처리와 관련하여 「전자정부법」 제36조제1항에 따른 행정정보의 공동이용을 통하여 담당 공무원이 주민등록표 초본을 확인하는 것에 동의합니다. *동의하지 않는 경우 해당 서류를 제출해야 합니다.
2. 「동물보호법」 제29조제6항에 따른 교육 · 홍보와 반려동물 관련 영업정보의 효율적인 관리를 목적으로 영업허가 내용(영업장의 명칭, 영업장의 주소)을 「동물보호법 시행령」 제7조제1항에 따른 동물보호관리시스템에 게시하는 것에 동의합니다.

신청인 (서명 또는 인)

처리절차

허가신청서 작성	→	접 수	→	첨부서류 확인 및 검토	→	현장조사 및 시설조사	→	결재	→	허가증 발급
신청인		시장 · 군수 · 구청장								

인 력 현 황

□ 영업장 현황

<table>
<tr><td>업 종</td><td colspan="3">[ ] 동물생산업 [ ] 동물장묘업
[✔] 동물판매업 [ ] 동물위탁관리업
[ ] 동물수입업 [ ] 동물미용업
[ ] 동물전시업 [ ] 동물운송업</td></tr>
<tr><td>명칭(상호)</td><td colspan="3">서초동물</td></tr>
<tr><td>소재지</td><td colspan="3">영업장의 소재지 기재</td></tr>
<tr><td>대표자</td><td>홍길동</td><td>연락처</td><td>전화번호 : 02-123-1234
팩스번호 : 02-123-1234</td></tr>
</table>

□ 인력 세부현황

<table>
<tr><td colspan="5">[인력 총 현황] 총 4명</td></tr>
<tr><td>성명</td><td>생년월일</td><td>주소</td><td>주요업무</td><td>비고</td></tr>
<tr><td>홍길동</td><td>12.01.01</td><td>집주소</td><td>사육·관리 등</td><td></td></tr>
<tr><td>이사랑</td><td>12.01.01</td><td>집주소</td><td>미용</td><td></td></tr>
<tr><td>김사랑</td><td>12.01.01</td><td>집주소</td><td>훈련</td><td></td></tr>
<tr><td>박사랑</td><td>12.01.01</td><td>집주소</td><td>동물운송</td><td></td></tr>
<tr><td></td><td></td><td></td><td></td><td></td></tr>
<tr><td></td><td></td><td></td><td></td><td></td></tr>
<tr><td></td><td></td><td></td><td></td><td></td></tr>
<tr><td></td><td></td><td></td><td></td><td></td></tr>
<tr><td></td><td></td><td></td><td></td><td></td></tr>
<tr><td></td><td></td><td></td><td></td><td></td></tr>
<tr><td></td><td></td><td></td><td></td><td></td></tr>
</table>

※ 해당되는 업종의 "[ ]"란에 ✓표시를 합니다. 해당 업종을 동시에 신청하려면 해당되는 업종 모두에 ✓표시를 합니다.

영업장의 시설 내역 및 배치도

□ 영업장 현황

업 종	[✔] 동물판매업 [ ] 동물수입업 [ ] 동물전시업	[ ] 동물위탁관리업 [ ] 동물미용업 [ ] 동물운송업	
명칭(상호)	서초동물판매장		
소재지	영업장의 소재지 기재	영업장 면적	33㎡
대표자	홍길동	연락처	전화번호: 02-123-1234 팩스번호: 02-123-1234

□ 시설현황

[동물 관련 영업시설 공통기준]					
온습도 조절 시설	유 [✔] 무 [ ]	채광 및 환기가 잘 되는지 여부	여 [✔] 부 [ ]	소독약과 소독장비	유 [✔] 무 [ ]
급수 및 배수시설	유 [✔] 무 [ ]	바닥은 청소와 소독이 용이하고 동물들이 다칠 우려가 없는 재질로 설비여부	여 [✔] 부 [ ]	설치류나 해충 등의 출입 방제 설비	유 [✔] 무 [ ]
[동물판매업 개별기준]					
사육실과 격리실 분리설치 여부	여 [✔] 부 [ ]	사육설비 적정 설치여부	여 [✔] 부 [ ]	사료와 물을 주기 위한 설비 설치여부	여 [✔] 부 [ ]
동물의 체온을 적정하게 유지할 수 있는 설비	유 [✔] 무 [ ]	격리실	유 [✔] 무 [ ]	전자상거래 중개 방식으로 알선·중개만 하는지 여부	여 [ ] 부 [✔]
[동물수입업 개별기준]					
사육실과 격리실 구분설치 여부	여 [ ] 부 [ ]	사료와 물을 주기 위한 설비	유 [ ] 무 [ ]	사육설비의 바닥은 지면과 닿아 있고, 동물의 배설물 청소와 소독이 쉬운 재질인지 여부	여 [ ] 부 [ ]
격리실	유 [ ] 무 [ ]				

[동물전시업 개별기준]					
전시실과 휴식실 구분설치 여부	여 [ ] 부 [ ]	출입구에 손 소독제 등 소독장비 구비	유 [ ] 무 [ ]	출입구에 이중문과 잠금장치 설치	유 [ ] 무 [ ]
개의 경우에는 운동공간 설치여부	여 [ ] 부 [ ] 해당없음 [ ]	고양이의 경우에는 배변시설, 선반 및 은신처 설치여부	여 [ ] 부 [ ] 해당없음 [ ]		
[동물위탁관리업 개별기준]					
위탁관리실과 고객응대실 분리, 구획 또는 구분여부	여 [ ] 부 [ ]	위탁관리동물을 위한 개별 휴식실	유 [ ] 무 [ ]	사료와 물을 주기 위한 설비	유 [ ] 무 [ ]
출입구에 이중문과 잠금장치	유 [ ] 무 [ ]	동물병원을 같이 하는 경우 동물의 위탁관리실과 동물병원의 입원실 분리 또는 구획여부	여 [ ] 부 [ ] 해당없음[ ]	위탁관리실에 폐쇄회로 녹화장치	유 [ ] 무 [ ]
[동물미용업 개별기준]					
미용작업실, 동물대기실 및 고객응대실 분리 또는 구획여부 (단, 동물판매업, 동물위탁관리업, 동물전시업 또는 동물병원을 같이 하는 경우에는 동물대기실과 고객응대실 공동이용 가능)	여 [ ] 부 [ ] 공동이용[ ]	목욕에 필요한 충분한 크기의 욕조, 급수·배수시설, 냉·온수설비 및 건조기	유 [ ] 무 [ ]	미용작업대와 동물이 떨어지는 것을 예방하기 위한 고정장치	유 [ ] 무 [ ]
미용기구 소독장비 또는 소독약품 등 구비	유 [ ] 무 [ ]				
[동물운송업 개별기준]					
직사광선 및 비바람을 피할 수 있는 설비	유 [ ] 무 [ ]	냉·난방설비	유 [ ] 무 [ ]	이동 중 갑작스러운 출발이나 제동 등으로 동물이 상해를 입지 않도록 예방할 수 있는 설비	유 [ ] 무 [ ]
이동 중에 동물의 상태를 수시로 확인할 수 있는 구조일 것	여 [ ] 부 [ ]				

□ 배치도 : "영업장 도면 따로붙임"

※ 해당되는 업종의 "[ ]"란 및 관련내용의 "[ ]"란에 ✓ 표시를 합니다. 해당 업종을 동시에 신청하려면 해당되는 란 모두에 ✓ 표시를 합니다.

폐업 시 동물의 처리계획서

□ 영업장 현황

업 종	[ ]동물생산업 [✔]동물전시업		
명칭(상호)	서초동물		
소재지	영업장의 소재지 기재		
대표자	홍길동	연락처	전화번호: 02-123-1234 팩스번호: 02-123-1234

○ 사육 및 관리중인 동물의 처리 방안

- 동물보호단체, 유기동물센터 등을 통한 위탁 [✔]
- 지인, 경매장 등을 통한 판매 및 무료분양 [✔]
- 기타( ) [ ]

○ 폐업 절차

- 관할 관공서에 폐업(동물처리 계획 포함)하기 전에 사육 및 관리중 인 동물의 분양, 판매 등 처리
- 최종 폐업(지자체 폐업신청)

○ 기타

-
-

※ 동물생산업, 동물전시업의 경우에만 해당함.

※ 해당되는 업종의 "[ ]"란에 ✓ 표시를 합니다. 해당 업종을 동시에 신청하려면 해당되는 업종 모두에 ✓ 표시를 합니다.

사 업 계 획 서

□ 영업장 현황

업 종	[ ] 동물생산업 [ ]동물장묘업 [✔] 동물판매업 [ ] 동물위탁관리업 [ ] 동물수입업 [ ] 동물미용업 [ ] 동물전시업 [ ] 동물운송업		
명칭(상호)	서초동물		
소재지	영업장의 소재지 기재		
대표자	홍길동	연락처	전화번호: 02-123-1234 팩스번호: 02-123-1234

○ 인력운영 계획
- 종사자 : 명(개 또는 고양이 50마리당 1명 이상의 사육 · 관리 인력 확보)
- 관리·사육 두수(예정) : 마리(취급동물의 종류 :)

○ 주요시설 및 장비 설치 계획
- 청결유지와 위생관리에 필요한 급수시설 및 배수시설을 갖추고 바닥은 동물들이 다칠 우려가 없는 재질로 설치
- 채광 및 환기가 잘 되고 온·습도 조절이 가능토록 설비
- 사육실과 격리실을 분리 설치하며, 격리실은 동물생산업의 격리실 기준 적용
- 사육설비 가로 및 세로는 각각 사육하는 동물의 체장의 2배 및 1.5배 이상일 것
- 사육설비 높이는 사육하는 동물이 뒷발로 일어섰을 때 머리가 닿지 않는 높이 이상일 것
- 사육설비는 직사광선, 비바람, 추위 및 더위를 피할 수 있도록 설치하고, 사육설비를 2단 이상 쌓은 경우에는 충격으로 무너지지 않도록 설치
- 사료와 물을 주기 위한 설비와 동물의 체온을 적정하게 유지할 수 있는 설비 갖춤

○ 동물판매업 관리 및 운영 계획
- 다음의 월령(月齡) 이상인 동물을 판매, 알선 또는 중개한다.
  가) 개 · 고양이: 2개월 이상
  나) 그 외의 동물: 이유(離乳) 후 스스로 사료 등 먹이를 먹을 수 있는 월령
- 미성년자에게는 동물을 판매, 알선 또는 중개하지 않음
- 동물 판매, 알선 또는 중개 시 해당 동물의 습성, 특징 및 사육방법과 등록대상동물을 판매하는 경우 등록방법, 등록기한 등 동물등록제도의 세부내용을 구입자에게 반드시 알려줌
- 소비자분쟁해결기준에 따른 계약서와 해당 내용을 증명하는 서류를 판매할 때 제공하고, 계약서를 제공할 의무가 있음을 영업장 내부의 잘 보이는 곳에 게시
- 별지 제30호서식의 영업자 실적 보고서를 다음 연도 1월 말일까지 시장 · 군수 · 구청장에게 제출

○ 판매 계획
- 경매장을 통한 판매 %, 직접 판매 %, 온라인 판매 %

사 업 계 획 서

□ 영업장 현황

<table>
<tr><td>업 종</td><td colspan="3">[✔] 동물생산업 [ ] 동물장묘업
[ ] 동물판매업 [ ] 동물위탁관리업
[ ] 동물수입업 [ ] 동물미용업
[ ] 동물전시업 [ ] 동물운송업</td></tr>
<tr><td>명칭(상호)</td><td colspan="3">서초동물</td></tr>
<tr><td>소재지</td><td colspan="3">영업장의 소재지 기재</td></tr>
<tr><td>대표자</td><td>홍길동</td><td>연락처</td><td>전화번호: 02-123-1234
팩스번호: 02-123-1234</td></tr>
</table>

○ 인력운영 계획

– 종사자 : 명

(번식이 가능한 12개월 이상이 된 개 또는 고양이 75마리당 1명 이상의 사육·관리인력 확보)

○ 운영현황

– (사육 현황) 12개월령 이상 마리(개 마리, 고양이 마리)

– (판매 현황) 매년 마리 판매(개 마리, 고양이 마리)

○ 연차별 운영 계획

연도	2018	2019	2020	2021	2022
사육 마리수					

○ 생산 계획

– 사육 축종 : ( ) 마리

– 임신 횟수 : 개월 주기

○ 판매 계획

– 경매장을 통한 판매 %, 직접 판매 %, 온라인 판매 %

사 업 계 획 서

□ 영업장 현황

업 종	[ ]동물생산업 [ ] 동물장묘업 [ ]동물판매업 [ ] 동물위탁관리업 [ ]동물수입업 [✔] 동물미용업 [ ]동물전시업 [ ] 동물운송업		
명칭(상호)	서초동물		
소재지	영업장의 소재지 기재		
대표자	홍길동	연락처	전화번호: 02-123-1234 팩스번호: 02-123-1234

○ 인력운영 계획
- 종사자 : 명

○ 주요시설 및 장비 설치 계획
- 청결유지와 위생관리에 필요한 급수시설 및 배수시설을 갖추고 바닥은 동물들이 다칠 우려가 없는 재질로 설치
- 채광 및 환기가 잘 되고 온·습도 조절이 가능토록 설비
- 미용작업실, 동물대기실 및 고객응대실 분리 또는 구획
- 목욕에 필요한 충분한 크기의 욕조, 급수 · 배수시설, 냉 · 온수설비 및 건조기 설치
- 미용작업대와 동물이 떨어지는 것을 예방하기 위한 고정장치 설치
- 미용기구 소독장비 또는 소독약품 등 구비

○ 동물미용업 관리 및 운영 계획
- 동물에게 건강 문제가 발생하지 않도록 시설 및 설비 위생적이고 안전하게 관리
- 소독한 미용기구와 소독하지 않은 미용기구 구분 보관
- 미용기구의 소독방법은「공중위생관리법 시행규칙」별표 3에 따른 이용기구 및 미용기구의 소독기준 및 방법 준용
- 미용을 위하여 마취용 약품을 사용하는 경우 「수의사법」 등 관련 법령의 기준 준용

○ 동물미용 대상
- 취급동물의 종류 :

15

사 업 계 획 서

ㅁ 영업장 현황

업 종	[ ] 동물생산업 [ ] 동물판매업 [ ] 동물수입업 [ ] 동물전시업	[ ] 동물장묘업 [✔] 동물위탁관리업 [ ] 동물미용업 [ ] 동물운송업	
명칭(상호)	서초동물		
소재지	영업장의 소재지 기재		
대표자	홍길동	연락처	전화번호: 02-123-1234 팩스번호: 02-123-1234

○ 인력운영 계획
- 종사자 :　　　명(개 또는 고양이 20마리당 1명 이상의 관리인력을 확보)
- 관리 및 사육 두수(예정) :　　　마리(취급동물의 종류 :　　　　　　　　　　)

○ 주요시설 및 장비 설치 계획
- 청결유지와 위생관리에 필요한 급수시설 및 배수시설을 갖추고 바닥은 동물들이 다칠 우려가 없는 재질로 설치
- 채광 및 환기가 잘 되고 온·습도 조절이 가능토록 설비
- 위탁관리실과 고객응대실 분리, 구획 또는 구분
- 위탁관리동물을 위한 개별 휴식실 설치
- 사료와 물을 주기 위한 설비 설치
- 출입구에 이중문과 잠금장치 설치
- 동물병원을 같이 하는 경우 동물의 위탁관리실과 동물병원의 입원실 분리 또는 구획
- 위탁관리실에 동물의 상태를 확인할 수 있는 폐쇄회로 녹화장치를 사각지대의 발생이 최소화될 수 있도록 설치

○ 동물위탁관리업 관리 및 운영 계획
- 위탁관리하고 있는 동물에게 정기적으로 운동할 기회 제공
- 사료나 간식 등을 과도하게 섭취하지 않도록 적절히 관리
- 동물에게 건강상 위해요인이 발생하지 아니하도록 영업관련 시설 및 설비 위생적이고 안전하게 관리
- 위탁관리하고 있는 동물에게 건강 문제가 발생하거나 이상 행동을 하는 경우 즉시 소유주에게 알리고, 병원 진료 등 적절한 조치를 취함
- 위탁관리하고 있는 동물은 안전을 위해 체중 및 성향에 따라 구분 · 관리
- 위탁관리하는 동물에 대한 영업자준수사항에 담긴 내용의 계약서를 제공

사 업 계 획 서

□ 영업장 현황

업 종	[ ] 동물생산업 [ ] 동물판매업 [ ] 동물수입업 [✔] 동물전시업	[ ] 동물장묘업 [ ] 동물위탁관리업 [ ] 동물미용업 [ ] 동물운송업	
명칭(상호)	서초동물		
소재지	영업장의 소재지 기재		
대표자	홍길동	연락처	전화번호: 02-123-1234 팩스번호: 02-123-1234

○ 인력운영 계획
- 종사자 :   명 (개 또는 고양이 20마리당 1명 이상의 관리인력 확보)
- 관리 및 사육 두수(예정) :   마리(취급동물의 종류 :   )

○ 주요시설 및 장비 설치 계획
- 청결유지와 위생관리에 필요한 급수시설 및 배수시설을 갖추고 바닥은 동물들이 다칠 우려가 없는 재질로 설치
- 채광 및 환기가 잘 되고 온·습도 조절이 가능토록 설비
- 전시실과 휴식실을 각각 구분 설치
- 전염성 질병의 유입을 예방하기 위해 출입구에 손 소독제 등 소독장비 구비
- 전시되는 동물이 영업장 밖으로 나가지 않도록 출입구에 이중문과 잠금장치 설치
- 개의 경우에는 운동공간을 설치하고, 고양이의 경우에는 배변시설, 선반 및 은신처를 설치하는 등 전시되는 동물의 생리적 특성을 고려하여 시설을 설치

○ 동물전시업 관리 및 운영 계획
- 전시하는 개 또는 고양이는 월령이 6개월 이상, 등록대상 동물은 동물등록 실시
- 전시된 동물에 대해 정기적인 예방접종과 구충을 실시하고, 매년 1회 검진을 하고, 건강에 이상이 있는 것으로 의심되는 경우 격리한 후 수의사의 진료 및 적절한 치료 조치
- 전시하는 개 또는 고양이는 안전을 위해 체중 및 성향에 따라 구분 · 관리
- 영업시간 중에도 동물이 자유롭게 휴식을 취할 수 있도록 함
- 전시하는 동물은 하루 10시간 이내로 전시하고, 10시간이 넘게 전시하는 경우 별도로 휴식시간 제공
- 동물의 휴식 시에는 몸을 숨기거나 운동이 가능한 휴식공간 제공
- 깨끗한 물과 사료를 충분히 제공하고, 사료나 간식 등을 과도섭취하지 않도록 관리
- 전시하는 동물의 배설물은 위생관리와 청결유지를 위해 즉시 처리
- 전시하는 동물은 생산이나 판매의 목적으로 이용 금지

사 업 계 획 서

□ 영업장 현황

<table>
<tr><td>업 종</td><td colspan="3">[ ] 동물생산업 [ ] 동물장묘업
[ ] 동물판매업 [ ] 동물위탁관리업
[ ] 동물수입업 [ ] 동물미용업
[ ] 동물전시업 [✔] 동물운송업</td></tr>
<tr><td>명칭(상호)</td><td colspan="3">서초동물</td></tr>
<tr><td>소재지</td><td colspan="3">차량 등록지 소재지 기재</td></tr>
<tr><td>대표자</td><td>홍길동</td><td>연락처</td><td>전화번호: 02-123-1234
팩스번호: 02-123-1234</td></tr>
</table>

○ 인력 및 차량 운영계획

- 종사자 : 명
- 차량 운영대수 : 대

○ 동물 운송 차량 주요시설 및 장비 설치 계획

- 직사광선 및 비바람을 피할 수 있는 설비를 갖춤
- 적정한 온도를 유지할 수 있는 냉 · 난방설비 갖춤
- 이동 중 갑작스러운 출발이나 제동 등으로 동물이 상해를 입지 않도록 예방할 수 있는 설비 갖춤
- 이동 중에 동물의 상태를 수시로 확인할 수 있는 구조로 설비

○ 동물운송업 관리 및 운영 계획

- 법 제9조에 따른 동물운송에 관한 기준을 준수
- 축종, 품종, 성별, 마리수 및 운송일을 기록하여 비치
- 2시간 이상 이동 시 동물에게 적절한 휴식시간 제공
- 2마리 이상을 운송하는 경우에는 개체별로 분리
- 동물의 운송 운임은 동물의 종류, 크기 및 이동 거리 등을 감안하여 산정해야 하고, 소유주 등 사람의 동승 여부에 따라 운임이 달라져서는 안됨

○ 동물 운송 비용

-

참 고 문 헌

1. 교육부 커리어 넷. https://www.career.go.kr/jam/jb/view.do?jamId=20160120000306&jamSeq=8&jamVer=2
2. 국가직무능력표준 NCS https://www.ncs.go.kr/index.do
3. 김옥진. 애완동물학. 동일출판사. 2018.
4. 김옥진 , 손민우, 최만영, 문형철, 김일평. 유용곤충 길라잡이. 동일출판사. 2014.
5. 김은실(2013). 상담센터 창업 및 운영. 한국카운슬러협회. 제1권. 29-41
6. 김옥진. 반려동물관리학. 동일출판사. 2018.
7. 김옥진. 펫헬스테라피. 동일출판사. 2018.
8. 김옥진, 손민우, 오홍근, 박철, 임세라, 김현주. 동물행동상담학. 동일출판사. 2017.
9. 뉴스핌, 돈많고 외로운 중국인의 가족, 반려동물 산업 로켓성장, 2018.02.06.
10. 데일리벳, 경기도 반려동물 창업 · 반려동물용품 사업화 지원사업` 27일까지 지원, 2019.03.11.
11. 디지털경제, 버려지는 의류로 반려동물 의복과 악세사리 제작, 2018.07.15.
12. 머니투데이, 3조원 규모 '펫시장' 유통 대기업은 못키운다, 2019.02.21.
13. 소상공인마당 신사업 아이디어 http://www.sbiz.or.kr/neb/commercialcase/1190756_1203.jsp
14. 신진오. 창업 이론과 실무. 혜성출판사. 2015.
15. 애견산업의 전망 및 창업 안내 https://m.blog.naver.com/PostView.nhn?blogId=dodomam1130&logNo=220931633423&proxyReferer=https%3A%2F%2Fwww.google.co.kr%2F
16. 직업정보 찾기 https://www.work.go.kr/consltJobCarpa/srch/jobInfoSrch/srchJobInfo.do
17. 한국동물매개심리치료학회 자격위원회. 동물매개 심리상담사 자격 수험서. 동일출판사. 2018.
18. 한국동물매개심리치료학회. www.kaaap.org
19. 홍선화, 김옥진. 반려동물을 위한 스페셜 터치. 동일출판사. 2018.
20. 창업진흥원. 2018년 창업기업실태조사_최종보고서. 2019. https://www.kised.or.kr/not/pds.asp?bidx=9546&bgbn=R

21. 창업진흥원. 창업도약패키지 지원사업 우수사례집. 2018.
https://www.kised.or.kr/not/pds.asp?bidx=9511&bgbn=R
22. 데이비드 테일러. 「세계의 명견들」. 시공사, 1997.
23. 정갑용. 「성공하는 애견샵 창업하기」. 크라운 출판사, 2006.
24. 박병권. 「그루밍론」 펫미디어,2003
25. 미노루 시게노. 「펫 숍 경영학」. (주)펫 미디어, 2005.
26. 브루스 포글.「나도 애완견 닥터」. 전원문화사, 1997.
27. 브루스 포글. 「애견가정의학대백과」. 백마, 2004.
28. 신동욱, 김정연. 「애완동물창업실무론」. (사)한국애견협회 교육부, 2004.
29. 이효원, 박영석. 「애완동물」. 한국방송통신대학교 출판부, 2002.
30. 임소라. 「고객응대 매뉴얼」. 한국동물병원협의회, 2003.
31. 한국애견협회. 「NCS 애완동물미용 학습모듈 고객상담 편」 한국직업능력개발원, 2016.
32. Eileen Geeson. 「Ultimate DogGrooming」. 21세기사, 2008.
33. 한국애견협회.「NCS 애완동물미용 학습모듈 고객상담 편」 한국직업능력개발원, 2016.
34. 한국애견협회 「http://kkc.or.kr」
35. 한국애견연맹 「http://kcc.or.kr」
36. 통계청, 전국사업체 조사(2013)
「http://kostat.go.kr/survey/saup/index.action」
37. 한국고용정보원. 잡맵. (2014), 미래를 함께 할 직업
「www.work.go.kr」

저 자 약 력

김옥진 서울대학교 대학원 수의학과 졸업/수의학박사
現 원광대학교 반려동물산업학과 교수
現 한국동물매개심리치료학회 회장

김현주 서울대학교 대학원 수의학과 졸업/수의학박사
現 부천대학교 반려동물학과 교수

김용현 성균관대학교 무역학과/박사수료
건국대학교 산업공학과/박사수료
現 서울호서전문학교 애완동물학과 교수

강원국 원광대학교 대학원 농학과/농학박사
現 원광대학교 동물보건학과 조교수

권혜영 원광대학교 대학원 동물응용학과/박사수료
現 원광대학교 동물매개치료학과 외래교수

임은경 원광대학교 대학원 동물응용학과/농학박사
現 원광대학교 반려동물산업학과 외래교수

이현아 원광대학교 대학원 동물응용학과 졸업/농학박사
現 원광대학교 반려동물산업학과 조교수

홍선화 원광대학교 대학원 동물응용학과 졸업/농학박사
現 주식회사 봄봄 대표

최태영 원광대학교 대학원 동물응용학과 졸업/박사
現 한국도그스포츠연맹 총재
現 한양대학교 미래인재교육원 반려동물 과정 주임교수

반려동물 창업 이론과 실제

발　　행 / 2023년 3월 7일

저　　자 / 김옥진, 김현주, 김용현, 강원국, 권혜영, 임은경, 이현아, 홍선화, 최태영

펴 낸 이 / 정 창 희

펴 낸 곳 / 동일출판사

주　　소 / 서울시 강서구 곰달래로31길7 (2층)

전　　화 / (02) 2608-8250

팩　　스 / (02) 2608-8265

등록번호 / 제109-90-92166호

ISBN 978-89-381-1556-0 93520

값 / 29,000원